中经教育

"十二五"高等教育
财经管理类规划教材

高级财务管理

GAOJI CAIWU GUANLI

胡元木 姜洪丽⊙主 编
刘惠萍 田彩英⊙副主编

中国经济出版社
CHINA ECONOMIC PUBLISHING HOUSE
·北 京·

图书在版编目（CIP）数据

高级财务管理/胡元木、姜洪丽主编

北京：中国经济出版社，2013.6

（“十二五”高等教育规划教材）

ISBN 978-7-5136-1626-3

Ⅰ.①高… Ⅱ.①胡… ②姜… Ⅲ.①财务管理—成人高等教育—教材 Ⅳ.F275

中国版本图书馆 CIP 数据核字（2012）第 116882 号

责任编辑　伏建全

责任审读　霍宏涛

责任印制　张江虹

封面设计　任燕飞设计工作室

出版发行　中国经济出版社

印 刷 者　北京艾普海德印刷有限公司

经 销 者　各地新华书店

开　　本　787mm×1092mm　1/16

印　　张　17.75

字　　数　370 千字

版　　次　2013 年 6 月第 1 版

印　　次　2018 年 1 月第 3 次

书　　号　ISBN 978-7-5136-1626-3/G·1773

定　　价　36.00 元

中国经济出版社 **网址** www.economyph.com **社址** 北京市西城区百万庄北街 3 号 **邮编** 100037

本版图书如存在印装质量问题，请与本社发行中心联系调换（联系电话：010-68319116）

前　言

本书是根据成人高等教育的需要编写的，成人高等教育是培养高素质、高能力专门人才的应用型教育。自进入21世纪以来，我国社会生活的各个领域都发生了深刻的变化，我国成人高等教育面临着21世纪的变化与挑战，在新的环境下如何发展是一个值得思考和研究的问题。

成人高等教育的发展，涉及成人高等教育制度的改革，也涉及包括教材改革在内的教育形式和教育内容的改革。为成人高等教育编写教材，首先要考虑成人高等教育的特点。本书认为，目前我国成人高等教育的特点呈现终身化、多样化的特点。终身教育，从时间上来说，突破了学龄时期和工作时期的界限，一个人随时都可以或可能接受教育，普通高等学校也向这部分学员敞开了大门；从空间上来说，打破了普通学校的框框，函授大学、夜大学、广播电视大学、网络教育都成为适宜的学习形式。多样化的特点体现在成人教育的形式多种多样，它包括现场教育、学校培训、函授教育、电教培训、网络教育等。

尽管成人教育的形式多种多样，但有一个共同点就是它主要是在职教育，学员带着在工作中遇到的问题来学，在学习中理解、分析和解决问题，这是编写成人教育教材必须要考虑的。

教材是教学的基本媒体，是教学的核心内容，教材的质量影响到教学的质量，尤其是成人高等教育，编者在多年的成人教学中深刻地体会到这一点。因此，教材的编写如何做到理论联系实际，如何便于学员阅读和自学，如何把基本理论的解释做到深入浅出等，一直是编者深入思考的一个重要问题，也是编写本书的一个前置性问题。

编者承担过普通高等教育"十一五"国家级规划教材《中级财务管理》的编写（教高[2006]9号文），该书于2009年被评为国家级普通高等教育精品教材（教高司函[2009]203号文）。尽管获此殊荣，也无法替代成人高等教育教材的编写，因为成人高等教育和普通高等教育的对象不同，学习方式不同，条件环境也不一样，教材的内容和编写方式也应有所不同。

基于以上的考虑，本书的编写注意了以下几个问题：

1. 理论上的深入浅出。高级财务管理作为企业财务管理的重要组成部分，不仅理论上有着丰富的内涵，而且在财务管理实务中也受到关注和重视。从理论层面上来讲，公司治理及财务治理理论、绩效评价理论、公司财务战略管理理论、企业并购理论、企业集团及跨国公司财务管理理论等的应用，无不彰显财务管理理论的生命力和发展前景。但是本书的编写不是这些理论的简单复制或原版教材的意译，而是这些理论的应用，这样便于成人阅读和理解。

2. 体例上的循序渐进。本书在体例上的安排力求体现教学规律上的要求，先易后难、循序渐进，按照基本概念、基本理论和理论应用的逻辑关系构建本书每一章的框架，易于自学。但这并不排除个别章节中有难度较大的内容，这些内容有利于基础较好、乐于思考的学员学习。对于非会计学专业和专科层次的教学，在内容上可以作适当的删减，以便使教材的适用面更宽泛一些。

3. 内容上重视理论与实践结合。十几年来，我国高级财务管理理论的研究逐步深入，其中一个重要原因就是借鉴了西方财务管理理论研究的最新成果。但是借鉴容易应用难，学生在学习了这些理论以后，如何把它应用于实践，还存在一定的问题。解决这一问题并非易事，因为它不是一方面的问题。作为教材，本书考虑了理论与实践的结合，在每章的章末附有本章小结、复习思考题和案例分析。通过阅读本章小结，可以了解该章的基本内容；通过做复习思考题和阅读案例分析，可以帮助学员思考在实际工作中遇到的高级财务问题，为学员在学习中理论联系实际提供方便。

4. 相关教材之间衔接协调。本书作为成人高等教育"经管类学科系列精品教材"之一，既要考虑不同经管类专业的需要，又要考虑不同层次教学的需要，同时又要考虑与其他相关教材内容相衔接，以便使学员通过学习，掌握系统和完整的知识体系。

本书由胡元木、姜洪丽教授任主编，负责全书的总体框架设计、编撰和定稿。具体分工如下：第一章由胡元木编写，第二、三、四章由姜洪丽编写，第五、六、七章由刘惠萍编写，第八、九、十章由田彩英编写，课后复习思考题解答及案例分析分别由姜洪丽、刘惠萍和田彩英编写。

"文章合为时而著，歌诗合为事而作"。本书是为成人高等教育而编写的，应该适应成人高等教育的发展，这是我们编写本书的出发点和归宿点，我们也作出了很大努力。尽管如此，我们认为与成人高等教育发展对教材的要求相比，还有很大差距和不足，恳请各位专家和读者指正。

编　者

2013 年 5 月

目　录

第一章　高级财务管理概述 …… 1
第一节　高级财务管理的界定 …… 1
第二节　财务管理假设 …… 2
第三节　财务管理原则 …… 4
【本章小结】 …… 10
【复习思考题】 …… 10

第二章　公司治理与财务治理 …… 12
第一节　公司治理 …… 12
第二节　公司财务治理 …… 23
【本章小结】 …… 30
【复习思考题】 …… 31
【案例分析】 …… 32

第三章　业绩评价指标体系与方法 …… 34
第一节　业绩评价的基础指标 …… 34
第二节　经济基础绩效评价——经济增加值 …… 37
第三节　经济增加值与价值创造 …… 44
第四节　综合绩效评价——平衡记分卡 …… 49
【本章小结】 …… 51
【复习思考题】 …… 52
【案例分析】 …… 54

第四章　企业财务战略管理 …… 57
第一节　企业财务战略管理概述 …… 57
第二节　企业筹资战略管理 …… 61
第三节　企业投资战略管理 …… 68
第四节　企业股利分配战略管理 …… 74

【本章小结】…… 77
【复习思考题】…… 78
【案例分析】…… 80

第五章 企业并购财务管理 …… 81
第一节 企业并购概述 …… 81
第二节 企业并购动机理论 …… 87
第三节 企业并购的财务规划 …… 91
【本章小结】…… 107
【复习思考题】…… 108
【案例分析】…… 112

第六章 公司重组和清算财务管理 …… 116
第一节 公司重组和清算概述 …… 116
第二节 公司重组财务管理 …… 120
第三节 公司清算财务管理 …… 127
【本章小结】…… 136
【复习思考题】…… 137
【案例分析】…… 141

第七章 企业集团财务管理 …… 144
第一节 企业集团及其特征 …… 144
第二节 企业集团财务管理体制模式 …… 149
第三节 企业集团财务管理的内容 …… 153
【本章小结】…… 165
【复习思考题】…… 166
【案例分析】…… 169

第八章 国际财务管理 …… 172
第一节 国际财务管理概述 …… 172
第二节 外汇风险管理 …… 176
第三节 跨国公司筹资管理 …… 183
第四节 跨国公司投资管理 …… 194
【本章小结】…… 204
【复习思考题】…… 205
【案例分析】…… 207

第九章　中小企业财务管理 …… 209
第一节　中小企业财务管理概述 …… 209
第二节　中小企业融资管理 …… 213
第三节　中小企业投资管理 …… 220
第四节　中小企业财务发展战略 …… 224
【本章小结】 …… 227
【复习思考题】 …… 227
【案例分析】 …… 228

第十章　非营利组织的财务管理 …… 231
第一节　非营利组织财务管理概述 …… 231
第二节　非营利组织资金来源管理 …… 235
第三节　非营利组织的资金运用管理 …… 240
【本章小结】 …… 242
【复习思考题】 …… 242
【案例分析】 …… 244

附录:参考答案 …… 245

第一章　高级财务管理概述

【学习目的与要求】

高级财务管理应该包括哪些内容？其内容体系该如何安排？至今仍然是仁者见仁、智者见智的问题。本章按照高级财务管理应该主要阐述特殊企业和特殊财务事项财务管理问题的思路，再结合我们已经出版的财务管理学基础、中级财务管理的内容体系安排，界定了本书的授课内容。在此基础上，着重阐述了财务管理假设和原则的基本内容。财务管理假设既是财务理论的重要构成因素，也是进行财务管理的基本依据。假设是财务管理原则赖以存在的基本前提，在给了一系列假设之后，就是原则的应用。通过本章的学习，要求：

【了解】　高级财务管理的界定。

【理解】　财务管理假设与财务管理原则的关系。

【掌握】　财务管理假设的基本内容，财务管理原则的内容。

【重点与难点】

1. 财务管理基本假设的内容。

2. 财务管理原则的内容。

第一节　高级财务管理的界定

一、高级财务管理内容的确定

什么是高级财务管理？高级财务管理应该包括哪些内容？其内容体系该如何安排？我国学术界并没有达成一致的看法。对于这些问题，国内理论界有过一些探讨，如王化成教授主编的《高级财务管理学》（中国人民大学出版社出版，2003 年版），是从财务管理假设入手，通过财务管理假设将高级财务管理同初、中级财务管理的内容进行划分。因此高级财务管理讲授的都是突破财务管理假设的内容，比如，企业并购财务管理、企业集团财务管理、企业破产清算财务管理、非营利组织财务管理和中小企业财务管理等。汤谷良教授等发表的题为《高级财务管理学的理论框架——管理过程的财务实现》一文（《会计研究》，2001 年第 6 期），认为高级财务管理主要包括财务战略理论、财务预算理论、财务控制理论、财务评价理论和财务重组理论。陆正飞教授主编的《高级财务管理》（浙江人民出版社出版，2000 年版）主要内容包括财务战略篇、资本运营篇、集团财务篇和国际理财篇四部分。谷祺、王棣华教授主编的《高级财务管理》(东北财经大学出版社出版,2006 年版)主要内容包括财务战略与企业竞争力、企业转移定价战略、国际财务管理、柔性财务管理、管理控制系统、业绩评价、企业集团财务管理和特殊行业财务管理。杨雄胜教授主编的《高级财务管理》(东北财经大学出版社出版,2004 年版)共二十章,其知识框架与篇章设计,在一定程度上反映了人们对 CFO 履行职责所需专业知识结构的基本看法,主要内容除上述教科书中的共有内容外,还包括公司治理理论、价值管理和转移理论、现金流量和风险管理理论、价值评估和业绩评价理论、财务流程再造和税收筹划等。纵观上述各种高级财务管理内容的安排,要么是在财务管理原理、中级财务管理等课程中已经涉及,难免有交叉重复;要么是对财务管理原理、中级财务管理的横向和纵向补充,带有一定的专题性质;要么是讲述了一个财务主管或财务总监(CFO)必须具备的特有知识。本书认为高级财务管理应该主要阐述特殊企业和特殊财务事项的财务管理问题。当然,“特殊”的划分标准可以是多种多样的。像王化成教授从财务管理假设入手来安排高级财务管理讲授的内容就是一种划分标准。

二、本教材对高级财务管理内容体系的安排

按照高级财务管理应该主要阐述特殊企业和特殊财务事项财务管理问题的思路,再结合我们已经出版的《财务管理学基础》(原理)、《中级财务管理》的内容体系安排,本教材内容体系安排如下:第 1 章概述部分,讲授高级财务管理的内容界定以及财务管理假设和原则等理论问题;第 2、3 章公司治理与财务治理和绩效评价体系与方法,分别讲授不同的公司治理结构和财务治理结构安排问题以及科学的绩效评价指标设计。这两章的内容均是初中级财务管理中没有涉及的。第 4 章到第 6 章,在中级财务管理阐述资本运营基本问题的基础上,讲授财务管理发展战略以及特殊财务事项的财务处理,包括:公司财务战略;公司并购的财务管理;公司重组和破产清算的财务管理等。第 7 章到第 10 章,讲授企业集团、国际企业、中小企业以及非营利组织的财务管理问题,这些特殊组织与一般组织在财务管理上有其共同点和不同点,把握不同点有助于对共同点的理解。

第二节 财务管理假设

一、财务管理假设的命题依据

目前,我国的财务界对财务管理假设的命题,仍有不同看法。有人认为,财务管理假设无非是会计假设的派生,是其翻版。本书不同意这种观点,其理由是会计与财务的性质不同,内容也不一样。

企业作为财务活动和财务管理的主体,其经济活动有一定的不确定性。为正确地

对企业经济活动及其经济关系进行预测、决策、分析、控制和调节,必须以企业持续独立经营及对未来经济活动的可预见性等作为基本的管理前提与控制条件,进行财务工作。企业财务又总是与经济活动联系在一起,有经济活动必有财务,经济发展推动财务理论与实务的发展,要求充实与丰富财务理论体系。

"假设"是科学研究上用来解释某种有待证明的论题,假设被证明后,就是科学结论。财务管理假设就是为了科学的财务理论研究和顺利进行财务活动而提出的基本前提和制约条件,是财务理论的重要构成因素,也是进行财务管理的基本依据。结合财务管理的特点,可以把财务管理假设定义为:财务管理假设是人们利用自己的知识,根据财务活动的内在规律和理财环境的要求所提出的,具有一定事实依据的假定或设想,是进一步研究财务管理理论和实践问题的基本前提。当假设被证明有用之后,就可以上升为财务管理原则。

二、财务管理假设的内容

财务管理假设具有层次性,可以分为基本假设和具体假设。本书仅研究基本假设的内容。一般来讲,财务管理基本假设应包括以下几个方面的内容:

(一)财务主体假设

所谓财务主体假设也叫做理财主体假设,是指人和财务行为的发生、发展和消失都与特定的"主体"有关。这个"主体"具有独立的资金,是独立或相对独立物质利益的经济实体,财务主体假设要求把经济实体的财务活动同实体所有者的财务活动以及其他经济实体的财务活动区分开来。它明确了财务管理工作的空间范围。财务主体的存在是财务活动和财务关系存在的前提,也是财务工作和财务管理的目标所在,企业组织只有具有独立的法人资格,才能自主掌握财产,处理经济事务,享受利益和履行各种法律的有效行为。

(二)自主理财假设[①]

所谓自主理财假设是指财务主体具有独立的理财权,有权进行独立的财务活动,不受或尽量少受外界干预。它包括资金的筹集、调拨、使用、分配和偿还的自主权,同时也包括着财务预测,财务决策的自主权。自主理财假设的确立,可使具有财务主体独立性的企业有权自主处理与调节与各方的财务关系,灵活运用较独立的理财权力,充分运用企业资金。

(三)持续经营假设

所谓持续经营假设是指假设企业是一个经营中的实体并且在可以预见的将来会持续经营下去,也就是说是假设财务主体能应付各种风险,把企业视为具有永久清偿能力的继续营业单位;同时假设资金将永续运动,伴随企业的始终,企业可以目前的形式和现有的资源按经营目标继续营业下去。这种假设,对于企业财务管理尤其是财务

---

① 也有人认为,自主理财假设是财务主体假设的派生假设。

决策具有很大的决定作用。它明确了财务管理工作的时间范围。

(四)财务分期假设[①]

所谓财务分期假设是指把持续经营的经济业务归属人为划分的各个期限作为计算损益、评价业绩的期间。财务分期和会计分期是不同的,会计分期的目的是便于会计对这个假设期间的持续经营活动进行记录、计算、提供该期间会计信息。财务分期的目的在于使企业财务人员对前期、本期以及未来期的财务状况进行客观正确的分析评价,在财务分析评价之后,为企业财务决策与经营决策提供依据。

(五)财务可控假设

所谓财务可控假设是指财务主体能够计量、约束、指挥与有能力干预经济活动,只有企业在主体上具有独立性并享有一定的理财权之后,才能有机会对自身的财务行为进行控制,也才有可能在本企业内和本企业外实现对拥有经济资源的回收及主权资金的完整给予有效的保护,控制不法经济行为,维护企业合法权益。

关于财务管理假设到底应该包括哪些内容,理论界的看法并不一致。除了上述内容外,常见的还有:有效市场假设、货币时间价值假设、资金增值假设、理性理财假设、财务风险与收益相关假设、财务关系假设和利益分享假设等。可以预见,随着经济的不断发展和理财环境的不断变化,以及认识的不断深化,人们会不断地概括出新的财务管理的内在规律,由此财务管理假设的内容还会不断地得到丰富和发展。

第三节 财务管理原则

财务管理原则,也称为理财原则,是指人们对财务活动的共同认识,是财务管理工作必须遵循的基本准则,是从财务管理实践中概括出来的体现财务活动规律性的行为规范。它具有以下特征:第一,理财原则必须符合大量观察和事实,被多数人所接受。它是被现实反复证明并被多数人接受的共同认识。第二,理财原则是财务交易和财务决策的基础。各种财务管理程序和方法,是根据理财原则建立的。第三,理财原则为解决新的问题提供指引。已经开发出来的、被广泛应用的程序和方法,只能解决常规问题,当问题不符合任何既定程序和方法时,原则为解决新问题提供预先的感性认识,指导人们寻找解决问题的方法。第四,理财原则不一定在任何情况下都绝对正确。原则的正确性与应用环境有关,在一般情况下它是正确的,而在特殊情况下不一定正确。

财务管理假设是财务管理原则赖以存在的基本前提。假设是进行任何科学研究之前的事先假定,在给了一系列假设之后,就是原则的应用。

对于如何概括理财原则,人们的认识不完全相同。道格拉斯 · R. 爱默瑞和约翰 · D. 芬尼特的观点具有代表性,他们将理财原则概括为三类十二条。分别为:有关

① 也有人认为,财务分期假设是持续经营假设的派生假设。

竞争环境的自利行为原则、双方交易原则、信号传递原则和引导原则；有关价值创造的有价值的创意原则、比较优势原则、期权原则和净增效益原则。有关财务交易的风险—报酬权衡原则、投资分散化原则、资本市场有效原则和货币时间价值原则。

一、有关竞争环境的原则

有关竞争环境的原则，是对资本市场中人的行为规律的基本认识。

（一）自利行为原则

自利行为原则是指人们在进行决策时按照自己的财务利益行事，在其他条件相同的情况下人们会选择对自己经济利益最大的行动。

自利行为原则的依据是理性经济人假设。理性经济人假设认为，人们对每一项交易都会衡量其代价和利益，并且会选择对自己最有利的方案来行动。自利行为原则假设企业决策人对企业目标具有合理的认识程度，并且对如何达到目标具有合理的理解。在这种假设情况下，所有财务交易集团都会选择对自己经济利益最大的行动。

自利行为原则的一个重要应用是委托—代理理论。根据该理论，应当把企业看成是各种自利的人的集合。一个公司涉及的利益关系人包括普通股东、优先股东、债券持有者、银行、短期债权人、政府、社会公众、经理人员、员工、客户、供应商、社区等。这些人或集团，都是按自利行为原则行事的。企业和各种利益关系人之间的关系，大部分属于委托代理关系。这种相互依赖又相互冲突的利益关系，需要通过"契约"来协调。因此，委托—代理理论是以自利行为原则为基础的。

自利行为原则的另一个应用是机会成本的概念。当一个人采取某个行动时，就等于取消了其他可能的行动。因此，他必然要用这个行动与其他的可能行动相比，看该行动是否对自己最有利。采用一个方案而放弃另一个方案时，被放弃方案的收益是被采用方案的机会成本，也称为择机代价。

（二）双方交易原则

双方交易原则是指每一项交易都至少存在两方，在一方根据自己的经济利益决策时，另一方也会按照自己的经济利益决策行动，并且对方和你一样聪明、勤奋和富有创造力。因此，你在决策时要正确预见对方的反应。

双方交易原则的建立依据是商业交易至少有两方、交易是"零和博弈"，以及各方都是自利的。每一项交易都有一个买方和一个卖方，这是不争的事实。无论是买方市场还是卖方市场，在已经成为事实的交易中，买进的资产和卖出的资产总是一样多。既然买入的总量与卖出的总量永远一样多，那么一个人的获利只能以另一个人的付出为基础。从总体上来看双方收益之和等于零，故称为"零和博弈"。在"零和博弈"中，双方都按自利行为原则行事，谁都想获利而不是吃亏。那么，为什么还会成交呢？这与事实上人们的信息不对称有关。买卖双方由于信息不对称，因而对金融证券产生不同的预期。不同的预期导致了证券买卖，直到市场价格达到他们一致的预期时交易停止。如果对方不认为对自己有利，他就不会和你成交。因此，在决策时不仅要考虑自利行为原则，还要使对方有利，否则交易就无法实现。

双方交易原则要求在理解财务交易时不能“以我为中心”，在谋求自身利益的同时要注意对方的存在，以及对方也在遵循自利行为原则行事。这条原则要求我们不要总是“自以为是”，错误认为自己优于对手。

（三）信号传递原则

信号传递原则，是指行动可以传递信息，并且比公司的声明更有说服力。

信号传递原则是自利行为原则的延伸。由于人们或公司是遵循自利行为原则的，所以一项资产的买进能暗示出该资产“物有所值”，买进的行为提供了有关决策者对未来的预期或计划的信息。例如，一个公司决定进入一个新领域，反映出管理者对自己公司的实力以及新领域的未来前景充满信心。

信号传递原则要求根据公司的行为判断它未来的收益状况。例如，一个经常用配股的办法找股东要钱的公司，很可能自身产生现金能力较差；一个大量购买国库券的公司，很可能缺少净现值为正数的投资机会；内部持股人出售股份，常常是公司盈利能力恶化的重要信号。

信号传递原则还要求公司在决策时不仅要考虑行动方案本身，还要考虑该项行动可能给人们传达的信息。例如，一家会计师事务所从简陋的办公室迁入豪华的写字楼，会向客户传达收费高、服务质量高、值得信赖的信息。在决定降价或迁址时，不仅要考虑决策本身的收益和成本，还要考虑信息效应的收益和成本。

（四）引导原则

引导原则是指当所有办法都失败[①]时，寻找一个可以信赖的榜样作为自己的引导。例如，你在一个自己从未到过的城市寻找一个就餐的饭馆，不值得或者没时间调查每个饭馆的有关信息，你应当找一个顾客较多的饭馆去就餐。顾客很少的餐馆，一定是价格很贵或者服务很差。

引导原则是行动传递信号原则的一种运用。不要把引导原则混同于“盲目模仿”。引导原则不会帮你找到最好的方案，却常常可以使你避免采取最差的行动。它是一个次优化准则，其最好结果是得出近似最优的结论，最差的结果是模仿了别人的错误。这一原则虽然有潜在的问题，但是我们经常会遇到理解力、成本或信息受到限制的情况，无法找到最优方察，需要采用引导原则解决问题。

引导原则的两个重要应用：一是行业标准概念；二是“免费跟庄（搭便车）”概念。例如，资本结构的选择问题即观察本行业成功企业的资本结构，或者多数企业的资本结构，不要与它们的水平偏离太远，就是典型的行业标准概念。而许多小股民经常跟随“庄家”或机构投资者，以节约信息成本就属于典型的免费跟庄概念。当然，“庄家”也会利用免费跟庄（搭便车）现象，进行恶意炒作，损害小股民的利益。

---

① 当所有办法都失败，是指我们的理解力存在局限性，不知道如何做对自己更有利；或者寻找最准确答案的成本过高，以至于不值得把问题完全搞清楚。在这种情况下，不要继续坚持采用正式的决策分析程序，包括搜集信息、建立备选方案、采用模型评价方案等，而是直接模仿成功榜样或者大多数人的做法。

二、有关创造价值的原则

有关创造价值的原则，是人们对增加企业财富基本规律的认识。

（一）有价值的创意原则

有价值的创意原则，是指新创意能获得额外报酬。

竞争理论认为，企业的竞争优势主要来源于产品（或服务）差异化和成本领先两方面。产品差异化是指产品本身、销售交货、营销渠道等客户广泛重视的方面在产业内独树一帜。任何独树一帜都来源于新的创意。创造和保持产品差异化的企业，如果其产品溢价超过了为产品的独特性而附加的成本，它就能获得高于平均水平的利润。正是许多新产品的发明，使得发明人和生产企业变得非常富有。

有价值的创意原则主要应用于直接投资项目。一个项目依靠什么取得正的净现值？它必须是一个有创意的投资项目。重复过去的投资项目或者别人的已有做法，最多只能取得平均的报酬率，维持而不是增加股东财富。新的创意迟早要被别人效仿，失去原有的优势。因此，创新的优势都是暂时的。企业长期的竞争优势，只有通过一系列的短期优势才能维持。只有不断创新，才能维持产品的差异化，不断增加股东财富。

（二）比较优势原则

比较优势原则是指专长能创造价值。在市场上要想赚钱，必须发挥你的专长。你必须在某一方面比别人强，并依靠你的强项来赚钱。麦克尔·乔丹的专长是打篮球，他改行去打棒球就违背了比较优势原则。没有比较优势的人，很难取得超出平均水平的收入；没有比较优势的企业，很难增加股东财富。

比较优势原则的依据是分工理论。让每一个人去做最适合他做的工作，让每一个企业生产最适合它生产的产品，社会的经济效率才会提高。

比较优势原则的一个应用是"人尽其才、物尽其用"。在有效的市场中，你不必要求自己什么都能做得最好，但要知道谁能做得最好。如果每个人都去做能够做得最好的事情，每项工作就找到了最称职的人，就会产生经济效率。每个企业要做自己能做得最好的事情，一个国家的效率就提高了。

比较优势原则的另一个应用是优势互补。合资、合并、收购等，都是出于优势互补原则。一方有某种优势，如独特的生产技术；另一方有其他优势，如杰出的销售网络，两者结合可以使各自的优势快速融合，并形成新的优势。

（三）期权原则

期权是一种选择权，是指不附带义务的权利，它是有经济价值的。期权原则是指在估价时要考虑期权的价值。

期权概念最初产生于金融期权交易。在财务上，一个明确的期权合约经常是指按照预先约定的价格买卖一项资产的权利。广义的期权不限于财务合约，任何不附带义务的权利都属于期权。许多资产都存在隐含的期权。例如，一个企业可以决定某个资产出售或者不出售，如果价格不令人满意就什么事也不做，如果价格令人满意就出售。

这种选择权是广泛存在的。一个投资项目,本来预期有正的净现值,因此,被采纳并实施了,上马以后发现它并没有原来设想得那么好。此时,决策人不会让事情按原计划一直发展下去,而会决定方案下马或者修改方案,使损失减少到最低。这种后续的选择权是有价值的,它增加了项目的净现值。在评价项目时就应考虑到后续选择权是否存在以及它的价值有多大。有时一项资产附带的期权比该资产本身更有价值。

(四)净增效益原则

净增效益原则是指财务决策建立在净增效益的基础上,一项决策的价值取决于它和替代方案相比所增加的净收益。

一项决策的优劣,是与其他可替代方案相比较而言的。如果一个方案的净收益大于替代方案,就可以认为它是一个比替代方案好的决策,其价值是增加的净收益。在财务决策中净收益通常用现金流量计量,一个方案的净收益是指该方案现金流入减去现金流出的差额,也称为现金流量净额。一个方案的现金流入是指该方案引起的现金流入量的增加额;一个方案的现金流出是指该方案引起的现金流出量的增加额。

净增效益原则的应用领域之一是差额分析法,也就是在分析投资方案时只分析它们有区别的部分,而省略其相同的部分。净增效益原则初看似乎很容易理解,但实际应用时需要周密地考察方案对企业现金流量总额的直接和间接影响。例如,一项新产品投产的决策引起的现金流量,不仅包括新设备投资,还包括动用企业现有非货币资源对现金流量的影响;不仅包括固定资产投资,还包括需要追加的营运资本;不仅包括新产品的销售收入,还包括对现有产品销售积极或消极的影响。

净增效益原则的另一个应用是沉没成本概念。沉没成本是指已经发生、不会被以后的决策改变的成本。沉没成本与将要采纳的决策无关。因此,在分析决策方案时应将其排除。

三、有关财务交易的原则

有关财务交易的原则,是人们对于财务交易基本规律的认识。

(一)风险—报酬权衡原则

风险—报酬权衡原则是指风险和报酬之间存在一个对等关系,投资人必须对报酬和风险作出权衡。所谓“对等关系”,是指高收益的投资机会必然伴随巨大风险,风险小的投资机会必然只有较低的收益。

在财务交易中,当其他一切条件相同时人们倾向于高报酬和低风险。如果两个投资机会除了报酬不同以外,其他条件(包括风险)都相同,人们会选择报酬较高的投资机会,这是自利行为原则所决定的。如果两个投资机会除了风险不同以外,其他条件(包括报酬)都相同,人们会选择风险小的投资机会,这是风险反感决定的。

如果人们都倾向于高报酬和低风险,而且都在按照他们自己的经济利益行事,那么竞争结果就产生了风险和报酬之间的权衡。你不可能在低风险的同时获取高报酬,因为这是每个人都想得到的。即使你最先发现了这样的机会并率先行动,别人也会迅速跟进,竞争会使报酬率降至与风险相当的水平。因此,现实的市场中只有高风险同时高报酬和低风险同时低报酬的投资机会。

如果你想有一个获得巨大收益的机会,你就必须冒可能遭受巨大损失的风险,每一个市场参与者都在他的风险和报酬之间作权衡。

(二)投资分散化原则

投资分散化原则,是指不要把全部财富投资于一个公司,而要分散投资。

投资分散化原则的理论依据是投资组合理论。马克维茨的投资组合理论认为,若干种股票组成的投资组合,其收益是这些股票收益的加权平均数,但其风险要小于这些股票的加权平均风险,所以投资组合能降低风险。

分散化原则具有普遍意义,不仅仅适用于证券投资,公司各项决策都应注意分散化原则。不应当把公司的全部投资集中于个别项目、个别产品和个别行业;不应当把销售集中于少数客户;不应当使资源供应集中于个别供应商。凡是有风险的事项,都要贯彻分散化原则,以降低风险。

(三)资本市场有效原则

资本市场是指证券买卖的市场。资本市场有效原则,是指在资本市场上频繁交易的金融资产的市场价格反映了所有可获得的信息,而且面对新信息完全能迅速地作出调整。

资本市场有效原则要求理财时重视市场对企业的估价。资本市场是企业的一面镜子,又是企业行为的校正器。股价可以综合反映公司的业绩,弄虚作假、人为地改变会计方法对于企业价值的提高毫无用处。一些公司把巨大的精力和智慧放在报告信息的操纵上,通过"创造性会计处理"来提高报告利润,企图用财务报表给使用人制造幻觉,这在有效市场中是无济于事的。

市场有效性原则要求理财时慎重使用金融工具。如果资本市场是有效的,购买或出售金融工具的交易的净现值就为零。公司很难通过筹资获取正的净现值(增加股东财富)。公司的生产经营性投资带来的竞争,是在少数公司之间展开的,竞争不充分。一个公司,因为它有专利权、专有技术、良好的商誉、较大的市场份额等相对优势,可以在某些直接投资中取得正的净现值。资本市场的有效性比商品市场要高得多,所有需要资本的公司都在寻找资本成本低的资金来源,大家都平起平坐,机会均等的竞争,使财务交易基本上是公平交易。在资本市场上,只获得与投资风险相称的报酬,也就是与资本成本相同的报酬,很难增加股东财富。

(四)货币时间价值原则

货币时间价值原则,是指在进行财务计量时要考虑货币时间价值因素。

货币具有时间价值的依据是货币投入市场后其数额会随着时间的延续而不断增加。这是一种普遍的客观经济现象。

货币时间价值原则的首要应用是现值概念。由于现在的 1 元货币比将来的 1 元货币经济价值大,不同时间的货币价值不能直接加减运算,需要进行折算。通常,要把不同时间的货币价值折算到“现在”时点，然后进行运算或比较。把不同时点的货币折算为“现在”时点的过程，称为“折现”，折现使用的百分率称为“折现率”，折现后的价值称为“现值”。财务估价中，广泛使用现值计量资产的价值。

货币时间价值的另一个重要应用是“早收晚付”观念。对于不附带利息的货币收支，与其晚收不如早收，与其早付不如晚付。早收、晚付在经济上是有利的。

【本章小结】

财务管理假设是人们利用自己的知识，根据财务活动的内在规律和理财环境的要求所提出的，具有一定事实依据的假定或设想，是进一步研究财务管理理论和实践问题的基本前提。当假设被证明有用之后，就可以上升为财务管理原则。

本书认为，财务管理基本假设应包括财务主体假设、自主理财假设、持续经营假设、财务分期假设、财务可控假设。

财务管理原则是指人们对财务活动的共同认识，是财务管理工作必须遵循的基本准则，是从财务管理实践中概括出来的体现财务活动规律性的行为规范。按照道格拉斯·R. 爱默瑞和约翰·D. 芬尼特的观点，理财原则可概括为三类：一是有关竞争环境的原则，包括自利行为原则、双方交易原则、信号传递原则和引导原则。二是有关创造价值的原则，包括有价值的创意原则、比较优势原则、期权原则和净增效益原则。三是有关财务交易的原则，包括风险—报酬权衡原则、投资分散化原则、资本市场有效原则和货币时间价值原则。

【复习思考题】

一、单项选择题

1. (　　)要求把经济实体的财务活动同实体所有者的财务活动以及其他经济实体的财务活动区分开来。它明确了财务管理工作的空间范围。

A. 财务主体假设　B. 自主理财假设　C. 持续经营假设　D. 财务分期假设

2. 有人认为，自主理财假设是(　　)的派生假设。

A. 财务主体假设　B. 财务可控假设　C. 持续经营假设　D. 财务分期假设

3. 自利行为原则的依据是(　　)。

A. 财务主体假设　B. 理性经济人假设　C. 持续经营假设　D. 财务分期假设

4. (　　)原则是指专长能创造价值。

A. 有价值的创意原则　B. 期权原则

C. 比较优势原则　D. 净增效益原则

5. 不会帮你找到最好的方案，却常常可以使你避免采取最差的行动的原则是(　　)。

A. 自利行为原则　B. 双方交易原则　C. 信号传递原则　D. 引导原则

二、多项选择题

1. 下列属于有关竞争环境原则的有(　　)。

A. 双方交易原则　B. 信号传递原则　C. 引导原则　D. 比较优势原则

2. 下列属于有关创造价值原则的是(　　)。

A. 有价值的创意原则　B. 比较优势原则

C. 期权原则　D. 信号传递原则

3. 下列属于有关财务交易原则的是(　　)。

A. 风险—报酬权衡原则　B. 投资分散化原则

C. 资本市场有效原则　D. 双方交易原则

4. 下列属于引导原则应用的是(　　)。

A. 行业标准概念　B. 免费跟庄概念　C. 早收晚付概念　D. 沉没成本概念

5. 财务管理基本假设包括(　　)。

A. 财务主体假设　B. 自主理财假设　C. 持续经营假设　D. 财务分期假设

三、判断题

1. 资本市场有效原则要求理财时重视市场对企业的估价。(　　)

2. 有价值的创意原则的一个重要应用是沉没成本概念。(　　)

3. "人尽其才、物尽其用"和"优势互补"指的是比较优势原则。(　　)

4. 公司在决策时不仅要考虑行动方案本身,还要考虑该项行动可能给人们传达的信息,这是引导原则的含义。(　　)

5. 自利行为原则的依据是理性经济人假设。(　　)

四、名词解释

1. 财务管理假设　2. 财务管理原则　3. 双方交易原则　4. 信号传递原则

5. 引导原则

五、简答题

1. 简述财务管理假设的基本内容。

2. 简述财务管理原则中有关竞争环境原则的基本内容。

3. 简述财务管理原则中有关创造价值原则的基本内容。

【参考文献及阅读资料】

1. 王化成主编:《高级财务管理》,中国人民大学出版社,2007 年。

2. 陆正飞、朱凯编著:《高级财务管理》,浙江人民出版社,2000 年。

3. 财政部注册会计师考试委员会办公室:《财务成本管理》,经济科学出版社,2008 年。

4. 杨雄胜:《高级财务管理》(第二版),东北财经大学出版社,2009 年。

5. [美]斯蒂芬·A. 罗斯等著,吴世农等译:《公司理财》,机械工业出版社,2000 年。

6. 谷祺、王棣华主编:《高级财务管理》,东北财经大学出版社,2007 年。

7. 沈艺峰. 沈洪涛著:《公司财务理论主流》,东北财经大学出版社,2004 年。

8. 汤谷良:《高级财务管理学的理论框架——管理过程的财务实现》,会计研究,2001 年第 6 期。

第二章　公司治理与财务治理

【学习目的与要求】

近年来,公司治理问题日益成为理论界和企业界关注的热点。由于分析和强调问题的角度不同,人们对公司治理有着许多不同的定义和解释。公司财务治理是公司治理的重要内容和主要方面,它从财务的社会属性出发,以财权配置为核心,研究如何通过财权的合理配置,形成一组联系各利益相关主体正式和非正式关系的制度安排,以期达到维护利益相关者利益的根本目的。因此,从本质上来说,财务治理是一个关于财权配置的合约安排。本章对公司治理的内涵、治理结构及模式和财务治理的内涵、财权配置及财务治理结构等问题进行了阐述。通过本章的学习,要求:

【了解】　公司治理、财务治理的内涵。

【理解】　公司治理结构;财务治理结构;财务治理主体、客体;财权配置。

【掌握】　各种公司治理模式;财务治理结构安排。

【重点与难点】

1. 公司治理与财务治理、财务治理与财务管理关系辨析。
2. 市场主导型公司治理模式。
3. 银行控制主导型公司治理模式。
4. 家族控制型公司治理模式。
5. 财权配置。

第一节　公司治理

一、公司治理的内涵

近年来,公司治理问题日益成为理论界和企业界关注的热点。由于分析和强调问题的角度不同,人们对公司治理有着许多不同的定义和解释。具有代表性的观点主要有以下几种:

(一)决策机制说

奥利弗·哈特(Oliver Hart)在《公司治理理论与启示》一文中提出了公司治理理

论的分析框架。他认为，只要以下两个条件存在，公司治理问题就必然在一个组织中产生。第一个条件是代理问题，确切地说是组织成员（可能是所有者、工人或消费者）之间存在利益冲突；第二个条件是交易费用之大使代理问题不可能通过合约解决。他这样解释道，如果出现代理问题并且合约不完全，则公司治理结构就至关重要。因此，哈特指出，在合约不完全的情况下（代理问题也将出现），治理结构确实有它的作用。治理结构被看做一个决策机制，而这些决策在初始合约下没有明确地设定，更确切地说，治理结构分配公司非人力资本的剩余控制，即资产使用权如果没有在初始合约中详细设定的话，治理结构决定其将如何使用。由此可以看出，哈特是将代理问题和合约的不完全性作为公司治理存在的条件和理论基础。

（二）相互作用说

另一种对公司治理基本问题的解释是科克伦（Phlip L. Cochran）和沃特克（Steven L. Wartick）提出的。他们在1988年发表的《公司治理－文献回顾》一文中指出：公司治理问题包括高级管理阶层、股东、董事会和公司其他利害相关者的相互作用中产生的具体问题。构成公司治理问题的核心是：(1)谁从公司决策—高级管理阶层的行动中受益；(2)谁应该从公司决策—高级管理阶层的行动中受益？“当在‘是什么’和‘应该是什么’之间存在不一致时，一个公司的治理问题就会出现。”为了进一步解释公司治理中包含的问题，他们引述了巴克霍尔兹（Buckhoiz）的论述，将公司治理分为四个要素，每个要素中的问题都是与高级管理阶层和其他主要的相关利益集团相互作用有关的“是什么”和“应该是什么”之间不一致引起的。

（三）制度安排说

将公司治理解释为一种制度安排也是一种很有影响的观点。英国牛津大学管理学院院长柯林·梅耶（Myer）在他的《市场经济和过渡经济的企业治理机制》一文中，把公司治理定义为：“公司赖以代表和服务于他的投资者的一种组织安排。它包括从公司董事会到执行经理人员激励计划的一切东西……公司治理的需求随市场经济中现代股份有限公司所有权和控制权相分离而产生。”斯坦福大学的钱颖一教授也支持制度安排的观点，在他的论文《中国的公司治理结构改革和融资改革》中提出：“公司治理结构是一套制度安排，用以支配若干在企业中有重大利害关系的团体，包括投资者（股东和贷款人）、经理人员、职工之间的关系，并从这种联盟中实现经济利益。公司治理结构包括：(1)如何配置和行使控制权；(2)如何监督和评价董事会、经理人员和职工；(3)如何设计和实施激励机制。”

（四）组织结构说

国内著名经济学家吴敬琏教授认为，“所谓公司治理结构，是指由所有者、董事会和高级执行人员即高级经理三者组成的一种组织结构。在这种结构中，上述三者之间形成一定的制衡关系。通过这一结构，所有者将自己的资产交由公司董事会托管；公司董事会是公司的决策机构，拥有对高级经理人员的聘用、奖惩和解雇权；高级经理人员受雇于董事会，组成在董事会领导下的执行机构，在董事会的授权范围内经营企业。”这种观点为国内大部分学者所认同,并为政府决策部门所采纳。

从上面列出的这些定义中可以看出,学者们对公司治理概念的理解至少包含以下两层含义:

1. 公司治理是一种合同关系。公司被看做是一组合同的联合体,这些合同治理着公司发生的交易,使得交易成本低于由市场组织这些交易时发生的交易成本。由于经济行为人的行为具有有限理性和机会主义的特征,所以这些合同不可能是完全合同。为了节约合同成本,不完全合同常常采取关系合同的形式。公司治理的安排,以公司法和公司章程为依据,在本质上就是这种关系合同,它以简约的方式,规范公司各利害相关者的关系,约束他们之间的交易,来实现公司交易成本的比较优势。

2. 公司治理的功能是配置权、责、利。关系合同要能有效,关键是要对在出现合同未预期的情况时谁有权决策作出安排。一般来说,谁拥有资产或谁有资产所有权,谁就有剩余控制权,即对法律或合同未作规定的资产使用方式作出决策的权利。公司治理的首要功能,就是配置这种控制权。这有两层意思:一是,公司治理整顿是在既定资产所有权前提下安排的。所有权形式不同,比如,债权与股权、股权的集中与分散等,公司治理的形式也会不同。二是,所有权中的各种权力就是通过公司治理整顿结构进行配置的。这两个方面的含义体现了控制权配置和公司治理结构的密切关系:控制权是公司治理的基础,公司治理整顿是控制权的实现。

二、公司治理的两种观点

人们普遍认为公司治理是一个体系,通过这一体系能够使两权分离带来的代理问题等得到解决。但这一体系由谁来主导运行在理论上和实践中却有不同的看法,主要有两类观点。

(一)传统的股东观点。这种观点认为公司治理是指所有者,主要是股东对经营者的一种监督与制衡机制。即通过一种制度安排,来合理地配置所有者与经营者之间的权利与责任关系。公司治理的目标是保证股东利益的最大化,防止经营者对所有者利益的背离。其主要特点是通过股东大会、董事会、监事会及管理层所构成的公司治理结构的内部治理。

(二)利害相关者观点。即公司治理不局限于股东对经营者的制衡,而是涉及广泛的利害相关者,包括股东、债权人、供应商、雇员、政府和社区等与公司有利害关系的集团。公司治理是通过一套包括正式或非正式的、内部的或外部的制度或机制来协调公司与所有利害相关者之间的利益关系,以保证公司决策的科学化,从而最终维护公司各方面的利益。因此衡量一个治理制度或治理结构的标准应该是如何使公司最有效的运行,如何保证各方面的公司参与人的利益得到维护和满足。

三、公司治理结构

根据利害相关者的观点,公司治理的主体不仅局限于股东,而是包括股东、债权人、雇员、顾客、供应商、政府、社区等在内的广大公司利害相关者。作为所有者，股东处于公司治理主体的核心。债权人（如银行）尽管不一定是公司的资产所有者，但它向公司发放贷款后，处于防范自身风险的考虑，要求对债务人的资本经营进行监督或参与治理，这种权利来自债权。根据产权内涵的逻辑延伸，仅仅具有人力资本的劳动者也应是产权主体，所以公司雇员通过提供人力资本而拥有了参与公司治理的权利。此外，由于消费者、供应商等其他利害相关者与公司之间存在程度不同的利益关系，这就为他们参与或影响公司治理提供了可能，但这种可能性变成现实性还需要其他条件，如利害关系的专用性，企业的制度环境等。在完全竞争的市场环境中，公司治理主体各组成部分之间的关系是建立在合作基础上的平等、独立的关系。但从他们对公司治理客体的影响来看，有着核心与外围的区分。

经济合作与发展组织（OECD）理事会于1999年5月通过的《公司治理原则》中，根据公司治理的主体和方式，对公司治理结构的内容规定了五个方面：

（一）保护股东的权利

股东是公司的出资者，是公司法律意义上的所有者。股东通过持有股票，享受经济利益和其他权利，并承担相应的义务。股东的权利在各国公司法和公司章程中都有规定。尽管各国的公司对股东权益的规定不尽相同，但大体上股东权益都包括表决权、选举权、检查权、股利分派权、股份转让权、优先认股权、控诉权等。治理结构必须将确保这些权益得以实现的制度和程序包括在内，比如及时充分地向股东提供必要的信息、提供简化的日常征求股东意见的机制、设置合理的代理投票机制、避免机构投资者左右股东的真实意图等。

（二）对股东的平等待遇

在公司中，小股东和外围股东的利益经常会受到侵犯。这一部分股东持有的股份一般比较少，以致他们作为单个股东是否投票参加表决对公司决策几乎没有什么影响。小股东和外围股东当然也可以通过某种股东协议达成一致投票的约定，以整体力量对抗大股东对决策权的垄断和董事会、总经理可能对自己的利益造成的侵犯。但是，达成和维持这样一种协议是需要交易成本的，很少有股东会愿意承担这部分成本而在收益上让其他股东“搭便车”。另一种办法是由那些替投资者监管股票的金融机构来行使股东的投票权，但一般来说，股东往往并不希望金融机构在所有问题上都代替自己投票，而金融机构要理解每种情况下股东的意愿也是非常困难的。

治理结构的框架应当确保所有的股东——包括小股东和外围股东的平等待遇。治理结构必须确保所有同级的股东享有同等的待遇，尽可能向股东提供其决策判断所需要的信息，并尽量避免公司程序给投票带来的费用和造成的麻烦。

股东权利能在多大程度上得到保护，一个重要的决定性因素是是否有有效的办法使其所受到的损害能够得到及时的补偿。法律和公司的章程应该提供这样一种机制，使股东在有合理证据认定他们的利益受到侵害时，能够无成本或低成本地提出诉讼并得到有效合理的补偿。

（三）利害相关者在公司治理结构中的作用

企业是劳动、原材料、资本投入者和产品消费者之间的一组多边合约关系。其持久竞争力和成功是协同工作的结果，体现了来自不同资源提供者的贡献。因此治理结构的框架应当确认利害相关者的合法权利，并且鼓励公司与利害相关者就创造财富和工作机会以及保持企业财务健全而积极地进行合作。

治理结构并不是公司本身一种封闭的运行，而是一种与外界广泛联系的生态系统。治理结构的一个重要方面是确保外部资金流入企业，寻求并鼓励企业的各种利害相关人从事社会有效水平上的投资。实际上，在利害相关者中建立有效的合作是为了公司的长期利益。只有认识到公司的利害相关者以及他们对公司长期成功的贡献，才能更好地服务于公司的利益。

治理结构中对利害相关者的保护一部分是通过法律来实现的，如劳动法、商业法、合同法及破产清算法；另一部分则来自于企业自身的规定和对利害相关者的承诺。公司作为社会经济的一种基本组成单位，作为一种社会存在，还应当承担必要的社会责任。比如，对环境保护和社会道德水准的改善提供必要的支持，以及对他们所经营于其中的社区的期望作出积极的反应。

（四）信息披露和透明度

公司这一组织形式本身就决定了公司治理结构框架应当及时准确的披露与公司有关的重大问题。应当披露的重大信息至少应当包括：(1)公司的财务状况和经营成果，这主要通过财务报表来实现；(2)公司的目标，不仅包括公司盈利方面的目标，还包括公司承担社会责任的社会目标；(3)股权结构和相应的投票权，包括主要大股东和控股或可能控股股东的数据，以及有关特殊表决权、股东协议、控股股份或大宗股票拥有、重大交叉持股关系以及交叉担保关系的信息；(4)董事会和经理委员会的主要成员，以及他们的报酬；(5)重要可预见的风险因素；(6)与雇员及其他利害相关者有关的重大问题；(7)治理结构和政策。

（五）董事会的责任

强调董事会的作用和职责，提高董事会的效率是各国公司治理中普遍重视的问题。治理结构的框架应确保董事会对公司的战略性指导和对管理人员的有效监督，并确保董事会对公司和股东负责。

董事由股东大会选举产生，其成员以公司财产委托人的身份代表公司来管理公司的事务。董事会的权力配置是公司治理的核心问题，也是确保董事会有效履行职责的前提。董事会的功能一是监督，包括明确责任和监督检查两个方面；二是决策，包括制定战略和制定政策两个方面。具体如下：(1)召集股东大会，执行股东大会决议；(2)选任和聘任总经理、副总经理，选派负责公司日常事务的高级职员；(3)确定总经理、副总经理的报酬和待遇；(4)规定营业方针和其他关系公司全局的重大问题；(5)批准金额较大的合同与开支；(6)提出股息和红利的分配方案，确定公司财务原则和资金周转等重大财务问题；(7)批准雇员的报酬和待遇，监督和提高整个公司的福利待遇;(8)提出公司的合并和与解散方案;(9)提出公司破产的申请。

四、公司治理结构模式

《OECD公司治理原则》在前言中指出:“世界上并不存在唯一一种好的公司治理”,因为“好的或有效的公司治理制度是具有国家特性的,它必须与本国的市场特征、制度环境以及社会传统相协调。”从世界范围来看,当前存在三种主流的公司治理结构模式,即以英美为代表的市场主导型模式、以日德为代表的银行导向型模式和以韩国及东南亚为代表的家族控制型模式。

(一)市场主导型公司治理模式

市场主导型公司治理模式强调股东主权,以股东财富的最大化作为衡量公司治理效率的标准。它以发达的金融市场,广泛分散的股份所有权以及活跃的公司控制权市场为基础,利用市场手段间接控制公司,形成对经理人员强有力的激励和持续性约束,从而保证了公司治理的有效性。

1. 市场主导型公司治理模式的股权特性

(1)股权高度分散在个人和机构投资者手中。在美国700余万家企业中,由股东持股的股份有限公司占总数的95%,而且股权极为分散,一些上市公司往往有几十万个甚至几百万个股东。从股权结构来看,目前最大的股东是机构投资者,如养老基金、共同基金、保险公司以及慈善团体等,它们控制了全美大中型企业约50%的普通股。但是,尽管机构投资者持股总量很大,出于分散风险的目的和有关法规的限制,在一个特定公司中常常最多只持有1%的股票,发言权有限,当公司经营业绩欠佳时,它们往往无意帮助公司改善经营状况,而是迅速抛售公司股票,改变投资组合,因此长期以来,被称为“消极投资者”。但近年来,随着机构投资者持股率的增长,许多机构投资者开始积极主动参与公司运作,大力推动公司治理结构的改善。

(2)股权流动性极强。在高度分散化的股权结构下,美国股东很少积极主动去监督公司经营者,干预公司的运转。他们一般只要求公司经营者提供详尽的财务数据,要求证券市场的管理者,如证券交易委员会制定规则以确保交易的公平性。如果股东对某公司的状况不满意,他会选择“用脚投票”,即卖出该公司股票。因此造成股权流动性强,持股短期化严重的现象。

2. 市场主导型公司治理模式的内部治理特征

英美国家的公司治理结构由股东大会和董事会组成,不设监事会。特点是公司在股东大会的终极控制下,在董事会下设立多个委员会,实行各委员会分工负责制,不设专门的监督机构,业务执行机构和监督机构合二为一,董事会既有业务执行的功能,也有监督机构的职能。

(1)股东大会。从理论上来讲,股东大会是公司的最高权力机构。但是,英美公司的股东非常分散,而且相当一部分股东是只有少量股份的股东,其实施治理权的成本很高,因此,不可能将股东大会作为公司的常设机构,或经常就公司发展的重大事宜召开股东代表大会,以便作出有关决策。在这种情况下,股东大会就将其决策权委托给一部分大股东或有权威的人来行使,这些人组成了董事会。股东大会与董事会之间的关系实际上是一种委托代理的关系。股东们将公司日常决策的权利委托给了由董事组成的董事会,而董事会则向股东承诺使公司健康经营并获得满意的利润。

(2)董事会。董事会是股东大会的常设机构。董事会的职权是由股东大会授予的。关于董事会人数、职权和作用,各国公司法均有较为明确的规定,英美也不例外。除了公司法的有关规定以外,各个公司也都在公司章程中对有关董事会的事宜进行说明。英美公司的董事会在内部管理上有两个鲜明的特点:

第一,在董事会内部设立不同的委员会,以便协助董事会更好地进行决策。一般而言,英美公司的董事会大都附设执行委员会、任免委员会、报酬委员会、审计委员会等一些委员会。这些委员会一般都是由董事长直接领导,有的实际上行使了董事会的大部分决策职能,董事会是股东大会的常设机构,而执行委员会又成为董事会的常设机构。

第二,将公司的董事分成内部董事和外部董事。内部董事是指公司现在的职员,以及过去曾经是公司的职员,现在仍与公司保持着重要的商业联系的人员。外部董事包括三种人,一是与本公司有着紧密的业务和私人联系的外部人员;二是本公司聘请的外部人员;三是其他公司的经理人员。外部董事一般在公司董事会中占多数,但一般不在公司中任职;内部董事一般都在公司中担任重要职务,是公司经营管理的核心成员。自70年代以来,英美公司中的外部董事比例呈上升趋势。按理讲,外部董事比例的增加会加强董事会对经营者的监督与控制,但是,英美大公司中同时存在的一个普遍现象是公司首席执行官兼任董事会主席。这种双重身份实际上使董事会丧失了独立性,其结果是董事会难以发挥监督职能。

(3)首席执行官(CEO)。从理论上来讲,董事会有权将部分经营管理权力转交给代理人代为执行。这个代理人就是公司政策执行机构的最高负责人,一般被称为首席执行官,即CEO。在多数情况下,首席执行官是由董事长兼任的。即使不是由董事长兼任,担任此职的人也几乎必然是公司的执行董事并且是公司董事长的继承人。但是,由于公司的经营管理日益复杂化,经理职能也日益专业化,大多数公司又在首席执行官之下为其设一助手,负责公司的日常业务,这就是首席营业官,即COO。在大多数公司,这一职务一般由公司总裁兼任,而总裁是仅次于首席执行官的公司第二号行政负责人。也有的公司,由董事长同时兼任公司的首席执行官和总裁,并且常设一名首席营业官协助董事长兼首席执行官的工作。此外,公司还设有其他一些行政职务,如首席财务官等。在英美公司的行政序列中,以首席执行官的地位最高,其次为公司总裁,再次为首席营业官,接下来是首席财务官。在总裁以下,各公司还常常设有多名负责具体业务的副总裁,包括执行副总裁和资深副总裁。这些副总裁一般都负责公司的一个重要业务分部,或者是作为公司董事长和首席执行官的代表担任重要子公司的董事长兼首席执行官。

(4)外部审计制度的导入。需要注意的是,英美公司中没有监事会,而是由公司聘请专门的审计事务所负责有关公司财务状况的年度审计报告。公司董事会内部虽然也设立审计委员会,但它只是起协助董事会或总公司监督子公司财务状况和投资状况等的作用。由于英美等国是股票市场非常发达的国家,股票交易又在很大程度上依赖于公司财务状况的真实披露,而公司自设的审计机构难免在信息发布的及时性和真实性方面有所偏差,所以,英美等国很早便出现了由独立会计师承办的审计事务所,由有关企业聘请他们对公司经营状况进行独立审计并发布审计报告,以示公正。英美等国公司每年的财务报告书都附有审计事务所主管审计师签发的审计报告。政府的审计机构也在每年定期或不定期地对公司经营状况进行审计并对审计事务所的任职资格进行审查。这种独立审计制度既杜绝了公司的偷税漏税行为,又在很大程度上保证了公司财务状况信息的真实披露,有助于公司的守法经营。

3. 市场主导型公司治理模式的外部治理特征

在市场主导型模式下,由于股权的高度分散性和流动性,众多的中小股东对公司经理层的影响力较弱,公司治理机制的发挥更多地依赖于外部市场的力量。

(1)资本市场。由于广泛分散的股东难以实现对公司的实际控制,使得经理层在公司的治理结构中占据了实际的支配地位。股东主要依赖资本市场的作用机制,通过"用脚投票"的方式,来形成对公司行为的约束或对其代理者的选择与监控。如果公司出现问题,股价下跌,股东会纷纷抛售该公司股票,使公司面临被接管的危险,一旦公司被接管,往往要改组董事会,重选经理人员,从而给公司经理层以巨大的外在压力,并以此对公司经理人形成强有力的间接约束。外部发达的资本市场及其作用机制无疑是英美国家公司治理结构模式不断得到强化的根源力量。

(2)公司控制权市场。公司控制权市场是在资本市场的基础上衍生出来的,是指在资本市场上,通过对"廉价"股票的收购,达到接管公司的目的,所以又被称为"公司接管市场"。公司控制权的争夺将对公司经理人形成巨大的外在压力。公司因经营惨淡而被敌意收购将直接导致代理人的解职。经理人员被解职,意味着他作为经营者的人力资本贬值,会被迫退出经理人市场。因而经理人员必然把股东利益最大化作为公司目标,并通过自己的努力,用良好的经营业绩来维持公司的股价。这样,公司控制权市场就成为实现股东控制、监督和制约经营者的一种外部机制。

(3)代理人市场。在发达的代理人市场上,众多的经理人竞争,对公司经营者形成一种自我约束、自我监督的作用,有利于促进经理人积极开展经营而实现股东财富最大化。

(二)银行控制主导型公司治理模式

在银行控制主导型公司治理模式下,银行、法人股东、内部人在公司治理中起着主要作用。这种模式在德国、瑞士、奥地利、荷兰等欧洲大陆国家及东亚的日本盛行,尤其是德国和日本发展最好,所以又称为"日德模式"。

1. 银行控制主导型公司治理模式的股权特征

(1)股权集中,法人持股为主,银行占主导地位。法人持股是德日公司股权结构的基本特征,这一特征尤其在日本公司中更为突出。"二战"后,股权所有主体多元化和股东数量迅速增长是日本企业股权结构分散化的重要表现。但在多元化的股权结构中,股权并没有向个人集中而是向法人集中,法人持股比例不断上升,由此形成了日本企业股权法人化现象。在日本,法人股东主要是金融机构和实业公司,其中银行持股又占主导地位。银行往往既是公司最大的股东,又是公司主要债权人。日本的银行和保险公司几乎持有日本公司股份的1/3。日本的银行制主要包括三个基本层面:一是银企关系层面,即企业与主银行之间在融资、持股、信息交流和管理等方面结成的关系;二是银银关系层面即指银行之间基于企业的联系而形成的关系;三是政银关系,即指政府管制当局与银行业之间的关系。这三层关系相互交错、相互制约,共同构成一个有机的整体,或称为以银行为中心的、通过企业的相互持股而结成的网络。

商业银行虽然是德日公司的最大股东,呈现公司股权相对集中的特征,但是二者仍然存在一些区别。在日本的企业集团中,银行作为集团的核心,通常拥有集团内企业较大的股份,并且控制了这些企业外部融资的主要渠道。德国公司则更依赖于大股东的直接控制,由于大公司的股权十分集中,使得大股东有足够的动力去监控经理阶层。另外由于德国公司更多地依赖于内部资金融通,所以德国银行不像日本银行那样能够通过控制外部资金来源对企业施加有效的影响。

(2)法人相互持股普遍。由于德日在法律上对法人相互持股没有限制,因此德日公司法人相互持股非常普遍。法人相互持股有两种形态:一种是垂直持股,如丰田、住友公司,它们通过建立母子公司的关系,达到密切生产、技术、流通和服务等方面相互协作的目的。另一种是环状持股,如三菱公司、第一劝银集团等,其目的是相互之间建立起稳定的资产和经营关系。公司相互持股加强了关联企业之间的联系,使企业之间相互依存、相互渗透、相互制约,在一定程度上结成了"命运共同体"。

2. 银行控制主导型公司治理模式的治理特征——严密的股东监控机制

德日公司的股东监控机制是一种"主动性"或"积极性"的模式,即公司股东主要通过一个能信赖的中介组织或股东当中有行使股东权力的人或组织,通常是一家银行来代替他们控制与监督公司经理的行为,从而达到参与公司控制与监督的目的,如果股东们对公司经理不满意,不像英美两国公司那样只是"用脚投票",而是直接"用手发言"。但是德日公司的监控机制的特征又有所不同。

(1)德国公司监控机制的特征。一是双层董事会结构,即完全由企业经营者构成的经理理事会和由员工代表与股东代表组成的监事会。理事会是执行机构,在监事的领导和监督下,负责公司的日常经营业务,相当于英美国家公司的经理班子。监事会是公司股东、职工利益的代表机构和监督机构,可以委派和解散经理理事会,认可重要的管理决策,以及向经理理事会提出建议。成员一般要求有比较突出的专业特长和丰富的管理经验,主席由监事会成员选举。由于银行本身持有大量的投票权和股票代理权,因而在公司监事会的选举中必然占有主动的地位。如果公司经理和高层管理人员管理不善,银行在监事会的代表就会同其他代表一起要求改组执行董事会,更换主要经理人员。由此可见,德国在监事会成员的选举、监事会职能的确定上都为股东行使控制与监督权提供了可能性,而银行直接持有公司股票,则使股东有效行使权力成为现实。

二是职工参与决定制度。其主要内容有:职工代表有权在理事会和监事会中占有一定的席位并参与决策;监督维护职工利益的法规和劳资协议的执行情况;在职工福利方面与资方有对等的表决权;享有对企业生产经营情况的知情权和质询权。职工进入监事会的代表中,职工和高级职员是按比例选举的,但每一群体至少有一名代表。职工通过选派职工代表进入监事会参与公司重大经营决策,使得企业决策比较公开,这有利于对公司经营的监督,同时还有利于公司的稳定和持续发展。因为职工在监事会中占有一定的席位,在一定程度上减少了公司被兼并接管的可能性。这也是德国公司很少受到外国投资者接管威胁的主要原因之一,从而保护了经理人员做出长期投资的积极性。

(2)日本公司监控机制的特征。日本企业也设置股东大会、董事会和执行机构。股东大会是名义上的最高权力机构,但真正发挥决策作用的是董事会,重大问题均由董事会集体讨论决定。董事会成员大多数由企业内部的中高层经营管理人员兼任,其他则主要由控股或参股的关系企业委派,外部董事较少,这使得公司的决策权与执行权融为一体,经营者拥有很大的权力。对经营者的约束主要来自大股东主导银行和互相持股的企业。

日本银行的双重身份,决定了其必然在行使监控权力中,发挥主要作用。日本银行及其他法人股东通过积极获取经营信息对公司主管实行严密的监督。在公司盈利情况良好的条件下,银行只是作为"平静的商业伙伴"而存在,一旦公司盈利开始下降,主导银行由于所处的特殊地位,能够很早就通过营业往来账户、短期信贷、与公司最高管理层商业伙伴的长期个人交往等途径获取信息,及时发现问题。如果情况继续恶化,主银行就可以通过召开股东大会或董事会来更换公司的最高领导层。在日本公司董事会中,有一名以上的董事常常是公司主导银行的前任主管,这是日本商业银行的通行做法。这位前任主管实际上就是为主银行搜集信息,并对公司主管实行严密监控,当对公司主管经理的经营业绩不满意时,就可以利用股东大会罢免这些经理人员。

(三)家族控制型公司治理模式

家族控制型公司治理模式是指公司所有权与经营权没有实现分离,公司与家族合二为一,公司的主要控制权在家族成员中配置的一种模式。在这种模式中,企业的创立家族通过复杂的交叉持股取得对公司的控制权,国家则通过控制金融系统在微观经济运行中发挥重要作用。其特点是"一股独大",经理人易串通大股东控制公司的重要决策,侵犯小股东和其他利益相关人的利益,形成"内部人控制"。这种模式在韩国和东南亚的新加坡、马来西亚、菲律宾等国家盛行。其主要特征有:

1. 企业所有权或股权主要由家族成员控制

在韩国和东南亚的家族企业中,家族成员控制企业的所有权或股权表现为五种情况。(1)企业的初始所有权由单一创业者拥有,当创业者退休后,企业的所有权传递给子女,由其子女共同拥有。(2)企业的初始所有权由参与创业的兄弟姐妹或堂兄弟姐妹共同拥有,待企业由创业者的第二代经营时,企业的所有权则由创业者的兄弟姐妹的子女或堂兄弟姐妹的子女共同拥有。(3)企业的所有权由合资创业的具有血缘、姻缘和亲缘的家族成员共同控制,然后顺延传递给创业者第二代或第三代的家族成员,并由他们共同控制。(4)家族创业者或家族企业与家族外其他创业者或企业共同合资创办企业时,由家族创业者或家族企业控股,待企业股权传递给家族第二代或第三代后,形成由家族成员联合共同控股的局面。(5)一些原来处于封闭状态的家族企业,迫于企业公开化或社会化的压力,把企业的部分股权转让给家族外的其他人或企业,或把企业进行改造公开上市,从而形成家族企业产权多元化的格局,但这些股权已经多元化的家族企业的所有权仍然主要由家族成员控制着。

2. 企业主要经营管理权掌握在家族成员手中

在韩国和东南亚的家族企业,家族成员控制企业经营管理权主要分两种情况。一种情况是企业经营管理权主要由有血缘关系的家族成员控制;另一种情况是企业经营管理权主要由有血缘关系的家庭成员和有亲缘、姻缘关系的家族成员共同控制。

3. 经营者激励约束双重化

在韩国和东南亚的家族企业中,经营者受到了来自家族利益和亲情的双重激励和约束。对于家族第一代创业者而言,他们的经营行为往往是为了光宗耀祖或使自己的家庭更好地生活,以及为自己的子孙后代留下一份产业。对于家族企业第二代经营者来说,发扬光大父辈留下的事业、保值增值作为企业股东的家族成员资产的责任、维持家族成员亲情的需要,是对他们的经营行为进行激励和约束的主要机制。因此,与非家族企业经营者相比,家族企业的经营者的道德风险、利己的个人主义倾向发生的可能性较低,用规范的制度对经营者进行监督和约束已经成为不必要。但这种建立在家族利益和亲情基础上的激励约束机制,使家族企业经营者所承受的压力更大,并为家族企业的解体留下了隐患。

4. 企业员工管理家庭化

韩国和东南亚的家族企业不仅把儒家关于"和谐"和"泛爱众"的思想用于家族成员的团结上,而且还推广应用于对员工的管理上,在企业中创造和培育一种家庭式的氛围,使员工产生一种归属感和成就感。例如,印度尼西亚林绍良主持的中亚财团,对工龄在25年以上的超龄员工实行全薪退休制,使员工增加了对公司的忠诚感。再如,韩国的家族企业都为员工提供各种福利设施如宿舍、食堂、通勤班车、职工医院、浴池、托儿所、员工进修条件等。韩国和东南亚家族企业对员工的家庭式管理,不仅增强了员工对企业的忠诚感,提高了企业经营管理者和员工之间的亲和力和凝聚力,而且还减少和削弱了员工和企业间的摩擦和矛盾,保证了企业的顺利发展。

5. 来自银行的外部监督弱

在东南亚,许多家族企业都涉足银行业。其中,一些家族企业的最初创业就始于银行经营,然后把企业的事业领域再拓展到其他产业;也有一些家族企业虽然初始创业起步于非银行领域的其他产业,但当企业发展到一定程度后再逐步把企业的事业领域拓展到银行业。作为家族系列企业之一的银行与家族其他系列企业一样,都是实现家族利益的工具,因此,银行必须服从于家族的整体利益,为家族的其他系列企业服务。所以,属于家族的银行对同属于家族的系列企业基本上是软约束。许多没有涉足银行业的家族企业一般都采取由下属的系列企业之间相互担保的形式向银行融资,这种情况也使银行对家族企业的监督力度受到了削弱。

6. 政府对企业的发展有较大的制约

韩国和东南亚的家族企业在发展过程中都受到了政府的制约。在东南亚国家,家族企业一般存在于华人中间,而华人又是这些国家的少数民族(新加坡除外),且掌握着国家的经济命脉;华人经济与当地土著经济之间存在较大的差距。因此,华人家族企业经常受到政府设置的种种障碍的限制。为了企业的发展,华人家族企业被迫采取与政府及政府的公营企业合作,与政府公营企业合资以及在企业中安置政府退休官员和政府官员亲属任职等形式,来搞好与政府的关系。而在韩国,政府对家族企业的制约主要表现在政府对企业发展的引导和支持上。凡家族企业的经营活动符合国家宏观经济政策和产业政策要求的,政府会在金融、财政、税收等方面给予各种优惠政策进行引导和扶持;反之,政府会在金融、财政、税收等方面给予限制。因此,在韩国和东南亚,家族企业的发展都受到了政府的制约。

第二节　公司财务治理

现代财务治理理论的研究框架与思路是承袭新制度经济学的最新研究成果,以不完全契约理论为核心提出,重视制度与资本结构在财务学研究中的重要作用,研究如何通过财权的合理配置,形成一组联系各利益相关主体正式和非正式关系的制度安排和结构关系网络,以期达到维护利益相关者利益的根本目的。财务治理理论是对传统财务理论的丰富与发展,必将推动财务理论研究进一步深入。

一、财务治理涵义的界定

财务是指企业生产经营过程中资金的投入与收益活动及其所形成的特定经济利益关系。财务这一概念特征决定了财务学的研究应从财务的二重性——经济属性(资金运动)与社会属性(产权契约关系)相结合来进行考察。传统财务理论仅从数量层面来对财务的经济属性进行分析,从总体上属于价值管理理论的范畴,上述缺陷导致了财务治理理论研究的兴起。

公司财务治理是公司治理的重要内容和主要方面,它从财务的社会属性出发,以财权配置为核心,研究如何通过财权的合理配置,形成一组联系各利益相关主体正式和非正式关系的制度安排,以期达到维护利益相关者利益的根本目的。因此,从本质上来说,财务治理是一个关于财权配置的合约安排。

(一)财务治理的主体

财务治理的主体是有能力、有资格、有意愿参与企业财务治理的经济主体。在

“股东至上逻辑”之下，财务治理的主体是股东，而在“利益相关者共同治理逻辑”下，财务治理主体应当是企业的利益相关者。本书认为，并不是所有利益相关者都是财务治理的主体，参与财务治理的利益相关者应符合以下标准：一是和企业签订正式契约，社会公众和所在社区与企业是一种非正式契约；二是必须为企业投入专用性资产，显然基于市场关系的供应商和顾客不符合该标准；三是必须承担企业风险，分享企业剩余，政府的税收也是对企业财务剩余的一种分配；四是必须分享企业控制权，参与财务治理的主体应有能力和动力来行使其权力。符合这些标准的利益相关者主要包括投入物质资源的股东和债权人、投入人力资源的经营者和员工以及投入公共环境资本的政府。

（二）财务治理的客体

财务治理客体，也即财务治理对象，取决于财务治理的属性。财务治理的核心在于明确出资人、董事会、经理人和财务人员在财权流动和分割中所处的地位和作用，而财权配置体现为剩余索取权和剩余控制权的对称分布，因此，如何在各利益相关者之间合理分配剩余索取权和剩余控制权是财务治理的客体，具体表现为筹资、投资、资本运营、收益及其分配等财务活动及其所形成的各种财务关系。

（三）财务治理的边界

财务治理边界是与财务治理主体、客体直接相关的范畴，一般是指治理主体对客体施加影响的有效范围，它规定了主体财务治理行为的界限，体现了客体所涵盖的范畴。财务治理边界是财务权利分配的基础，是明确各利益相关者责、权、利的前提，同时也是提高财务治理效率的保证。在公司财务范畴，要合理确定财务治理边界，最为重要的是界定清楚财务治理与财务管理的范围。哪些财务活动属于治理行为，哪些属于管理行为，具体范围应根据实际情况而定。事实上，财务治理活动与财务管理活动之间本身界限并不是十分明晰，如在财务战略、财务内部调控等方面，二者就紧密联系在一起，这同时也是治理与管理协调一致的体现。本书基于对财务治理内涵的理解，主要从财务治理行为规范角度，将影响公司治理的重大财务行为作为财务治理一般边界，具体包括财务治理决策、收益分配和监控三大方面。财务治理决策包括重大财务决策、财务战略制定和财务政策选择等方面；收益分配包括股利分配和董事、经理层报酬拟定等方面；财务监控包括财务全面调控和风险控制等方面。

二、财权配置论

（一）产权、企业所有权、财权的关系

1. 产权和企业所有权

产权、企业所有权和财权三个概念联系十分紧密，明确它们之间的内在联系是深化对财权内涵理解的前提。

产权（财产所有权）的含义是十分丰富的，从经济学角度来看，狭义产权，即为财产所有权，是对物享有的排他性的财产权利，包括所有、占有、使用和处置等权利。狭

义产权是交易活动的前提和基础，是基本的经济规则。广义产权可定义为由于财产存在而产生的人与人、人与物之间的各种权利关系。而企业所有权是现代企业理论的核心概念之一，一般认为，企业所有权包括剩余索取权和剩余控制权。财产所有权与企业所有权是两个相关但本质不同的概念。产权主体分离、让渡部分财产所有权权能，组合、派生出了企业所有权，企业所有权主要指的是企业剩余权利。财产所有权是交易的前提，企业所有权是交易的方式和结果。没有个人产权也就不可能产生企业这个契约，也就无所谓企业所有权。不过契约一旦达成，企业一经成立，个人财产所有权就失去了意义，谁拥有企业所有权不再取决于财产所有权，而是取决于谁愿意承担风险和接受剩余收益。可见，财产所有权就是特定物品使某人受益或受损的权利安排，它本身不是财务治理意义上的财权，在其权利束发生分解与转移之前，各项权能是统一的，不存在治理的问题。一旦其使用权收益权转给企业，就产生治理的要求，但这时治理的对象是企业所有权。因此，作为财务治理对象的财权应当隶属于企业所有权而非财产所有权。

2. 财权是企业所有权的核心内容

在企业所有权中，财权是其核心内容。所谓“财权”是指各契约主体关于企业财务的一系列权能。从企业所有权安排来看，无论是剩余索取权还是剩余控制权，其核心内容都在财务方面。企业剩余的表现形式是财务收益，企业控制权的核心是财务控制权。这是因为企业财务活动是对企业生产经营活动的综合反映，是企业的“中枢神经”，是各种利益关系的焦点，所以掌握了财权，控制住了企业财务，就等于牵住了企业的“牛鼻子”。如果一个企业缺乏必要的财权，就不可能与市场建立密切联系，也就不能成为真正的企业；如果一个产权主体缺乏必要的财权，就失去了应有的独立性，其权益也就难以维护。财权作为企业所有权的核心，其如何配置直接影响不同契约主体在企业契约网络中的地位和事后讨价还价的能力，因而，企业契约的有效运行必须要以合理的财权配置为基础。

财权代表的是“权利”关系，而不是“权力”。在财务治理中，财权作为财务方面的权利，强调“责、权、利”的协调和统一，各权利主体享有权利的同时，也必须承担一定的义务，负一定的责任，以促使治理行为正当、规范、合理。

财权是企业财务方面的一组权利束，具有可分解性和组合性。根据企业各项财权之间的内在联系，可将企业财权分为财务收益权和财务控制权两种。所谓“财务收益权”是指企业总收入扣除折旧费、材料成本和劳务成本之后的剩余要求权，是企业剩余索取权的一种；而“财务控制权”是指对企业财务施加影响和监控的权利，构成企业剩余控制权的核心，主要表现为财务决策权和财务监督权等。

（二）财权配置的基本逻辑

企业理论认为，企业所有权是公司治理的抽象概括。企业所有权安排决定了公司治理的基本逻辑和治理模式，同时也就决定了财权配置的基本逻辑和分析框架。经济学家将企业剩余控制权和剩余索取权的分配称为企业所有权安排。

至少从奈特（Knight，1921）开始，经济学家就认识到，效率最大化要求企业剩余索取权安排和剩余控制权安排相对应。因为一方面，从约束的角度来看，只有将剩余控制权归属于剩余索取权的拥有者，权利与责任的分布才能对称，这种剩余控制权才不会被滥用，才不会成为一种"廉价投票权"；另一方面，从激励的角度来看，剩余索取权的拥有者最有动力更好地去行使剩余控制权。要控制合同剩余风险就必须使风险的承担（剩余索取权）和风险的制造（剩余控制权）相匹配，实现利益相关者自我约束、自动履行合同，抑制个体的机会主义倾向，使个体理性服从集体理性。

（三）共同治理逻辑下财权配置的基本特征

财务治理是公司治理最为重要的组成部分，财务治理的核心问题——财权配置也必然要遵循公司治理的一般逻辑，即企业所有权安排逻辑。在利益相关者共同治理逻辑下的财权配置具有以下特征：

1. 财权安排的分散对称性。这主要表现在两个方面：一是企业财权应由各利益相关者共同分享；二是对于每个利益相关者来说，财务收益权和财务控制权都是对称分配的。这一特征意味着在企业财务方面要进行共同治理。如果把企业财权集中地分配给某一类利益相关者，就意味着其他利益相关者的权益被剥夺。无论是"资本雇佣劳动"还是"劳动雇佣资本"都属于这种情况。利益相关者投入的专用性资本越多，其要求获得的收益也就越多，其分配的财务收益权也就应该越大，所以，财务收益权的大小应由利益相关者投入专用性资本的多少来决定。理论上，财务控制权大小应该与财务收益权大小对称分配。但是，在现实生活中，由于利益相关者谈判能力、外部环境等因素的影响，财务控制权不一定严格与财务收益权对称分配，即企业财权安排的分散对称分配并非一定是均衡的，有时可能倾斜于某一类利益相关者。

2. 财权安排的状态依存性。企业所有权安排的一个基本特征就是"状态依存"，即企业处于不同经营状况时，就对应着不同的治理结构。企业财权作为企业所有权的核心内容，其安排自然也具有状态依存性。事实上，经济学家们对企业所有权安排的状态依存性的解释，就是以企业财务状况的变化做出的。企业财权安排的这一特征揭示了企业财权安排与企业财务状况之间的关系，即不同财务状况对应着不同的财权安排。这意味着在企业财务方面要进行相机治理。

3. 财权安排的动态性。利益相关者与企业的利益相关度是动态变化的，从而利益相关者在企业中的利益格局会发生变化。影响利益格局变化的因素包括：各利益相关者投入的专用性资本、谈判能力以及外部环境等。一旦这些因素发生变化，利益相关者的利益格局就会发生变化，而企业的财权安排也应该体现这种变化。所以，这一特征意味着在企业财务方面要进行动态治理。

（四）财权配置的一般框架

本书将财权配置的基本框架分为两大部分：一是财权在内部治理主体和外部治理主体之间的配置，即财权的初始配置；二是财权在企业内部各个层次的配置，即财权的二次配置。

1. 财权的初始配置——财权配置的多元性

这是内部财务治理主体（控股股东、经理层）与外部财务治理主体（中小股东、债权人、政府、员工等）之间的权利平衡。企业内部治理主体以“企业法人”为载体，并利用信息优势维护自身的权利，属于优势行权者。而企业外部治理主体也要求分享企业的财权，但由于信息劣势等因素限制，其权利请求与实现形式是相对被动的，一般主要从制衡方面要求并取得财务监控权，并努力实现对企业财务决策参与和有效监督。这一层次配置的主要目标是保证企业的运行不会降低社会效率及利益相关者的共同利益，实现公司内部和外部利益相关者的信息对称和利益制衡，强调通过财务监督保证财务决策和执行的效率和效果。

2. 财权的二次配置——财权配置的层次性

企业财权配置内部层次划分可以概括为以下层次：股东大会享有企业名义上的全部财权，包括财务决策权、财务收益分配权和财务监督权，但受自身执行能力等方面限制，一般只保留财务最终决策权、财务收益分配权和部分财务监督权，而将重大财务决策权授权于董事会层面；董事会代表全体利益相关者行使重大财务决策权；经理层在执行董事会财务决策基础上，享有具体的日常财务决策权。监事会作为主要监督机构，代表全体利益相关者利益独立行使财务监督权。这一层次的配置主要限于公司组织边界内部，是通过在公司内部合理安排财权来实现的，其目的是优化财务决策、寻求企业在最佳效率下运行，强调集权化的财务决策能力和财务执行力度，以快速响应外部理财环境变化。

三、财务治理结构

（一）财务治理结构的内容与基本框架

财务治理结构是按照企业所有权安排逻辑，在界定企业内部权利、组织财权关系基础上，合理安排企业内外部财务治理主体各自的权利范围，包括股东大会、董事会、监事会以及经理层之间的初步财务组织分工与财权配置的具体组织安排。

财务治理结构实质上体现的是以股东大会为起点，通过层层授权而形成企业财权的多层次配置格局。股东大会是公司的基本权利机构，代表着企业全体股东的利益，享有企业财权最为主要的部分——财务决策权、财务收益分配权和财务监督权。但由于其自身组织、运作方式等方面条件的局限，行使上述财务权利时有一定客观限制。为了提高企业的应变能力和组织运营效率，将其重大财务决策权等权利授予董事会和监事会是十分必要的。董事会由股东大会选举产生，主要代表股东利益，通过股东大会授权享有企业重大财务决策权，对企业经营负责，同时选拔经营者进一步授权其执行董事会意志。监事会也是由股东大会选举产生，行使股东大会赋予的财务监督权，对董事会、经理层的经营行为进行监督。经理层则是由董事会直接选任，执行董事会决策，直接组织企业生产经营活动，并拥有一定的日常财务决策权。

在财务治理中，需要配置的企业财权主要包括财务决策权、财务收益分配权和财务监督权，其中财务决策权配置是问题关键所在。企业生产与经营、治理与管理等活动，都可以认为是一个不断决策的过程，企业财权配置效率主要取决于财务决策权是否得以合理授权与分配。以财务决策权配置为主线,形成了股东大会—董事会—经理层三个层次授权分权的配置格局;财务监督权配置则主要分为两个部分,内部财务监督权配置形成了股东大会—监事会(或董事会)基本格局,外部财务监督权则由企业债权人等利益相关者享有,通过董事会行使或依据有关契约履行;财务收益分配权是股东关注所在,最终决定权留在股东大会,只将具体提议制定权交与董事会、经理层行使。由以上三大财权在企业内部的具体配置,形成了以股东大会、董事会、监事会和经理层为主体的企业基本财务治理结构安排。

总之,股东大会、董事会、监事会和经理层等企业权利组织之间通过财务授权、分权、制衡、监控等方式结合在一起,对企业财权进行具体配置,构成了企业基本的财务治理结构安排。财务治理结构建立的核心是财权配置,财权配置的重心在于财务决策权的配置,财务治理结构框架的中心在于董事会。

(二)财务治理结构安排

1. 股东大会的财权结构

股东大会代表全体股东的利益,是股东参与企业财务治理的重要途径。股东大会所拥有的财权主要有:(1)最终财务决策权,主要包括重大投资权、重大融资权、财务预决算审批权、利润分配与亏损弥补批准权、注册资本变更处理权、重大资产处置权等,这些权利只能由股东大会行使,不能委托给董事会;(2)财务收益分配权,这是股东大会所特有的一项财权,是不能拿出来进行分配和共享的,只将具体提议制定权交予董事会、经理层行使。(3)最终财务监督权,主要是对董事会、监事会的财务监督权。

从我国的实践来看,上市公司中普遍存在"一股独大"、股东大会被大股东所操纵、大股东侵害中小股东利益的现象。在大股东处于绝对地位的上市公司中,中小股东几乎很少参与股东大会,也很少通过委托表格进行投票。公司召开股东大会基本上都是董事长一人在唱独角戏,股东大会的财权很可能被滥用。

2. 董事会的财权结构

董事会拥有的财权主要包括:(1)重大财务决策权,包括投资决策权、中型融资权、财务信息披露权等;(2)财务监督权,主要是对经理人员的评价与监督;(3)财务执行权,包括执行股东大会有关决议、制定投资方案、制定财务预决算方案、制定利润分配或亏损弥补方案、制定融资方案等。可以看出,董事会在企业财务关系金字塔中处于中层的、承上启下的位置。

3. 监事会的财权结构

监事会是公司财务治理结构中对董事会和经理层行使监督职能的专门机构。监事会、股东大会和董事会在性质上是完全不同的机构。股东大会代表全体出资者行使出资者所有权,是出资者所有权主体;董事会是法人机构,代表法人行使法人财产权,是法人财产权主体;而监事会代表全体出资者对董事和经理进行监督,从性质上来说,它是出资者监督权主体。监事会的权力来源于股东大会,监事会的出资者监督权是由出资者所有权决定的,是出资者所有权的延伸。

监事会职能的单一性决定了在财务治理结构中，监事会财权配置比较单一。监事会拥有的财权主要是财务监督权，主要包括对董事会和经理层的监督和对公司财务会计的监督。保持监事会的独立性是监事会有效运行的关键和根本保障。

4. 经理层的财权结构

经理层是公司业务的执行机关，是公司日常经营管理活动的组织者。董事会与经理层之间是典型的委托代理关系，经理层对董事会负责。经理层受聘于董事会，在董事会授权范围内拥有对公司事务的管理权和代理权，负责处理公司的日常经营管理事务。从总体上来看，经理层拥有的财权主要体现在财务执行权上。具体包括：(1)财务决策权。这部分财务决策权是经由董事会授权进行的日常财务决策权，包括小额的日常性投资权、小额的流动资金融资权、日常资产交易处理权等。(2)财务执行权。包括组织实施董事会有关决议，组织实施投资方案、融资方案、利润分配方案等。(3)财务监督权。包括经理层对下属部门的经营监督权。

四、相关概念辨析

(一)财务治理与财务管理

要明确财务治理与财务管理的联系与区别，一方面，要明确“治理”与“管理”的基本含义。“治理”主要是统治、支配、处理、修正之意，而“管理”的含义则较为广泛，较为常见的定义有“管理是以计划、组织、指挥、协调及控制等职能为要素的活动过程”、“管理就是决策”、“管理是社会组织中为实现预期目标以人为中心进行的协调活动”。应当说“治理”和“管理”在组织内处理事务的地位、视角是不同的，“治理”侧重宏观支配与协调，与公司的内在性质、整体形象及战略方向等有关；“管理”则侧重微观生产经营操作与控制，与组织具体活动相关。另一方面，“治理”与“管理”又紧密相连，共同作用于微观经济主体，统一协调控制其活动，特别是在两权分离的现代公司制企业，两者更是缺一不可。

财务治理和财务管理构成了企业财务系统的两个层次。财务治理规定了整个企业财务运作的基本网络框架，财务管理则是在这个既定的框架下驾驭企业财务奔向目标。缺乏良好治理模式的企业财务，即使有很好的财务管理体系，也只是一座地基不牢固的大厦；同样地，没有企业财务管理体系的畅通，单纯的财务治理模式也只能是一个美好的蓝图，缺乏实际的内容。从终极目标来看，财务治理和财务管理均是为了实现财富的有效创造，只是各自扮演不同层次的角色：财务治理主要考察的是财务利益主体之间权、责、利的划分，以及采取什么手段实现相互的制衡，它是企业财富创造的基础和保证；财务管理则是在既定的治理模式下，财务管理者为实现财务的目标而采取的行动，它是财富创造的源泉和动力。

(二)财务治理与公司治理

目前许多学者对财务治理与公司治理关系认识不清，认为“两者是同一概念”或认为“财务治理只是公司治理的一个方面，没必要独立出来研究”。其实财务治理并不等同于公司治理，如果用财务治理涵盖公司治理，则夸大了财务治理的范围和作用，限制了公司治理的范畴。公司治理除了包含财务治理外，还包括人事、经营等方面的治理。如果用公司治理定义替代财务治理定义，则局限了财务治理内涵和外延，更为偏颇。财务治理除具有公司治理共性外，还具有自身独特的个性。财务治理具有与公司治理不同的体系框架，非常强调财务上的明晰性、可操作性和可控制性。此外，财务治理在公司财务中的重要地位也是公司治理所替代不了的。

财务治理是公司治理的核心。因为法人所有权的重心是财务控制权和财务收益权。从企业所有权安排的性质来看，无论是剩余索取权还是剩余控制权，其核心内容都在财务方面，企业剩余的表现形式是财务收益，企业控制权的核心是财务控制权。这是因为企业财务活动是对企业生产经营活动的综合反映，是各种利益关系的焦点，所以掌握了企业财权，控制住了企业财务，就等于牵住了企业的"牛鼻子"。

企业制度是有层次性的，低层次的制度应服从于高层次制度的要求，公司治理是比财务治理高一层次的制度，企业财务治理机制的设计和调整要服从于公司治理机制的要求。公司治理对财务治理的影响是多方面的。首先，公司治理逻辑决定着企业财务目标的确立。在"股东至上逻辑"下，企业的财务目标表现为股东财富最大化，体现物质资本所有者的意志，在"利益相关者共同治理逻辑"下，企业的财务目标往往表现为企业价值最大化，综合考虑了股东、债权人等利益相关者的利益；其次，企业所有权与经营权分离的程度决定着企业财权在企业内部不同理财主体间的分割。两权分离的程度越高，企业的财权就越倾向于经营者；最后，财务治理机制的有效运作必须以企业的公司治理机制为依托，只有充分发挥股东大会、董事会、监事会的作用，才能切实处理好财权的合理配置问题和经营者的激励与约束问题，才能使企业的财务治理效果真正实现。

【本章小结】

公司治理是一种合同关系。公司被看做是一组合同的联合体，这些合同治理着公司发生的交易，使得交易成本低于由市场组织这些交易时发生的交易成本。公司治理的功能是配置权、责、利。关系合同要能有效，关键是要对在出现合同未预期的情况时谁有权决策做出安排。对公司治理体系由谁来主导运行有两类观点：一是传统的股东观点；二是利害相关者观点。公司治理的内容主要包括保护股东的权利、对股东的平等待遇、利害相关者在公司治理结构中的作用、信息披露和透明度和董事会的责任五个方面。

好的或有效的公司治理制度是具有国家特性的，它必须与本国的市场特征、制度环境以及社会传统相协调。从世界范围来看，当前存在三种主流的公司治理模式，即以英美为代表的市场主导型模式、以日德为代表的银行导向型模式和以韩国及东南亚为代表的家族控制型模式。

财务治理是公司治理的核心。因为法人所有权的重心是财务控制权和财务收益权。从企业所有权安排的性质来看，无论是剩余索取权还是剩余控制权，其核心内容都在财务方面，企业剩余的表现形式是财务收益，企业控制权的核心是财务控制权。财务治理除具有公司治理共性外，还具有自身独特的个性。财务治理具有与公司治理不同的体系框架，非常强调财务上的明晰性、可操作性和可控制性。

财务治理和财务管理构成了企业财务系统的两个层次。财务治理规定了整个企业财务运作的基本网络框架，财务管理则是在这个既定的框架下驾驭企业财务奔向目标。从终极目标来看，财务治理和财务管理均是为了实现财富的有效创造，只是各自扮演不同层次的角色：财务治理主要考察的是财务利益主体之间权、责、利的划分，以及采取什么手段实现相互的制衡，它是企业财富创造的基础和保证；财务管理则是在既定的治理模式下，财务管理者为实现财务的目标而采取的行动，它是财富创造的源泉和动力。

【复习思考题】

一、单项选择题

1. 认为“公司治理结构是一套制度安排，用以支配若干在企业中有重大利害关系的团体，包括投资者、经理人员、职工之间的关系，并从这种联盟中实现经济利益”的观点，属于（　　）。

A. 决策机制说　B. 相互作用说　C. 制度安排说　D. 组织结构说

2. 公司的最高权力机构是（　　）。

A. 董事会　B. 股东大会　C. 监事会　D. 独立董事

3. 从理论上讲，董事会有权将部分经营管理权力转交给代理人代为执行。这个代理人就是公司政策执行机构的最高负责人，一般被称为（　　）。

A. COO　B. CEO　C. CFO　D. 总裁

4. 财务治理的核心问题是（　　）。

A. 公司治理　B. 财产所有权　C. 企业所有权　D. 财权配置

5. 以下是在财务治理中需要配置的企业财权，其中（　　）配置是问题的关键。

A. 财务决策权　B. 财务收益分配权　C. 财务监督权　D. 财务预测权

二、多项选择题

1. 下列说法正确的是（　　）。

A. 公司治理是一种合同关系

B. 公司治理的功能是配置权、责、利

C. 财权是企业所有权的核心内容

D. 根据企业各项财权之间的内在联系，可将企业财权分为财务收益权和财务控制权两种

2. 经济合作与发展组织理事会于 1999 年 5 月通过的《公司治理原则》中，规定的公司治理结构内容包括（　　）。

A. 保护股东的权利　B. 对股东的平等待遇

C. 利害相关者在公司治理结构中的作用　D. 信息披露和透明度

3. 从世界范围来看，当前存在三种主流的公司治理结构模式，

A. 以英美为代表的市场主导型模式

B. 以日德为代表的银行导向型模式

C. 以韩国及东南亚为代表的家族控制型模式

D. 以中国为代表的国有控制模式

4. 以下符合银行控制主导型公司治理模式的股权特征的有(　　)。

A. 股权集中　　B. 法人持股为主

C. 股权高度分散在个人和机构投资者手中　D. 银行占主导地位

5. 在利益相关者共同治理逻辑下的财权配置具有以下特征(　　)。

A. 财权安排的动态性　　B. 财权安排的分散对称性

C. 财权安排的状态依存性　　D. 财权安排的对称性

三、判断题

1. 股权高度分散在个人和机构投资者手中，股权流动性极强属于市场主导型公司治理模式的股权特征。(　　)

2. 公司治理结构由股东大会和董事会组成，不设监事会，由公司聘请专门的审计事务所负责有关公司财务状况年度审计报告，具有上述内部治理特征的是银行控制主导型公司治理模式。(　　)

3. 股东大会是董事会的常设机构。(　　)

4. 家族控制型公司治理模式具有"一股独大"、经理人易串通大股东控制公司的重要决策，侵犯小股东利益，形成"内部人控制"等特征。(　　)

5. 作为财务治理对象的财权应当隶属于财产所有权而非企业所有权。(　　)

四、名词解释

1. 公司财务治理　　2. 财权　　3. 财权配置

五、简答题

1. 公司治理结构主要包括哪些内容？

2. 当前世界上主要存在哪几种公司治理结构模式？比较市场主导型和银行控制主导型公司治理模式的股权特征。

3. 简述在利益相关者共同治理逻辑下的财权配置特征。

【案例分析】

一个人的股东大会

"伊煤B"，上交所的一家上市公司，全名"内蒙古伊泰煤炭股份有限公司"，2000年的时候出了一件怪事，把许多人给弄蒙了。

2000年9月11日，这家公司破天荒地开了个只有一名股东参加的股东大会。别看股东只有一个，代表的股权却不少，这个股东就是公司的国有股股东伊煤集团，代表股权20000万股，占伊煤总股本的54.64%，因此会议"总表决票数"超过了出席会议

股份总数的1/2,“符合公司法和公司章程”。当然,参加股东大会的自然人远不止一位,包括9名董事、7名监事,还有鉴证律师,全部到会,因此,会议还是开得像模像样。在唯一的一位股东,也就是现任董事长代表国有股投票时,照样有“一致推举”的一名股东代表(又是董事长,因为除他之外谁也没有资格)、两名董事,担任投票表决的监票和清理工作。自己投票,自己监票,相信可以创世界会议史的吉尼斯纪录了。当然,所有的议程都是“一言堂”、“一致通过”。闭起眼睛一想这一切就像是一部讽刺小说。

伊煤此次股东大会讨论的议题也十分有趣。一项是给董事每人每月1 000元津贴,给监事每人每月600元津贴。自己开会给自己津贴,当然无异议。另一项是审议董事会和高管人员的年薪报酬,包括基础报酬和效益报酬,也有具体的计算公式和发放方式。当然,这样的议案被百分之百地通过了。相信这两项议题在一个月前董事会开会时已做过认真的讨论,递交股东大会审议只是走走形式而已。

伊煤B自1997年8月上市以来,出席股东大会的股东及股东代理人从来就没有超过10人,如1998年股东年会,出席股东5人,1999年股东年会出席股东3人。而据1999年年报披露股东人数有4 000多人。显然,公众股东对明知一切都由大股东说了算,自己只是充当摆设的角色,已彻底不感兴趣了。事实上,公司1997年上市时,当年净利润还有1.13亿元,上市后第二年,便迅速滑落到2 112万元,下降81%;第三年,再降61%,滑落至650万元;第四年,即2000年中期,又同比下降58%;每股收益由上市那年的0.31年,如自由落体般跌至0.01元。所有这一切,在股东大会公告中从未见股东们说过什么,说到底,公众股东除了出资之外,是没有任何权力的,这样的股东大会,还要自己掏钱到内蒙古“一切自理”,谁会有兴趣参加?

思考:从伊煤的一人股东大会中,可以得到的启示。

【参考文献及阅读资料】

1. 李维安:《公司治理教程》,上海人民出版社,2001年。
2. 张维迎:《企业的企业家——契约理论》,上海三联出版社,1995年。
3. 李心合:《利益相关者财务论》,中国财政经济出版社,2003年。
4. 衣龙新:《财务治理理论研究》,西南财经大学博士论文,2003年。
5. 林钟高:《财务治理结构、机制与行为研究》,经济管理出版社,2005年。
6. 杨淑娥:《产权制度与财权配置》,当代经济研究,2003年1月。
7. 蒋茵:《构建我国公司治理与财务治理的现实思考》,会计研究,2003年10月。
8. 张敦力:《公司治理的核心:财务治理》,中国审计,2002年4月。
9. 衣龙新:《财务治理、公司治理与财务管理辨析》,财会月刊,2003年12月。
10. 汤谷良:《现代企业财务的产权思考》,会计研究,1994年5月。
11. 杨淑娥,金帆:《关于公司财务治理问题的思考》,会计研究,2002年12月。
12. 谢德仁:企业剩余索取权:分享安排与剩余计量,上海三联书店,2001年。

第三章　业绩评价指标体系与方法

【学习目的与要求】

随着全球化的进程,竞争也越来越激烈。企业在经营中越来越认识到价值和价值创造的重要性,并逐渐将追求价值创造作为企业的目标。创造价值是EVA管理业绩评价体系的最终目的。本章通过对业绩评价基础指标和价值创造的分析,阐明EVA和企业价值的内在联系及其在价值计量和评价上的作用。在此基础上,简介了综合绩效评价指标——平衡记分卡的原理及应用。通过本章的学习,要求:

【了解】 会计基础指标、市场基础指标和价值基础指标的产生和发展;财务战略矩阵。

【理解】 会计基础指标、市场基础指标和价值基础指标的评价;EVA评价指标的计算难点及现实选择;平衡记分卡系统的基本原理及特点;EVA与MVA的关系。

【掌握】 EVA的基本理念及计算步骤;EVA评价指标计算中的会计调整;增加企业价值的途径。

【重点与难点】

1. 价值基础指标的评价。
2. EVA的基本理念及计算步骤。
3. EVA评价指标计算中的会计调整。
4. 增加企业价值的途径。
5. 财务战略矩阵。

第一节　业绩评价的基础指标

企业业绩评价的目的之一,就是通过业绩评价建立激励机制,降低企业风险,实现股东财富最大化。当前,企业业绩评价指标大体可以分为财务评价指标和非财务评价指标两大类,其中财务评价指标由于有较好的定量性和可操作性,得到更为广泛的应用。财务评价指标的种类很多,它们各类都有代表性指标,对经营业绩的反映也各有侧重,并且各自具有明显的优点和局限。业绩评价指标具体可以分为以下三种类型。

一、基于会计基础的业绩评价指标

（一）会计基础指标的产生与发展

会计基础业绩评价时期的起止时间大约为20世纪初至20世纪70年代。1903年，面对如何协调垂直式综合性企业的多种经营部门和如何有效配置资源以实现利润最大化等问题，杜邦公司的高层管理者创造了大量的经营管理方法，并设计了多个重要的业绩评价指标。这其中持续时间最长的，也最为重要的指标就是投资报酬率，投资报酬率为评价企业整体业绩和部门业绩提供了依据。

在20世纪20年代至20世纪60年代，运用最为广泛的财务业绩评价指标是销售利润率。这是因为在当时的情况下，许多控股公司的重点目标是税负最小化，母公司一般只注重子公司的资本安全和现金流量，长期的获利能力是第二位的问题，对业绩评价问题更是很少关注。许多控股公司出于成本效益及管理便利考虑，常借助"投资中心"或"利润中心"实施对子公司的管理与控制，虽然投资报酬率和剩余收益开始被用于业绩评价，但是销售利润率常常被认为是更重要的指标。

到了20世纪70年代，随着杜邦公司、通用汽车公司这类多部门企业组织形式的发展，投资报酬率（ROI）指标的应用范围才得到拓展，投资报酬率成为应用最为广泛的财务业绩评价指标。尽管非财务指标在这一阶段已开始出现，并且开始用于对部门管理者业绩的评价，但是从20世纪初到20世纪80年代之前，以销售利润率、投资报酬率等为典型代表的会计基础财务指标长期以来一直是内部管理业绩评价的主流。

（二）会计基础指标的评价

基于会计基础的传统业绩评价指标具有可比性、客观性等优点，且在实践中应用广泛。但随着传统的市场经济发展为现代市场经济，企业的目标从利润最大化发展为股东价值最大化，这种传统方法越来越无法反映企业的真实经营业绩，其缺点具体体现在：（1）会计收益的计算未考虑所有资本的成本，仅仅解释了债务资本的成本，然而却忽略了对权益资本成本的补偿。（2）由于会计方法的可选择性以及财务报表的编制具有相当的弹性，会计收益存在某种程度的失真，往往不能准确地反映企业的经营业绩。（3）会计收益是一种"短视指标"，是按照人为划分的等长会计期间提供的。片面强调利润容易造成企业管理者为追求短期效益，而牺牲企业长期利益的短期行为。（4）会计收益只反映过去业务的结果，无法反映产生结果的动因，也不能反映当前进行的价值创造活动。

二、基于市场基础的业绩评价指标

（一）市场基础指标的产生与发展

为了克服以会计信息计量业绩而带来的经营短期化现象，有必要将会计信息之外新的信息作为变量引入报酬契约。常见的可以体现企业长期业绩的指标是以市场为基础的指标，一般是指股票价格、股票回报率以及股票回报变动率等。除此以外，还包括全部股东回报率(TBR)、市场增加值(MVA)、未来增长价值(FGV)等。

(二)市场基础指标的评价

与会计指标相比,市场基础评价指标具有以下优点:不易被经营者操纵,能更好地反映企业的长期发展趋势;十分重视股东的利益,以股东投资收益尤其是资本收入最大化为公司经营的第一目标。

股价作为业绩评价指标所具有的一切优势都是以资本市场的有效为前提的,因为只有资本市场有效,一个企业的股价才能基本反映企业的经营成果。我国股票市场上投机炒作风盛行,股票价格往往会受到很多企业不可控因素的影响,与企业实际经营业绩的关系甚弱,因此很难客观公正地评价管理者业绩和引导管理者行为。例如,MVA 是评价股东财富创造的正确方法,但由于其局限性,在内部管理决策不经常使用,而相比之下,EVA 是与 MVA 相关程度最高的业绩评价指标,适合于管理业绩评价。因此,市场基础指标的缺陷主要体现在以下方面:(1)仅能够对上市公司进行评价,不能对非上市公司和部门层次进行评价,因此不具有广泛的适用性。(2)在我国,资本市场仍是个弱效市场,股票价格易受多方面因素的影响,而并不能真实地反映企业的业绩。如果股价与公司业绩的关联程度并不高,那么由股价决定的管理者报酬与公司业绩的关联程度就不高,股价等市场指标的激励效果就很值得怀疑。(3)容易受到通货膨胀的影响,无法在物价波动幅度较大时精确地评价企业效益的真实情况。

三、基于价值基础的业绩评价指标

(一)价值基础指标的产生与发展

价值基础业绩评价时期始于 20 世纪 80 年代,经济增加值的出现是其最重要的标志。经济增加值指标之所以出现,主要原因在于会计基础指标存在内在缺陷。

20 世纪 80 年代以来股东价值观念在美国掀起第二次浪潮,“价值基础管理”和“股东价值分析”这些观念更加深入人心。企业管理思想的这种改变同时也影响着传统企业业绩评价方法的改变。于是在这种背景下,美国先后出现了几种新的企业业绩评价方法,其中最引人注目和应用最广泛的就是 EVA 方法。

美国思滕思特公司还在经济增加值的基础上创造衍生出一系列指标,如 EVAPS、STDEVA 等。与此同时,除了经济增加值之外,美国学术界还提出了其他的一些业绩评价指标,如经济利润、CVA 等一些指标,这些指标与经济增加值大同小异,不仅都考虑了股东权益资本成本和反映了股东价值的创造,而且都可以用于部门层次的业绩评价。因此,除了会计基础的业绩评价体系仍然存在和沿用以外,以经济增加值为代表的价值基础业绩评价指标的出现和应用是这一阶段的主要特色。

(二)价值基础指标的评价

以经济增加值为代表的价值基础业绩评价指标,其优越性在于:

(1)体现了一种新型的企业价值观。经济增加值业绩的改善是同企业价值的提高相联系的。建立在经济增加值基础之上的管理体系密切关注股东财富的创造,并以此指导公司决策的制定和营运管理,使战略企划、资本分配、并购或出售等公司行为更加符合股东利益。

(2)不是单一的财务指标,而是一种业绩管理评价指标体系。经济增加值考虑了有关公司价值创造的所有因素和利益关系平衡,不仅是一个公司业绩度量的指标,还是一个全面财务管理的架构,是一种经理人薪酬的激励机制。作为一种有高度统一性的方法,经济增加值可应用于目标设置、业务规划、资源配置、业绩评价、薪酬激励、与投资者沟通、并购估值等多种领域。整个经济增加值系统的目的就是以价值驱动力和资本成本为中心,确定赖以发放激励薪酬的基础并达成公司内部以及与投资者的良好沟通。

(3)可以改善公司治理模式。公司治理的关键是企业经营者的利益与所有者的利益统一起来。也就是说,是把企业的"内部人"变成股东的"自己人"。这需要股东和管理者有一样的语言、一样的标准来衡量管理者的业绩和制定他们的激励机制。EVA 正是最好的手段。经济增加值结束了企业使用多种指标相互冲突的混乱状态,仅用一种财务衡量指标就连接了所有决策过程。应用经济增加值机制可使经营者与股东的利益一致,使经营权与所有权的关系进一步协调,委托者和代理者的思想一致起来,从而在利益一致的基础上增强合作。

(4)经济增加值指标的设计着眼于企业的长期发展。和会计基础指标不一样,应用经济增加值指标能够鼓励经营者做出可给企业带来长远利益的投资决策,如新产品的研究和开发、人力资源的培训与培养、品牌的建设和维护等,这样就能杜绝企业管理者短期行为的发生。此外,应用经济增加值能够建立有效的激励报酬系统,这种系统通过将管理者的报酬与从增加股东财富的角度衡量企业业绩的经济增加值指标相挂钩,正确引导管理者的努力方向,促使管理者充分关注企业的资本增值和长期经济效益。

经济增加值是一批以股东价值为中心的业绩衡量指标中影响最大、应用最广泛的一项指标。它克服了传统业绩评价指标的缺陷,比较准确地反映了公司在一定时期内为股东创造的价值。20 世纪 90 年代中期以后逐渐在国外获得广泛应用。

如果以评价指标为划分标准,将业绩评价系统划分为三种模式:财务(会计)模式、价值模式和平衡模式。财务模式的特点在于其评价指标主要是利用财务会计信息,其典型代表是杜邦分析体系和沃尔评分法。价值模式的特点在于核心评价指标的计算基础是建立在经济价值之上的,其典型代表是经济增加值。平衡模式的特点在于强调财务指标与非财务指标的战略平衡,其典型代表是平衡计分卡。

第二节　经济基础绩效评价——经济增加值

经济增加值的英文缩写为 EVA(Economic Value Added),其原型是西方经济学中的经济效益。著名经济学家弗雷得·马歇尔 100 多年前将经济效益定义为税后经营净利减去资本成本。后来由著名的咨询公司思滕思特公司在吸收诺贝尔经济学奖获得者默顿·米勒和佛郎哥·莫迪利亚尼关于公司价值模型的基础上提出了现在的EVA,并倡导和推广,目前被许多世界著名的大公司(如可口可乐)所采用。

一、EVA 的内涵及特征

EVA 是全面衡量企业生产经营真正盈利或创造价值的一个指标或一种价值管理工具。这里的“全面”和“真正”是指与传统的会计利润相对比而言的。会计利润是按公认会计原则(GAAP)计算出的归属于企业所有者的剩余(或称利润底线)。显然在会计利润中,一是未能扣除所有者的资本成本,二是基于 GAAP 的会计政策和历史成本的会计计量的使用所造成的信息失真,因此会计利润不能全面、真正反映企业生产经营的最终盈利或价值。而 EVA 是在会计利润调整后的税后营业净利(息前税后利润)基础上扣除全部资本(包括债务资本和股东资本)成本后的余额,正好克服了会计利润的上述两个缺陷,比较准确地反映了公司在一定时期内为企业(股东)创造的价值。

EVA 的核心是衡量价值,即公司在经营中是创造财富还是在毁灭财富。它考虑了带来企业利润的所有资本成本,其基本理念是资本获得的收益至少要能补偿投资者承担的风险,也就是说,股东必须赚取至少等于资本市场上类似风险投资回报的收益率(机会成本)。正如债权人需要得到利息回报一样,股东也要求对其投入的资本得到一个最低的可以接受的回报。假设股东预期得到的最低回报是他们投入资本的10%,那么只有当企业利润率高于10%,股东才能赚钱。因此,EVA 的基本原理就是:经济增加值等于公司税后营业净利润 NOPAT(Net Operating Profit After Tax)减去全部投入资本成本 WACC(Weighted Average Cost of Capital)后的余额,这里的投入资本成本既包括债务的资本成本,也包括股东资本的成本(机会成本),其计算公式为:

$$\begin{aligned} \text{EVA} &= \text{NOPAT} - \text{WACC} \times \text{投入资本} \\ &= \left(\frac{NOPAT}{\text{投入资本}} - \text{WACC}\right) \times \text{投入资本} \\ &= (\text{ROIC} - \text{WACC}) \times \text{投入资本} \end{aligned}$$

公式中:ROIC(Return On Invested Capital)是投资资本回报率。(ROIC - WACC)称为回报率差。

二、EVA 的计算步骤

从 EVA 的计算公式中可以看出,EVA 有三个基本输入变量:ROIC(NOPAT)、WACC 和投入资本。因为 EVA 是经济利润的概念,所以这三个指标并不能直接从财务报表中取得,必须对财务报表的相关数据进行调整。调整的基本原则是将会计结果转化为经济结果,降低会计的扭曲,反映经济现实,并能利用调整的结果更好地评估经营者的表现,鼓励经营者进行有利于增加企业价值的决策。例如,坏账准备、商誉的摊销、研究和发展费用等,按照会计原则,归入费用项目从利润中减去,其结果是使得报告利润和留存收益被低估，低估了留存收益，就会使资产负债表的权益账户不真实。具体的调整步骤为：第一，NOPAT 通过调整利润表确定。第二，投入资本是指企业经营所实际占用的资本额，即所有筹措资金的总额，包括计息债务和权益。通过调整资产负债确定。上述两步的具体调整阐述于后。第三，WACC 是一个企业的债务比率乘以债务成本和股权比率乘以股权资本成本之和。其中股权资本成本 K_E 可由资本资产定价模型（CAPM）来确定：$K_E = R_f + \beta(R_m - R_f)$。在设定了 K_E 之后，可用下式计算 WACC：

$$WACC = \frac{D}{D+E}K_D(1-T) + \frac{D}{D+E}K_E$$

上式中：D——企业付息债务的市场价值

K_D——税前债务资本成本

E——股东权益的市场价值

T——所得税税率

以上三个变量确定之后，就可以计算出各公司各年的 EVA 值。EVA > 0，创造了价值；EVA < 0，损害（破坏）了价值；EVA = 0，既不创造也不损害价值，只获得了与资本成本相同的收益。

三、EVA 评价指标计算中的会计调整

到目前为止，计算 EVA 可作的会计调整已达 200 多种。调整的数量越多，计算结果就越精确，但同时也增加了计算的复杂性和难度。因此，在实务中必须结合成本效益原则，根据调整目的在精确性和复杂性之间作出权衡和选择，从而确定调整的限度。通常的调整内容包括研究与开发费用、递延所得税、后进先出存货计价、商誉以及教育和培训费用等。具体调整步骤阐述如下。

（一）NOPAT 的调整

1. 研究与开发费用。我国 2006 年新会计准则规定将研究费用计入利润表，只允许将开发费用资本化。EVA 原理认为应将研究与开发费用全部资本化，否则会低估企业的资本，高估 EVA。因此须将研究与开发费用加回到股东权益和营业利润中去，然后对资本化的研究与开发费用分期摊销。摊销期应等于研究开发出的产品或服务的预期受益年限，或者简单地按某一固定年限（如 5 年）摊销。值得注意的是摊销期应从企业开始获取利益的时间算起。根据一般情况，我们可以用以下公式表示有关研究与开发费用的调整：

利润总额调整额 = 本年度的研究与开发费用 - 以前各年度研究与开发费用本年度摊销额

2. 递延所得税。当企业的应税所得与会计利润之间存在时间性差异时，便产生递延所得税。调整的方法是将当期的递延所得税变化额加到营业利润中去，即加上增加额或减去减少额，使调整年的所得税支出接近企业实际应向税务机关缴纳的税额。用公式表示为：

利润总额调整额 = ± 本年度的递延所得税变化额

注意,这里的正负号分别为调增和调减。即如果递延所得税增加,则调增营业利润;如果递延所得税减少,则调减营业利润。

3. 商誉。商誉是指企业在购入其他企业时,支付的价款高于被收购企业可辨认资产减去负债后的公允价值。我国会计规定将商誉资本化并在预计的受益期限内摊销。EVA 的倡导者认为商誉代表购买企业的一笔投资,该企业的管理人员必须为这笔投资创造有竞争力的收益。换句话说,商誉的冲销(无论是在购买时立即冲销还是逐年摊销),将低估企业的投资资本,高估 EVA。因此,商誉的摊销额应加回到投资资本和经营利润中去:

利润总额调整额 = 本年度商誉摊销额

4. 教育和培训费用。员工培训像进行研究和开发费用一样能够给企业提供一种长期利益,因此企业应该鼓励经营者进行这样的决策。按照 EVA 倡导者的观念,教育和培训费用也应该予以资本化,并在其收益期间摊销。这又与我国现行会计政策相矛盾。因此也应将费用化的教育和培训费予以资本化进行摊销,摊销时间的选择原则类同于研究和开发费用。用公式表示为:

利润总额调整额 = 本年度的教育和培训费用 - 以前各年度教育和培训费用本年度摊销额。

5. 后进先出存货计价。在我国 2006 年颁布的新会计准则中,已经取消了存货的后进先出法计价,因此不再详细论述。

(二)投入资本的调整

对于投入资本这一要素也须进行调整。类似于 NOPAT,首先对投入资本进行初步调整。根据 EVA 理论,计算公式中的投资资本是指企业在经营中所投入的金额,包括计息债务和权益,但不包括非计息债务(如应付账款、各种应付费用等)、非营业性投资。换个角度说投入资本中仅包括自有资本和借入长期资金,不包括短期债务。据此,我们可以对资产负债表作一些调整,从流动资产中减去流动负债。这样,常规的资产负债表就变成管理目的用的资产负债表,见表 3 - 1,表的左边是营运资本(流动资产减流动负债)、长期投资、固定资产和其他长期资产,代表企业的“管理”资产或“净”资产;右边是长期负债和股东权益,代表企业的全部投入资本。

表 3 - 1　　管理用资产负债表

“管理”资产	负债和股东权益
营运资本	
长期投资	长期负债
固定资产	
其他长期资产	所有者权益

从表 3 - 1 中我们可以看出,表左边的各项资产之和等于表右边的长期负债与股东权益之和,即等于投资资本。这样我们就可以对调整前的投资资本即投资资本账面

价值进行正确的计算,用公式表示为:投资资本账面价值 = 长期负债 + 股东权益。这里的长期负债、股东权益等项目通常应用期初值,原因在于 EVA 的倡导者认为 EVA 指标衡量的是企业的年度经营业绩,即主要评价企业经营者利用期初投入的原有资本在一个会计年度之内所创造的所有财富。至于在期中所增加的投资,如果其产生的利润已计入税后营业净利润,则应将该项投资加入当年的投资资本中去。

其次我们对投入资本进行进一步的会计调整。根据会计原理,投资资本实际上等价于股东权益。由于前面的 NOPAT 调整中,只有递延所得税项目的调整与股东权益无关,其他四个项目的调整都涉及投资资本,故需要对股东权益进行调整的项目包括:

1. 研究与开发费用。EVA 原理认为应将研究与开发费用资本化,相应增加股东权益,否则会低估企业的投资资本,高估 EVA。用公式表示为:

股东权益调整额 = 本年度的研究与开发费用 + 以前各年度研究与开发费用累计未摊销额

2. 商誉。EVA 的倡导者认为,商誉代表购买企业的一笔投资,能给企业带来长期的潜在利益,因而无论是在购买时立即冲销商誉还是逐年摊销商誉,都将低估企业的投资资本,高估 EVA。因此,商誉的摊销额应加回到经营利润中去,同时也应将过去各年的累计摊销额加回到股东权益中去。用公式表示为:

股东权益调整额 = 本年度商誉摊销额 + 以前各年度的累计摊销额

3. 教育和培训费用。员工培训像进行研究和开发一样能够提供公司一种长期利益,因此公司应该鼓励经营者进行这样的决策。按照 EVA 倡导者的观念,教育和培训费用也应该予以资本化,并在其受益期间摊销。其调整方式和研究与开发费用一样。用公式表示为:

股东权益调整额 = 本年度的教育和培训费用 + 以前各年度教育和培训费用累计未摊销额

4. 后进先出存货计价。对于 2006 年新会计准则并不适用,此处从略。

四、EVA 评价指标的计算难点及现实选择

如何科学、简便地计算 EVA,是 EVA 考核和管理的关键环节,也是改善企业价值创造能力的基础。由上述公式可知,EVA 的计算有两个关键环节:它通过会计调整消除会计记账方法对企业经营业绩的扭曲,同时又考虑了包括股权成本和债务成本的资本成本,从而能真实地反映企业经营业绩。这两个环节是 EVA 的独特之处,但同时也增加了 EVA 计算的复杂程度。EVA 指标的计算难点一是会计调整,二是资本成本的计算。

(一)会计调整

1. 难点

思腾思特公司在最初计算时,提出了 164 项调整问题。从理论角度来看,所有这些调整都有利于 EVA 指标的改进,使之更准确地反映公司创造价值的情况,但这样一

来就大大增加了计算的复杂性和难度,在一定程度上妨碍了 EVA 的广泛应用。调整过程中主要存在以下两个难点:

(1)调整事项的选择。在通常情况下,大多数公司会采取 5 ~ 10 种调整措施。如何根据公司的具体情况来确定调整项目,并保证调整项目的合理性和有效性是 EVA 计算的重要问题。即这些调整是否可以使 EVA 计算的结果对经济现实的反应更加公允、可靠,是否可以有效改变管理层的行为方式等。

(2)调整的方法和过程。EVA 计算要求对税后净营业利润和资本投入额都进行调整,调整的过程与公认会计准则相违背。调整过程是否正确体现 EVA 的理念和思想决定了计算结果的科学性。同时,还要考虑调整过程是否会引发管理成本和其他成本,是否可以通过其他手段来达到调整目的等。

2. 现实选择

(1)会计调整应遵循一定的原则。在进行调整项目的选择时需要综合考虑成本和收益,并遵循一定的原则,掌握正确的调整方法。这些原则包括:①重要性原则。即该项调整是否举足轻重,是否对 EVA 有实质性的影响,是否影响管理人的决策等。②简单可理解性原则。即调整的项目应便于公司职员了解和操作,简单易行。③可控制性原则。即管理层能够控制和影响该调整项目,能够通过自己的努力,影响该费用或资本支出的水平,以增进股东利益。④客观可取性原则。即所需要的数据和信息相对容易得到,且能够被具体化,无须主观判断。⑤适用性原则。即应结合公司所在行业的特点和本公司的现实要求,将调整限制在必要的范围内。

(2)EVA 的调整成本与调整事项数量和调整事项金额有直接关系,调整项目越多、金额越大,调整成本可能越高。这在很大程度上阻碍了 EVA 的推广。因此,有必要进一步探讨 EVA 调整的可替代性。EVA 调整事项要达到的目的未必一定要通过调整来实现。为此,有专家提出:①可以通过会计准则的合理运用达到调整目的。GAAP 不是固定不变的,而是处在不断地调整完善中。思腾思特公司所称的 GAAP 的"扭曲"有一部分可以通过以 GAAP 会计政策的合理运用得到一定程度的消除。②可以辅之以其他财务指标,来达到调整要实现的目的。例如,将 EVA 与现金流量指标组成考评体系,就可避免针对权责发生制的调整事项。③可以引入非财务评价体系。如果说财务业绩是会计信息系统表现的表象、结果的积累,非财务业绩则可以反映经营系统的内因和过程。如果我们从非财务业绩评价系统选取一些指标和 EVA 体系结合,或者在 EVA 系统之外另建一套同 EVA 互为补充的话,那么就有可能通过评价体系的协同运作,既将 EVA 的调整事项消除,又使企业业绩评价体系更加完善、合理。

由以上分析我们得出:EVA 计算中所涉及的这些调整事项,其调整的必要性程度并非像思腾思特公司所宣传的那样广泛和迫切。实践中,许多公司的做法都与思滕思特公司主张的做法有所不同,然而它们却恰恰是有效的。EVA 的本质是试图建立一种更合理的公司治理机制,这些调整事项只是在公认会计准则框架下的、克服现行会计制度局限性的一种改进。

（二）资本成本计算

1. 难点

在 EVA 的模式中，资本成本具有决定性的因素。如前所述，EVA 计算时所考虑的资本是加权平均资本成本。目前我国企业资本成本计算主要存在以下问题：

（1）单一模型估算存在较大的不确定性。资本成本的计算难点主要归结为权益（股权）资本成本的计算。股权资本成本的每一估算模型都有其前提和假设条件，离开了实际估算条件，估算模型就可能缺乏严密的理论基础。如资本资产定价模型建立在资本市场有效、投资者理性，且投资组合分散程度充分和有效等假设基础上。

（2）资本成本变动影响数据的可比性。公司可以通过改变资本结构等方法来影响资本成本，另外在不同时期，外部环境的变化也会导致资本成本的剧烈波动。作为考核工具，应选择一个相对固定的资本成本率，使其在一定程度上反映企业经营状况，又能排除资本成本率带来的数据不可比的影响。但在实践中，资本成本率往往是 EVA 计算过程中最不稳定的项目，从而影响了数据的可比性。

（3）应用条件的限制影响估算模型的可操作性。例如，贴现现金流模型，关键是对红利的预测，而目前我国上市公司大多没有分红的习惯；资本资产定价模型的适用范围只限于上市公司；

（4）相关数据的取得缺乏客观性。在中国资本市场目前的发展水平下，缺少规范、透明的市场数据作为支撑，相关因素的确定离不开主观的判断和解释。

（5）资本结构计算基础的选择具有复杂性。即负债资本和权益资本各自所占的权重确定以及计算基础问题。恰当的资本结构有利于实现资本成本最小化和 EVA 最大化，但是如何确定是个问题，应该与战略目标结合起来考虑。这样就加大了计算的复杂性。权重的计算基础包括账面价值、市场价值和目标价值等不同类型，不同类型的选择会影响结果的准确性。

2. 现实选择

如上所述，资本成本的计算难点主要归结为权益（股权）资本成本的计算。现实中权益成本的计算有以下几种方法可供选择：

（1）按货币时间价值计算权益资本成本。货币时间价值实质上是指在无风险情况下的投资收益。因此，资本时间价值可按无风险投资报酬率计算（通常可按国库券报酬率计算），即

$$K_E = \text{无风险投资报酬率}$$

其中，K_E 为所有者权益的成本。

（2）按正常利润计算权益资本成本。正常利润是指可诱使资本所有者投资的最低资本回报。正常利润中除包含资本时间价值（即无风险的投资报酬）之外，还含有资本的风险补偿，所以权益资本成本可以这样计算：

$$K_E = \text{无风险投资报酬率} + \text{风险补偿}$$

由于资本风险补偿计算困难，而且通常资本所有者投资至少希望得到社会平均利润率，权益资本成本可按平均资本利润率计算，即

$$K_E = 社会平均资本利润率$$

(3)按普通股计算权益资本成本。普通股成本有许多种计算方法。在实践中,常用的方法是"资本资产定价模型法"。EVA 倡导者就是利用资本资产定价模型(CAPM)来计算权益成本的。其计算公式为:

$$K_E = R_f + \beta \times (R_m - R_f)$$

β系数是企业对于整个市场风险的一个风险系数。所以,当其他因素一定时,股权成本的计算难点在于β值的计算,β值越大,市场风险越大,加权平均资本成本越大。对于上市公司,β值通常可以用两种方法测算:一是根据市场交易数据,将公司股价的回报与股票市场整体回报进行时序回归分析,测算出β值;二是从各大投资银行、财务信息提供机构、证券机构等渠道获得公司β值。对于非上市公司,可以选择一些对标公司。可以看出,用资本资产定价模型来计算权益资本成本更加直观、全面、真实。所谓直观是这种方法与股票的市场报酬及市场风险直接相联系,体现了 EVA 与企业的市场价值密切相关的特点;所谓全面是指这种方法全面考虑了影响权益资本成本的各因素,如风险、货币时间价值、企业发展潜力等;所谓真实就是指按这种方法计算出来的权益资本成本能够真实反映企业权益资本成本的实际水平。

最后需要指出,资本成本的计算受多种因素的影响,在实践中我们要明确,计算资本成本是手段而不是目的。资本成本的计算是为了扭转经营者"权益资本免费"的意识,引导经营者更有效地使用资金,行为引导才是根本,而不在于资本成本计算的精确无误。例如,在资本成本率的确定上,华为公司和许继集团公司的做法非常简单,它们没有一味地追求方法上的严谨性和结果的精确性,而是从 EVA 的基本理念入手,通过在借款利率基础上加上几个百分点的做法去告诫经理人和员工:权益资本的使用是有偿的,不是免费的。

第三节　经济增加值与价值创造

一、EVA 与 MVA 的关系

企业创造的价值是补偿所有投入生产要素成本之后的超额收入。在一特定时点上,研究管理活动是创造还是损害价值,通常用公司总资本(产)市场价值与股东和债权人投资于公司的资本数量(公司占用的资本)之差,即公司的附加市场价值 MVA(Market Value Added)来衡量。其计算公式为:

$$MVA = 资本(产)市场价值 - 占用资本$$

若 MVA 为正,就意味着创造价值;反之,则损害了价值。

公式中的"占用资本"包括负债资本和权益资本两部分,二者可以从公司的资产负债表和附注中推算出来,尤其是权益资本,须在资产负债表中所列权益的账面价值基础上再加上按会计规定标准而排除在资产负债表外的权益项目。具体计算同 EVA 公式中的投入资本。

公式中的“资本(产)市场价值”可以从金融市场获得。在均衡条件下,公司资产的市场价值等于该公司资产产生的预期一系列现金流量的现值。依据现金流量折现模型,当预期现金流量一直以固定的年比率增长时,其价值公式为:

$$资本(产)价值 = \frac{下年的\ CFA}{WACC - 增长率}$$

CFA(Cash Flow From Assets)为公司资产产生的净现金流,通常指自由现金流。其计算公式为:

$$\begin{aligned} CFA &= NOPAT - (营运资本的增加 + 资本支出 - 折旧费) \\ &= NOPAT - \triangle 投资资本 \end{aligned}$$

将 CFA 代入“资本(产)价值”公式中,并从公式两边减去“投入资本”项,可得到:

$$资本(产)市场价值 - 投资资本 = \frac{NOPAT - \Delta 投入资本}{WACC - 增长率} - 投入资本$$

进一步整理得:

$$MVA = \frac{(ROIC - WACC) \times 投入资本}{WACC - 增长率} = \frac{EVA}{WACC - 增长率}$$

由 MVA 的计算公式可知,公司创造价值的能力基本由三个关键因素综合而产生:(1)公司的经营获利能力,以 ROIC 测量;(2)公司的资本成本,以 WACC 测量;(3)公司的增长能力,以增长率的高低测量。只有当预期的投入资本回报率 ROIC 高于投资的资本成本 WACC 时,公司才能创造价值。此时公式的分子 EVA 必为正,MVA 也为正。反之,EVA 必为负,MVA 亦为负,公司损害了价值。由此得出两个主要的基本结论:

1. 正的 EVA(即回报率差大于零)是价值创造的来源,而负的 EVA(即回报率差小于零)是价值损害的原因。EVA 为零(即 ROIC 等于 WACC,回报率差为零),表明公司从经营中产生足够的利润正好等于债权人和股东期望的回报,而再没有多余了。要创造价值,公司必须支付给股东超过他们预期能收到的利润,这只有在 ROIC 大于 WACC 时才能实现。因此,公司管理者的目标不应是经营获利能力 ROIC 的最大化,而应是 EVA(或回报率差)的最大化,否则就会引导管理者产生与价值创造不一致的行为。

2. 单纯的增长率并不一定表示价值创造,产生价值的标志是 EVA(或回报率差)为正,它与公司的增长率无关。高增长率的公司可能是价值损害者,而低增长率的公司可能是价值创造者。因此,公司规模大小已经不是值得炫耀的事情,公司管理者不应一味追求大规模投资,而应将注意力放到创造价值方面,致力于公司价值的创造。

二、价值创造的动因

如果将 EVA 公式中的 ROIC 进一步分解,即经营利润率(EBIT 与销售额的比率)、资本周转率(销售额与投资资本的比率)和税率(T)三个指标的乘积,会更加清楚的识别价值创造的基本动因。从 EVA 或 MVA 的公式中不难发现价值创造的不同动因,除了两个经营动因外,还包括了资本成本的组成及税率因素。因此提升 EVA,

增加企业价值的途径应该包括：

1. 提高现有投资资本的回报(EBIT)水平，使每元销售产生最大的经营利润。

2. 加速资本周转，提高资本的使用效率，解放营运活动中沉淀的资金。如加速应收账款的收回、更快的存货周转、高效率的使用固定资产等。

3. 有效增加利润。当某一项投资预期会带来比资本成本更大的收益时，价值就会增加。

4. 从价值毁灭型项目撤出资金以减少投资成本，当减少的投资成本大于减少的回报时，EVA 就会增加。

5. 选择最优资本结构，适当增加杠杆功能，实现资本成本最小化。

6. 减少实际税率。

图 3－1 总结了价值创造的不同动因，它们作用在一起决定了公司的未来附加市场价值。

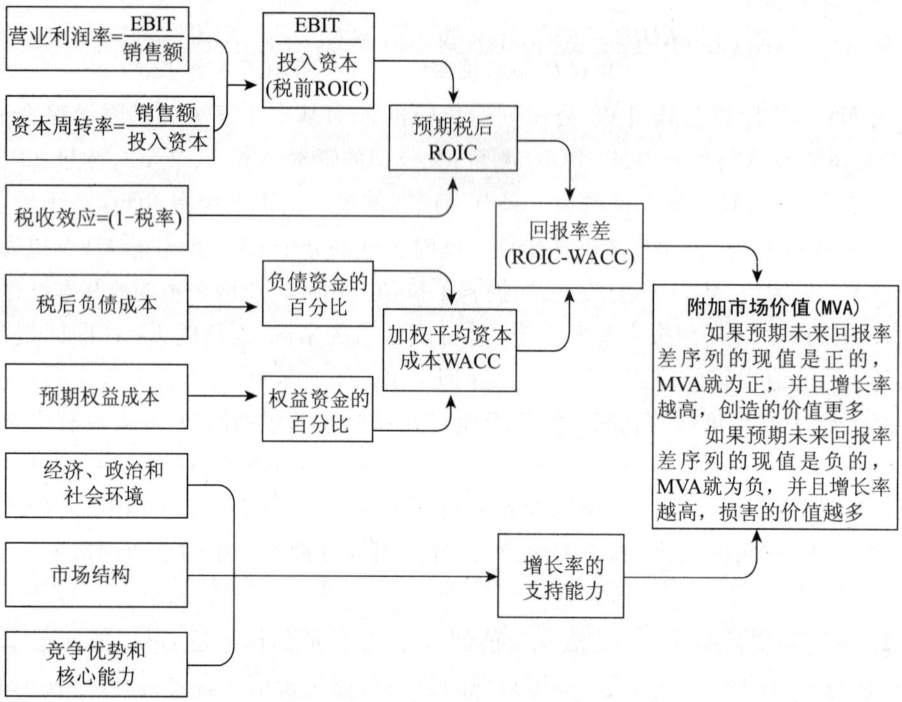

图 3－1　价值创造动因

EBIT＝息税前收益(税前营业利润)

投入资本＝现金＋营运资本需求＋净固资产

WACC＝[负债%][税后负债成本]＋[权益的%][权益成本]

三、财务战略矩阵

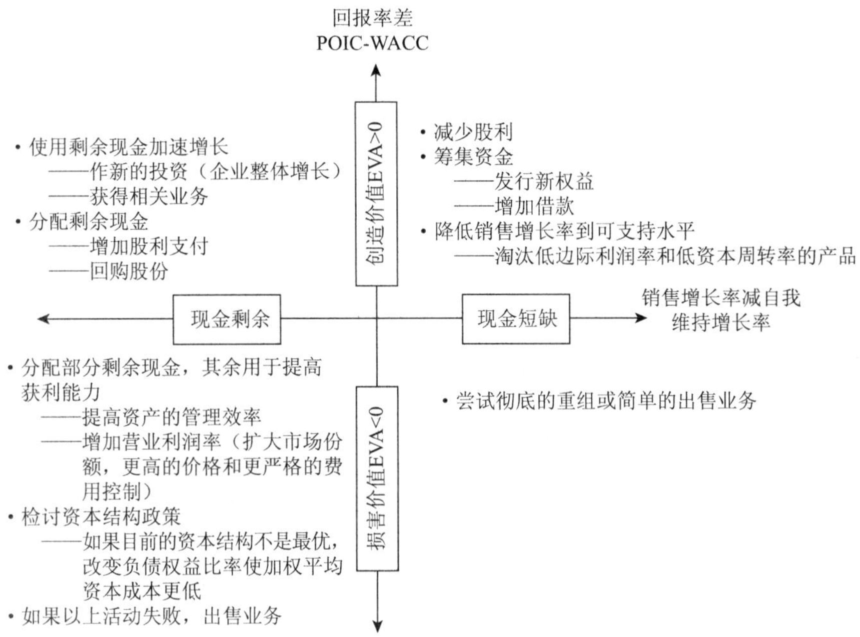

图 3－2　财务战略矩阵

ROIC——投入资本回报率；WACC——加权平均资本成本；G_{Sales}——销售增长率；SGR——自我维持增长率

图 3－2 综合了公司财务管理体系的关键因素，并用一简单的结构揭示了它们的管理含义，我们把其称为公司的财务战略矩阵。我们假设公司有一个或多个部门或业务单元。

垂直轴测量一个特定业务单元创造价值的能力，该能力用公司的回报率差（预期的 ROIC－WACC）的特征和数量来表示。当业务单元的回报率差为正（矩阵的上半部分），则为价值创造（EVA 为正）；当回报率差为负（矩阵的下半部分），则为价值损害（EVA 为负）。

水平轴测量业务单元为销售增长提供资金的能力，该能力用销售增长率和自我维持增长率之差来测量。自我维持增长率是指业务单元不改变融资政策（同样的负债权益比、红利支付率、不发行新的股票或股份回购），也不修改经营政策时（同样的经营利润率和资本周转率）能达到的最大销售增长率。若销售增长率与自我维持增长率之差为正（矩阵的右半部分），业务单元将产生现金短缺。在这种情况下，销售增长快于业务单元为支持该增长筹集所需资产的能力，产生现金赤字。若差额为负（矩阵的左半部分），业务单元产生现金过剩。在这种情况下，若销售增长慢于业务单元为增长筹集资金的能力，便会产生多余现金。

图 3 - 2 矩阵的管理含义是,一个业务单元面临四种可能的情况:(1)有能力创造价值,但现金短缺(右上象限);(2)有能力创造价值,并产生多余现金(左上象限);(3)是价值损害者,但产生多余现金(左下象限);(4)既是价值损害者,又处于现金短缺(右下象限)。

只有一个业务单元的公司处于四个象限的其中一个,有许多个不同业务单元的公司其业务单元会处于不同的象限。对业务单元处于何象限的诊断完成后,就可以依据在财务战略矩阵的位置决定各个业务单元的经营管理。现在分别讨论这四种情况的管理。

(一)业务单元创造价值但现金短缺

在这种情况下有两个选择:一个是若业务单元当前支付红利给母公司和其他可能的股东,那么减少或取消任何红利分配;另一个选择是母公司向业务单元注入新的权益资本。若业务单元是上市公司,可以向公众发行新的股票来增加资本。相对于这些增加的权益资本,业务单元可以增加负债资金来保持最优的资本结构(例如,若最优的资本结构是负债权益比等于 1,新的权益可以与等量的借款匹配)。

若增加的资本不能有效地经营,即不能投资于价值创造的业务,在这种情况下,可以通过取消低边际利润、低资本周转率的产品和服务来缩小经营的规模,降低业务单元的综合增长率到自我维持水平。这个战略可以通过业务单元进入更加细分的市场竞争来提高保留业务的价值创造能力。其风险是现金富裕的竞争者可能决定进入该领域,从而对边际利润率增加压力。

(二)业务单元既创造价值又现金过剩

这是最优的状况,在这种情况下可有两个选择。首先,用过剩现金促进业务的增长,可以通过增加内部投资或收购相似和相关业务来完成。假设不存在组织的增长机会或相关的收购,可以把过剩现金分散化到不相关的有利润业务中。但是,这种战略很少能够获得成功,一般应该避免。

其次,若过剩现金不能投资于预期回报率超过资本成本的项目中,它应该返还给所有者——公司的股东,他们可以选择价值创造的投资。现金分配可以通过专门的红利支付和/或股票回购,或再购买计划来完成。

(三)业务单元损害价值但现金过剩

这种类型的业务应在现金过剩结束前尽快稳固。多余现金的一部分可以返还给股东,其余应尽可能快地用于业务的重构,目标是提高投资资本的回报率使之超过资本成本。

前面已经讨论过,ROIC 可以通过以下方法来提高:(1)扩大规模、提高价格、控制经营费用可以增加经营的边际利润;(2)更有效地管理资产,特别是营运资本需求,也就是加快应收账款的回收和更快的存货周转率。

若当前的资本结构不是最优,或不是最低水平,可以调整业务单元的资本结构以降低加权平均资本成本。其风险是在业务单元沉入太多的现金会使退出该业务的机会很少或没有机会。一个值得考虑的策略是把业务单元出售给可以把它管理得更好的人。

(四)业务单元既损害价值又现金短缺

这是最差的状况,管理者要立即对其关注和快速采取行动。若业务单元不能快速和彻底重构,就应该尽可能迅速地出售它。尽快出售业务单元的某些资产可以立即增加现金,降低保留业务的规模到短期生存状态,其最终的目标是使保留业务成为价值创造的业务。

第四节　综合绩效评价——平衡记分卡

企业一定时期的绩效不仅表现为财务和经济指标,而且是企业整个规划管理过程的结果,涉及方方面面。平衡记分卡是企业绩效的综合规划管理及考核评价系统。本节介绍平衡记分卡的原理及应用。

一、平衡记分卡原理

(一)平衡记分卡系统的基本原理及特点

平衡记分卡是以企业战略为导向,通过财务、客户、运营和员工四个方面及其绩效指标的因果关系,全面管理和评价企业综合绩效的系统。

20 世纪 90 年代,管理会计大师、哈佛大学教授罗伯特．卡普兰和复兴方案公司总裁大卫．诺顿,在积累大量实践经验的基础上,创立了平衡记分卡系统。平衡记分卡的基本原理及主要特点是:

(1)以企业发展战略为导向,将企业长期战略规划融入考核评价系统,实行短期与长期目标相衔接,增进企业长期发展能力。(2)为平衡管理评价,在财务因素之外引入顾客、营运、学习成长等因素,实行财务指标与非财务指标的互相补充,到达一定程度的平衡。(3)实行绩效结果评价与营运过程考核相结合、企业内部评价与外部评价相结合和企业内部各部门之间寻求平衡的系统方式。(4)构成企业绩效的全面、综合的评价系统。

(二)平衡计分卡系统的设计步骤

设计完整的平衡计分卡系统,需要大量的调查研究工作,具体的设计步骤因不同企业的情况而有所不同。一般而言,需要经过下列几个阶段:(1)制定战略规划,明确战略目标。(2)设定核心财务指标,明确直接因素。(3)导入非财务因素,设定相关目标。(4)分析关键因素,设计绩效指标。(5)构建完整的考核评价系统框架。

二、非财务因素的引入

平衡记分卡的一个突出特点在于系统引入一系列非财务因素,包括客户方面、营运方面和员工方面的因素,并根据具体要素,设计相应的具体目标或指标。

(一)客户方面因素

平衡计分卡将企业使命和战略以及核心财务指标拓展为与客户相关的具体要素、目标和指标。企业应以目标客户和目标市场为导向,关注满足核心顾客的需求。一般而言,客户消费关心时间、质量、性能、服务和成本五个要素。企业需要为这五个要素确立明确的具体目标,再将这些目标细化为具体指标,譬如市场份额、老客户挽留率、新客户获得率、顾客满意度、客户贡献的利润等。

(二)营运方面因素

设计平衡计分卡系统,通常是在设计财务方面和客户方面的具体目标或指标后,分析企业内部运营方面的要素,设计相应的具体目标和指标。运营方面需要关注的重点是与股东和客户目标密切相关的运营过程,譬如,客户满意度和股东回报率。营运指标既包括短期的现有业务的改善,又包括长远的产品和服务,涉及创新、经营和服务等过程。由此可见,平衡计分卡系统体现了"利润来自客户"以及全程管理与服务的理念。

(三)员工方面因素

全体员工的学习与成长目标为其他三个方面的目标提供了基础和动力,其具体指标包括员工的能力、信息系统的能力、授权与相互配合以及激励的效果。可见平行记分卡系统还带入了全员参与和团队管理的理念。

三、绩效指标的设计

设计平衡计分卡系统,在由上而下确立绩效目标基础上,还要分析绩效驱动因素与绩效考核指标之间因果关系,并结合考虑绩效驱动因素与绩效考核指标的长期性与短期性、过程结果与过程行为、团队与个人等,分层递进分解设立相应的绩效考核评价的具体指标。

例如,提高资产利用率是提高净资产报酬率目标的驱动因素之一,提高资产利用率可以通过资产周转率指标来衡量;提高资产周转率目标又取决于加速应收账款的周转、加速存货的周转和加速固定资产周转的驱动因素;加速存货周转目标的衡量指标具体有原材料周转率和产成品周转率等。

例如,某企业近年来开始采取"做大做强"的发展战略,以销售和资产规模为核心目标,经营管理和业绩考核围绕营业收入展开。近年来,企业的销售收入和资产规模快速提升,同时企业资产质量持续下降,负债比率居高不下,财务结构严重失衡,营销费用大幅增加,面临经营亏损,陷入困难重重状况。与此相联系,企业的业绩考核重规模、轻质量,重结果、轻过程,进入尴尬境地。企业针对这种局面,经过全面反思,充分分析研究,采取多方举措以求改变现状,其中一项就是采用平衡计分卡。

企业聘用某管理咨询公司协助设计平衡记分卡系统。在设计过程中,咨询公司与企业协作,深入调查研究企业的具体情况,初步形成以下方案要点:

(1)企业需要调整发展战略,扭转"已做大而未做强"的发展局面,注重内涵发展,综合考虑全球金融危机和经济增长下行的宏观经济环境,重新审视和规划企业发展战略目标。

(2)根据发展战略规划,企业将核心目标设定为提升资产报酬率,稳定营业收入增长,同时注意财务结构和资产质量的改善,引入全员管理、全程管理理念。

(3)企业实行数量与质量相结合、规模与效益相结合的考核思路,扭转粗放经营,注重提升质量和绩效。

(4)企业在关注财务方面之外,分析客户方面、运营方面和员工方面的各种因素,设定若干具体目标,并进行层层分解,形成一系列具体的绩效指标。譬如,将提升资产质量目标分解为资产结构、资产周转率等指标;将财务结构分解为负债比率、债务结构、权益结构等具体指标,分别落实负责。

【本章小结】

企业业绩评价指标大体可以分为财务评价指标和非财务评价指标两大类,其中财务评价指标由于有较好的定量性和可操作性,得到更为广泛的应用。财务业绩评价指标具体可以分为以下三种类型:基于会计基础的业绩评价指标、基于市场基础的业绩评价指标和基于价值基础的业绩评价指标。经济增加值是一批以股东价值为中心的业绩衡量指标中影响最大、应用最广泛的一项指标。它克服了传统业绩评价指标的缺陷,比较准确地反映了公司在一定时期内为股东创造的价值。20 世纪 90 年代中期以后逐渐在国外获得广泛应用。其主要优点在于:(1)体现了一种新型的企业价值观。(2)是一种业绩管理评价指标体系。(3)可以改善公司治理模式。(4)该指标的设计着眼于企业的长期发展。

经济增加值的英文缩写为 EVA。EVA 的核心是衡量价值,即公司在经营中是创造财富还是在毁灭财富。其基本理念是资本获得的收益至少要能补偿投资者承担的风险,也就是说,股东必须赚取至少等于资本市场上类似风险投资回报的收益率(机会成本)。因此,EVA 等于公司税后营业净利润(NOPAT)减去全部投入资本成本(WACC)后的余额,这里的投入资本成本既包括债务的资本成本,也包括股东资本的成本(机会成本)。

EVA 是在会计利润调整后的税后营业净利(息前税后利润)基础上扣除全部资本(包括债务资本和股东资本)成本后的余额,具体的调整步骤为:(1)NOPAT 通过调整利润表确定。(2)投入资本通过调整资产负债确定。(3)WACC 是一个企业的债务比率乘以债务资本成本和股权比率乘以股权资本成本之和。其中股权资本成本 K_E 可由资本资产定价模型来确定。EVA 的计算有两个关键环节:通过会计调整消除会计记账方法对企业经营业绩的扭曲,同时又考虑了包括股权资本和债务资本的资本成本,从而能真实地反映企业经营业绩。这两个环节是 EVA 的独特之处,但同时也增加了 EVA 计算的复杂程度。EVA 指标的计算难点一是会计调整,二是资本成本的计算。

公司创造价值的能力基本由三个关键因素综合而产生：(1)公司的经营获利能力，以 ROIC 测量；(2)公司的资本成本，以 WACC 测量；(3)公司的增长能力。只有当预期的投入资本回报率 ROIC 高于投资的资本成本 WACC 时，公司才能创造价值。由此得出两个主要的基本结论：(1)正的 EVA 是价值创造的来源，而负的 EVA 是价值损害的原因。(2)单纯的增长率并不一定表示价值创造，产生价值的标志是 EVA(或回报率差)为正，它与公司的增长率无关。提升 EVA，增加企业价值的途径应该包括：(1)提高现有投资资本的回报(EBIT)水平。(2)加速资本周转，提高资本的使用效率。(3)有效增加利润。(4)从价值毁灭型项目撤出资金以减少投资成本。(5)选择最优资本结构，适当增加杠杆功能，实现资本成本最小化。(6)减少实际税率。可以结合公司的财务战略矩阵对此进行学习。

平衡记分卡是以企业战略为导向，通过财务、客户、运营和员工四个方面及其绩效指标的因果关系，全面管理和评价企业综合绩效的系统。平衡记分卡的一个突出特点在于系统引入了一系列非财务因素，包括客户方面、营运方面和员工方面的因素，并根据具体要素，设计相应的具体目标或指标。

【复习思考题】

一、单项选择题

1. EVA 业绩评价指标属于(　　)。

A. 基于市场基础的业绩评价指标　　B. 基于会计基础的业绩评价指标

C. 基于价值基础的业绩评价指标　　D. 以上三者都是

2. 20 世纪 90 年代中期以后逐渐在国外获得广泛应用的业绩评价指标是(　　)。

A. 会计利润　　B. 投资报酬率　　C. 剩余收益　　D. 经济增加值

3. 平衡记分卡的一个突出特点在于系统引入了一系列(　　)。

A. 非财务因素　　B. 财务因素　　C. 资本成本　　D. 投入资本

4. EVA 等于公司(　　)减去全部投入资本成本(WACC)后的余额。

A. 税后营业净利润　　B. 税后净利润

C. 营业利润　　D. 税前营业净利润

5. 在财务战略矩阵中，右上象限表示(　　)。

A. 有能力创造价值，并产生多余现金

B. 有能力创造价值，但现金短缺

C. 是价值损害者，但产生多余现金

D. 既是价值损害者，又处于现金短缺

二、多项选择题

1. 经济增加值指标的主要优点是(　　)。

A. 体现了一种新型的企业价值观

B. 是一种业绩管理评价指标体系

C. 可以改善公司治理模式

D. 该指标的设计着眼于企业的长期发展

2. 从 EVA 的计算公式可以看出，EVA 的三个基本输入变量是（　　）。

A. ROIC　　B. WACC　　C. 投资资本　　D. 剩余收益

3. 提升 EVA，增加企业价值的途径应该包括（　　）。

A. 提高现有投资资本的回报（EBIT）水平

B. 加速资本周转，提高资本的使用效率

C. 从价值毁灭型项目撤出资金以减少投资成本

D. 减少实际税率。

4. EVA 原理认为，下列项目中需要同时调整会计利润和投入资本的有（　　）。

A. 研究与开发费用　　B. 递延所得税

C. 商誉　　D. 教育和培训费用

5. 下列说法正确的是（　　）。

A. EVA 原理认为应将研究与开发费用全部资本化，否则会低估企业的资本，高估 EVA

B. EVA 原理认为应将研究与开发费用全部费用化，否则会低估企业的资本，高估 EVA

C. EVA 原理认为须将研究与开发费用加回到股东权益和营业利润中去

D. EVA 原理认为须将研究与开发费用加回到股东权益中，从营业利润中减去

三、判断题

1. EVA 指标的计算难点一是会计调整，二是资本成本的计算。（　　）

2. 单纯的增长率并不一定表示价值创造，产生价值的标志是 EVA（或回报率差）为正，它与公司的增长率相关。（　　）

3. 平衡记分卡是以企业战略为导向，通过财务、客户、运营和员工四个方面及其绩效指标的因果关系，全面管理和评价企业综合绩效的系统。（　　）

4. EVA 为零（即 ROIC 等于 WACC，回报率差为零），表明公司从经营中产生的利润为零。（　　）

5. 在均衡条件下，公司资产的市场价值等于该公司资产产生的预期一系列现金流量的现值。（　　）

四、名词解释

1. 经济增加值　　2. 平衡计分卡

五、简答题

1. 简述基于会计基础的业绩评价指标的缺陷。

2. 简述以经济增加值为代表的价值基础业绩评价指标的优点。

3. 为什么说 EVA 是全面衡量企业生产经营真正盈利或创造价值的一个指标或一种价值管理工具？

4. 简述提升 EVA，增加企业价值的途径。

5. 联系实际，谈谈你对 EVA 指标计算难点的认识。

【案例分析】

青岛啤酒的 EVA 应用之路[①]

青岛啤酒作为一家有着百年历史的老牌国有企业，从 1996 年开始推行“高起点发展，低成本扩张”的发展战略，在国内进行了一系列的收购兼并，成为一个覆盖 17 个省市、拥有 48 家啤酒生产企业和 3 家麦芽厂的全国龙头啤酒集团企业。青岛啤酒 2000 年年报显示，主营业务收入为 37.7 亿元，同比增长 54%，年实现税后净经营利润为 2.1 亿元，其主营业务净利率只有 2.5%，每股收益也仅为 0.1058 元。显然青岛啤酒的规模增长并没有带来效益的同比增长。

其实，青岛啤酒的董事长李桂荣也意识到了企业存在的潜在危机，因此整合现有资源、重组管理模式迫在眉睫。2001 年，青岛啤酒接连打出几张以“整合资源”为旗号的“管理牌”，包括整合组织系统、财务、市场、品牌及资本，精简机构，设立投资公司对地方分公司进行管理，减少信息流通环节，提高市场反应速度。但一系列自行调整动作并没有从根本上改变青岛啤酒的困境。2001 年公司销售收入和市场占有率虽然上升（啤酒产销量达 251 万吨，拥有中国啤酒市场 11% 的份额，销售收入为 53 亿元），但是公司净利润增长依然缓慢，2001 年净利润仅为 1.03 亿元，比当年预计实现的净利润 1.71 亿元相差近 40%。

在这种背景下，思腾思特公司的一次讲课给青岛啤酒陷入僵境的改革带来了转机。在这次讲课中，思腾思特公司对安然事件的分析给李桂荣带来了极大地触动。尽管在 20 世纪 90 年代后期，安然的净利润和每股收益都处于上升趋势，但是 EVA 却在急剧下降。正是由于这种下降，导致安然失控而突然破产。而目前青岛啤酒资产规模不断扩大，销售收入不断增加，但是 EVA 却不断下降。经过思腾思特公司测算，青岛啤酒 2000 年度的 EVA 为 0.8 亿元，而 2001 年度的 EVA 更是扩大为 0.96 亿元。因此，青岛啤酒并没有创造出经济意义上的财富，而是在毁灭股东财富。面对这种情景，李桂荣毅然作出决定，要求思腾思特公司“开个药方”，为青岛啤酒进行管理重组，彻底改变目前的管理模式，有效解决在扩张过程中存在的问题。“洋医生”思腾思特公司开的“洋药方”就是建立以 EVA 为中心的目标管理体系和激励约束机制。在具体实施过程中，思腾思特公司帮助青岛啤酒进行了以下主要工作：

（1）进行员工培训，以转变管理观念。青岛啤酒引入 EVA，表面上看是引入一种业绩评价的新方法，事实上是引入一种新的管理与价值理念。因此要使得 EVA 能够贯彻下去，就必须转变观念。“我们不断给员工培训，让他们从思想意识上接受它。”李桂荣如是说。确实，在正式启动 EVA 价值管理模式之前，公司上至高层管理人员、下至中层干部和普通员工，都进行了系统的培训。培训的内容包括 EVA 内涵、EVA 的核算、EVA 结果的解释，以及与 EVA 相关的薪酬计划等。通过培训，管理人员认识

① 资料来源：《EVA 管理业绩评价系统模式》，池国华著。科学出版社。

到，企业业绩的考核应该从以会计利润为基础转变为以经济利益为基础，企业管理的中心已应该从利润最大化转变为资本增值最大化。

(2)实施流程再造，以建立价值平台。青岛啤酒原有的总公司、事业部、分公司的金字塔式结构，已经无法适应企业不断扩大的规模。为此，青岛啤酒围绕EVA的创造进行了业务流程再造，重组组织结构。公司开始实行区域事业部管理机制，先后成立了8个事业部，统一产供销、统一市场管理、统一财务核算，并成立青岛啤酒在区域市场的策划中心、市场营销中心和利润中心。2002年公司和深圳招商局联合成立了物流公司来提高物流管理水平，降低物流成本。流程再造的最终目的是建立扁平化的组织结构，同时确定EVA考核中心，为EVA价值管理的实施营造一个平台。确定EVA考核中心必须对该中心管理者进行充分的授权，使之具有资本支出和控制利润的决策权，当然公司的管理当局应该保留对EVA考核中心决策的监督权。

(3)整合财务系统，以提供决策支持。实施基于EVA的价值管理模式需要重新定位财务功能，并整合目前的财务系统。财务的主要职能之一是衡量和监控财务结果。上市公司不仅要遵从公开披露的要求，合理编制财务报表，而且还需要为公司管理者及时提供信息以监控公司经营业绩。从经济角度来看，只有EVA才真实地反映了一个企业在每个会计期创造或损害了的财富价值量。因此青岛啤酒要求企业整个财务体系除了依据相关会计法规编制对外报表以外，还需要按照EVA编制内部报告，并将以此考核业绩。另外，财务部门的另一种主要功能是计划制定和决策支持。传统的投资计划往往是采用会计利润如投资报酬率作为决策标准，但是这可能忽略股东投入资本的成本，从而给决策者造成错觉，使其不断追加投资。李桂荣说，“作为一种财务管理系统，EVA可以成为决策者察觉潜在危险的哨兵，有利于公司资源的合理配置”。不仅如此，对于李桂荣、金志国等青岛啤酒高层管理人员而言，采用EVA方法将结束公司长期以来财务目标不统一的局面。评价标准和目标的不一致，通常会导致营运战略与决策低效甚至失误。

(4)改革年薪制，以确定管理报酬。思腾思特公司在帮助青岛啤酒建立EVA激励机制时采用的是自上而下的方式，即先在青岛啤酒公司管理层进行，再逐步推行到员工。在这之前，青岛啤酒已经在经理层面(股份公司所属各单位总经理或厂长，以及兼职的集团副总经理)中实施了年薪制。青岛啤酒实行年薪制旨在留住并激励人才。但年薪制采用单纯以利润为中心的考核标准，忽略了资本投入的成本，导致管理者忽视投资的回报率，造成投资的风险性增加。李桂荣也指出了年薪制缺乏公正性，因为“完成相同的指标，应该拿相同的年薪，但反过来一想，我给甲投了资，没有给乙投资啊，这样有投资的人占便宜了”。以EVA为中心设计的激励制度可以弥补青岛啤酒现有年薪制的漏洞。因为资本成本概念的引入使管理者能更理智地使用资本，从而提高资本的利用效率。合理确定管理报酬的关键在于合理确定EVA评价标准。为了得到比较准确的EVA评价标准，在建立EVA激励机制之前需要考虑国际经验标准和行业先进标准。为此，思腾思特公司根据青岛啤酒的行业特性，参与了国内外几十家同行企业的EVA标准。

(5)结合实际情况,以准确核算EVA值。EVA的特点除了考虑了权益资本成本、与管理报酬相挂钩以外,更在于进行了会计调整。EVA的倡导者认为,通过会计调整,可以修正会计准则潜在的偏差和扭曲,尽可能消除会计信息的规则性失真。调整的数量越多,计算结果当然越精确。到目前为止,计算EVA可作的调整已达200多种。但是这样做大大增加了计算的复杂性和难度,并且妨碍了EVA的广泛应用,不符合成本效益原则。青岛啤酒在实践中选择调整会计项目时在参考其他企业成功经验的基础上,更主要的是考虑以下原则:重要性原则、相关性原则、可控性原则、可获得性原则、易理解性原则以及现金收支原则。只有保证了EVA核算的准确性,才能为利用EVA进行经营业绩评价提供坚实的基础。

建立和实施基于EVA的价值管理模式是青岛啤酒所进行的第二次管理革命。尽管"革命"还在进行,但是2002年的年度却初步反映了第二次管理革命所带来的业绩改善:2002年啤酒产销量达到298.7万吨,较上年同期增长21%;国内市场份额由上年的11%提高至12.5%;主营业务收入为69.37亿元,同比增长31%;而各种成本、费用得到了有效的控制,主要业务成本仅同比增长28%;净利润2.3亿元,同比增长124%;每股收益0.231元,每股经营活动产生的现金流量更是高达1.11元。该公司拟在派发2002年度股利每股0.16元(含税)的同时派发青岛啤酒百年特别红利每股0.06元人民币(含税)。产品出口大幅度增加也成为2002年的一大亮点。2002年该公司共出口啤酒6.4万千升,创汇4048万美元,分别同比增长了110%和104%。当然最重要的是青岛啤酒2002年的EVA也由原来的负数转变为正数,这表明这一年股东的财富得到了增加。

思考题:从青岛啤酒实施EVA管理的过程中,可以得到哪些启示?

【参考文献及阅读资料】

1. 池国华:《EVA管理业绩评价系统模式》,科学出版社,2008年。

2. 国务院国有资产监督管理委员会业绩考核局、毕博管理咨询有限公司著:《企业价值创造之路》,经济科学出版社,2005年。

3. 财政部注册会计师考试委员会办公室:《财务成本管理》,经济科学出版社,2008年。

4. 杨雄胜:《高级财务管理》,东北财经大学出版社,2009年。

5. [美]斯蒂芬·A. 罗斯等著,吴世农等译:《公司理财》,机械工业出版,2000年。

6. 谷祺、王棣华主编:《高级财务管理》,东北财经大学出版社,2007年。

第四章　企业财务战略管理

【学习目的与要求】

企业运营环境的巨大变化和战略管理理论与实践的蓬勃发展为我们重新审视企业财务管理开启了一个崭新的视角——企业财务战略管理。现代理财环境下的企业管理不能单纯注重财务管理的具体方法与手段,也不能局限于对各项具体财务行为进行规划,应充分重视财务的长远问题和战略问题的设计与谋划,把战略管理作为财务管理的中心问题。本章在介绍企业战略、企业财务战略及企业财务战略管理等相关概念基础上,重点阐述了资金筹措战略、资金投放战略和收益分配战略的相关内容。通过本章的学习,要求:

【了解】　企业财务战略管理的一般程序;筹资战略管理、投资战略管理和股利分配战略管理的战略环境分析。

【理解】　企业战略层次结构;筹资战略管理中战略目标的确定;投资战略管理中战略目标的确定;股利分配战略管理中战略目标的确定。

【掌握】　企业财务战略的含义及内容;筹资战略管理的战略生成;投资战略管理的战略生成;股利战略的生成或制定。

【重点与难点】

1. 企业财务战略的含义及内容。
2. 筹资战略管理的战略生成。
3. 投资战略管理的战略生成。
4. 股利战略的生成或制定。
5. 筹资战略管理、投资战略管理和股利分配战略管理的战略环境分析。

第一节　企业财务战略管理概述

随着社会经济的迅速发展和科学技术的飞跃进步,企业的运营环境在最近十几年里发生了深刻的变化。过去那种相对单纯和比较稳定的内外环境已不复存在,代之而起的是一个极为复杂而又极具变化的环境,导致企业和环境之间的相互作用日趋复杂和强化。在这种情况下,企业财务管理的成功在很大程度上取决于它对环境的适应能力、应变能力和利用能力,取决于它在变动的环境里能否应对自如。所以现代理财环境下的企业管理不能单纯注重财务管理的具体方法与手段,也不能局限于对各项具体财务行为进行规划,而应该吸收、借鉴战略管理的原理和方法,创造性的适应环境,并向环境挑战,从适应环境、利用环境的角度,充分重视财务的长远问题和战略问题的设计与谋划,把战略管理作为财务管理的中心问题,财务战略管理正是在这种背景下应运而生的。

一、企业战略

企业战略是指在对企业外部环境和内部条件深入分析和准确判断的基础上,为提高企业的竞争能力,对企业全局和未来所进行的总体和长远谋划。

企业战略大致可以分为企业总体(企业层)战略、经营单位(事业层)战略和职能(经营层)战略三个层次。其中企业总体战略所要解决的问题是,明确企业应该在哪些经营领域中从事经营活动,决定发展或收缩哪些经营领域,进入或退出哪些经营领域,进而将资源合理配置。经营单位战略对于企业集团来说表现为各分公司战略,对于多产品线的生产企业来说,表现为各产品线相关部门战略,主要解决应开发哪些产品或服务,以及将这些产品或服务提供给哪些市场等问题。职能战略是上述两个层次战略在各职能方面的具体化,如生产战略、营销战略、财务战略、人力资源战略等。企业战略层次结构如图 4 - 1 所示。

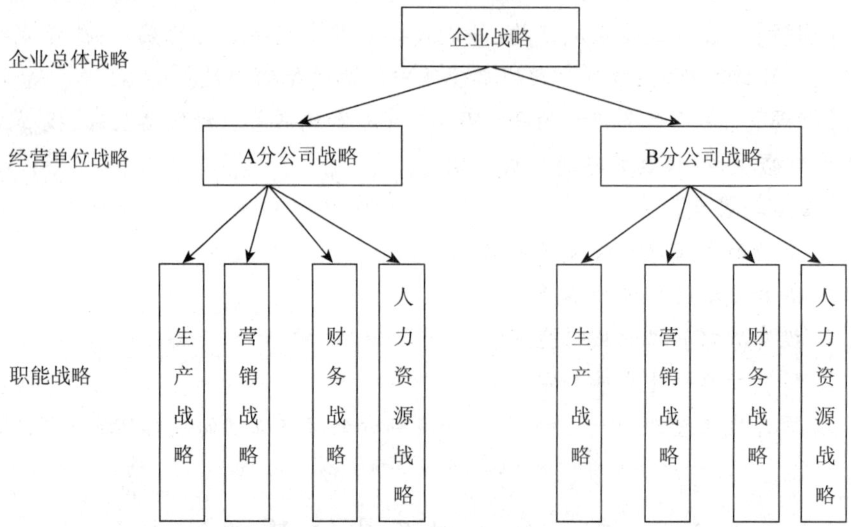

图 4 - 1　企业战略层次结构图

二、企业财务战略

(一)企业财务战略的含义

将战略思想运用到财务管理上来,就形成了企业的财务战略。企业财务战略是指企业在财务活动中所做的重大、长远谋划，具体而言，是指在深入分析和准确判断企业内外环境因素对企业财务活动影响的基础上，为了谋求企业资金均衡有效地流动和实现企业战略目标，增强企业财务竞争优势，对企业资金流动进行全局性、长期性和创造性的谋划，并确保其执行的过程。

对于上述企业财务战略的定义，我们从下述几方面作一些简要的说明：

1. 企业财务战略的内容不同于其他各种战略的质的规定性，具有相对的独立性，它关注的是企业资金的流动。

2. 企业财务战略的目标是谋求企业资金的均衡、有效地流动和实现企业总体战略。这一目标的几个方面是相互联系的。“均衡”是“有效”的基础，没有“均衡”便不能达到“有效”。而“有效”则是“均衡”的主导，也是长期“均衡”的保证。同时，只有资金实现了均衡、有效的流动才能保证企业战略的顺利实现；而资金长期均衡、有效流动本身又有赖于企业制定并实施正确的战略，并且该战略对企业资金流动起到了良好的指导作用。

3. 强调了企业环境因素的影响。战略管理区别于一般战术管理的根本特征之一就在于它对环境的重视。财务战略当然也不例外。但是，在企业财务战略中，对环境因素的分析，着重考察的是他们对资金流动有何影响。这是财务战略环境分析的特征所在。

4. 财务战略除了具备企业战略的一般特征如全局性、长期性和创造性外，还具有独特的特性，如支持性、动态性、导向性等。

财务战略的支持性表现在它是企业战略的执行和保障体系；动态性表现在财务战略必须随环境动态而调整；导向性是指财务战略对战略期间内的各种重大财务活动具有长期的方向性指引作用。

5. 上述财务战略的定义既包括了财务战略的制定，也包括了财务战略的实施。

（二）企业财务战略的内容

企业财务战略涉及的内容可以从不同的角度来观察。从资金流动环节或企业基本财务活动的角度来分析企业财务战略的内容，这是企业财务战略内容的一种最重要、最普遍的观察角度。由于财务战略关注的焦点是企业资金均衡、有效的流动，因此财务战略的内容是对企业资金流动进行全局性和长期性的谋划。从理论上来讲，企业的资金筹措、资金投放、资金使用、资金耗费、资金收回和收益分配等活动都会引起资金流入或流出企业，影响企业资金均衡、有效地流动。但相比而言，我们认为资金筹措、资金投放和收益分配方面的决策一般不属于经常性的或日常性的财务决策。它们对企业的未来具有较为重大的影响，需要考虑的内外环境因素也更多、更复杂一些。另外，从对资金流动的影响来看，这三个环节的影响也要大一些。基于上述原因，我们认为，财务战略主要应该包括以下三个方面的内容：

1. 资金筹措战略，主要解决战略期间内企业筹集资金的内外环境分析、目标、结构、渠道和方式等重大问题。

2. 资金投放战略，主要解决战略期间内企业资金投放的目标、原则、方向、时机等重大问题。

3. 收益分配战略,主要解决战略期间内企业纯收益,特别是股份制企业的股利如何分配的重大方针政策等问题。

除此之外,还可以从其他很多角度进行分析。如从企业扩展性财务活动即企业财务管理的扩展领域来看,企业财务战略包括筹资规模战略、投资方向战略、企业并购战略、分部财务战略、特殊条件(如通货膨胀)下的财务战略等;从企业状况特征来看,企业财务战略包括不同行业的企业财务战略、不同规模的企业财务战略、不同组织形式的企业财务战略等;从企业资金筹措和使用特征来看,可分为快速扩张型财务战略、稳健发展型财务战略和防御收缩型财务战略等;从企业战略涉及的时间长度划来看,包括长期财务战略、中期财务战略和短期财务战略等。

三、企业财务战略管理

企业财务战略管理,也称为企业战略财务管理,或曰战略性财务管理,是以企业财务战略为对象的管理活动,是对企业财务战略制定直至实施全过程的管理。它是企业战略管理不可或缺的一个重要组成部分,也是现代企业财务管理的一个重要方面。因此,企业财务战略管理既要体现企业战略管理的要求,又要遵循企业财务活动的基本规律。

企业财务战略管理的程序和企业战略管理的一般程序基本相同。首先,要正确分析企业内部条件和外部环境对企业财务活动的影响,并明确企业战略目标的要求;其次,确定企业财务战略的目标;再次,在此基础上制定相应的财务战略即财务战略的生成或制定;最后,组织实施财务战略,并对实施过程进行有效控制。该程序可以概括为图 4－2。

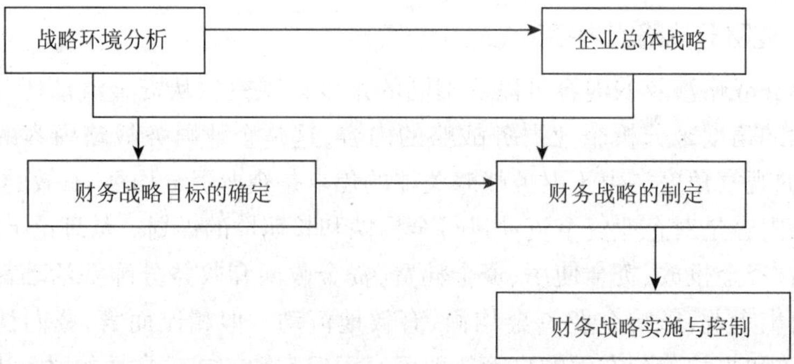

图 4－2　企业财务战略管理流程

在企业财务战略管理流程图中,战略环境分析是基础环节;战略目标的确定是出发点和归宿;战略方案的形成是中心环节;战略实施是关键;战略控制是保证。

第二节 企业筹资战略管理

筹资活动是企业财务管理活动的重要、首要环节，筹资战略是企业财务战略的重要组成部分。筹资战略主要涉及的问题是筹资能力、筹资结构和筹资方式，它不是具体的资金筹措实施计划，而是为适应未来环境和企业战略的要求，对企业资金筹措的重要方面所持的一种长期的、系统的构想。企业筹资战略管理就是要根据企业内外环境的特点，对企业的筹资目标、筹资渠道和筹资方式等进行长期的谋划，在企业资本结构得到不断优化的过程中为企业战略的实施提供资金保障。筹资战略管理从内容上讲包括了筹资战略管理的环境分析、目标确定、筹资战略的制定等几个问题。

一、企业筹资战略管理的战略环境分析

企业在面临不同的环境因素时，应选择不同的筹资战略。影响企业筹资战略选择的因素主要有以下几个方面：

（一）经济周期。从经济的不同发展阶段来看，当经济景气时，企业面临的经济环境与市场条件比较有利，产品销路好，举债可以增强企业的发展能力和盈利能力；反之，经济不景气时，产品销路下降，银根紧缩，举债容易增加风险与债务危机。

（二）行业差别。由于各行业的具体情况不同，因此其负债能力也不尽相同，从而可以采取的资金结构具有较大的差别。造成这种差别的原因主要有以下三种因素：资产流动性、资金密集度、行业的成熟期。通常资产流动性较强，资金密集型企业，属于新兴且发展速度快的行业，资产负债率可以高一些。

（三）资金市场。直接融资市场比较发达时，企业的资产负债率可能较低；间接融资市场比较发达时，企业的资产负债率可能较高。

（四）所有制形式。不同的所有制形式会在一定程度上影响其所有者、债权人和经营者等有关方面能够接受和承担的资金风险水平，因而对企业可以采用的资金来源结构有重要决定作用。

（五）企业经济效益水平、变现速度和平稳程度等因素。获利能力越大，财务状况越好，变现能力越强的企业，就越有能力负担财务上的风险。经营业务与销售状况是否稳定对资金结构也具有重要影响，如果企业的销售和盈余稳定，则可以较多地负担固定的债务费用，如果销售和盈余波动较大，则负担固定的债务将冒很大的风险。

（六）投资项目的性质和生产技术配备能力与结构。投资项目建设周期短，现金净流量多，生产经营状况好，产品适销对路，资金周转快，资产负债比率可以适当高些，并可提高短期资金来源的比例。此外，产品结构比较单一的企业，自有资本比例应大一些，因为这类企业内部融通资金的选择余地较小。相反地，产品结构多元化的企业，因内部融通资金的余地较大，可适当提高资产负债率。

（七）金融与经济传统。金融界和企业界的不同传统对企业资金来源结构有重要

影响。例如，像日本企业那样依靠大量贷款迅速扩大生产，虽然会获得很高的发展速度，但短期内利润必然要受影响，对此具有追求短期利益传统的美国企业界及股东显然很难接受。

（八）其他因素。企业的规模、国家的宏观经济政策的变动等多对企业可行的资产负债率有不同程度的影响。

二、企业筹资战略管理中战略目标的确定

筹资战略环境分析之后，制定资金筹措战略的重要任务便是确定相应的战略目标。筹资战略目标规定了企业资金筹措的基本特征和基本方向，指明资金筹措活动预期的工作成果，是各项筹资工作的行动指南和努力方向。现行财务管理理论一般均认为是否“企业价值最大化”是衡量企业筹资决策优劣的唯一目标。由于战略的运行必须考虑企业众多内外环境因素的影响，充分反映企业内部和外部各种力量对企业的要求才是可行的。这就造成企业战略的目标体系必然是多元化的。因此我们要根据企业战略和投资战略的要求，设立一个合理的综合目标体系，作为筹资战略决策的基本依据和基本方向。资金筹措战略目标体系一般应包含以下几个方面：

（一）满足资金需要目标。即为企业筹集到足够数量的资金，保证企业及时实施战略计划与投资战略等方面对于资金的需求。具体包括以下三个方面：(1)维持企业正常生产经营活动的需要；(2)保证企业发展的资金需要；(3)应付临时资金短缺的需要。

（二）扩大和保持现有融资渠道目标。其目的在于保持随时再筹集到足够数量资金的能力。企业筹资战略的一个重要特点就是不贪图一时的低成本或低风险的资金来源，也不局限于单纯满足企业当时的资金需要，而是从长计议，以战略观点来设计、保持和拓展筹资渠道。

（三）低资金成本目标。由于资金成本高低会直接影响企业生产经营成本，进而波及企业的竞争地位，并对于企业战略与投资战略的顺利实现及其实施效果产生很大的影响。因此企业筹资不仅是单纯从数量上满足企业需求，而是应该能够以较低的资金成本筹集到足够数量的资金用于供应企业所需。

（四）低筹资风险目标。各种不同来源的资金除了资金成本不同之外，其风险也有很大不同，对企业的风险地位也会有不同的影响。所以企业在制定筹资战略时，不仅要考虑低资金成本这一目标，而且还要考虑如何降低筹资风险，把筹资风险控制在可以接受的范围之内，这也是资金质量目标的一个重要方面。

（五）提高筹资竞争力目标。从长远来看，提高筹资竞争力是企业不断获得稳定、可靠、低成本、低风险资金的可靠保证。该目标进一步又可分为下述几个目标：(1)筹资市场地位目标，即相对于筹资竞争者在资金市场上的竞争位置。(2)筹资市场信誉目标，即资金提供者对企业的信任和满意程度。(3)筹资技术创新目标，即对于传统筹资方式、手段、技术等作出的改变。(4)高筹资效率目标，即筹资过程中的组织筹划的高效率。

三、企业筹资战略管理的战略生成

这里主要探讨企业筹资能力战略、筹资结构战略和筹资方式战略的生成问题。

（一）筹资能力的分析与开发

筹资能力是指企业从各种资金来源获得资金的能力，它集中表现为一定时期内，企业能够筹集到的资金数量和质量。由于资金是一种具有稀缺性的重要经济资源，企业之间筹资竞争往往非常激烈。在这种竞争中，有些企业取得了优势，表现为筹资能力较强，就能以较为有利的条件及时筹集到所需的资金用于生产经营或对外投资，为企业的发展提供可靠的坚强后盾。而有些企业获取资金的竞争能力较差，所需资金往往得不到满足，或者虽然得到满足，却不得不付出较为苛刻和高昂的代价，使企业在与其他企业的市场竞争中一开始就处于较为不利的地位。有很多企业经营失败，其原因并不在于企业缺乏良好的产品或技术，而是企业缺乏充足的资金来实现这些产品和技术。因此筹资能力对于企业至关重要。

1. 筹资能力分析

企业的资金来源可分为企业内部资金来源与外部资金来源两大类。企业内部资金来源是指企业通过自身生产经营成果的积累而形成的可用资金；而企业外部资金来源是企业通过不同筹资方式从企业外部获得的可用资金。它又有两种主要来源：一是筹集负债资金；二是筹集权益资金。企业从这三条渠道筹集资金的能力构成了企业资金筹措能力的主要内容。

（1）企业内部资金筹措能力的一般估计

企业内部资金来源就是企业在其所获得的收入和利润中重新投入到企业生产经营过程中，参加资金再循环的那部分资金。所以企业内部资金筹措能力主要决定于企业的收入水平、盈利能力及有关财务政策等因素。企业内部资金筹措能力可大致估计如下：

税后净收益 = 预期未来几年内的收入水平 × 税后目标销售利润率

留存盈余 = 税后净收益 − 现金股利

经营产生的内部资金 = 留存盈余 + 新、旧固定资产折旧

净内部资金来源 = 经营产生的内部资金 − 银行贷款和长期负债还款总计

（2）负债资金筹措能力的一般估计

企业负债资金来源就是企业通过借债的方式所能获得的资金。企业的负债筹资能力主要取决于企业的盈利水平与资金来源结构。一定的盈利水平是企业偿还借款本息的重要保证，而资金来源的结构则反映了企业财务风险的大小。在一般情况下，只有这两个方面的情况良好，潜在的债权人才会有信心把资金贷给企业，企业才能以合理的利率和条件得到所需的借款。现在假设企业的盈利能力是有保证的，则企业的负债资金能力可大致估计如下：

总负债能力 = 估计的未来股东权益总数（目前的股东权益 + 预期新的股东权益

+税后净收益 - 股利) × 行业平均负债/股东权益的比率

新的负债能力 = 总负债能力 - 现有总负债(包括长、短期负债)

(3)权益资金筹措能力的一般估计

权益资金来源即企业通过发行新股或以其他方式增资获得资金的能力。股东或潜在的股东们投资于某一企业,主要目的是期望得到较高的利益回报。因此,权益资金筹措能力主要决定于企业的盈利能力及给股东的回报。股东一般总是很关心其每股盈余的高低。当企业准备发行新股时,股东一般并不希望每股盈余被稀释,使其降低。如果预期新股发行会导致这样的结果,他们就会表示反对并向董事会施加压力以求改变。所以企业要想增加新的股权资金,在可能的情况下应选择经营情况和金融市场状况最好的年份发行新股,力求在这一年里使得企业的利润和每股盈余有一个较大幅度的增长,为新股发行提供基础,使之不会被稀释而降低。根据以上论述,企业权益资金筹措能力大致估计如下:

额外净收益(Δ 净收益) = 净收益(最好增长年份) - 净收益(正常增长年份)

潜在可发行新股股数 = 额外净收益(Δ 净收益) ÷ EPS(正常预期水平)

新股能力 = 潜在可发行新股股数 × 预期股票发行价格

发行新股可得资金 = 新股能力 - 估计发行成本

综上所述,企业总的资金筹措能力是其内部资金筹措能力、负债资金筹措能力和权益资金筹措能力的总和,但不能视为上述三个估计的简单算术和。这是因为:首先,上述三种能力之间是互相联系、互相影响的。其次,资金筹措能力还受到企业多方面其他因素的影响,具体可分为内部因素和外部因素,所以上述估计只能看做是一种大致的预测。所以,企业要分析、预测自身的筹资能力,还必须在上述估计的基础上,结合其他重要影响因素进行综合分析,才能比较准确地把握企业资金的筹措能力,从而更有效地制定和实施资金筹措战略。这些因素可能包括如企业规模的大小(通常规模大的企业筹资能力较强)、企业创办时间的长短(通常创办时间越长的企业筹资能力越强)、企业领导和管理人员的知识能力和结构,企业资产的性质,以及政治经济环境等。

2. 筹资能力的开发

筹资能力是企业自己可以控制的,可以通过自身有意识、有成效的努力而在一定程度上予以加强,这就是所谓的筹资能力的开发。企业筹资能力的开发可以从以下几方面着手:

(1)提高盈利能力,改善资金结构。企业的留存盈余等内部积累本身是企业资金来源的一条重要渠道,而盈利能力强、资金结构合理的企业,其留存盈余可望大大提高,从而增强企业的内部筹资能力。如果企业的盈利能力高,资金结构健康,则对潜在的投资者、债权人等的吸引力就会较大,从而使企业的外部筹资能力大大增强。此外,良好的盈利能力和资金结构还会改善企业的信誉状况,扩大企业的影响,从而使企业的外部筹资能力得到加强。

(2)提高对金融机构的交涉能力。企业从外部筹资的很大比重来自于金融机构的贷款。因此提高对金融机构的交涉能力十分重要,它能在很大程度上影响和决定企业获取贷款的能力。提高企业与金融机构的交涉能力可从以下三个方面着手:①充分理解金融机构的贷款政策与方针;②选择贷款政策合理的金融机构;③与金融机构保持良好的关系。

(3)增强企业领导和资金筹措人员不断开发利用新的融资渠道和工具的能力。归根到底,资金筹措是企业领导和资金筹措人员决定和进行的。他们是否具备良好的素质和知识,是否具有开拓能力,是否具有与金融机构和投资者等洽谈的能力等都对企业筹资能力具有重要影响。另外,现代企业可以利用的筹资渠道和工具众多,而且随着金融创新的不断增加,融资渠道和工具有增无减。因此,为了能筹集到企业所需的资金,资金筹措人员必须有能力研究、开发和利用新的融资工具进行筹资,以分散筹资风险,并保证获得各类不同的适合需要的资金。

(4)扩大企业影响,提高企业信誉。企业为了能以较为有利的条件稳定地获得所需资金,还应努力提高社会知名度,扩大企业影响,提高企业信誉。如通过分析投资者的要求,加强同投资者的联系;加强投资者对企业的了解,积极参与社区公益活动,与政府机关保持良好协作关系等都是有效的办法。企业社会影响大,信誉高,资金供给者就比较放心,乐意以较为有利的条件为企业提供资金,这有利于企业开发利用多种融资渠道和工具,增强筹资能力,改善融资环境。

(5)促进产融结合。工业资本与金融资本的相互融合是经济发展到一定阶段的必然产物,而且对增强企业筹资能力具有重大影响。产融结合有助于企业得到金融方面的支持,特别是企业面临困难时更是如此。

(6)制定有效的企业战略。从长期来看,企业的筹资能力取决于企业在产品市场上的表现。只有未来能在产品市场竞争中取得成功的企业,其筹资能力才有可能稳步加强。有效的企业战略可以增强企业在产品市场上的竞争和发展能力,提高企业产品成功的可能性,从而增强企业在金融市场上获得资金的能力。

总之,筹资能力是一个综合性的指标,许多因素都会对其产生影响。企业可以而且应当采取适当的措施来增强其筹资能力,同时充分发挥、利用好这一能力。

(二)筹资结构的战略生成

1. 筹资结构战略生成的过程

筹资结构战略生成的过程可以概括为以下几个步骤:

(1)分析、预测企业内部和外部环境中的有关因素,寻求可行的资金来源结构战略备选方案。企业资金来源结构受许多因素的制约和影响,并非是企业可以任意选择的。因此资金来源结构战略的有效生成必须首先保证它的现实可行性,即必须充分考虑企业环境因素对筹资结构的制约作用。企业外部环境中的许多因素,如金融市场状况、经济周期、竞争状况、行业状况、通货膨胀率的高低、税赋的松紧、法律规定、政府的政策等共同作用的结果,往往决定了企业实际可以利用的资金来源有哪些、每一种来源上资金总量的大小和外部利害关系集团可以接受的风险水平。企业内部环境中的许多因素,如企业组织形式、企业规模、利润稳定性、资产结构、企业信誉、创办时间、对企业控制权的保护态度等共同作用的结果,将会进一步决定该企业对不同资金来源的可利用程度,以及经营者愿意和企业能够承受的风险水平。企业内外环境因素结合在一起,共同制约企业不同资金来源的可得性及不同资金来源结构的可行性。因此,资金来源结构战略的生成,首先必须对企业内外环境中的有关因素进行综合分析与评价,并据以提出各种可行的备选方案来。

(2)评估提出的备选资金结构战略方案与企业战略之间的一致性,选出能够支持企业战略的资金来源结构战略方案。这是选择资金来源结构方案的关键环节。筹措资金的主要目的是满足企业战略的需要,支持企业战略的实施。实施一项没有确切的资金保证的战略将会显著地增加其失败的危险。应该说,某些企业是非常"幸运"的,因为相对于它的资金需要而言,其可得的资金足够丰富。但对于绝大多数企业,特别是成长性企业而言,其资金的可得性并非总是处于有利的条件之下。因此对它们而言,企业战略在制定时就应考虑到资金来源的实际情况,以保证它具有可行性。资金来源结构的生成与选择必须成为企业战略的一个有机组成部分,它应该符合企业战略的要求,积极主动地支持和促进企业战略的实施。因此,是否与企业战略相协调,能否支持企业战略的顺利实施,应是选择企业资金来源结构的主要标准。

(3)对选出的符合企业战略要求的资金来源结构战略方案,对其资金成本与资金风险进一步运用资本结构理论进行分析评价,以低成本和低风险为标准,从可行的资金来源结构战略方案中,选择、确定最佳方案。这里应该注意的是,确定最佳资金来源结构不一定是某一最佳点,而更可能是一个最佳范围。这样做一是实务上更具可行性,二是设计筹资结构时更具有灵活性,使其留有可供调整的余地,以期应付动荡的筹资环境和随时处理不测事件的发生。

(4)批准执行。即把已确定的资金来源结构战略方案投入实施。企业资金来源结构并不是一个固定结构,而是动态的结构,因为每一次筹资活动都会对企业资金来源结构产生影响。但从企业战略的角度来看,如果企业战略未发生重大变化,资金来源结构即应保持相对的稳定性,以便保持与企业战略之间的协调一致性。所以实施资金来源结构战略方案要区分不同情况进行,在企业原有资金结构已经合理的情况下,应使之继续保持;而如果原有结构不尽合理,则应通过筹资活动进行调整,使之趋于合理。

(三)筹资渠道和方式的战略选择

1. 不同筹资渠道与方式所筹资金的特点分析

企业在从战略角度选择筹资渠道和方式时,应该对各种筹资渠道和方式所筹集资金的特点进行详细的分析,在此基础上,结合企业战略目标分析,即可对筹资渠道与方式作出合理的战略选择。不同筹资渠道与方式所筹资金的特点如表 4 - 1 所示:

表 4-1　　各种个别资金的特点[①]

	资金成本	方便性、对经营权的影响	对利润的影响、利用时间的长短、利用额的大小
内部留成	·在财务计算上没有成本 ·作为机会费用有一定的成本	·如果没有利润也无法留成 ·对经营来说是最安全的资金 ·分红后可以自由支配	·没有使用期限
股票	·可以根据利润情况确定分红 ·按市价发行时，由于发行后的还原，使成本提高	·发行种类较多，可以相互组合 ·手续多、时间长 ·根据股份稳定程度不同对经营权有不同程度的影响 ·在异常时可以不分红	·无期限资金 ·可以大量筹措 ·基于利润处理确定股利
贷款	·成本低于普通公司债 ·有时银行将强制提高提取存款的比率	·手续简单 ·有时不需要担保 ·需要支付利息和还本 ·经营不佳时，成本较高 ·在有些情况下经营权利受到干预	·金额可大可小 ·也有长期贷款，但以短期为主 ·费用就是利息
公司债	·由于是固定利息，所以在低利息时发行较为有利 ·在兑换公司债时附带发行新股票利息更低	·一般需要担保 ·手续较多、时间长 ·需要支付利息和还本 ·经营不佳时，难以筹措 ·类型较多，利用范围较广	·时间长、数额大 ·费用就是利息
赊购款	·表面看没有成本，但实际上这种成本有时加在价格里，另外在采取现金折扣制度时，也有成本	·容易筹措 ·不必担心经营权受干预 ·在急需时可以筹措到一定限度的资金	·短期 ·只能利用购入金额部分
租赁	·比购买设备的成本高	·只能利用相当于租赁设备的资金 ·手续简单 ·不需要担保 ·如果拖延支付租赁费，对方将提出支付全部价格	·折旧快 ·金额可大可小 ·贷款期间由租赁设备的使用年限决定

2. 资金筹措渠道与方式战略类型及其实施措施

在分析不同筹资方式特点的基础上，根据企业自身的能力及企业所处的环境，企业资金筹措渠道与方式的战略可分为以下几种类型：

(1)内部资金筹措战略。这类战略是指从企业内部开辟资金来源，筹措所需资金。这一战略重要的资金来源包括：从利润中提取而形成的一般盈余公积和公益金等；从销售收入中回收的折旧、摊销等无须用资金支付的费用；资金占用减少、周转速度加快所形成的资金节约等。这种筹资战略重要适用于以下情况的企业：①企业外部

① 资料来源：[日]中央会计事务所：《风险企业的财务战略》，北京：中国经济出版社，1986，222－223 页。

资金来源渠道匮乏;②企业内部资金来源丰富、充裕,足以满足现阶段资金需要;③企业战略要求采用内部型筹资战略,等等。

采用内部型资金筹措战略必须采取切实有效的实施措施,这些措施主要有:①适应市场环境的变化;②加强内部管理,节约各项费用;③降低利润分配率,提高留存盈余;④合理制定和利用折旧计划等,以增加积累,减少税收支出;⑤减少资金占用,加速资金周转;⑥加强企业内部资金的调度,避免资金闲置。

(2)金融型资金筹措战略。它是指企业通过与金融机构建立起密切的协作关系,有效地利用这些金融机构的信贷资金,以保证随时获得长期稳定贷款的筹资状况,这是一种从企业外部以间接金融方式筹集资金的战略。金融机构信贷资金主要有以下几项具体来源:①政策性银行信贷资金;②商业银行信贷资金;③非银行金融机构的信贷资金,等等。

(3)证券型资金筹措战略。该战略是指主要依靠社会资金来源,通过发行各种有价证券,特别是发行股票和债券等方式来筹集资金的战略。企业通过在证券市场上公开发行股票和债券可以直接吸纳家庭和个人的待用和节余资金,另外某些金融机构,其他企业和某些公共团体由于种种考虑也会将一部分资金投入证券市场,因此发行有价证券筹资面对的是异常广阔和雄厚的资金来源。随着证券市场的发展和股份制经济的推广,这一筹资战略的作用会越来越大。

(4)联合型资金筹措战略。它是指主要依靠企业间的联合,通过企业间信用、吸收、合并、收买、投资等方式,充分利用其他企业资金力量和金融力量进行筹资的战略。这种战略的主要形式有:①通过企业间信用筹资,如应付账款、应付票据等;②通过企业间的联合,突破单一企业筹措资金的能力界限,从而取得金融机构的贷款或者是支付的资金援助;③通过吸收、合并、收买等方式利用外资来解决资金短缺问题;④通过开办合资企业、合营企业和补偿贸易等方式利用外资来解决资金短缺问题。

(5)结构型资金筹措战略。它是指企业多种筹资渠道与方式并重,不存在单一的重点筹资渠道与方式。这种战略实际上是一种综合性的筹资战略,它是上述四种不同筹资渠道的某种组合。对于大多数企业而言,为了获取足够的资金或保持稳定的资金来源与优良的资金结构,常常需要采取前述四种筹资战略的某种合理组合进行筹资。组合的不同,构成不同的结构型筹资战略。

上述五种情况是企业资金筹措战略方案的一般的和基本的类型。企业在具体开展资金筹措战略时,要根据企业自身的能力及企业所处的金融环境等选择合理的资金筹措渠道与方式战略。

第三节 企业投资战略管理

企业资金投放是指为获得未来的经济利益和竞争优势而把筹集到的资金投入一定的事业或经营活动中的行为。它不仅是表达企业战略意图的一种重要方式,而且还是保证企业战略实施的一个关键环节。投资战略是指企业为了长期生存和发展,在充分估计影响企业长期发展的内外环境中的各种因素的基础上,对企业长期的投资行为所作出的整体筹划和部署,它是企业战略不可分割的一部分。企业投资战略对企业资源的运用具有指导性,其目的是为了全面、有效地利用企业各种资源,合理科学地配置企业生产力,从而最大化企业整体投资效益。它包容了企业全部的经济活动,此外,它不仅关注企业目前资金的使用效果,而且还关注资金在将来的合理配置。作为企业战略的一部分,它是企业战略实施的细化,反过来,投资战略实施地效果又会影响整体战略目标地实现。

企业的投资战略一般具有从属性、导向性、长期性和风险性的特点。投资战略一旦实现,就会给整个企业带来生机和活力,使企业得以迅速发展;但是投资战略一旦落空,将会给企业带来较大损失,甚至陷入破产、倒闭的局面。

企业投资战略的管理包括了投资战略环境分析、投资战略目标的制定、投资战略的生成、投资战略的实施与控制等几项内容。

一、企业投资战略环境分析

投资战略环境分析是指在制定投资战略时,对企业面临的外部环境和内部条件进行分析,从而知内知外,寻求投资机会,明确投资风险,找出优势和劣势。这是制定投资战略的基础和前提。

(一)投资战略外部环境分析

一般而言,与投资战略有关的外部环境因素有:

1. 政治因素:政府制定的产业经济政策、法令规定,国内外政治经济形势。尤其是与经济有关的政治形势。

2. 社会文化因素:社会价值观念,风俗习惯,宗教信仰,地理条件,人口结构,人力资源素质等。

3. 科学技术因素:与行业有关的科学技术的水平和发展趋势,主要是新技术、新设备、新工艺、新材料。

4. 经济因素:包括宏观经济形势,世界经济形势,行业在国民经济发展中的地位以及企业的直接市场等内容。其中企业的直接市场是与企业关系最密切、影响最大的环境因素,主要有商品市场和资本市场。如本企业所需的原辅材料、零部件、能源动力的供应情况,客户、竞争对手情况及其发展趋势、市场状况、消费趋向;资本市场上各类资金供应者的资本成本、供应条件等。

对外部环境因素的评估,要求企业财务决策者具有较强的洞察力和较迅速的反应能力。

(二)投资战略内部环境分析

投资战略环境分析还要摸清企业内部资源条件,进行内部条件分析。内部环境因素主要包括:企业发展的最大能力与潜力;企业生产装备状况及资产的适用性;资金规模及其配置情况;经济效益;人员素质和组织结构状况。

透过内外环境分析,企业从中发现环境制约的风险与机会、企业的优劣势、企业资金的筹措能力,企业规模扩大的可能性和必要性等,以此为制定合理的投资战略提供基础依据。

二、企业投资战略目标的确定

现代企业财务理论认为,企业财务管理的目标是实现企业价值最大化。这一目标在企业投资行为中的体现就是以较少的资金投放和较低的投资风险获得较大的投资收益和竞争优势。但是,由于企业投资战略的制定和实施必须充分考虑企业内外诸多环境因素和企业战略的要求,因此,为了保证企业战略目标的顺利实现,企业投资战略目标应切实可行,具有挑战性、多元性和弹性等特征。这些目标主要包括:

(一)收益性目标。是指企业通过投资所产生的各种获利能力指标,如利润率、投资收益率等。

(二)成长性目标。是指通过投资战略带来的企业的发展空间和水平,表现为那些能表明企业成长、发展程度的目标,如扩大规模、增加产量、提高销售额、提高技术准备水平等。

(三)市场占有目标。通过投资战略的制定与实施,要有助于企业占有市场,提高市场占有率等。

(四)技术领先目标。是指企业投资战略的制定与实施,要有助于企业能在某项技术上占据领先地位为目标。

(五)产业转移目标。是指通过投资战略,可使企业改变生产方向,从一个行业转向另一个行业。

(六)一体化目标。是指通过投资战略,可使企业取得或建立有保证的销售渠道、关键技术、原材料供应基地和能源供给,达到产前、产中、产后一体化的目标。

(七)社会公益目标。是指投资战略提供社会公共效益方面的目标,如环境保护、公共交通、节约能源等。

上述目标相互联系,共同构成一个多元化的投资战略目标体系。

三、企业投资战略的制定或生成

企业投资战略的制定是投资战略管理的重要环节。下面首先介绍投资战略的分类;然后介绍投资战略的制定方法;最后对投资战略方案进行评价与筛选,以确定与企业发展实际相吻合的投资结论。

(一)企业投资战略的类型

企业的投资战略可以按不同的分类标准分为多种类型,不同企业或同一企业在不同时期所采取的投资战略类型会有所不同。

1. 按照投资战略的性质分

按投资战略的性质划分,有稳定性投资战略、扩张性投资战略、紧缩性投资战略和混合性投资战略。

稳定性投资战略是一种维持现状的战略,即在外部环境短期内无重大变化的情况下,将现有战略继续进行下去,最有效地利用现有的资金和条件,积蓄保持现有市场,维持现有投资水平(可以是企业现有的投资规模,也可以指现有投资的增长水平,但一般来讲是指前者),降低成本和改善企业现金流量,以尽可能多地获取现有产品的利润,积聚资金为将来发展做准备。这种战略实际上是产品转向的一个过渡阶段。其过渡时间的长短,取决于现有产品的生命周期和转入新产品的难易程度。

扩张性投资战略是一种不断扩大现有投资水平的战略。企业通过扩大投资规模或提高投资的增长速度,来不断扩大企业的生产经营规模,增加生产和经营产品的种类,提高市场占有率,其核心是发展与壮大。这种战略具体包括市场开发战略(企业现有的各种产品开拓新任务、新市场)、产品开发战略(战略目标是创造新产品以替代公司现有产品)、市场渗透战略(战略目标是以其目前的产品市场组合为发展焦点,力求增大目前产品的目前市场的占有率)和多角化经营战略(战略目标是同时为公司开发新产品和新任务、新市场)。

紧缩性投资战略是一种收缩现有投资规模的战略。企业从进取竞争中退下来,从现有经营领域抽出投资,缩小经营范围,休养生息。这种战略可分为完全紧缩性投资战略和部分紧缩性投资战略。前者是指企业受到全面威胁时,将全部资产清算以收回资金、偿还债务。后者是指将企业部分非关键产品或核心技术出卖,紧缩经营。企业在经营决策失误,经营优势丧失,或者在取得竞争胜利后,放慢竞争节奏时,宜采用紧缩性投资战略。

混合性投资战略是指企业在一个战略时期内同时采用稳定、扩张、紧缩等几种战略,多管齐下,全面出击。其战略核心是在不同阶段或不同领域,采用不同的投资战略。

2. 按投资经营对象的差异分

按照投资经营对象的差异可分为密集型投资战略、一体化投资战略和多样化投资战略。

密集型投资战略是指企业在以单一产品为投资对象的条件下,采取积极措施,开辟新的经营领域,增加新的品种,扩大市场面,从而全面扩大生产和销售。

一体化投资战略是指企业在供、产、销三个方面投资与经营实现一体化,使得原料供应、加工制造和市场销售实行联合,从而扩大生产和销售的能力。

多样化投资战略是指企业的新产品和新市场相结合,从事相关多元化投资和经营的战略。

(二)企业投资战略的制定方法

目前,企业可以选择的制定投资战略的方法主要有SWOT分析法、波士顿矩阵法、通用电气经营矩阵分析法和生命周期矩阵分析法等。这里只介绍SWOT分析法。

1. SWOT 分析法基本原理

SWOT 是由英文“优势”（strengths）、“劣势”（weaknesses）、“机会”（opportunities）和“威胁”（threats）四个单词的第一个字母组合而来的。它是由美国哈佛商学院最先采用的一种经典分析方法。

SWOT 分析法是一种在综合考虑企业内部条件和外部环境的各种因素，正确认识自身优势与劣势的基础上，进行系统评价，扬长避短，抓住机会，避开威胁从而选择最佳投资战略的方法。企业的内部优劣势是相对于竞争对手而言的，一般表现在企业的资金、技术产品、市场等方面；企业外部的机会是指环境中对企业有利的因素，如政府支持、高新技术的应用等；企业外部的威胁是指环境中对企业不利的因素，如市场增长率减慢，技术老化等。企业内外部的优势、劣势、机会与威胁一旦确定，管理者即可着手制定投资战略。投资战略应充分利用外部机会，避免或克服外部威胁；充分利用内部优势，克服内部劣势。在此过程中，一定要注意两个方面的一致性：一是内部的一致性，即投资战略要与企业战略相一致；二是外部的一致性，即投资战略要与外部环境相一致。

2. SWOT 分析法的战略生成过程及应用

对于内部优势、劣势和外部机会、威胁因素的不同组合来说，总有一些投资战略与之相对应，也就是说企业在特定的情况下，有些特定的投资战略可供选择。SWOT 分析法的分析过程包括了以下八个步骤：

①列出企业的关键外部机会；

②列出企业的关键外部威胁；

③列出企业的关键内部优势；

④列出企业的关键内部劣势；

⑤将内部优势与外部机会相匹配，得出优势 - 机会战略（SO）；

⑥将内部劣势与外部机会相匹配，得出劣势 - 机会战略（WO）；

⑦将内部优势与外部威胁相匹配，得出优势 - 威胁战略（ST）；

⑧将内部劣势与外部威胁相匹配，得出劣势 - 威胁战略（WT）；

通过上述分析，将得出的结果用图 4 - 3 来表示，它表明了某些投资战略与不同的 SWOT 因素组合之间的关系。图中横、纵两轴把平面分为四个区域，横轴表示内部优势与劣势，纵轴表示外部机会与威胁。其中，最有利的区域是区域（A），属于优势 - 机会（SO）战略，在该区域内外部环境机会很多，并且企业内部也具有较多的优势，因此企业可以趁机增加投资大力发展。应该采取的战略是增长型战略，如把力量集中在现有的产品和市场上，增加产量或开发市场，或者通过合并或兼并方式使企业迅速扩大。区域（C）则是最不利的区域，属于劣势 - 威胁（WT）战略，在该区域内企业不仅处于较明显的劣势，而且外部面临着巨大威胁，企业应采取防御型战略，收缩或退出自然是唯一明智的选择。在区域（D），属于优势 - 威胁（ST）战略，企业内部处于优势，同时也面对外部巨大的威胁，此时公司可以在稍有不同的领域中施展自己的能力，即在相关领域内进行多样化投资，利用自己的优势，在多样化经营上寻找长期发展的机会，如在相关领域内与别人合并或兼并别人都是恰当的投资战略。在区域(B)中,属于劣势-机会(WO)战略,环境机会很多,却受到内部劣势限制,所以企业应采取扭转型战略来抓住机会,克服弱点,可以采取合资、混合多元化投资等战略。

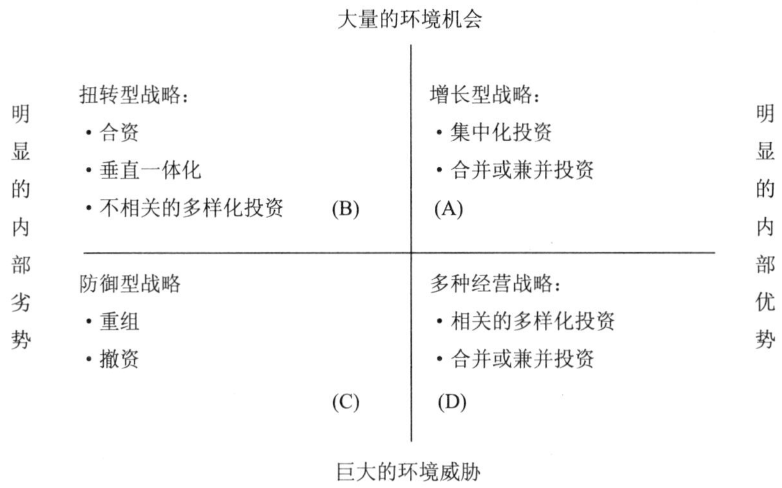

图4-3　SWOT分析图

(三)投资战略方案的评价与选择

对于投资战略方案的评价在一定程度上可以利用贴现的现金流量法(即DCF法),如净现值法、内部报酬率法等。与常规投资项目评价不同之处在于,战略性投资方案的有关指标预测、分析的难度空前加大,导致DCF模型所需数据的预测值的准确性难以保证。因此对应用DCF法所得结论不能过分依赖,还应配合适当的定性因素分析,才能做出最终得结论。影响投资战略方案评价与选择的战略因素有以下几方面:

1. 市场因素:(1)该投资方案与哪个市场或其细分部分相关?(2)该投资方案对企业经营战略是否起着关键作用?(3)资产寿命是否超过了产品的经济周期?(4)进行了哪些市场研究以支持该投资方案的有关市场假设?(5)对于扩展方案,增加的产量是否能够销售出去?(6)对于新产品投资方案,该产品是否经过完善的技术与市场测试?

2. 生产因素:(1)投资方案所确定的产品处于生命周期中的哪一阶段?它对有关数量、单位成本和销售价格的假设有何影响?(2)组织内部或外部对该种投资有无已知的经验?如果有,如何能够获得这种经验?如果没有,是否能用一定的方法预测该投资的前景?(3)生产设施能否充分地达到投资方案中所假定的关于质量、时间和成本等方面的要求?(4)该投资方案对短期、中期、长期的生产能力利用程度有何影响?

3. 财务因素:(1)该方案所应用的折现率或肯定当量系数能否被证明是合理的?(2)该方案是否产生了特别的融资机会?(3)除了按实际假设进行了计算分析外,对于"最好"或"最坏"的情景是否进行了定量计算与分析?(4)是否进行了敏感性分析？关键假设变动多大百分比会使该方案变为不可接受的？(5)该项目的风险在多大程度上来自于微观经济因素或来自于宏观经济因素？

4. 竞争因素:(1)该投资方案的主要竞争对手有哪些？(2)这些竞争对手的实力和潜力如何？(3)竞争对手的反应会对有关投资假设及结果产生何种影响？(4)在竞争对手面前,我们可以采取的措施有哪些？

5. 宏观经济政治因素:(1)目前的宏观经济状况如何？哪些因素是对企业有利的？(2)该方案的成功对于汇率、商品价格、通货膨胀率、利率及政府经济政策等各项宏观经济因素的敏感程度有多大？(2)该方案的成功在多大程度上依赖于政府的支持？

6. 人员因素:(1)企业内部是否存在专业员工操作该方案？该方案是否需要对人员进行了另外的培训？(2)管理当局能否很好地处理这种项目？(3)现有管理结构与程序对新的投资是否适当？(4)新的投资对管理当局及现在的职工队伍有何影响？(5)是否以适当形式征求了职工和工会的意见？(6)企业中各种正式组织与非正式组织对战略方案的支持程度如何？

四、企业投资战略的实施与控制

企业资金投放战略的实施与控制可以简单地分为以下五个方面:(1)分析战略变化;(2)分析组织结构;(3)分析组织文化;(4)选择战略实施方式;(5)战略实施与控制。每个方面之间的关系如图4-4所示。

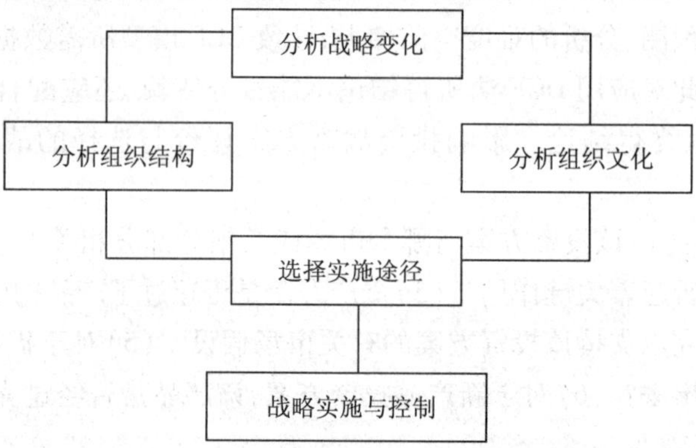

图4-4 企业投资战略实施控制程序

第四节 企业股利分配战略管理

在股份公司经营理财活动中,股利分配始终占据着重要地位。股利分配是股东权益的具体化,也是股份公司有关权益分配和资金运作方面的重要决策。它直接关系着公司股票价格的升降和企业的生存、发展,因而格外受到财务学家们的重视。如何使股利发放与企业的未来发展均衡,是企业经营管理者很长时间以来孜孜以求的目标。股利分配战略正是在这种背景下,由企业管理层依据企业战略的要求和内外环境状况,对股利分配所进行的全局性和长远性谋划。

与通常所说的股利决策或股利政策相比,股利战略具有以下特点:(1)股利战略不是从单纯的财务观点出发决定企业的股利分配,而是从企业的全局出发,从企业战略的整体要求出发决定股利分配;(2)股利战略在决定股利分配时,是从长期效果着眼的,它不过分计较股票价格的短期涨落,而是关注股利分配对企业长期发展的影响。(3)股利分配战略要处理的内容主要包括:确定股利支付率,这是股利战略的核心问题;企业股利的稳定性如何,即企业实施什么股利政策;通过股利分配所要达到的传达给投资者的信息内容。

本节主要通过股利战略的环境分析、股利战略目标的确定和股利战略的生成(制定)三个方面来探讨股利分配战略管理问题。

一、企业股利战略环境分析

企业在制定股利战略时,应客观地考虑各种股利战略制约因素。通常,我们可从企业外部和内部两个方面来分析。

(一)企业股利战略外部环境分析

影响企业股利战略的外部因素主要有:

1. 法律方面的限制。某些方面的法律规定将会直接或间接的影响企业的股利战略,如资本约束、利润分配程序方面的法律规定,某些国家还存在超额累计利润方面的限制。

2. 债务合同条款限制。债权人为保护其合法权益,防止股东以发放股利为名减少企业资本,通常在债务合同中对债务人资金运用做出某种程度的限制。如限制企业在一定期间内股利支付的最高额度,有的条款还明确规定,企业不得分配以前年度的未分配利润等。这些是企业制定股利战略时必须予以考虑的。

3. 股东对股利分配方案的意见。股东作为企业的所有者,可以通过“用手”和“用脚”两种“投票方式”影响企业的发展,因此,他们对股利分配的影响是巨大的。不同股东进行投资的目的不同,对股利战略的要求也不同。因此,制定股利战略必须考虑股东在股利收入、控制权、避税等方面的要求。

4. 宏观经济状况。整个社会的经济发展水平、速度,通货膨胀等宏观经济因素也会对企业的股利战略产生影响。

(二)企业股利战略内部环境分析

1. 现金流量因素。现金流量的多少是影响股利战略的重要因素之一,这一点对股利战略中现金股利的发放尤为重要。

2. 筹资能力因素。不同筹资能力的企业选择的股利战略将会有所差异,如外部筹资能力强的企业对内部筹资的依赖性较弱，因而会采取较为宽松的股利战略；相反，外部筹资能力较弱的企业往往会倾向于选择较紧的股利战略。

3. 投资机会因素。投资机会就意味着对资金的需求，而资金的多少又直接关系着企业的股利支付能力和股利战略。企业在有良好投资机会和暂无较好投资机会的时期所采取的股利战略是不同的。

4. 股利分配的惯性。股东之间存在一定的"观望效应"、"攀比效应"，目前的股东会关注过去一段时期内股东的效益，从而使股利战略的制定存在"路径依赖"，要充分关注股利分配的惯性。

二、企业股利战略目标的确定

股利战略目标是指通过制定、实施股利战略所要达到的目的。一般而言，股利战略的目标主要以下几个：

（一）稳定股票价格。对于股份公司而言，股票价格在很多时候是企业生产经营状况、公司形象和未来发展潜力的"晴雨表"。股票价格受多种因素的影响，股利战略内容之一的股利的稳定性是其中一个重要影响因素。通过制定适合的股利战略，应有助于企业股票价格的稳定。此目标是股利战略的最基本目标。

（二）保护股东权益，平衡股东间的利益关系。股利是股东的财产所有权在经济上的实现形式，是股东获得报酬的主要形式，因此，多数股东对股利极为关注，对不同的股利战略也极为敏感。因此，企业应该注意保护股东的权益，通过制定股利战略，协调、平衡股东之间的各种利益关系，从而使企业各项活动的顺利进行，而不是适得其反，这是企业股利战略的中期目标。

（三）促进公司的长期发展，最终实现企业资金均衡、有效流动的财务战略目标和股东财富最大化的财务管理目标。作为企业财务战略的子战略，其目标要服从于财务战略的总目标，因此，制定的股利战略要在关注企业资金充裕性基础上有利于企业资金的充分利用，促进企业资金的流转即促使资金均衡、有效流动。股利战略的制定还应从股东的利益出发，将长远利益和当前利益有机结合，将股东的当前需要和公司的长远发展结合，最终实现股东财富最大化的目标。实现财务战略目标和财务管理目标是企业股利战略的最终目标。

三、企业股利战略的制定

（一）企业制定股利战略的程序

企业股利战略的制定过程一般遵循下述程序：在综合各种因素对股利分配影响的基础上，企业可以拟定出可行的股利分配备选方案；此后，企业还须按照企业战略的要求对这些方案进行分析、评价，才能从中选出与企业战略协调一致的股利分配方案，确定为企业在未来战略期间内的股利战略予以实施。

（二）企业制定股利战略的内容

根据上述分析，我们知道，股利战略包括三个方面的内容，因此，企业在制定股利战略时就要从不同的方面来考虑，就股利支付率而言，企业的内外因素允许企业采取全部发放股利的战略还是高股利或低股利抑或不支付股利的战略？从股利的稳定性而言，企业应采取固定股利政策还是固定股利支付率政策抑或低正常股利加额外股利政策？从股利的支付方式而言，企业在内外条件下，应该采取何种支付方式最佳。

（三）企业股利战略制定的举例说明

但是，我们同时知道，股利战略的特点之一在于它是从企业战略的整体要求出发来决定股利的分配。这样，不同的企业战略通常要求不同的股利战略予以支持。由于企业战略种类的多样性，在此我们不能一一展开讨论，下面仅就发展型企业和稳定型企业为例，简要说明企业股利战略的选择问题。

1. 对于发展型企业战略而言，企业需要扩大原有的经营领域，或开拓新的经营领域，因此具有以下特点：①企业需要大量的资金；②经营会面临较大的不确定性，致使企业收益在一定时期内较不稳定；③企业的投资者往往具有较强的风险承受能力。因此，在这种情况下的股利战略为：选择低现金股利加额外股利政策，并且尽量采用股票股利方式支付股利。

2. 对于稳定型企业战略而言，企业不改变现有的经营范围和规模，这类企业通常具有以下特点：①企业不需要大量的资金；②企业所面临的外部环境较为稳定；③企业的投资者往往不具有较强的风险承受能力。因此，相应的股利战略为：选择稳定或持续增加的股利政策，以现金股利为主，必要时以股票股利相配合。

【本章小结】

企业财务战略管理是战略管理思想在财务管理领域的延伸与发展，它要求企业不能只从单纯的财务观点出发进行理财，而必须具有战略思想，从战略的全局来考虑和设计企业的财务行为。本章在介绍企业财务战略及其管理等相关重要概念的基础上，重点论述了企业筹资战略管理、投资战略管理和股利分配战略管理的相关内容。

企业战略是指在对企业外部环境和内部条件深入分析和准确判断的基础上，为提高企业的竞争能力，对企业全局和未来所进行的总体和长远谋划。企业财务战略是指在深入分析和准确判断企业内外环境因素对企业财务活动影响的基础上，为了谋求企业资金均衡有效地流动和实现企业战略目标，增强企业财务竞争优势，对企业资金流动进行全局性、长期性和创造性的谋划，并确保其执行的过程。它与企业战略的关系是总体战略与子战略的关系，属于企业职能战略。从不同的角度来观察，企业财务战略的内容会有不同的结论。其中一个最重要的角度是从企业基本财务活动的角度来看，它包括资金筹措战略、资金投放战略和收益分配战略。企业财务战略管理，是以企业财务战略为对象的管理活动，是对企业财务战略制定直至实施全过程的管理。它是企业战略管理不可或缺的一个重要组成部分，也是现代企业财务管理的一个重要方面。企业财务战略管理的程序包括战略环境分析、战略目标的确定、战略方案的形成、战略实施和控制等问题。其中,战略环境分析是基础环节;战略目标的确定是出发点和归宿;战略方案的形成是中心环节;战略实施是关键;战略控制是保证。

筹资战略是企业财务战略的重要组成部分。环境对筹资战略的影响巨大,企业在面临不同的环境因素时,应选择不同的筹资战略。筹资战略目标是一个多元化的体系。企业的筹资能力对于企业至关重要,我们可以采用不同的方法来分别估计内部资金、负债和权益资金的筹措能力,并可以通过有意识、有成效的努力而开发企业的筹资能力。筹资结构战略是企业资金筹措战略中的一个综合的和基本的战略,它要通过环境分析寻求备选方案→评价战略的一致性→确定最佳方案→批准执行等几个步骤来完成。企业资金筹措渠道与方式的战略一般有内部资金筹措战略、金融型资金筹措战略、证券型资金筹措战略、联合型资金筹措战略和结构型资金筹措战略等几种类型。

企业资金投放不仅是表达企业战略意图的一种重要方式,而且还是保证企业战略实施的一个关键环节。企业投资战略首先应做内外环境分析,以便寻求投资机会,明确投资风险,找出优势和劣势。企业投资战略目标应切实可行、具有挑战性,多元化,具有弹性,主要有收益性、成长性、市场占有等各种目标。SWOT 分析法、波士顿矩阵法、通用电气经营矩阵分析法、生命周期矩阵分析法是制定企业投资战略的几种方法。在本章的正文中我们只对 SWOT 分析法的基本原理作了详细介绍。运用这些方法把投资战略的各种备选方案确定出来之后,便可用贴现的现金流量法对其进行评价和选择。投资战略方案被选择出来之后,就应组织实施,并要对实施的过程加以控制。

股利分配历来受财务学家们的重视。股利分配战略与通常的股利决策或政策相比,具有全局性、长期性等特点。股利分配战略管理的内容也包括战略环境分析、战略目标的确定和战略制定等环节。不同的企业战略通常要求不同的股利战略予以支持,因此,不同发展类型的企业如发展型企业和稳定型企业而言,它们的股利战略往往是不同的。

【复习思考题】

一、单项选择题

1. 战略管理区别于一般战术管理的根本特征之一在于它对(　　)的重视。

A. 内部环境　　B. 外部环境　　C. 环境　　D. 目标

2. 在企业财务战略管理的程序中,基础环节是(　　)。

A. 战略环境分析　　B. 战略目标的确定

C. 战略方案的形成　　D. 战略实施。

3. 企业筹资战略管理的战略生成主要探讨企业筹资能力战略、筹资结构战略和(　　)的生成问题。

A. 筹资战略环境分析　　B. 筹资战略目标确定

C. 筹资方式战略　　D. 筹资结构的选择

4. 主要依靠社会资金来源,通过发行各种有价证券,特别是发行股票和债券等方式来筹集资金的战略叫(　　)。

A. 金融型资金筹措战略　B. 证券型资金筹措战略
C. 联合型资金筹措战略　D. 结构型资金筹措战略

5. 下列不属于股利战略目标的是(　　)。
A. 稳定股票价格
B. 保护股东权益,平衡股东间的利益关系
C. 促进公司的长期发展,最终实现企业资金均衡、有效流动
D. 扩大和保持现有融资渠道

二、多项选择题

1. 筹资战略管理从内容上讲包括了(　　)等几个问题。
A. 筹资战略管理的环境分析　B. 筹资战略管理的目标确定
C. 筹资战略的制定或生成　D. 具体的资金筹措实施计划

2. 从企业基本财务活动的角度观察企业财务战略的内容,主要包括(　　)。
A. 资金筹措战略　B. 资金投放战略　C. 收益分配战略D. 资金运营战略

3. 企业财务战略管理的程序包括(　　)。
A. 战略环境分析　B. 战略目标的确定
C. 战略方案的形成　D. 战略实施和控制

4. 制定企业投资战略的方法包括(　　)。
A. SWOT 分析法　B. 波士顿矩阵法
C. 通用电气经营矩阵分析法　D. 生命周期矩阵分析法

5. 从企业资金筹措和使用特征来看,企业财务战略可分为(　　)。
A. 快速扩张型财务战略　B. 稳健发展型财务战略
C. 防御收缩型财务战略　D. 企业并购战略

三、判断题

1. 筹资战略主要涉及的问题是为适应未来环境和企业战略的要求,对企业筹资能力、筹资结构和筹资方式等重要方面所持的一种长期的、系统的构想,而不是具体的资金筹措实施计划。(　　)

2. 企业通过与金融机构建立起密切的协作关系,有效地利用这些金融机构的信贷资金,以保证随时获得长期稳定贷款的筹资状况,这是一种证券型资金筹措战略。(　　)

3. 按照投资战略的性质不同可将投资战略分为密集型投资战略、一体化投资战略和多样化投资战略。(　　)

4. 在 SWOT 分析法中,属于优势 - 机会(SO)战略区域的,企业应该采取防御型战略。(　　)

5. 在 SWOT 分析法中,属于劣势 - 威胁(WT)战略的,企业应采取增长型战略。(　　)

四、名词解释

1. 企业战略　2. 企业财务战略　3 企业财务战略管理　4. SWOT 分析法

五、简答题

1. 从企业基本财务活动的角度分析,企业财务战略包含哪些内容?
2. 什么是企业财务战略管理? 它包括哪些程序?
3. 企业筹资战略的目标是什么?
4. 企业筹资渠道与方式的战略类型有哪几种?
5. 企业投资战略的目标是什么?
6. 企业投资战略的类型有哪些?
7. 企业投资战略的制定方法一般有哪几种?
8. 企业股利战略的目标是什么?

【案例分析】

不断创新的华为公司

深圳华为技术有限公司(以下简称华为)是一个高科技民营企业,1988 年创建时注册资金只有 2.4 亿元,经过几年的艰苦创业,产值连年翻番,1997 年年底达到 50 亿元,1999 年突破 100 亿元,并于 2002 年实现 220 亿元的销售额。自 1994 年起,华为连续多年在深圳市开发型高新技术企业的综合排序、销售额排序、利税排序中均名列榜首。目前,华为在全球建立了三十多个分支机构,在美国达拉斯、印度班加罗尔、瑞典斯德哥尔摩、俄罗斯莫斯科以及北京、上海等地建立了研究所,其产品几乎覆盖了国内电信的主要领域,并且众多产品已经进入德国、西班牙、巴西、俄罗斯、埃及、泰国、新加坡、韩国等四十多个国家。

试想:华为公司是如何制定公司发展战略的?

【参考文献及阅读资料】

1. 汤姆 · 科普兰:《价值评估》,华夏出版社,1997 年。
2. 陆正飞、朱凯编著:《高级财务管理》,浙江人民出版社,2000 年。
3. 杨雄胜:《高级财务管理》,东北财经大学出版社,2009 年。
4. [美]斯蒂芬 · A. 罗斯等著,吴世农等译:《公司理财》,机械工业出版社,2000 年。
5. 谷祺、王棣华主编:《高级财务管理》,东北财经大学出版社,2007 年。

第五章　企业并购财务管理

【学习目的与要求】

公司并购是指兼并或合并与收购或收买的合称，简称“并购”或“购并”。并购是企业进入新行业、新市场的首选方式，也是进行行业内资源整合的重要手段。本章拟对公司并购的含义、分类、并购动因、公司并购财务规划等进行分析与探讨。通过本章的学习，要求：

【了解】 公司并购的概念、分类；西方五次并购浪潮及其对我国的启示；公司并购的动机及相关理论。

【理解】 并购的一般程序；并购目标企业的价值评估方法及其选择，尤其是运用市盈率模型法、现金流量折现法和经济利润模型对并购企业进行价值评估的原理；公司并购的支付方式选择；公司并购的成本效益分析；企业并购对企业收益和股票价格影响的财务分析。

【掌握】 运用市盈率模型法、现金流量折现法计算目标企业的价值；公司并购的筹资规划；公司并购的风险分析。

【重点与难点】

1. 运用市盈率模型法对并购目标企业进行价值评估的原理及应用。
2. 运用现金流量折现法对并购目标企业进行价值评估的原理及应用。
3. 公司并购的筹资规划。
4. 公司并购的风险分析。

第一节　企业并购概述

并购是企业进入新行业、新市场的首选方式，也是进行行业内资源整合的重要手段，其作为企业间的一项产权交易日益活跃于资本市场。全球企业并购浪潮可谓风起云涌，在我国企业并购活动也日趋频繁，战略投资者所占的比重越来越高。企业并购的目标更多地着眼于长期发展的目标，以期从根本上提高企业的核心竞争力，而不仅仅局限于短期的投资回报。

一、企业并购的含义

公司并购(M&A),是指兼并或合并(Merger)与收购或收买(Acquisition)的合称,简称"并购"或"购并",是企业投资的重要方式。

企业兼并或企业合并(Merger)是指两家或更多的独立企业合并组成一家公司,常由一家占优势的公司吸收一家或更多的公司。我国《公司法》规定:公司合并可采取吸收合并和新设合并两种形式。吸收合并是指由两个或两个以上的独立的企业合并成一个企业,其中一个企业继续经营,其他企业则不复存在,继续经营的企业拥有被兼并企业的全部资产和负债,可用公式表示为:A + B = A。吸收合并的方式可以是现金购买、股票转换或者承担债务。而新设合并是指两个或两个以上的独立的企业合并设立一个新企业,合并各方的法人实体地位都消失,其债权债务由新设企业接管,可用公式表示为:A + B = C。

收购(Acquisition)是指一家企业用现金、债券或者股票购买另一家企业的部分或全部资产或股权,以取得对该企业的控制权的行为。可以进一步分为股权收购和资产收购。股权收购是购买一家企业的股份,收购方将成为被收购方的股东,要承担该企业的债权债务;而资产收购则是一般资产买卖行为,由于在收购目标公司资产时并未收购其股份,收购方无须承担其债务。

合并与收购两者密不可分,它们分别从不同的角度界定了企业产权交易行为。合并以导致一方或双方丧失法人资格为特征,收购以用产权交易行为的方式(现金或股权收购)取得对目标公司的控制权力为特征。由于在运作中它们的联系远远超过其区别,所以,本章不再严格区分兼并、合并与收购,将其统称为"购并"或"并购",泛指在市场机制作用下企业为了获得其他企业的控制权和全部或部分资产所有权而进行的产权交易活动,而且,把并购一方称为买方企业或并购企业,把被并购一方称为卖方企业、目标企业或被并购企业。企业并购的直接目的是并购方为了获取被并购企业一定数量的产权和主要控制权,或全部产权和完全控制权。企业并购是市场竞争的结果,是企业资本运营的重要方式,是实现企业资源的优化,产业结构的调整、升级的重要途径。

二、并购的分类

公司并购的类型很多,按照不同的标准可以进行不同的分类。

(一)按并购双方的业务性质划分为横向并购、纵向并购和混合并购

1. 横向并购(Horizontal M&A),是指处于同一行业的两个或多个企业所进行的并购。例如,两家航空公司或石油公司的并购等。横向并购可以消除重复建设,提供系列产品,有效地实现规模经营。因此,横向并购是企业并购中的常见方式。但由于其容易破坏竞争、形成高度垄断的局面,许多国家都严格限制此类并购的发生。近年来,由于全球性行业重组的趋势加快,我国各行业谋求发展的实际需要以及我国在政策法

律层面对横向重组的一定支持,行业横向并购的发展十分迅速,在我国并购活动中所占比重始终在50%左右,对行业发展产生了重要影响。

2. 纵向并购(Vertical M&A),是指处于同类产品且不同产销阶段的两个或多个企业所进行的并购。这种并购可以是向前并购,也可以是向后并购。所谓向前并购,是指向其最终客户的并购,例如,一家纺织公司并购使用其产品的客户——服装厂。所谓向后并购,是指向其供应商的并购,例如,一家钢铁公司并购其原材料供应商——铁矿公司。纵向并购可以使得企业在市场整体范围内实现纵向一体化,加强企业对销售和采购的控制,以稳定生产经营活动和节约交易成本,也较少受到各国反垄断法规的限制。纵向并购在我国发展尚处于起步阶段,基本都在钢铁、石油等能源与基础工业行业。这些行业的原料成本对行业效益影响较大,企业希望通过纵向并购来加强业务链的整体优势。

3. 混合并购(Conglomerate M&A),是指处于不相关行业的企业所进行的并购。例如,房地产开发企业与商业企业之间的并购。混合并购可以通过多元化投资降低企业的经营风险,达到资源互补、优化组合、扩大市场范围的目的。

(二)按并购双方是否友好协商划分为善意并购和敌意并购

1. 善意并购,是指并购企业与被并购企业双方通过友好协商来确定相关事宜的并购。这种并购有利于降低并购风险和额外支出,但不得不牺牲并购企业的部分利益,以换取被并购企业的合作。此外,双方的协商谈判、讨价还价需要较长的时间。

2. 敌意并购,是指在友好协商遭到拒绝时,并购企业不顾被并购企业的意愿而采取非协商性并购的手段,强行并购被并购企业,或者不与目标企业进行协商,突然直接提出公开收购要约的并购行为。敌意并购的优点是并购企业完全处于主动地位,并购时间短,可有效控制并购成本。但敌意并购会招致目标企业的抵抗,甚至设置各种障碍,给企业的估价带来困难。

(三)按并购的实现方式划分为承担债务式并购、现金购买式并购和股权交易式并购

1. 承担债务式并购,是指在被并购企业资不抵债或资产与债务相等的情况下,并购企业以承担被并购企业全部或部分债务为条件,取得被并购企业的资产所有权和经营权。采用这种并购方式,可以减少并购企业在并购中的现金支出,但有可能影响并购企业的资本结构。

2. 现金购买式并购,是指并购企业用现金购买被并购企业的资产或股权(股票)。采用这种并购方式,将会加大并购企业在并购中的现金支出,但一般不会影响并购企业的资本结构。

3. 股权交易式并购,是指并购企业用其股权换取被并购企业的股权或资产。有两种形式:一是以股权交换股权,是指并购企业向被并购企业的股东发行其股票,以换取被并购企业的大部分或全部股票,以达到控制被并购企业的目的;二是以股权交换资产,是指并购企业向被并购企业股东发行其股票,以换取被并购企业的资产,并在有选择的情况下承担被并购企业的全部或部分债务。采用股权交易式并购虽然可以减

少并购企业的现金支出,但有可能会稀释并购企业的股权结构。

(四)按涉及被并购企业的范围划分为整体并购和部分并购

1. 整体并购,是指将被并购企业的资产和产权整体转让的并购。采用这种并购方式,有利于加快资源集中的速度,迅速提高规模水平和规模效益。

2. 部分并购,是指将被并购企业的资产和产权分割成若干部分进行交易而实现的并购。具体包括三种形式:一是对被并购企业的部分实物资产进行并购;二是将被并购企业的产权划分为若干部分进行并购;三是将被并购企业的经营权分为若干部分进行并购。采用部分并购,有利于扩大企业的并购范围,弥补大规模整体并购的巨额资金流出;有利于企业设备更新换代,被并购企业将不需要的厂房设备转让给其他并购者,更容易调整和盘活存量资产。

(五)按是否利用被并购企业本身资产来支付并购资金划分为杠杆并购和非杠杆并购

1. 杠杆并购(Leveraged Buyouts),是指并购企业利用被并购企业资产的经营收入,来支付并购价款或作为此种支付的担保,仅须筹集小部分资金用于收购的一种并购活动。在这种并购中,并购企业不必拥有巨额资金,只需要准备少量现金(用以支付并购过程必需的律师、会计师等费用),加以被并购企业的资产及营运所得作为融资担保和还贷资金,便可并购任何规模的企业。

与其他收购方式相比较,杠杆收购的主要特点是:第一,收购公司用以收购的自有资金所占比例较小;第二,收购公司的绝大部分收购资金是通过借债而来,贷款方可能是金融机构、信托基金、个人,甚至可能是目标公司的股东;第三,收购公司用以偿付贷款的款项来自目标公司的资产或现金流量,也就是说目标公司将支付其自身的售价;第四,资本结构发生变化。使用债务杠杆进行并购的企业,其资本结构呈倒三角状,在三角形的顶端是占比重较大的外部借款,底部才是较少的收购方投资;第五,并购交易中所涉及人员的变化。杠杆收购需由交易双方以外的第三者充任“经纪人”,并由他在并购交易的双方起促进和推动作用。

这种收购主要表现为接管。根据接管者地位不同,又有管理层收购(MBO)与部门管理层收购(Unit MBO)。管理层收购(Management Buy - outs,MBO),是杠杆收购的一种特殊形式,是指当目标公司受到收购公司的袭击时,目标公司的管理层利用杠杆收购这一工具,通过大量的债务融资收购本公司的股票,从而获得公司的所有权和控制权,以达到重组本公司并获得预期收益目的的一种并购行为。

管理层收购起源于美国。管理层收购在美国20世纪80年代的第四次兼并收购浪潮中达到了顶峰。随着管理层收购在实践中的发展,又出现了另外两种管理层收购形式:一种是由目标公司管理者与外来投资者或并购专家组成投资集团来实施收购,这样使MBO更易获得成功;另一种是管理者收购与员工持股计划(ESOP)或职工控股收购(EBO)结合,通过向目标公司员工发售股权,进行股权融资,从而免于纳税,以降低收购成本。

2. 非杠杆并购,是指并购企业不用被并购企业自有资金及营运所得来支付或担保支付并购价格的并购方式。但是,采用这种并购方式并不意味着并购企业不用举债即可承担并购价格,在实践中,几乎所有的并购都是利用贷款来完成的,只是借款数额的多少、贷款抵押的对象不同而已。

(六)按并购方实施并购行为的目的划分为财务型并购和战略型并购

1. 财务型并购,也称为投资型并购。是指不以生产经营为目的而是为了获取股权或资产让渡溢价的短期投机行为。企业并购的目的主要是从被并购的载体市场价格的变动中获得利益。

2. 战略型并购是指基于企业发展战略需要,立足于并购双方的核心竞争优势,通过优化资源配置增强企业的核心竞争力,谋求协同效应,实现价值增值的并购行为。由于战略型并购强调为发展战略所确定的核心业务服务,并购企业和目标企业通过并购整合后,往往能获得大于并购前双方收益之和的经营效益,这部分新增的效益称为协同效应。战略型并购是现代并购的显著特征和主流模式。

此外,按并购是否通过中介机构来分,可分为直接并购和间接并购;按并购双方所在的地区来分,可分为同地域并购和跨地域并购,等等。

三、企业并购的一般程序

企业并购是一个极其复杂的系统工程,会涉及许多经济、政策和法律问题,因此,在企业并购程序问题上,法律作了一些规定。但许多细节仍要由参与并购的各方具体操作。一般来讲,企业并购的一般程序如下:

1. 确定目标企业。并购企业根据并购目的寻找合适的目标企业,这一步主要由公司高级管理人员来完成,同时还会根据需要聘请金融机构作为财务顾问。

2. 评价并购战略。由于并购活动具有相当大的风险,企业首先要从战略来考虑是否有必要进行并购。其主要的分析内容就是对目标企业进行战略分析,研究并购对企业竞争能力和风险的可能影响。

3. 对目标企业进行估价。目标企业估价就是根据目标企业当前所拥有的资产、负债及其营运状况和市场价值等指标,确定其价值。具体的评价方法要在风险—收益均衡的基础上,根据公司的具体情况来确定,以此确定的价值也是企业准备承担的并购成本。

4. 制订并购计划。并购计划可以为并购的实际执行过程提供明确的指导和时间表,从而能够和并购的实际完成情况进行比较。制定并购计划一般包括确定融资渠道、出资方式,以及实施进度等方面的内容。

5. 实施并购计划。在并购计划获得股东大会和董事会的通过之后,企业就可以正式实施并购计划。在实施过程中,不仅要完成通常的各项财务工作,而且要进行大量的法律规定的工作。此外,对并购过程中出现的意外情况也要随时进行控制,如反击各种可能的反收购措施等。

6. 整合目标企业。并购成功与否,不仅在于企业能否完成并购,而且更在于并购能否达到并购的战略目标。只有当企业根据战略目标和实际情况,有计划地将目标企业与本企业整合之后,才能说并购活动真正成功了。

7. 并购活动的评价。并购活动的事后评价,可以为企业提供反馈信息,同时为未来的决策积累经验。

四、西方五次并购浪潮及其对我国的启示

从 19 世纪末至今,西方国家发生了 5 次企业并购浪潮,其中以美国企业的并购最具有代表性。

(一)第一次并购浪潮

第一次兼并浪潮发生在 19 世纪末 20 世纪初,这次兼并浪潮被专家们认为是历次兼并浪潮中最重要的一次,因为它造就了企业垄断,使西方国家工业逐渐形成了自己的现代工业结构。

第一次企业并购浪潮的重要特征是:以横向并购为主要方式,许多是通过股票市场上的收购完成的。通过这一次兼并浪潮,一方面,扩大了企业规模,许多企业取得了合理的规模经济效益,企业实力增强,更有利于开发新技术、新产品,增强了企业抗风险能力;另一方面,并购产生的垄断组织,降低了市场竞争的激烈程度,垄断组织可以凭借其垄断地位获得超额的垄断利润。所以,追求垄断地位、追求规模经济是本次并购浪潮的主要动因。

(二)第二次并购浪潮

第二次浪潮发生在 20 世纪 20 年代,除了英国在这一时期兼并活动比较活跃,并对英国公司经济基本轮廓的形成起到重要作用之外,许多国家都因第一次世界大战的影响而处于低潮,只有美国经济未受到影响并带来新的机遇,因此,第二次浪潮主要发生在美国。

第二次并购浪潮的主要特点是:(1)并购方式呈多样化,其中以纵向并购居多。纵向并购有助于提高生产的连续性,减少商品流转的中间环节,节约销售费用,但也加强了垄断,形成了更多的行业壁垒。(2)产业资本与银行资本开始相互并购、相互渗透,如洛克菲勒控制了美国花旗银行、摩根银行创办了美国钢铁公司,从而产生了一些金融寡头,对以后的美国经济发展起到了十分重要的作用。

(三)第三次并购浪潮

第三次浪潮发生于 20 世纪 50 ~ 60 年代,这次兼并浪潮无论是规模还是速度,都大大超过前两次浪潮。

第三次并购浪潮的主要特点是:(1)以混合并购为主要形式。在 100 万美元以上的并购中,80% 以上是采用这种并购方式;(2)银行之间的同业并购增加,使银行资本更加集中。到 20 世纪 60 年代,美国拥有 10 亿美元以上资产的银行已增加到 80 家,其中 7 家资产超过了 100 亿美元。

(四)第四次并购浪潮

第四次浪潮自 20 世纪 70 年代中期起,一直延续了整个 80 年代,这次兼并规模空

前，遍及所有西方发达国家。

第四次并购浪潮的主要特点是：(1)大企业进行内部结构调整，即在企业内部进行大规模的优化重组，将非主导产业转让，以提高主导产业的资产质量。由于第三次兼并浪潮中的混合兼并所形成的一些混合联合公司，在经营中出现了许多问题，一些公司纷纷出售与本企业生产部门无关的公司，进行大规模的内部结构调整，成为引发第四次兼并浪潮的一个重要诱因，产业的结构调整成为第四次兼并浪潮的重要组成部分；(2)出现杠杆收购，即举债收购，这便使得小企业得以并购大企业，由此产生了“小鱼吃大鱼”的现象。例如，KKR 公司仅出资 15 亿美元收购了交易额达 250 亿美元 RJR 公司，就是杠杆收购与金融界参与的典型案例。跨国兼并也异常活跃，1989 年跨国兼并占全世界企业兼并总数的 36%，占兼并价值总额的 37%；(3)这次兼并主要以纵向兼并为主，“以债权换权益”的拼命方式取代了正常的“以股票换股票”的兼并方式，杠杆收购异常流行。金融界加入兼并过程，借债兼并蓬勃兴起，并达到高潮。

(五)第五次并购浪潮

从 1990 年至二十世纪末，这是一次以往的数次兼并浪潮所无法比拟的大兼并，其参与兼并的企业数量之多、单件兼并交易额规模之大、影响之广泛都是近现代经济发展史上所罕见的。兼并史上的特大型兼并事件，绝大多数都是在这次兼并浪潮中完成的。

第五次并购浪潮主要呈现企业规模大、产业特征强、并购方式多的特点。具体来讲，这次并购浪潮是美国大企业面对信息革命的新形势和国际市场的新格局，进行的大规模功能性重组，因而，并购企业规模巨大，成交金额屡创新高，“强强联姻”成为热点；并购涉及行业广且相对集中，银行业并购活动活跃，跨行业并购崭露头角；跨国并购发展迅速，涉及国家多，地理分布逐渐变化；追求规模效应的同时，从全球角度考虑企业长期发展战略；并购重点为高新技术合作与交流，技术优势互补，知识经济特色浓厚；政府干预的力量不容小觑。

通过对上述西方企业并购的历史回顾，可以从中获得对我国企业并购的几点启示：

一是积极创造市场化的并购条件；二是完善企业并购的法律环境；三是应利用企业并购进行经济结构调整，培育和发展高科技产业，形成一批具有国际实力的企业集团；四是要发挥政府在企业并购中的作用，并规范企业并购中的政府行为。

第二节 企业并购动机理论

企业并购的经济动因，概括为财务性动机和非财务性动机两大类，具体又有许多并购动机理论对其作出了不同的理论解释，形成了不同的学派，主要有效率理论、交易费用理论、市场势力理论、价值低估理论、代理成本理论、战略发展和调整理论、信号传递理论、自由现金流量理论、税负利益理论等，下面分别加以介绍。

一、并购的财务性动机和非财务性动机

公司并购的动机或原因有许多,但概括起来,主要有财务性动机和非财务性动机两类。

(一)财务性动机

企业并购的财务性动机主要表现在以下四个方面:

1. 实现多元化投资组合,分散投资风险。所有企业的收益在经济周期性波动中,总存在较大的不稳定性。但是,不同的企业,其周期变动不同。因此,一个周期变动较大的企业通过并购一个周期较稳定的企业来实现投资组合的多元化,不仅可以分散个别企业自身的特有风险,而且还可以在一定条件下通过一定程度的风险抵消,降低投资组合的风险,从而增加其销售或收益的稳定性。另外,由于在一定范围内,股东把收益不稳定与风险同等看待,通过并购来实现企业多元化投资组合,降低企业收益的不稳定性,必将对公司的股票价格产生有利的影响。

2. 改善企业财务状况。企业并购可以扩大企业生产经营规模,增强企业竞争实力,进而更有利于企业进入金融市场筹集所需资金。另外,并购一个现金充裕或负债比率较低的企业,不仅可以改变并购企业的财产状况,而且可以提高企业的举债能力。

3. 取得节税收益。如果一家利润较大的企业并购一家亏损较大的企业,则被并购企业的亏损额就可以抵减其应缴纳的所得税,从而使并购企业少交所得税。

4. 扩大经营规模,降低成本费用。通过并购,企业规模得以扩大,能够形成有效的规模效应。规模效应能够带来资源的有效整合和充分利用,降低生产、管理、原材料供应等环节的成本费用。

(二)非财务性动机

企业并购的非财务性动机,主要表现在以下两个方面:

1. 提升企业整体竞争力,实现公司发展战略。企业可以通过内部扩展和外部扩张两个途径来实现发展,但在许多情况下,向外兼并扩张更能提高企业的发展速度,而且具有代价小、风险小、速度快等特点。这是因为,兼并现有的企业,可以充分利用被兼并企业的设备、技术、人才和产品市场等,使其直接为兼并服务。而通过自己购买新设备兴办新企业、开发新产品等内部扩展,不仅投资大、周期长,而且还有较大的风险。因此,一般情况下,企业将兼并作为其提升企业整体竞争力、推动公司发展战略目标实现的重要途径之一。

2. 实现协同效果。通过兼并实现协同效果,主要表现为:①兼并可以扩大企业规模,实现规模经济效益,这在同业兼并中表现得更为明显。同行业的兼并,不仅可以消除重复的设施,而且可以减少职能部门的重复活动,有利于提高生产力,降低成本,提高企业经济效益。②兼并可以消除竞争力量,扩大企业的控制范围,提高企业的经营优势和竞争优势。这在企业的纵向兼并中表现得较为明显。③实现兼并双方的优势互补。因此,兼并可以实现企业整体价值大于兼并前个别企业价值之和的协同效果。

二、企业并购动机理论

理论界对企业并购动机做出了不同的理论解释，形成了不同的学派，主要有：

（一）效率理论

传统的效率理论认为，并购可提高企业的整体效率，即协同效应"2+2>5"，包括规模经济效应和范围经济效应，又可分为经营协同效应、管理协同效应、财务协同效应和多元化协同效应，具体表现为夺取核心资源、输出自己的管理能力、提高财务信誉而减少资金成本、减少上缴税收、多元化发展以避免单一产业经营风险等。横向、纵向、混合并购都能产生协同效应。

（二）交易费用理论

科斯（1937）提出企业的存在原因是可以替代市场节约交易成本，企业的最佳规模存在于企业内部的边际组织成本与企业外部的边际交易成本相等时，并购是当企业意识到通过并购可以将企业间的外部交易转变为企业内部行为从而节约交易费用时自然而然发生的。交易费用理论可较好地解释纵向并购发生的原因。

（三）市场势力理论

通过并购减少竞争对手，提高市场占有率，从而获得更多的垄断利润，而垄断利润的获得又增强企业的实力，为新一轮并购打下基础。市场势力一般采用产业集中度进行判断，如产业中前4或前8家企业的市场占有率之和超过30%为高度集中，15%～30%为中度集中，低于15%为低度集中。该理论又成为政府规制并购、反对垄断、促进竞争的依据。

（四）价值低估理论

认为并购活动的发生主要源是目标企业的价值被低估。詹姆斯·托宾以Q值反映企业并购发生的可能性，Q＝公司股票的市场价值/公司资产的重置成本。如果Q<1，且小得越多，则企业被并购的可能性越大，进行并购要比购买或建造相关的资产更便宜些。该理论提供了选择目标企业的一种思路，应用的关键是如何正确评估目标企业的价值，但现实中并非所有价值被低估的公司都会被并购，也并非只有价值被低估的公司才会成为并购目标。

（五）代理成本理论

现代企业的所有者与经营者之间存在委托—代理关系，企业不再单独追求利润最大化。代理成本由詹森和麦克林（1976）提出，并购是为了降低代理成本（法玛、詹森，1983）。金融经济学解释并购失效有三大假说：一是过度支付假说，并购方过度支付并购溢价，其获得的并购收益远远低于被并购方的收益；二是过度自信假说（罗尔，1986），并购方的管理层常常因自大而并购，任何并购价格高于市场价格的企业并购都是一种错误；三是自由现金流量说（詹森，1986），并购减少企业的自由现金流量，可降低代理成本，但适度的债权更能降低代理成本进而增加公司的价值。

（六）战略发展和调整理论

与内部扩充相比，外部收购可使企业更快地适应环境变化，有效降低进入新产业和新市场的壁垒，并且风险相对较小。特别是基于产业或产品生命周期的变化所进行的战略性重组，如生产“万宝路”香烟的菲利普·莫里斯公司转向食品行业。企业处于所在产业的不同生命周期阶段，其并购策略是不同的：处于导入期与成长期的新兴中小型企业，若有投资机会但缺少资金和管理能力，则可能会出卖给现金流充足的成熟产业中的大企业；处于成熟期的企业将试图通过横向并购来扩大规模、降低成本、运用价格战来扩大市场份额；而处于衰退期的企业为生存而进行业内并购以打垮竞争对手，还可能利用自己的资金、技术和管理优势，向新兴产业拓展，寻求新的利润增长点。

（七）信号传递理论

信号传递理论认为，当目标企业被收购时，资本市场将重新对该企业的价值作出评估。并购信息的宣布可能会给市场参与者传递下列信息：(1)股票收购传递了目标企业被低估的信息，并购双方未来的现金流量和未来估价可能会增加；(2)收购要约的公布或关于收购的谈判将传达某种信息，告知目标企业管理层应从事更有效率的管理活动。

（八）自由现金流量理论

自由现金流量是指企业的现金在支付了所有净现值为正的投资计划后所剩余能够用于支付股东的现金流量。自由现金流量理论认为，在自由现金流量的使用问题上，股东与经理人员之间存在一定的冲突。在企业并购活动中，自由现金流量的减少有助于化解经理人与股东间的冲突。可以降低经理人的权力，避免了代理问题的产生。此外，企业可通过收购活动，适当地提高负债比例，可减少代理成本，增加企业的价值。

（九）税负利益理论

税负利益理论认为，并购在一定程度上可以降低企业税负，实现税负利益。例如，如果并购双方的企业中，一方有较大数额的亏损，则适用高税率的利润较高的企业可以通过并购有较大亏损的企业，以目标企业的亏损额来抵消其应纳税所得额，从而立即带来大量的税款节约额，减少并购后企业的应纳税款。又如，通过并购获得成长型无股利分配的小企业然后将其卖掉，获得资本利得，从而用资本利得税代替较高的普通收益税，以达到避税目的。

关于企业并购动机的理论还有：利润动机理论、投机动机理论、竞争压力理论、预防和安全动机理论等。然而，企业并购涉及方方面面的利害相关者，因此，企业并购动机理论应该是多层次的，不可能以一种理论涵盖具体动机不同的各种并购行为。

三、过渡期中国企业并购的特殊动机理论

相对于西方发达国家来说，中国的企业并购实践才刚刚起步，所以企业并购理论在中国还不是很成熟。同时，由于在我国经济体制转轨过程中所发生的企业并购，是

在特殊的社会经济背景下形成的，因而中国的企业并购及其理论从一开始就带有鲜明的中国特色。它的主要特点是：(1)企业并购的动力不仅仅局限于企业内部，它还来自于政府部门，甚至有时政府的动机强于企业本身。特别是在我国并购发展初期，国有企业亏损严重，破产制度因种种原因不能有效实施，许多亏损企业和劣势企业在政府的干预和安排下，被并购到一些效益好的大企业中，这往往并不是并购企业的意愿，而是政府的意图。(2)并购是消除亏损的一种机制。在传统体制下，国家对于亏损企业的拯救主要是采取行政和经济补贴两种方式。从行政方式上，主要是通过改换亏损企业的领导班子，依赖新的领导班子尽力支撑企业的生存；从经济补贴方式上，则主要是由地方和国家两级财政安排一部分资金来补贴亏损企业，或从税收上给予减免。由于传统方式未能触动企业的制度和机制，收效甚微，从而造成大量亏损企业无效用的占用社会资源、资源使用效率低下的现象。为了实现资源向高效率部门的转移，提高资源使用效率，政府引入企业并购机制。(3)并购是一种对破产的替代机制。由于中国现行特殊的社会历史环境，破产将造成较大的社会动荡。中国承担不了大规模的企业破产，特别是大规模的国有企业破产，对于大多数亏损企业，仍然要从改革和稳定的大局出发，给予救助，而不是轻易让其破产。因而，通过企业并购就可以达到"一石多鸟"的目的：既实现企业重组，又减小社会动荡；成为政府、企业、职工都乐于接受的替代企业破产的重要机制。(4)强强联合式的企业并购式应付激烈国际竞争的重要战略。(5)在中国国有资产存量效率低下的情况下，并购又是国有资产重组，实现资源优化配置，提高存量资产运行效率的一个重要机制。

第三节　企业并购的财务规划

公司并购成功与否依赖于科学、合理地财务规划，即必须进行筹资规划、价值评估、支付方式选择、成本－效益分析、并购活动对每股收益和每股市价的影响分析、风险分析、整合分析等。下面分别进行介绍。

一、目标企业的价值评估

企业并购过程中的评估工作主要是针对目标企业的评估，目标企业的评估不仅关系到目标企业是否符合并购企业发展战略，而且直接影响并购的成本。因此，对目标企业价值的评估是企业并购中的核心问题。

(一)并购目标企业价值的评估方法

国内外学者对并购中目标企业的价值评估方法进行了大量研究，随着并购目标的转变，并购行为的成熟，价值评估方法也日趋完善。如今比较成熟的目标企业评估方法有资产基础法、相对价值法、现金流量折现法、经济利润模型等。

1. 资产基础法

资产基础法是指通过对目标公司的净资产进行加总来确定公司价值的一种方法，

是从构成企业整体资产的各要素资产重建的角度来揭示企业的价值。该方法应用的前提条件是企业各资产的整体性较差,企业整体获利能力较低,企业收益水平不高或企业收益难以预测,企业各投入要素资产的重置成本能够加以确认计量。应用该方法确定目标企业的价值,关键是选择合适的资产评估价值标准。根据不同的计算标准,可以把目标公司的净资产价值分为净资产账面价值、重置价值和清算价值。相应地,将资产基础法细分为:

(1)账面价值法。是指会计核算中账面记载的资产价值。例如,对于发行股票的公司来说,资产负债表所揭示的企业某时点所拥有的资产总额减去负债总额即为公司股票的账面价值,再减去优先股价值,即为普通股价值。这种估价方法不考虑现实资产市场价值的波动,也不考虑资产的收益状况,因而是一种静态的估价标准。账面价值标准取数方便,但有可能会偏离其市场价值。

(2)重置成本法。是以评估资产现值时全新状态的重置成本,减去该项资产的有形损耗来确定其现实价值。重置成本法适用于可复制、重购的单项资产和整体资产评估,以及没有收益、市场上又难以找到同类参照物的资产评估。其优点是评估参数和有关资料容易取得,方法具有科学性、可行性。但在整体资产评估时容易漏评无形资产,有一定的局限性。当目标公司经营处于困境,而生产设备又比较先进,而且收购者意在获得目标公司的生产设施时,采取重置成本法比较合适。

(3)清算价格法。是指在企业出现财务危机而破产或歇业清算时,把企业中的实物资产逐个分离而单独出售的资产价值。清算价值是在企业作为一个整体已经丧失增值能力情况下的资产估价方法,对于股东来说,公司的清算价值是清算资产偿还债务后的剩余价值。因为这种方法是对目标企业最少价值的估计,未考虑目标公司持续经营的价值,所以主要运用于企业破产清算时的资产评估。

资产基础法在理论上不符合企业内在价值的评估原理,得到的是企业中各项资产的加总价值,无法衡量目标企业的整体真实价值,忽略了并购目标企业组织资本,缺乏对资产未来收益的前瞻性,无法准确把握一个持续经营企业价值的整合效应,再加上存在一些会计计量、无形资产确认等问题,因此,在一般情况下,对持续经营的企业价值进行评估时,资产基础法通常不应该成为主要方法,其结果只能作为并购过程中目标企业真实价值的一个参照基准价位。只有当收购特定的有形或无形资产,或者目标企业各资产的整体性较差,企业整体获利能力较低,企业收益水平不高或企业收益难以预测时,资产基础法才适用。

2. 相对价值法

相对价值法也即传统的市场法,是指通过市场调查,选择一个或几个与评估对象类似的公司作为参照物或价格标准,分析比较参照物的交易条件,进行对比调整,据以确定被评估公司价值的一种评估方法。

由于这种方法是基于市场对可比公司或可比交易的财务状况做出的客观、综合分析,而不是某个机构或个人的主观预测,因此其评估结果具有一定的可靠性;同时这种方法以市场交易为分析基础,并从统计学的角度归纳总结市场上类似企业或交易的财务特征,在理论和应用上都简单易懂,可以迅速获得目标企业的评估价值。相对价值法比较适用于成熟股票市场上的上市公司收购。它所要求的前提条件是,同行业的其他上市企业可以作为被评估企业的可比较对象(即在产品、市场、目前的获利能力、未来业绩成长等方面需要与目标企业类似),存在一个充分发达、活跃的资本及证券交易市场,市场可以对这些企业进行正确的估价(整个市场的状况不是处于极端状况,如明显高估或明显低估)。

相对价值法分为两大类:一类是以股权市价为基础的模型,包括市价/净利、市价/净资产、市价/收入等比率模型;另一类是以企业实体价值为基础的模型,包括实体价值/息前税后利润、实体价值/实体现金流量、实体价值/投资成本、实体价值/销售额等比率模型。后一类主要是针对非上市公司的评估。但在实际中应用最多的是市价/净利比率模型,即市盈率法。下面就对市盈率法的模型、步骤加以介绍,并举例说明。

运用市盈率的评估模型如下:

目标企业每股价值 = 标准市盈率 × 目标企业的每股净利

或:目标企业价值 = 标准市盈率 × 目标企业估价收益指标

市盈率法的步骤是:

第一,确立估价收益指标。一般地,估价收益指标的确立有以下几种:①目标企业最近一年的税后利润;②目标企业最近三年的税后利润的平均值;③假设并购后发生协同效应,并购后的目标企业与并购企业有同样的资本收益率,据此推算出税后利润;④假设目标企业获得了并购企业的盈利增长水平,以目标企业最近三年的平均税后利润经一年后增长的数字作为估价指标,等等。

第二,选择合适的标准市盈率。市盈率,又称收益倍数,是指企业价值与预计未来每年收益之商,通常等于每股市价与每股收益之商。它可以反映投资者愿意为取得公司的获利能力付出多大的代价,即高的市盈率表明投资者对该上市公司的前景抱乐观态度,认为该公司股票未来的预期投资收益可能会迅速增长,因此愿意支付更多的投资成本;反之亦然。一般来讲,一个预期收益增长率快的公司,其股票的市盈率就较高;反之,一个前途暗淡的公司,其股票的市盈率就较低。目标企业标准市盈率指标可以选择以下几种:①并购时点目标企业的市盈率;②与目标企业具有可比性的企业的市盈率;③目标企业所处行业的平均市盈率;④并购时点并购方的市盈率等。选择标准市盈率时必须考虑目标企业并购后风险和成长性与市盈率的关系。

由上述可知,估价指标和市盈率的不同结合,直接影响对目标企业的估价,并购双方应根据实际情况,选择最为合理的标准,使估价准确,并购投资决策有效,降低并购风险,提高并购活动收益。

另外,市盈率法是一种将股票价格与当前公司盈利状况联系在一起的一种直观的统计比率,而且,对于大多数目标企业的股票来说,市盈率易于计算并很容易得到,这使得股票之间的比较变得十分简单。但是,运用市盈率法评估企业价值,需要有一个较为完善发达的证券交易市场,还要有行业部门齐全且足够数量的上市公司。由于我国证券市场距离完全市场还有一定距离,同时国内上市公司在股权设置和结构等方面又有较大差异，现阶段来讲，市盈率法仅作为企业价值评估的辅助体系，暂时不适合作为独立方法对企业进行整体价值评估。但是在国外市场上，该方法的应用较为成熟。

【例 5-1】 甲公司拟横向兼并同行业的乙公司，甲公司为上市公司，乙公司为非上市公司。假设双方公司的长期负债利率均为 8%，所得税税率均为 40%。甲公司现行会计政策对乙公司的财务数据进行调整后，双方的基本情况见表 5-1，请采用市盈率模型法计算乙公司的价值（选择甲公司的市盈率为标准市盈率，分别采用不同的估价收益指标）。

表 5-1　甲、乙两公司 2009 年 12 月 31 日的简化资产负债表　　单位：万元

资产	甲公司	乙公司	负债与股东权益	甲公司	乙公司
流动资产	1 000	500	流动负债	500	200
			长期负债	600	150
长期资产	2 000	300	股东权益		
			股本	1 200	300
			留存收益	700	150
			股东权益合计	1 900	450
资产总计	3 000	800	负债与股东权益合计	3 000	800

表 5-2　甲、丁两公司 2009 年度的经营业绩及其他指标　　单位：万元

指标	甲公司	乙公司
2009 年度经营业绩：		
息税前利润	500	100
减：利息	48	12
税前利润	452	88
减：所得税	180.8	35.2
税后利润	271.2	52.8
其他指标：		
资本收益率	20%	16.67%
利润增长率	25%	18%
近三年的平均利润：		
税前	300	60
税后	180	36
市盈率	20	15

注：资本收益率 = 息税前利润/（长期负债 + 股东权益）。

解：

由于并购双方处于同一行业，从并购企业角度出发，预期目标企业未来可达到同样的市盈率是合理的，所以丙公司可以选择其自身的市盈率为标准市盈率。在此基础上，若选用不同的估价收益指标，分别运用公式计算目标企业——乙公司的价值如下：

（1）选用目标企业最近一年的税后利润作为估价收益指标：

乙公司的价值 = 52.8 × 20 = 1 056（万元）

(2)选用目标企业近三年税后利润的平均值作为估价收益指标:

乙公司的价值=36×20=720(万元)

对于经营有明显周期性的目标公司的估价一般采用这种方法。

(3)假设目标企业被并购后能够获得与并购企业同样的(长期)资本收益率,以此计算出的目标企业在并购后的利润作为估价收益指标:

乙公司的资本额=长期负债+股东权益=150+450=600(万元)

并购后丁公司的资本收益=600×20%=120(万元)

减:利息=150×8%=12(万元)

税前利润=108(万元)

减:所得税=108×40%=43.2(万元)

税后利润=64.8(万元)

乙公司的价值=64.8×20=1 296(万元)

(4)通常盈利水平低的目标企业在被并购后不可能一下子达到并购企业的盈利水平,一般需要一段增长的时间。假设目标企业在并购后获得了并购企业的盈利增长水平,以目标企业三年来的平均税后利润经一年后增长的数字作为估价指标:

乙公司三年来的平均税后利润=36(万元)

加:并购后一年内盈利增长额=36×25%=9(万元)

一年后乙公司的税后利润=45(万元)

乙公司的价值=45×20=900(万元)

3. 现金流量折现法(拉巴波特(Rappaport)模型)

现金流量折现法也即传统的收益法,是指通过估算被评估资产的未来各年预期收益并将其折算成现值而得出资产价格的方法。它适用于对目标公司的整体资产(包括无形资产)价格进行评估。由美国西北大学阿尔弗雷德·拉巴波特创立的拉巴波特(Rappaport)模型可以确立最高可接受的并购价格。其一般估价模型为:

$$V = \sum_{t=1}^{n} \frac{FCF_t}{(1 + WACC)^t} + \frac{V_n}{(1 + WACC)^n}$$

式中,　V 为目标企业的评估价值;

FCF_t 为目标企业第 t 年的自由现金流量;

$WACC$ 为贴现率;

V_n 为预测期末目标企业的变现价值;

n 为预测期。

利用现金流量折现模型确定企业价值必须解决三个问题:

(1)并购后目标企业未来各年的自由现金流量预测。自由现金流量是指在并购后,目标企业为维持持续经营而进行固定资产投资和营运资本投资之后,可实际用于对所有投资者进行收益分配的现金流量。根据拉巴波特建立的预测模型可知,某一年度的自由现金流量计算公式如下:

$$FCF_t = S_{t-1} \cdot (1 + g_t) \cdot P_t \cdot (1 - T_t) - (S_t - S_{t-1})(F_t + W_t)$$

式中，S 为年销售额；

g 为销售额增长率；

P 为销售利润率；

T 为所得税率；

F 为销售额每增加一元所需要追加的固定资产投资；

W 为销售额每增加一元所需要追加的营运资本投资。

从上述模型可知，自由现金流量实质上就是企业税后净利与企业追加投资净额之差。FCF 的大小影响着企业价值，FCF 越大，企业价值越大；反之，就越小。利用该公式预测时需注意：①用于并购估价所使用的自由现金流量是目标公司并购后预期每年产生的自由现金流量。理论上，其数值要大于并购双方独立经营时创造的现金净流量（并购协同效应）；②销售额增长率 g 是一种年复利增长率，而不是将不同年份的增长率简单平均；③谨慎估计营运资金投资的变化。在年度实际资产负债表中，营运资金的投资变化并不能真正反映所需营运资金的增减变化，主要原因是存货、应收账款账户可能会扩大实际所需资金数量，所以，应剔出不须追加现金资金的存货和应收账款投资。

（2）贴现率的估计。一般选择并购方投资于目标企业的资本的加权平均资本成本作为其贴现率。所谓加权平均资本成本是指以各种资本占全部资本的比重为权数，对企业各种筹资方式的个别资本成本进行加权平均确立的。它既表明筹资者为筹措资本所付出的代价，也表明投资者对其投入资本的要求最低报酬，其计算公式如下：

$$WACC = \sum K_j W_j$$

式中，K_j 为第 j 种筹资方式下的个别资本成本；

W_j 为第 j 种个别资本占领全部资本的比重（权数）。

企业筹资方式按其性质可分为两类：权益资本筹资方式和债务资本筹资方式。其个别资本成本计算公式是：

①权益资本（主要指普通的）成本，一般可根据资本资产定价模型确定：

$$K_s = K_f + (K_m - K_f)\beta$$

式中，K_s 为预期股本成本率，K_f 为市场无风险报酬，K_m 为市场平均投资报酬率，β 为目标企业风险程度；且 K_f、K_m 可从外界取得，β 系数一般需要根据并购后目标企业的风险程度来确定。

②债务资本成本 = 债务利息 ×（1 − 所得税率）/［债务总额 ×（1 − 筹资费用率）］。资本成本的高低直接影响企业价值，加权资本成本越低，企业价值越大；反之亦然。

（3）企业的预测期限。会计上一般假设企业是无限期持续经营的，但在估算企业价值时，企业的预测期一般为 5 年至 10 年，企业的预测期越长，预测的准确性越差。

【例 5－2】 丙公司拟在明年初收购目标公司丁公司。经测算收购后有 5 年的自由现金流量。丁公司目前的销售收入为 19 000 万元，预计该公司后 5 年每年的销售收入分别为 20 000 万元、21 000 万元、22 000 万元、23 000 万元、24 000 万元，销售税前利润率为10%，固定资本增长和营运资本增长(设均发生在各年年末)占销售额增长的百分率分别为10%和5%。公司所得税税率为40%，加权平均资本成本为10%。试运用拉巴波特模型分析丁公司的价值。

解：

根据拉巴波特模型关于自由现金流量的含义，自由现金流量等于税后净利中扣除固定资本增加和营运资本增加的余额，计算出丁公司未来5年内每年自由现金流量，见表5－3。

表5－3 自由现金流量计算表 单位：万元

年份	第一年	第二年	第三年	第四年	第五年
销售额	20 000	21 000	22 000	23 000	24 000
销售利润	2 000	2 100	2 200	2 300	2 400
所得税	800	840	880	920	960
税后利润	1 200	1 260	1 320	1 380	1 440
增加固定资本	100	100	100	100	100
增加营运资本	50	50	50	50	50
自由现金流量	1 050	1 110	1 170	1 230	1 290

因此，丁公司的价值是：

$$V=1\ 050\times(P/S,10\%,1)+1\ 110\times(P/S,10\%,2)+1\ 170\times(P/S,10\%,3)$$
$$+1\ 230\times(P/S,10\%,4)+1\ 290\times(P/S,10\%,5)$$
$$=1\ 050\times0.909\ 1+1\ 110\times0.826\ 4+1\ 170\times0.751\ 3+1\ 230\times0.683\ 0+1\ 290\times0.620\ 9$$
$$=4\ 391.93\text{ 万元}$$

总之，现金流量折现法的优点是将目标公司的获利能力作为确定收购价格依据的评估方法，充分考虑了目标公司未来创造现金流量能力对其价值的影响，它考虑了货币的时间价值、资产的未来预期收益等因素，能够较真实准确地反映目标公司资产的资本化价格，在理论上被认为是最科学、最成熟的估价技术，适用于对具有持续获利能力的目标企业(成长型企业)的价值评估。缺点是这种方法的运用需要大量的假设和判断，对决策条件与能力的要求较高，易受预测人员主观意识(乐观或悲观)影响，并且合理预测未来现金流量和选择贴现率的困难和不确定性都将影响估算目标企业价值的准确性。

4. 经济利润模型

经济利润是指从超过投资者要求的报酬中得来的价值，也称经济增加值。经济利润不同于会计利润，两者主要区别在于经济利润扣除了股权资本费用，而不仅仅是债务费用；会计利润仅扣除债务利息，而没有扣除股权资本成本。

目标企业价值评估的经济利润模型如下：

$$\text{目标企业价值}=\text{期初投资资本}+\text{预计经济利润的现值}$$

其中，期初投资资本是指企业在经营中投入的现金：

全部投资资本 = 所有者权益 + 净债务

该模型的基本思想是:如果每年的息前税后利润正好等于债权人和股东要求的收益,即经济利润等于零,则企业的价值没有增加,也没有减少,仍然等于投资资本;如果息前税后利润大于投资各方的期望报酬,即经济利润大于零,则企业的价值将增加;反之,经济利润小于零,企业价值将减少。

经济利润模型与现金流量模型在本质上是一致的,但是经济利润具有可以计量单一年份价值增加的优点,而现金流量折现法却做不到。然而,经济利润模型也与现金流量折现法一样,存在对未来预测的不确定性、资金成本难以确定、主观性强的问题。

总之,评估方法本身没有好坏之分,每一种估值方法都有其自身的适用条件和假设前提,侧重价值的不同方面,从一个独特的视角来反映价值的驱动因素。资产基础法注重企业潜在资产的假定规模;相对价值法以同类可比投资支付的价格为基准;现金流量折现法关注将来的投资回报现值,反映相对风险水平;经济利润模型更侧重于对任何年度价值的评估。同时,每一种评估方法都有自身的局限性和不足,限制或削弱了其在特定评估项目中的有效性。

(二)并购目标企业价值评估方法的选择

中国资产评估协会于 2004 年发布的《企业价值评估指导意见(试行)》规定:注册资产评估师执行企业价值评估业务,应当根据评估目的等相关条件选择适当的价值类型。评估结果的价值类型应当与评估的价值基础相匹配。价值基础是由评估的特定目的、评估时的市场条件以及被评估对象的资产功能和条件状态共同构成的,上述三项因素是一个有机整体,其中核心问题是评估的特定目的。根据企业并购目的的不同,下面分别介绍财务型并购和战略型并购中的目标公司定价方法。

1. 财务型并购的目标公司价值评估方法

财务型并购中,并购方并不打算长期经营目标企业,不关心目标企业的经营发展,而是要将其重组整合后出售或包装上市,其看中的是目标企业未来的价值或包装上市的潜力,即目标企业能否产生支付购买费用所需的现金流以及能否带来足够的利润回报,这时目标企业价值就是其作为独立综合体的自身价值,是从财务角度出发的企业价值,即基于企业要素资产组合的整体盈利能力的市场价值。由于其忽略并购效应的价值评估,侧重于运用财务指标的定量分析,对财务型并购目标企业的价值评估适宜采用的评估方法是传统的收益法、市场法和资产基础法。

2. 战略型并购的目标公司价值评估方法

战略型并购以企业发展战略为基础,强调并购后能否发挥协同效应。因此在战略型并购的价值评估中就不能仅仅采用对目标公司价值的单独评价方法,而须进一步考虑协同效应所产生的价值增值部分。即并购后目标公司的价值为:

并购后目标公司的价值 = 独立实体的价值 + 协同效应的价值

目标公司作为独立实体的价值可以根据在前文中所提到的财务型并购下的价值评估方法进行衡量,而协同效应的评估是判断并购是否可行与并购是否成功的关键。然而,协同效应的产生过程涉及众多不确定因素,如市场的反应、并购后的整合等,因此其价值很难进行具体预测，至今仍属于财务研究领域的前沿课题。本章仅简单介绍一种常见的方法——增量现金流量贴现法：第一步，计算并购所产生的增量现金流收益。并购后两公司由于协同效应而产生的总现金流往往超出了并购前两公司各自独立经营所产生的现金流之和，这一超额的部分就称为并购所产生的增量现金流收益。第二步，在估计出寿命期内各年的净增量现金流之后，就可以选取适当的折现率通过折现得到协同效应所带来的现金流现值。

我国的《企业价值评估指导意见》提倡在实践中更多的同时使用两种或两种以上的评估方法。如果条件允许，最好把几种方法结合使用，或将各种合适的方法的评估结果进行加权平均，计算出目标企业最终的整体评估价值，以减少并购交易中的风险，真正实现企业的并购目标。如果几种方法的结论存在较大差异，就需要检查两种方法的资料和路径是否可靠，才能判断其结论是否可靠。

二、并购筹资规划

企业并购的资金筹措方式主要有企业内部留存、增资扩股、金融机构信贷、发行企业债券、卖方融资等。

1. 企业内部留存

是指企业将自己以前年度留存下来的、未分配的收益，以及当年新产生的收益，用于企业并购。用内部留存来并购企业，可能与股东产生一定的冲突，例如，如果股东有更好的投资机会，就不愿意把利润留存在企业，企业要强行留存，就需要付出较高的成本。

2. 增资扩股

并购企业选择增资扩股方式取得现金来并购目标企业时，必须考虑股东增资意愿的强弱。一般来讲，股东增资意愿强弱与以下几个因素有关：首先，增发股票的筹资成本。如果筹资成本很高，虽然会得到新股东的支持，但可能会受到老股东的抵制，难以在股东大会上通过；其次，股东的控制权问题。增发新股，可能会造成原股东控制权的稀释，从而影响原已形成的比较稳定的控制权结构。

3. 股权置换

股权置换是一种比较特殊的企业并购筹资方式，它是指在企业并购活动中，并购企业将其自身的股票支付给目标公司股东。股权置换一般可以通过下列三种方式：一是由并购企业出资收购目标企业全部股权或部分股权，目标企业股东取得现金后再购买并购企业的新增股票；二是由并购企业收购目标企业的全部资产或部分资产，再由目标企业股东认购并购企业的新增股票；三是直接用并购企业的新增股票置换目标企业股票。

4. 金融机构信贷

金融机构信贷是企业并购资金的一个重要来源。由于这种贷款不同于一般的商业贷款，要求并购企业提前向可能提供贷款的金融机构提出申请，并就各种可能出现的情况交换意见。即使并购意图需要保密，也需要在并购初期向金融机构提出融资要求。因此,这种贷款与一般的商业贷款相比金额大、偿债期长、风险高,故需要较长的商讨时间。

5. 卖方融资

是指并购企业推迟支付被并购企业的全部或部分并购款项。这种方式在被并购方急于脱手的情况下,完全可能实现。不过,采取这种方式一般会要求并购企业有极佳的经营计划。这种方式对被并购企业也有一定好处,因为付款分期支付,税负自然也可分期支付,使其享有税负延后的好处,而且还可以要求并购企业支付较高的利息。

6. 发行企业债券

通过发行债券来筹集并购所需资金,是企业并购活动中常用的一种方式。它具有以下优点:首先,债券利息可以在税前扣除,因此,其融资成本一般较低;其次,它可以避免股东控制权稀释问题。但是发行债券由于其偿还日期确定,并且到期后难以协商展期,会给企业造成较大的财务风险。

在具体的企业并购运作中,对于上述并购资金筹措方式,有些可单独运用,有些则可组合运用,应视并购双方的具体情况而定。而且资金筹措的结构安排直接影响企业并购的效果。企业处于不同的生命周期,由于其面临的经营风险和并购的目的不同,并购资金筹措的结构有很大差异。比如,在企业的发展期,经营风险较大,并购的目的主要是形成规模效应,降低经营风险。负债融资必然会使并购企业的总体风险加大,所以,在这一阶段并购资金的来源主要采取权益资金和利润留存。而在企业的成熟阶段,并购的主要目的是保持和扩大现有的市场份额及提高效率。此阶段企业的经营风险已处于较低的水平,为企业采用负债杠杆融资提供了可能。因此,这一阶段并购资金的主要来源是适度的留存收益和长期负债。

三、并购支付方式的选择

企业并购可采用现金支付、债券支付和股票支付的方式。选择何种支付方式,需要结合并购双方的成本和并购方的企业风险等综合考虑,下面仅介绍两个方面的因素。

(一)税负因素

并购公司并购目标公司既可以用现金支付,也可以用证券(普通股、债券)支付,但不同的支付方式税负不同。对于目标公司而言,如果并购方用现金或债券支付,那么目标公司的股东收到现金时要立即纳税,但如果用普通股支付,则目标公司的股东在收到股票时可以免税,直到股票出售后才计算资本收益或损失,按相应的资本收益税率纳税,因此可以获得延迟纳税和减轻税负的好处。对于并购方而言,税负考虑的是并购时所取得的资产的摊销基础,如果用现金或债券支付,则并购取得的资产将按其支付价格作为资产的摊销基础。反之,如果并购企业用普通股支付,则并购获得的资产将按资产的原价值进行摊销。资产摊销额的大小将直接影响企业的应纳税所得和企业未来的现金净流量。

由此可见，如果税负是考虑并购支付方式的唯一因素，那么目标企业将喜欢并购企业用股票支付，以达到延迟纳税和减轻税负的目的；而并购企业则更愿意用现金和债券的方式支付，以扩大其并购资产的摊销额，降低未来的税负。

（二）并购企业的生命周期

并购企业所处的生命周期对并购资金的支付方式也有着重要的影响，在其发展期，如果用现金或债券的支付方式，则势必导致其风险的增大，从而降低其本身的市场价值，因此，并购企业更愿意用股票支付的方式。尽管股票支付方式可能稀释并购企业的每股权益，但在此阶段，并购企业由于其良好的成长前景，会很快弥补被稀释的权益。而在其成熟期，如果用股票方式支付并购资金，则由于其未来成长的放缓，结果导致并购企业每股权益被稀释，从而降低企业的价值，因此并购企业喜欢用现金或债券的方式支付。同时在此阶段，企业本身业务产生大量的现金流入量和负债杠杆的运用为其用现金或债券支付并购资金提供了条件。

另外，选择合适的并购支付方式还需要综合考虑法律法规约束、资本市场与并购市场发育程度、并购双方股东的要求等因素。

四、并购成本－效益分析

企业是否进行并购主要取决于并购给企业及其股东带来净收益，当并购的净收益大于零时，并购活动在经济上才是可行的；反之则不可行。

（一）并购成本

企业并购的成本主要包括并购完成成本、并购整合与营运成本、并购退出成本和并购机会成本等。

1. 并购完成成本

是指在并购过程中所发生的直接成本和间接成本。其中，直接成本是指并购过程中直接支付的费用，如为收购目标企业而支付的价格等。间接成本是指并购过程中发生的其他相关费用，具体包括：(1)债务成本，即在承担债务式并购等情况下，其所承担的债务就构成了并购的债务成本；(2)交易成本，是并购过程中支付给中介机构的费用，如各种法律鉴定、公证、审计费用等；(3)更名成本，是指并购成功后，并购公司还要支付重新注册费、工商管理费、土地转让费以及公告费等支出。

2. 并购整合与营运成本

是并购后为使并购企业和被并购企业整合在一起，而需要支付的长期营运成本。这些成本包括：(1)整合改制成本，即取得对被并购企业的控制权后，必然需要对被并购企业进行重组或整合，如调整人事结构，改善经营方式、整合经营战略和产业结构以及重建销售网络等。为此需要支付派遣人员、建立新的领导班子、安置富余人员、剥离非经营性资产、淘汰无效设备、进行人员培训等有关费用；(2)注入资金成本，并购企业要向被并购企业注入优质资产，拨入启动资金，为被并购企业打开市场增加市场调研费、广告费和网点建设费等。整合成本具有长期性、动态性和难以预见性，所以并购决策中应特别关注该项成本能否达到最低。

3. 并购退出成本

是指一个企业在通过并购实施外部扩张时，一旦扩张不成功而进行撤退的最低成本。退出成本的高低是退出成败的关键。

4. 并购机会成本

是指并购活动占用的资金，投入其他用途所可能获得的收益。其计算可以用并购平均占有资金额与必要报酬率或银行存款利率相乘。一般地讲，并购机会成本越大，并购获得的相对收益越小或相对损失越大。

(二)并购收益

并购收益现值是指由于并购给企业带来的收入上升、成本下降、纳税减少、风险分散等各方面收益的现在价值，具体表现为并购后新公司的价值与并购前各公司价值之和的差额。用公式表示如下：

$$S = V_{ab} - (V_a + V_b)$$

其中，V_a ——并购方并购前价值；V_b ——目标企业被并购前价值；V_{ab} ——并购后形成新企业的价值；S ——并购收益现值。

如果 $S > 0$，说明并购在财务方面具有协同效应。

一般地，为了促进目标企业股东出售其股票，并购方将以高于目标企业的价值的价格 P_b 作为交易价，则 P ($P = P_b - V_b$)称为并购溢价。并购溢价反映了获得对目标企业控制权的价值，取决于目标企业前景、股市走势、双方讨价还价的情况。

(三)并购净收益

设 F 表示并购费用，则并购净收益(NS)用公式表示为：

$$NS = S - P - F = V_{ab} - P_b - F - V_a$$

即并购净收益 = 并购收益 - 并购溢价 - 并购费用

= 并购后新公司价值 - 并购完成成本 - 并购前并购公司的价值。

在一般情况下，并购是共赢的局面。对于并购方而言，并购净收益应大于零；对目标企业而言，并购溢价应大于零。

【例 5 - 3】 A 公司的市场价值是 4 亿元，拟收购 B 公司，B 公司的市场价值是 0.6 亿元；A 公司估计合并后新公司价值达到 5.6 亿元；B 公司股东要求以 1 亿元价格成交；并购交易费用为 0.1 亿元。请问该并购活动在经济上是否可行?

解：

并购收益 S = 5.6 - (4 + 0.6) = 1(亿元)

并购完成成本 = 1 + 0.1 = 1.1(亿元)

并购溢价 P = 1 - 0.6 = 0.4(亿元)

并购净收益 NS = S - P - F = 1 - 0.4 - 0.1 = 0.5(亿元)

$= V_{ab} - P_b - F - V_a = 5.6 - 1 - 0.1 - 4 = 0.5$(亿元)

上述并购使A公司股东获得净收益0.5亿元,B公司股东也有溢价的好处,说明该并购活动对A、B两公司都有利。

五、并购的风险分析

企业并购是一项风险很大的活动,这些风险主要包括:

(一)营运风险

营运风险是指并购企业在并购完成后,可能无法使整个企业或企业集团产生管理协同效应、经营协同效应、财务协同效应以及市场份额效应,难以实现规模经济或管理知识共享。通过并购形成的新企业或企业集团因规模过于庞大而产生规模不经济的现象也时有发生,甚至整个企业或企业集团的经营业绩都为被并购企业所拖累,从而形成营运风险,造成营运失败。

(二)信息风险

在企业并购中,信息是非常重要的,信息的充分与否决定着企业并购成本的大小。及时与真实的信息可以降低企业的并购成本,从而大大提高企业并购的成功率。这就要求并购方改善信息不对称状况,采用恰当的收购估价模型,合理确定目标企业的价值。

(三)融资风险

企业并购需要大量的资金,所以并购决策会对企业资金规模和资本结构产生重大影响。与并购相关的融资风险主要包括:资金是否及时、足额,融资方式是否适应并购动机,现金支付是否会影响企业正常的生产经营,因融资改变企业资本结构所带来的风险,杠杆收购的偿债风险等。相应地,要求并购方从资金支付方式、时间和数量上合理安排,增强杠杆收购中目标企业未来现金流量的稳定性,降低融资风险。

(四)反并购风险

并不是所有的并购活动都能得到目标企业的合作。特别是当目标企业不愿意被并购时,可能会不惜一切代价实施反并购策略,其反并购行动就会对并购企业构成相当大的风险。

(五)法律风险

由于各国出于对中小股东的保护及对垄断的担心,各国法律一般都对并购、重组有较为严格的要求。各国关于并购的法律法规一般都通过增加并购成本而提高并购难度。如我国目前的收购法规就要求:收购企业持有一家上市企业5%的股票后即必须公告并暂停买卖,以后每增减5%,还要重复该过程;持有30%股票后还必须发出全面收购要约。这套程序使得并购企业实现并购目标的收购成本增加,并购风险加大。

(六)体制风险

在我国,国有企业资本营运过程中相当一部分企业并购行为,都是由政府部门强行撮合而实现的。由于政府目标和企业目标的差别,政府对并购后的企业的经营管理和发展战略的研究不一定深入,使并购一开始就潜伏着风险,而且企业在并购中未能完全行使市场主体的权利,不属于市场行为,使企业并购偏离资产最优组合目标,例如我国 1994 年康恩贝并购凤凰案。

(七)政治风险

是指企业在并购过程中可能受到来自政府的干预、政局动荡、政策变化等方面的风险,是跨国并购面临的最大风险之一。因而,并购方应在并购前充分预测并购活动在多大程度上和政府有关、政府是否会干预并购等问题,要注意目标企业的经营管理、盈利状况在多大程度上依赖于政府行为。例如,美国石油公司的并购活动就和中东局势密切相关,其政治风险就比较高。

六、企业并购对企业收益和股票价格影响的财务分析

并购企业在评估一个可能的并购企业方案时,必须考虑并购对每股收益和每股市价等财务指标有一定的影响。

(一)企业并购对每股收益的影响

在市场经济环境下,收购行为的两大原始动力就是为了实现企业价值最大化的理财目标和增强企业市场竞争力。通过收购行为能够产生协同效应,实现战略重组,开展多元化经营,从而对企业未来收益产生重大影响。股票收购是一种收购行为,是指收购公司向目标公司的股东发行自己的股票,以换取目标公司的大部分或全部股权,以获得对目标公司的控制权。因此,股票收购可以使公司低成本地迅速进入被收购公司所在的增长较快的行业,并在很大程度上保持被收购公司的市场份额以及现有的各种资源,从而保证公司持续不断的盈利能力。但是,收购行为在不同的情况下对每股收益产生不同的影响。兹举例说明。

【例 5 – 4】 A 公司计划以发行股票的方式收购 B 公司的全部股权,收购时双方相关资料见表 5 – 4。

表 5 – 4　收购前双方的财务信息

项目	A 公司	B 公司
(1)税后利润(万元)	3 000	750
(2)普通股票股数(万股)	1 000	300
(3)每股收益 EPS = (1) / (2)(元/股)	3	2. 5
(4)每股市价(元/股)	60	30
(5)市盈率 = (4)/(3)(倍)	20	12

1. 假设两公司合并后收益能力不变的情况

假设收购后存续 A 公司的收益总额等于原 A、B 两公司收益之和,且收购公司收购后每股市价不变。则在对 B 公司的股票不同的作价下,并购行为对每股收益的影

响见表5－5。

表5－5　两公司收益能力不变时不同作价下收购后A公司的每股收益

项目＼每股作价(元)	30	40	50	54
税后利润(万元)	3 750	3 750	3 750	3 750
股票交换率	0.5	0.6667	0.8333	0.9
需增发的股票数(万股)	150	200	250	270
总股数(万股)	1 150	1 200	1 250	1 270
每股收益EPS(元/股)	3.261	3.125	3	2.953
原B公司股东的EPS(元/股)	1.63	2.083	2.5	2.657
每股市价(元/股)	60	60	60	60
市盈率(倍)	18.4	19.2	20	20.32

注：每股收益＝税后利润/发行在外普通股股数

市盈率＝每股市价/每股收益

股票交换率＝对被收购企业每股作价/收购企业每股市价

收购企业为收购需增加的股数＝收购时被收购企业股数×股票交换率

收购后存续企业(即收购企业)的总股数＝收购前收购企业的股数＋增发股数

收购后原被收购企业股东的每股收益＝收购后收购企业的每股收益×股票交换率

表5－4说明，收购时，收购企业A公司每股收益为3元，市盈率为20倍，被收购企业B公司每股收益2.5元，市盈率为12倍，两公司的市盈率存在较大的差距。表5－5说明，收购后，假定收购后存续的A公司的每股市价和盈利水平不变时，由于对B公司股票的每股作价不同，股票交换率随之不同，从而致使并购后存续A公司的每股收益有不同的变化：

(1)当对B公司股票每股作价为50元时，此时，支付给B公司的市盈率(20)等于收购前收购公司股票的市盈率，因而，收购前后A公司的每股收益保持不变，收购后原B公司的一股股票相当于现持有0.8 333的A公司股票，对原B公司股东而言，收购后的每股收益相当于0.8 333×3＝2.5元，与收购前相同。

(2)当每股作价低于50元时，如为30元和40元时，在此情况下，支付给B公司的市盈率(18.4和19.2)低于收购前收购公司股票的市盈率(20)，收购后存续的A公司股票的每股收益则会上升，收购后原B公司股东的每股收益则会下降。

(3)当每股作价高于50元时，如为54元时，在此情况下，支付给B公司的市盈率(20.32)高于收购前收购公司股票的市盈率(20)，收购后存续的A公司股票的每股收益则会被稀释，而收购后原B公司股东的每股收益则会上升。

由上我们可以归纳为以下几点：(1)在收购公司股票市价和盈利总水平不变的情况下，根据公式每股收益＝每股市价/市盈率可知，收购后存续公司的每股收益可能增加也可能减少，这取决于收购行为对收购公司的市盈率的影响以及随之而产生的对被收购公司的每股作价的高低；(2)任何时候，只要支付给被收购公司的市盈率高于收购公司的市盈率，则收购公司的每股收益就要被稀释；反之亦然。

2. 假设股票收购后,预期未来收益增加的情况

近年来,对收购的实证研究表明,收购方通常以高于被收购方市价 30% 甚至高达 80% 的价格收购公司,股票交换率就会很高,收购方为收购公司而增加发行的股票就多,收购后收购方的总股数就多,如果收购后两公司的收益能力不变,就可能造成每股收益的稀释,那么,仅从每股收益的角度来作出收购决策的话,任何公司都不会收购其他公司。然而,这种决策并没有考虑到由收购公司带来的协同效应会使预期未来收益增加的可能性:收购的最初阶段,相对于不收购而言,收购行为可能会使每股收益稀释。然而,由于收购带来巨大的协同效应,会使企业增加预期未来收益,从而使每股收益上升。

续上例,假设 A 公司按每股作价 54 元收购 B 公司后,收购后 A 公司的每股市价不变,收购产生的协同效应使预期未来收益增加,从而使每股收益增加的不同情况(见表 5 –6)。

表 5 –6　收购后 A 公司在不同的预期未来收益增加额下的每股收益

项目 \ 增加收益(万元)	0	60	250	500
税后利润(万元)	3 750	3 810	4 000	4 250
总股数(万股)	1 270	1 270	1 270	1 270
每股收益(元/股)	2. 953	3	3. 15	3. 346

表 5 –6 说明,A 公司对 B 公司的股票每股作价 54 元收购后,在最初阶段,收益能力保持不变,仍为 3 750 万元时,每股收益为 2. 953 元/股,低于收购前的 EPS(3 元/股);随后,并购产生协同效应,使存续的 A 公司收益能力增加,假设收益增加 60 万元时,每股收益为 3 元/股,和收购前每股收益相同;假设收益增加额大于 60 万元时,(如增加 250 万元或 500 万元)时,都会使收购后的每股收益上升;反之,假设收益增加额小于 60 万元时,则每股收益将会被稀释,而这种情况仅发生在并购后的最初阶段。故有结论:收购行为并不总是造成每股收益的下降,每股收益的稀释一般只发生在并购后的最初阶段,协同效应会引起每股收益的上升。

(二)企业并购对股票市场价值的影响

公开上市的股票价格反映了众多投资者对其内在价值的判断,它可反映该企业的盈利能力、股利、企业风险、资本结构、资产价值等因素,因而,在收购过程中,每股市价的交换比率成为收购谈判的重点。股票市价的交换比率的公式为:

股价交换比率 = 对被收购公司每股作价/对被收购公司每股市价

= 收购公司每股市价 × 股票交换率/被收购公司每股市价

该比率体现了是否溢价并购,该比率通常大于 1。若该比率大于 1,表示收购对被收购公司有利,公司因被并购而获利;而若该比率小于 1,则表示被收购公司因此而遭受损失。

续前例,收购公司 A 公司和被收购公司 B 公司的有关财务信息见表 5 –4。假设收购后收购公司市盈率和盈利能力均保持不变,在不同的股价交换率下,收购后收购公司股票市价的变化情况见表5-7。

表5-7　收购后A公司在不同股价交换率下的每股市价

股票交换率	0.5	0.6667	0.8333
对B公司每股作价(元/股)	30	40	50
股价交换率	1	1.333	1.667
收购后总收益(万元)	3 750	3 750	3 750
收购后股票总数(万股)	1 150	1 200	1 250
每股收益(元/股)	3.261	3.125	3
市盈率(倍)	20	20	20
每股市价(元/股)	65.22	62.5	60

注:对B公司每股作价=A公司每股市价×股票交换率。

表5-7说明,在不同的股价交换率下,收购后收购公司股票市价的变化情况:(1)当股票交换率为0.5,即股价交换率为1时,如果收购后,收购公司的股票市价保持在或者高于60元,则就市价而言,收购双方的股东都未受到任何损失,但这对被收购公司而言毫无吸引力,因为此时收购公司没有溢价并购,即没有提供高于目标企业股东希望支付的市价交换股票;(2)假设股票交换率为0.6667,即股价交换率为1.333时,这说明被收购公司的股东原来持有的每股市价为30元的股票可换来价值为40元的股票。显然,从市价角度来看,目标企业的股东是收益者。收购公司将发行200万股股票给被收购公司的股东。如果收购后公司股票的市盈率仍保持在20的水平上,假设其他条件不变,收购后收购公司的每股市价为62.5元,可见,收购公司的股东也是收益者;(3)当股票交换率为0.8333,即股价交换率为1.667时,仅从市价角度来看,收购后收购公司的每股市价保持不变,被收购公司股东比收购公司股东获得更大的收益。这些分析说明,股价交换率在大于1、小于1.667的区间内,对于收购双方而言是"双赢"的局面。

总之,收购行为并不一定引起每股市价的下降。只要被收购公司的每股作价大于其每股市价(即股价交换率大于1),被收购公司的股东就在每股市价方面获得收益;同时,只要收购双方的市盈率存在差距,且收购公司的市盈率高于被收购公司的市盈率,尽管按大于1的股价交换比率进行溢价收购,每股收益还有可能立即得以提高,关键因素是收购后收购公司的市盈率变化。如果市盈率维持不变,则收购公司的每股市价就会上升,使其股东受益。

【本章小结】

本章对公司并购的含义、类别、并购动因、财务规划等问题进行了阐述与分析。企业并购是指兼并或合并与收购或收买的合称,泛指在市场机制作用下一家企业以一定的代价和成本(如现金、股权等)来取得另一家或几家独立企业的控制权和全部或部分资产所有权的而进行的产权交易活动。企业并购类型很多,可按照并购双方的行业关系、是否友好、并购实现方式、所涉及目标企业的范围、并购支付资金来源以及并购目的等标准进行划分。

对于公司并购产生的经济动因,理论界对企业并购动机作出了不同的理论解释,形成了不同的学派,主要有效率理论、交易费用理论、市场势力理论、价值低估理论、代理成本理论、战略发展和调整理论、信号传递理论、自由现金流量理论、税负利益理论等,分别从不同角度进行了解释。

企业并购活动是一项不确定性的投资活动,其目的就是为了增加企业价值,企业并购的财务分析主要包括以下几个方面:并购筹资规划、目标企业的价值评估、并购支付方式选择、并购活动的成本效益分析、并购活动对每股收益及每股市价的影响分析以及并购风险分析等。企业并购的资金筹措方式主要有企业内部留存、增资扩股、金融机构信贷、发行企业债券、卖方融资等,有些可单独运用,有些则可组合运用,应视并购双方的具体情况而定。对目标企业的价值评估是并购决策的核心问题,可以为并购是否可行提供价格基础,也是企业并购中确定并购支付成本的主要依据之一。主要描述了资产基础法、相对价值法(市盈率法)、现金流量折现法、经济利润模型等方法的原理及应用,但是每一种估值方法都有其自身的适用条件和假设前提,侧重价值的不同方面,因此,需要根据评估的特定目的、评估时的市场条件以及被评估对象的资产功能和条件状态来选择合适的评估方法,主要介绍了财务型并购和战略型并购中的目标公司定价方法选择。企业并购可采用现金支付、债券支付和股票支付的方式,选择何种支付方式,需要结合并购双方的成本和并购方的企业风险综合考虑。企业并购的成本主要包括并购完成成本、并购整合成本、并购退出成本和并购机会成本等,在一般情况下,并购是共赢的局面:对于并购方而言,并购净收益应大于零;对于目标企业而言,并购溢价应大于零。并购时还要注意防范可能会面临的营运风险、信息风险、融资风险、反并购风险、法律风险、体制风险等风险。

【复习思考题】

一、单项选择题

1. 康佳集团以“合资控股”的方式并购了牡丹江电视机厂等,这种并购方式属于(　　)。

A. 横向并购　　B. 纵向并购

C. 混合并购　　D. 一体化并购

2. 下列评价方法中的(　　)是着眼于资产的未来收益能力的。

A. 重置成本法　　B. 账面价值法

C. 现行市价法　　D. 未来现金流量现值法

3. 并购方可以获得大量财务杠杆利益的并购价格支付方式是(　　)。

A. 现金支付方式　　B. 杠杆收购

C. 换股支付方式　　D. 卖方融资

4. 若通过收购股权而使收购方成为被收购方的股东,此时收购方应(　　)。

A. 承担被收购企业的债权

B. 承担被收购企业的债务

C. 不承担被收购企业的债权和债务

D. 承担被收购企业的债权和债务

5. 如果并购后的公司价值超过合并前各公司价值的简单代数和，可以解释这种合并动因的是(　　)。

A. 信号传递理论　　B. 代理理论

C. 协同效应理论　　D. 交易费用理论

6. 关于股价交换比率的正确说法是(　　)。

A. 该比率大于1表示收购对被收购公司有利

B. 该比率小于1表示收购对被收购公司有利

C. 该比率大于1表示被收购公司会因此遭受损失

D. 该比率通常小于1

7. 认为并购行为发生的主要原因在于节约交易费用的理论是(　　)。

A. 信号传递理论　　B. 代理理论

C. 协同效应理论　　D. 交易费用理论

8. 采用下列方法对被并购企业价值评估时，确定了并购企业所愿接受的最高价格的是(　　)。

A. 资产价值基础法　　B. 贴现现金流量法

C. 市盈率模型法　　D. 股票市场价值法

二、多项选择题

1. 按照并购的实现方式，将并购划分为(　　)。

A. 善意并购　　B. 股权交易式并购

C. 承担债务式并购　　D. 现金购买式并购

2. 以下属于并购风险的是(　　)。

A. 信息风险　　B. 反收购风险

C. 营运风险　　D. 融资风险

3. 以下属于公司并购成本的是(　　)。

A. 并购完成成本　　B. 整合与营运成本

C. 并购机会成本　　D. 并购退出成本

4. 按照并购行为的目的，可以将并购划分为(　　)。

A. 善意并购　　B. 财务型并购

C. 承担债务式并购　　D. 战略型并购

5. 关于股票交换率的正确说法是(　　)。

A. 该比率等于0.5表示被收购公司原来股东的每1股股票可以置换到收购公司的0.5股股票

B. 该比率等于0.5表示被收购公司原来股东的每0.5股股票可以置换到收购公司的1股股票

C. 对被收购企业每股作价越高,该比率越小

D. 该比率越大则股权置换收购时需要增发收购公司的股票越多

三、判断题

1. 相比较敌意并购,善意并购更有利于降低并购风险且需要较短的协商时间。 ( )

2. 对被收购企业每股作价越高,则其股票交换率越大。 ( )

3. 采用股权交易式并购虽然可以减少并购企业的现金支出,但可能会稀释并购企业的股权结构。 ( )

4. 管理层收购实现了所有权与经营权的分离。 ( )

5. 杠杆收购与非杠杆收购的最主要区别是是否利用了财务杠杆效应。 ( )

6. 股权置换收购行为一定会稀释收购公司的每股收益。 ( )

四、名词解释

1. 横向并购　2. 纵向并购　3. 混合并购

4. 承担债务式并购　5. 股权交易式并购　6. 杠杆并购

7. 管理层收购　8. 相对价值法　9. 非杠杆并购

五、简答题

1. 企业并购的动机有哪些?列举几个并购动机理论。

2. 杠杆并购、管理层收购和非杠杆并购之间有什么关系?

3. 公司并购的资金筹措方式有哪些?

4. 对目标企业的估价方法有哪几种?各自有哪些优缺点?适用性如何?

5. 简要介绍企业并购的一般程序。

6. 公司并购支付方式有哪些?并购支付方式决策时的影响因素主要有哪些?

7. 公司并购可能面临着哪些风险?

8. 企业并购成本的构成有哪些?

六、计算题

1. A 公司拟横向兼并同行业的 B 公司,假设双方公司的长期负债利率均为 10%,所得税税率均为 40%,按照 A 公司现行会计政策对 B 公司的财务数据进行调整后,双方的基本情况如下:

表:A、B 公司 2006 年 12 月 31 日的简化资产负债表

资产	A 公司	B 公司	负债与股东权益	A 公司	B 公司
流动资产	1 500	500	流动负债	500	250
			长期负债	500	100
长期资产	1 000	250	股东权益		
			股本	1 000	300
			留存收益	500	100
			股东权益合计	1 500	400
资产总计	2 500	750	负债与股东权益合计	2 500	750

表：A、B 公司 2006 年度的经营业绩及其他指标　　单位：万元

指标	A 公司	B 公司
2000 年度经营业绩：		
息税前利润	350	60
减：利息	50	10
税前利润	350	50
减：所得税	150	25
税后利润	150	25
其他指标：		
资本收益率 = 息税前利润/（长期负债 + 股东权益）	17.5%	12%
利润增长率	20%	14%
近三年的平均利润		
税前	125	44
税后	63	22
市盈率	18	12

由于并购双方处于同一行业，从并购企业角度出发，A 公司可以选择其自身的市盈率为标准市盈率。在此基础上，若选用不同的估价收益指标（B 公司最近一年税后利润、最近三年平均税后利润、获得 A 公司的资本收益率、获得 A 公司的盈利增长水平），分别运用公式计算目标企业的价值。

2. 假定甲公司拟在 2011 年初收购目标企业乙公司。经测算收购后有 6 年的自由现金流量。2010 年乙公司的销售额为 150 万元，收购后前 5 年的销售额每年增长 50 万元，第 6 年的销售额保持第 5 年的水平。销售税前利润率为 20%，公司所得税税率为 40%，固定资本增长率和营运资本增长占销售额增长的百分率分别为 10% 和 4%，加权资本成本为 11%。求目标企业的价值。

[已知（P/F，11%，1）= 0.901；（P/F，11%，2）= 0.812；（P/F，11%，3）= 0.731；（P/F，11%，4）= 0.659；（P/F，11%，5）= 0.593；（P/F，11%，6）= 0.535]

3. A 公司为上市公司，从事彩电显像管的生产。2010 年，A 公司计划进一步扩大生产经营规模，往手机芯片制造行业发展，并准备采用并购方式实现这一计划。并购计划的目标对象是 B 公司，该公司拥有一项手机芯片的关键技术。

并购预案：A 公司准备收购 B 公司的全部股权。A 公司的估计价值为 10 亿元，并购完成后，B 公司将不存在，经过整合，新成立的 C 公司价值将达到 16 亿元。B 公司要求的股权转让出价为 4.1 亿元。A 公司预计在收购价款外，还要为会计师费、评估费、律师费、职工安置等收购交易费用支出 1 亿元。

预计 B 公司未来每年现金流量为 0.3 亿元，折现率为 10%，预测期限是 5 年。

要求：用现金流量贴现法确定 B 公司的价值，并从财务角度分析并购的可行性。

附表：

n / i=10%	1	2	3	4	5	6	7
(P/A,i,n)	0.9091	1.7355	2.4869	3.1699	3.7908	4.3553	4.8684
(P/F,i,n)	0.9091	0.8264	0.7513	0.6830	0.6209	0.5645	0.5132

4. A公司、B公司和C公司为国内某家电产品的三家主要生产商。该种家电产品的市场价格竞争比较激烈。B公司与C公司同在一省，A公司在另外一省；A公司和C公司规模较大，市场占有率和知名度高，营销和管理水平也较高。B公司规模较小，资金上存在一定问题，销售渠道不足。但是，B公司拥有一项该种家电的关键技术，而且是未来该种家电的发展方向，需要投入资金扩大规模和开拓市场。A公司财务状况良好，资金充足，是银行比较信赖的企业，其管理层的战略目标是发展成为行业的主导企业，在市场份额和技术上取得优势地位。2009年度，在得知C公司有意收购B公司后，A公司开始积极筹备并购B公司。

并购预案：A公司准备收购B公司的全部股权。A公司的估计价值为10亿元，A公司收购B公司后，两家公司经过整合，价值将达到16亿元。B公司要求的股权转让出价为4亿元。A公司预计在收购价款外，还要为会计师费、评估费、律师费、财务顾问费、职工安置、解决债务纠纷等收购交易费用支出1.2亿元。

B公司的盈利能力和市盈率指标：2001年至2003年税后利润分别为1 200万元、1 500万元和1 800万元。B公司所处行业的平均市盈率为20。

要求：(1)A公司运用市盈率模型法（收益指标选择目标企业最近三年利润的平均值，市盈率指标选择目标企业所处行业的平均市盈率）分析计算B公司的价值。

(2)A公司根据B公司价值和并购价值，分析并购的可行性，作出是否并购的判断。

【案例分析】

中远——众诚并购案

一、并购案例背景

中远集团，全称中国远洋运输（集团）公司（COSCO），其前身为成立于1961年的中国远洋运输集团，系国有大型企业集团。航运业是集团的核心业务。目前公司拥有600余艘船，1 700万载重吨，在世界主要的航运企业名列第三。中远集团的集装箱船队在世界上名列第四，1996年中远的集装箱运输量超过320万TEV。中远的规模及占国内运输市场的规模较其主要国内竞争对手均是占有压倒性的优势。中远在拓展航运业务的同时，将其业务向综合物流、多式联运的方向发展。在港口和仓储方面，中远在国内上海、宁波、蛇口盐田港码头拥有大量投资，目前正在参与江苏太仓港的开发；在香港，通过控股的中远太平洋（联交所上市公司）和香港国际码头有限公司合资经营8号集装箱码头；在日本神户码头拥有投资，并准备参与美国长江流港的建设。

中远集团在取得辉煌成就的同时，其业务发展也开始面临激烈的竞争和挑战。虽然中国经济和对外贸易的快速增长为海运业提供了良好的市场机遇，但是随着海运市场的对外开放，中远集团面临激烈的市场竞争。这种竞争自1995年国际主要海运公司将其干线班轮直接停靠上海、盐田等中国港口后体现得更加明显，并导致了中远集团在集装箱运输市场份额的下降和1996年经营效益的滑坡。

为了克服在竞争中遇到的困难，中远集团提出了下海·登陆·上天的新发展战略，将公司从航运企业向综合性物流企业方面过渡，并着重将房地产产业作为集团多元化拓展的重点。

在中远登陆战略部署中，在上海建立桥头堡是极为重要的一环。上海不仅是国际贸易和金融中心，而且还日益成为国际航运中心。近年来上海港国际集装箱运输发展迅速，年增长率连续7年达到25Ok以上，并且从去年开始试运行国际集装箱转运业务，今年上半年力度加大，不久正式启动，已有七八家境外班轮公司明确表示将在其他港口的第三国转运业务转移到上海港来。国际集装箱转运业务再加上以后浦东跨国公司的进一步壮大将极大地促进上海集装箱吞吐量的进一步增大，上海将成为国际集装箱的枢纽。上海作为我国最大的港口城市，建成航运中心，对我国航运界会有重要影响，它不仅会使集装箱的运输量迅速增长，而且还会带动与此相关的仓储的大力发展。对此，国内外航运企业都反响强烈。作为航界巨子的中远早就有进军上海的计划，在目前上海国际航运中心地位日益突出以及竞争对手纷纷抢滩的情况下，自然不甘落后。同时，中远在长江中下游的仓储业务的发展也要求中远在上海有一个地区指挥总部。因此，在中远的战略部署中，决定在上海采取一系列大动作来建造好桥头堡，其中的重要一环，就是建立资本市场支撑点和通道，使之成为以后在上海开展货运、仓储及其他陆上业务的基地。

上海众城实业股份有限公司是于1991年10月28日在浦东地区成立的第一批股份制企业之一，公司于1991年发行人民币普通股，1993年4月7日股票在上海证券交易所挂牌上市，众城实业以房产开发、经营为主，集餐饮、娱乐、商贸为一体。目前公司总股本1.68亿股，发起人持股1.23亿股，公众受让持股612万股，已流通A股3024万股。

二、并购过程

1. 准备阶段：1996年年底—1997年

中远集团从1996年就着手收购国内的上市公司，1996年年底与上海亚洲商务投资咨询公司接触，双方决定合作。作为收购方的财务顾问，亚商首先考虑的是收购方式和收购对象，并对国内上市公司进行了严格筛选，确定了几家合适的目标公司，中远和亚商对这些候选公司进行严格分析、论证，和这些公司的管理层初步接触。在此期间，中远和亚商多次向上海市有关政府部门就购并上市公司进行咨询。

中远集团是一个庞大的企业集团，究竟把哪一家下属企业作为收购主体也是经过了多次的讨论。最后于1月底中远决定在上海专门成立一家企业作为收购主体，至此收购的步伐已逐步加快。1997年3月27日，本次收购的主体公司——中远（上海）置业有限公司在上海成立。这时经过中远和亚商的多次协商分析,最终确定了收购对象上海众城实业股份有限公司。

2. 收购阶段:1997 年 4 月—1997 年 10 月

从 1997 年 3 月下旬至 5 月,中远与众城实业的主要大股东就股份转让进行了多轮谈判。

1997 年 5 月 27 日,中远置业与上海建行分行第二营业部及上海国际信托投资公司正式签署股权转让协议,中远置业一次性受让众城实业发起人国有法人股共 4834. 4265 万股,每股转让价格为 3 元,总共耗资 1. 45 亿元。中远置业持有众城实业 28. 7% 的股份,成为其第一大股东。

1997 年 7 月 15 日,众城实业召开了第三届董事会第五次会议,改选、调整了董事、监事和总经理。

1997 年 8 月 18 日,众城在上海远洋宾馆召开了该公司临时股东大会,按法定程序选举中远集团总经济师李建红为众城实业董事长,纪委书记王富田先生为公司监事长,标志着中远集团已实质性地掌握了该上市公司的控制权。

1997 年 10 月,中远(上海)置业发展有限公司分别与上海陆家嘴金融贸易区开发股份有限公司和中房上海房地产开发总公司签署协议,一次性受让总共占众城实业总股本 39. 67% 的发起人法人股。至此中远置业共持有众城实业 68. 37% 的股权,成为其绝对控股方。

3. 整合阶段:1997 年 7 月—1997 年年底

1997 年 7 月 15 日中远向众城派驻董事后,就开始对众城实业的资产重组进行规划研究。在此过程中,亚商继续为中远提供财务顾问服务。1997 年 10 月 26 日众城实业召开董事会全体会议,通过调整董事,准备把公司名称冠以中远字样,准备在年内按 10:3 公积金转增股本的方案,并披露把众城实业下属合资子公司東上海众城外高桥发展有限公司(净资产评估为 3088. 92 万元)按 4633. 39 万元整体转让给中远(上海)置业发展有限公司。

1997 年 11 月 5 日众城实业董事会决定把众城大酒店、众城俱乐部分别按 1825. 8 万元和 2100. 6 万元转让给中远酒店物业管理有限公司,把上海众城超市公司按 100 万元转让给上海远洋船舶供应公司。

1997 年 12 月 5 日公司召开临时股东大会,通过以下重要事项:(1)拟将公司名称改为中远发展股份有限公司或中远投资股份有限公司,将行业类别由原来的房地产类调整为综合类。(2)在年底之前用资本公积金向全体股东以 10:3 的比例转增股本。(3)同意把众城外高桥发展有限公司整体转让给中远(上海)置业公司;把众城大酒店转让给中远房地产开发公司和中远酒店物业管理有限公司;把众城俱乐部转让给中远房地产开发公司和中远酒店物业管理有限公司;把众城超市公司转让给上海远洋船舶供应公司。(4)决定与上海远洋广场置业发展有限公司共同合作成立上海众城花苑房产开发有限公司,双方各按 50% 比例投资,共同开发众城花苑房产项目。

1998 年 2 月 9 日,众城实业公布 1997 年年报,公司经营状况极大改善,主营业务收入达2.44亿元,每股收益为0.48元,净资产收益率为23.78%。

分析:财务顾问在本案中的作用及并购整合技巧。

【参考文献及阅读资料】

1. 杨雄胜:《高级财务管理》(第二版),东北财经大学出版社,2009年2月。

2. 张鸣:《高级财务管理》(第二版),上海财经大学出版社,2010年5月。

3. [美]达蒙德理著,张志强等译:《价值评估:证券分析、投资评估与公司理财》,北京大学出版社,2003年。

4. 刘梦岩,马长海,王建中:《并购中目标企业价值评估方法及选择》,河北农业大学学报,2002(3):58-59。

5. 肖宇,郭明曦:《企业并购中的财务风险及其防范》,生产力研究,2008(6):130-132。

6. Dev Strichek. How to Determine the Value of A. Firm[J]. Management Accounting, January (1983). pp. 42 - 491.

7. Enrique R. Arzac. Valuation for mergers, buyouts, and restructuring, J. Wiley, c2005.

第六章　公司重组和清算财务管理

【学习目的与要求】

对于深陷财务危机仍有转机的公司而言，公司重组是使企业得以维持和复兴的做法。对于深陷财务危机却没有任何转机的公司而言，破产清算则是其解脱财务危机的最好办法。本章拟对公司重组和公司清算的含义、类型、程序等进行分析与探讨。通过本章的学习，要求：

【了解】　企业重组与清算财务管理应遵循的原则，企业清算的分类，公司财务重组的类型。

【理解】　破产、重整和清算的含义以及这三者之间的关系；正式财务重组和非正式财务重组的含义、优缺点、条件及其区别。

【掌握】　正式财务重组和非正式财务重组的程序；企业清算中的若干财务问题；破产清算的程序；破产清算财务管理实务计算。

【重点与难点】

1. 破产、重整和清算的含义。
2. 正式财务重组和非正式财务重组优缺点的比较。
3. 重整的程序、和解的程序及其主要区别。
4. 破产清算的程序。
5. 破产清算财务管理实务，尤其是破产财产、破产债权的确认和分配。

第一节　公司重组和清算概述

公司重组是对陷入财务危机但仍有转机和重建价值的企业根据一定程序进行重新整合，使企业得以维持和复兴的做法。通过这种抢救使濒临破产的企业重新振作起来，摆脱破产厄运，走上继续发展之路。而公司清算的重要功能在于将资源配置到使用效率更高、效益更好的单位，从而实现整个社会资源配置的优化。由于受到内外因素的影响，公司财务危机时有发生，如果重组价值大于清算价值，那么就通过实施重组对企业重整以振兴企业；如果清算价值大于重组价值，就通过实施破产清算重新配置社会资源。本章主要介绍公司重组和公司清算的含义、类型、程序以及需要解决的财务问题。

一、重组、破产、清算

（一）重组

重组也称为公司改组，是指公司出于自身盈利的动机对公司现有的资源要素（包括人、财、物三方面），在公平互利的基础上，通过一定方式进行再配置，实现要素在公司间的流动和组合的公司行为。我国有关法规对重组或改组尚无明确的定义。美国颇有影响的《柯勒会计师词典》对此有三种解释：一是一家公司或集团公司财务结构发生重大变化，从而使股东和债权人的利益有所变更；二是管理人员的调整或变动；三是经营方针、生产方法或交易方法的重大变动。对照上述解释，公司收购兼并（购并），国有企业改制为股份有限公司，原集体所有制的乡镇企业改制为经营者控股经营的民营企业，公司因经营管理不善导致更换大股东和管理层等，均属于重组行为。

广义的企业重组，按照重组方式划分为：一是资本扩张，表现为合并、收购、上市扩股、合资等；二是资本收缩，具体有资产剥离或资产出售、公司分立、分拆上市、股票回购等方式；三是资本重整，包括改组改制、股权置换或资产置换、国有股减持、管理层收购（MBO）、职工持股基金（ESOP）等方式；四是表外资本经营，即不在报表上反映的、但将导致控制权变化的行为，具体包括托管、战略联盟等形式。按照重组的内容划分为产权重组、产业重组、组织结构重组、管理重组、债务重组。按照企业重组的具体项目划分为股权重组、债务重组、资产重组、业务重组、人员重组、管理体制重组等。

重组既可能发生在经营良好的转制公司，如许多国有公司改制为股份有限公司；也可能发生在经营管理不善的财务困难公司，如国内著名的郑百文重组，以及其他一些ST公司的重组。重组不仅可能导致大股东的换手，高层管理人员的更迭，还可能包含债务重组和大规模的资产置换。对于处于财务困境的公司而言，公司重组与《破产法》中的和解与重整的概念类似。本章讨论的公司重组仅指财务困难公司的重组，即财务危机下的公司重组（和解与重整）。和解是由债务人企业向人民法院申请，并提出和解协议草案，经债权人会议（或债权人委员会）讨论，就公司延期清偿债务的期限、减免部分债务等问题达成协议，经人民法院认可后，债务人企业按协议规定的条件清偿债务。重整就是指债务人企业或者债权人向人民法院申请，提出重整计划草案，经债权人会议表决通过后，对该公司的产品结构、经营管理、组织机构等进行调整，使公司能够在规定期限内，扭亏为盈，以清偿债权人的债务。

（二）破产

广义上讲，破产是指企业因经营管理不善等原因而造成不能清偿到期债务时，按照一定程序，采取一定方式，使其债务得以解脱的经济事件。以此定义为基础，在财务管理中，公司破产可分为：

1. 技术性破产。技术性破产又称为技术性无力偿债，是指由于财务管理技术的失误，造成企业不能偿还到期债务的现象。此时企业主要表现为缺乏流动性，变现能力差，但盈利能力可能还比较好，财务基础也比较健全。无力偿债可能主要是因为公司财务政策上的某些偏差造成的，如债务利用过多、债务结构欠合理等。此时若能采取有效的补救措施，会很快渡过难关；但如果处理不好，会造成法律上的破产。

2. 事实性的破产。事实性的破产又称为破产性的无力偿债，是指企业因经营管理不善等原因而造成连年亏损、资不抵债的现象。这种性质的破产使公司的全部债务都难以偿还，如果不设法进行挽救，就只能转入清算。

3. 法律性的破产。法律上的破产是指债务人因不能偿还到期债务而被法院宣告破产。这种性质的破产强调对债务人的破产宣告是由法院依法律上的标准进行的，而对公司破产前的财务基础以及破产清算后债务人实际能否清偿全部到期债务则不加考虑。

狭义的破产只是指法律性的破产，即债务人公司不能清偿到期债务，经破产申请人申请，由法院依法强制执行其全部财产，公平清偿所欠全体债权人债务的经济事件。本章中未作特殊说明的破产均指法律上的破产。

在我国经济法中，破产是在债务人不能清偿到期债务时，由法院强制执行其全部财产，公平清偿全体债权人，或者在法院监督下，由债务人与债权人会议（或债权人委员会）达成和解协议，重整、复苏公司，清偿债务，避免倒闭清算的法律制度。显然，经济法将破产定义为一套在一定条件下有法院参与、强制性地规范债务人与债权人债务关系的法律制度。

（三）清算

1. 定义

清算是指在公司终止过程中，为保护债权人、所有者等利益相关者的合法权益，依法对公司财产、债务等进行清理、变卖，以终止其经营活动，并以法取消其法人资格的行为。从经济学角度来看，公司清算的重要功能在于将资源配置到使用效率更高、效益更好的单位，从而实现整个社会资源配置的优化。

2. 类型

清算按其原因可划分为破产清算和解散清算。

根据我国《公司法》规定，破产清算的主要原因是公司经营管理不善造成严重亏损，不能偿还到期债务而必须进行的清算。其情形有两点：一是公司的负债总额大于其资产总额，事实上已经不能支付到期债务；二是虽然公司的资产总额大于其负债总额，但因缺少偿付到期债务的现金资产，未能偿还到期债务，被迫依法宣告破产。

根据我国《公司法》规定，解散清算的主要原因有：

（1）公司章程规定的营业期限届满或公司章程规定的其他解散事由出现（如经营目的已达到而不须继续经营，或目的无法达到且公司无发展前途等）；

（2）公司的股东会或者股东大会决议解散；

（3）因公司合并或者分立需要解散；

（4）公司违反法律或者从事其他危害社会公众利益的活动而依法被吊销营业执照、责令关闭或者被撤销；

（5）公司经营管理发生严重困难，继续存续会使股东利益受到重大损失，通过其他途径不能解决的，持有公司全部股东表决权百分之十以上的股东请求人民法院解散公司，人民法院予以解散。

（四）重组、破产、清算的关系

债务公司若无法从内部解决其财务困难，可以通过与债权人直接协商而获得救济，即债务重组或公司重组，也可以向人民法院提出自愿性破产申请，或者由债权人向人民法院提出强制性破产申请，即进入破产清算程序。

一个已达破产界限的公司能否继续存在，将取决于公司的重组价值是否大于清算价值。如果公司在可预见的未来具有较高的发展前景，且其重组价值大于清算价值，则债权人就认为该公司值得重组，以使其通过重组而继续生存下去；否则，公司将被迫转入清算。可见，重组与清算是广义破产的两个完全相反的极端，因此，通常所说的破产财务管理包括公司重组财务管理和公司清算财务管理。公司重组与清算基本结构如图6－1所示。

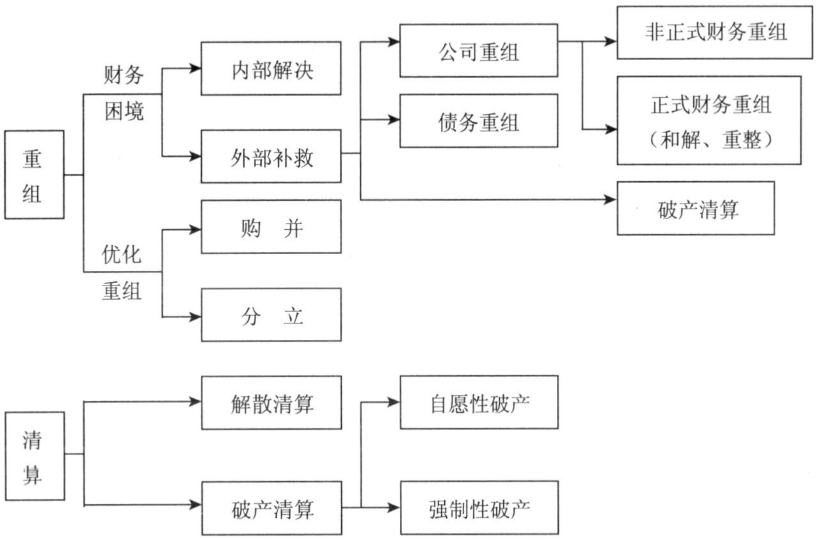

图6－1　重组与清算基本结构图

但公司重组和破产是不同的经济事件，二者有以下几点区别值得注意：

1. 前提条件不同。只要企业陷入财务危机，无力清偿到期债务，企业就可根据实际情况进行重组。虽然企业破产必须符合法律规定的破产界限，但并非达到破产界限的企业就必须破产。

2. 目的不同。企业重组的目的是在企业面临可能破产危险时，设法避免出现这种结果，维持企业的生存，保护所有者（股东）、债权人及职工的利益，使企业重新恢复生机。企业破产是企业无法清偿到期债务，为保护债权人的利益，不得不清算企业的破产财产，并将其依破产清偿顺序偿还给债权人，最终解散企业。它主要是从全体债权人利益出发的。

3. 执行机构不同。企业重组的执行机构是企业或其上级主管部门，并接受债权人会议(或债权人委员会)或法院的监督;企业破产的执行机构是在法院指导下成立的清算组或者指定的管理人。

二、公司重组与清算财务管理的原则

(一)效益性原则

企业重组与清算财务管理过程中要始终遵循效益原则。如作重组与清算的财务决策时,首先要比较企业的重组价值与清算价值。重组价值是指企业通过重整、重组后所恢复的价值,而清算价值则指依企业使用的资本资产专门化程度所确定的价值,包括该资产的变现价值,以及在清算过程中所发生的资产清理费用及法律费用。通常,以重组价值大于清算价值作为重组优先考虑的条件。在重组与清算过程中,也要注意费用支出的节约,追求财产净现值最大化。

(二)公正性原则

公正性原则是指在重组与清算过程中,要对所有的债权人一视同仁,按照法律和财产合同上规定的先后顺序,对各债权人的求偿权予以确认和清偿。而不能违背法律,为一个或几个债权人的利益而损害其他债权人的利益。在现实生活中,一个企业的债权人往往不止一个,破产法要保护所有债权人的合法权益,公正性原则就是要保证各债权人能公平分配破产企业的财产。

(三)可行性原则

可行性原则是指在企业重组过程中,必须具备相应的条件,如果不具备相应条件,则认为是不可行的。企业重组对债务人、债权人、客观的经济环境都有一定的要求。必须依据实际情况确定重组的可行性,制定科学的重组方案。重组是否可行的一个基本判别标准,就是达到破产界限的企业经过和解和重整以后,是否能按和解协议清偿债务。如果它能按时清偿债务,则认为和解与重整可行,否则就认为不可行,应通过破产清算来加以解决。

(四)合法性原则

重组与清算财务管理不仅需要财务方面的技术与方法,而且需要更多的法律知识。在重组与清算过程中,许多程序与步骤都是法律直接加以限制的,所以必须依法办事,以法律为准绳来做好重组与清算工作。例如,管理人的指定,对各种破产财产、破产债权的界定与确认,对破产费用的支付和管理,对各种债权的清偿,都要按破产法和有关法律处理。

第二节 公司重组财务管理

如果从本章讨论范畴即财务危机下的重组看来,公司财务重组按是否通过法律程序分为非正式财务重组(Informal Reorganization)和正式财务重组(Formal Reorganization)两种。

财务重组是人民法院依法裁定宣告企业破产之前的一种重要程序,又称为预防性破产程序。不管是正式财务重组,还是非正式财务重组,其实质都是为了充分利用一切机会和可能,挽救尚有可能复苏的企业,它虽然不是任何企业破产都必须经过的程序,但对于挽救有可能免于破产的企业具有十分重要的作用。一是财务重组可减少债权人和股东的损失;二是对于已达到破产界限的企业来说,财务重组可给企业背水一战、争取生存的最后机会;三是对于整个社会而言,能尽量减少社会财富的损失和因破产而失业的人口的数量。但是,对于缺乏必要的生产经营条件,长期经营不善,亏损严重的企业,没有必要重组的,可以不经过和解与重组程序,而由人民法院按照法律规定的程序依法宣告破产。

一、公司非正式财务重组和正式财务重组

(一)非正式财务重组

1. 非正式财务重组的含义

非正式财务重组是指债务人企业与债权人达成自愿协议进行的重组。如果债务人企业只是面临暂时性的财务困难,属于技术性无偿债能力,而且能够恢复和偿还债务的前景比较乐观,债权人通常都愿意私下和解,帮助企业恢复和重新建立较坚实的财务基础,而不通过法律程序来进行处理。因此,非正式财务重组也叫做自愿性和解与整顿。

2. 非正式财务重组的条件

非正式财务重组一般不通过法律程序,因此采用这种方式清偿债务,债务人和债权人通常都需要具备一定的条件。

债务人企业应具备的条件主要包括:①债务人必须有良好的道德风尚。这就要求债务人在和解与重整过程中,不能欺骗债权人,不得非法变卖企业财产而损害债权人的利益;当重组初见成效时,应按和解协议的规定,及时清偿债务。可见,道德因素在自愿性和解与重整中占有十分重要的地位,许多企业都因道德欠佳而使自愿性和解与重整方案难以实施。②债务人能取得成功的可能性较大。这就要求债务人在和解协议签订之前,必须提供其和解重整期间的营业计划,以表明其有足够的把握使重组成功。如果债务人没有充分的理由,自愿和解方式则不可行。③客观的经济情况对企业重整比较有利,便于企业摆脱困境,取得成功。

债权人应具备的条件主要包括:①债权人必须同意进行自愿和解。这一般要经债权人会议讨论通过。②债权人必须为债务人摆脱困境提供有力的帮助。如在自愿性和解与重整的过程中,主动地实行展期和债权减免,使债务人摆脱暂时财务困难,继续进行正常的生产经营并取得成功。

3. 非正式财务重组的优缺点

与进入正式法律程序而发生庞大的费用和冗长的诉讼时间的正式财务重组相比,

非正式财务重组可以为债务人和债权人双方都带来一定的好处。具体包括:①这种做法避免了履行正式手续所需发生的大量费用,所需要的律师、会计师的人数也比履行正式手续要少得多,使重组费用降至最低点。②非正式重组可以减少重组所需的时间,使企业在较短的时间内重新进入正常经营的状态,避免了因冗长的正式程序使企业迟迟不能进行正常经营而造成的企业资产闲置和资金回收推迟等浪费现象。③非正式重组使谈判有更大的灵活性,有时更易达成协议。最后,一旦债务人从暂时的财务困境中恢复过来,债权人不仅能如数收取账款,而且还能给企业带来长远利益。

但是非正式财务重组也存在一些弊端,主要表现为:①当债权人人数很多或债务结构复杂时,可能难于达成一致。②没有法院的正式参与,协议的执行缺乏法律保障。③如果债务人缺乏较高的道德水准,常会导致债务人侵蚀资产,损害债权人的合法权益。

(二)正式财务重组

从新《破产法》中可知,允许企业在破产时进行和解或者重整,但需经过法院裁定,因此涉及正式的法律程序。企业在其正常的经营活动中,有时会由于企业自身的经营条件或者企业外部环境的各种原因无法如期偿还债务,从而陷入暂时的财务困难,如果此时不具备自愿性和解与整顿的基本条件,便可以通过与其债权人协商达成协议后,按照法定的程序对企业进行重组,即正式财务重组,包括和解程序、重整程序。

1. 正式财务重组的含义

正式财务重组是指在法院受理债权人申请破产案件的一定时期内,经债务人及其委托人申请,与债权人会议达成和解协议,对企业进行重整、重组的一种制度。正式财务重组与非正式财务重组有某些类似之处,但在正式财务重组中,涉及许多正式的法律程序,法院起着重要的作用,特别是要对协议中的公司重组计划的公正性和可行性作出判断。

2. 正式财务重组的优缺点

正式财务重组是对达到破产界限的企业经过一定法律程序所采取的各种拯救措施,它具有以下几个优点:①和解与重整,能尽量减少社会财富的浪费。达到破产界限的企业,往往都是管理不善,连年亏损,如果任其继续亏损下去,便会进一步吞噬社会财富。直接宣告破产也可能会造成财富的浪费。一般而言,企业经过重整后,多数都能中止亏损,并逐步走向繁荣。②对于债务人企业而言,和解与重整的裁定往往给企业带来强大的压力,这可激发企业以百倍的努力去争取成功,重组计划中所规定的债务减免和展期又为企业的重整提供了较为宽松的外部环境,这些都有利于企业摆脱困境走向成功。③和解与重整可以使债权人收回较多的债权。一旦企业重组成功,债权人就能收回较破产清算更多的债权。④与非正式财务重组相比,正式财务重组须经过一定的法律程序,有法院的参与,和解协议或重整协议的实施更有法律保障,对债务人的行为也更有约束力。当债权人较多或债务结构复杂的时候,正式财务重组显然是更好的选择。

当然,正式财务重组也有缺点,它需要较长的诉讼时间,会发生大量的手续费用。

另外,如果重整不成功,债务人企业继续亏损,这将使债权人的利益受到更大程度的损害。

二、公司财务重组的过程

(一)非正式财务重组的程序

非正式财务重组虽然不像经过法律程序所进行的正式财务重组那样正规,但也必须遵循必要的程序,一般要经过以下几个步骤:

1. 自愿性重组的提出。当企业不能及时清偿到期债务时,可由债务人企业或企业的债权人提出和解与整顿。

2. 召开债权人会议。自愿和解与整顿提出以后,要召开债权人会议,研究债务人的具体情况,讨论决定是否采用自愿和解与整顿的方式加以解决。如果认为和解与整顿可行,则成立相应的调查委员会,对债务人的情况进行调查,写出评价报告。如果认为自愿和解与整顿不适宜,则移交法院采用正式法律程序来加以解决。

3. 债权人与债务人会谈。在和解方案实施以前,债权人和债务人要进行一次会谈。由债权人会议推举4～5位债权份额较多的债权人和1～2位债权份额较少的债权人同债务人进行谈判。谈判的内容是确定企业财务重组的方案。

4. 签署重组协议。经过多次谈判以后,如果双方意见趋于一致,则可签订重组协议。

5. 实施重组协议。重组协议签订以后,债权人应遵守协议中对债权债务关系的重新界定;债务人要按重组协议规定的要求对企业进行重整,继续经营,并于规定的时间清偿债务。

(二)正式财务重组的程序

正式的和解与重整要由法院来判定,涉及许多正式的法律程序。这种程序非常复杂,只有专门从事和解与重整工作的律师才能充分了解,但其基本程序,财务管理人员却必须了解。

1. 重整的程序

(1)企业不能及时清偿债务,债权人向法院提出破产申请。根据新《破产法》第七条规定,债务人不能清偿到期债务时,债权人可以向人民法院提出对债务人企业进行重整或者破产清算的申请。当然,这种申请是在不愿进行自愿性和解与重整的情况下提出的。

(2)被申请破产企业可以向法院提出重整的申请。根据新《破产法》第七十条规定,债务人企业由债权人申请进行破产清算的,在人民法院受理破产申请后、宣告债务人破产前,债务人或者出资额占债务人注册资本十分之一以上的出资人,可以向人民法院申请重整。在向法院申请企业重组时,必须阐明对企业实施重组的必要性,以及不采用非正式财务重组的原因。并自人民法院裁定债务人重整之日起六个月内,同时向人民法院和债权人会议提交重整计划草案。

(3)债权人会议通过重整计划。人民法院应当自收到重整计划草案之日起三十日内召开债权人会议,对重整计划草案进行表决。各类债权的债权人参加讨论重整计划草案的债权人会议,依照下列债权分类,分组对重整计划草案进行表决:①对债务人的特定财产享有担保权的债权;②债务人所欠职工的工资和医疗、伤残补助、抚恤费用,所欠的应当划入职工个人账户的基本养老保险、基本医疗保险费用,以及法律、行政法规规定应当支付给职工的补偿金;③债务人所欠税款;④普通债权。人民法院在必要时可以决定在普通债权组中设小额债权组对重整计划草案进行表决。出席会议的同一表决组的债权人过半数同意重整计划草案,并且其所代表的债权额占该组债权总额的三分之二以上的,即为该组通过重整计划草案。各表决组均通过重整计划草案时,重整计划即为通过。

(4)法院对重整计划认可作出裁定,中止破产程序。自重整计划经表决通过之日起十日内,债务人或者管理人应当向人民法院提出批准重整计划的申请。人民法院经审查认为符合《破产法》重整规定的,应当自收到申请之日起三十日内裁定批准,终止破产程序,并予以公告。经人民法院裁定批准的重整计划,对债务人和全体债权人均有约束力。债权人对债务人的保证人和其他连带债务人所享有的权利,不受重整计划的影响。

(5)债务人企业执行重整计划,对企业进行重组,按照重整计划所列示的措施逐项予以落实,包括重整原有企业、联合新的企业。在重整计划规定的监督期内,由管理人监督重整计划的执行,债务人应当向管理人报告重整计划执行情况和债务人财务状况。监督期届满时,管理人应当向人民法院提交监督报告。重整计划的利害关系人有权查阅监督报告。

(6)经法院认定宣告终止重整。企业经过重整后,能按协议及时偿还债务,法院宣告终止重整。在重整期间,有下列情形之一者,经管理人或者利害关系人请求,人民法院应当裁定终止重整程序,并宣告债务人破产:①债务人的经营状况和财产状况继续恶化,缺乏挽救的可能性;②债务人有欺诈、恶意减少债务人财产或者其他显著不利于债权人的行为;③由于债务人的行为致使管理人无法执行职务;④债务人不能执行或者不执行重整计划的。

2. 和解的程序

(1)债务人不能及时清偿债务,可以向法院提出和解申请。债务人可以依照新《破产法》规定,直接向人民法院申请和解,也可以在人民法院受理破产申请后、宣告债务人破产前,向人民法院申请和解。债务人申请和解,应当提出和解协议草案。

(2)债权人会议讨论和解协议草案。人民法院经审查认为和解申请符合法律规定的,应当裁定和解,予以公告,并召集债权人会议讨论和解协议草案。债权人会议通过和解协议的决议,须由出席会议的有表决权的债权人过半数同意,并且其所代表的债权额占无财产担保债权总额的三分之二以上。

(3)债权人会议通过和解协议的,由人民法院裁定认可,终止和解程序,并予以公告;和解协议草案经债权人会议表决未获得通过,或者已经债权人会议通过的和解协议未获得人民法院认可的，人民法院应当裁定终止和解程序，并宣告债务人破产。经人民法院裁定认可的和解协议，对债务人和全体和解债权人均有约束力。和解债权人是指人民法院受理破产申请时对债务人享有无财产担保债权的人。

(4)债务人应当按照和解协议规定的条件清偿债务。

(5)如因债务人的欺诈或者其他违法行为而成立的和解协议，人民法院应当裁定无效，并宣告债务人破产；如债务人不能执行或者不执行和解协议的，人民法院经和解债权人请求，应当裁定终止和解协议的执行，并宣告债务人破产。

3. 重整程序与和解程序的主要区别

(1)直接目的不同。破产和解是通过债权债务关系的调整来实现预防破产的目的；破产重整的目的则更深入一层，不仅在于消极地维持债务企业的法人人格，而且深入企业内部，采取有效对策，从而使债务企业重获健全的生产经营能力，收取治标与治本的双重功效，因而具有积极性和内在性的特点。

(2)适用对象不同。重整仅适用于企业法人，而和解则没有这种限制。

(3)前提不同。重整不仅适用于无力偿债的企业，也适用于那些因经营或财务困难将要成为无力偿债的企业，而和解仅适用于前一种情形。

(4)申请时机不同。申请重整仅可于破产宣告以前提出，而和解既可以在破产宣告前提出，也可在破产宣告后提出；

(5)申请权人不同。和解一般只有债务人才能成为申请权人，而重整理论上除债务人之外，具备一定条件的股东和债权人均有申请权。

(6)利害关系不同。就维护的利益关系而言，和解程序是在债权人和债务人的对立状态下进行的，而以维护债权人利益为主；重整程序则是在债权人和债务人的同心协力状态下进行的，能够对债权人和债务人双方利益做到统筹兼顾。

(7)担保债权的实现方法不同。和解协议不影响有财产担保或者享有优先权的债权人实现其别除权。在重整程序中，所有的债权，无论其性质如何皆一律平等，别除权的行使均告停止，担保债权人或优先债权人若不参加重整程序则不得实现其权利。

(8)效力不同。重整的法律效力高于和解。和解程序开始后，可以转而开始重整程序；重整程序开始后，则不得转而开始和解程序，而且正在进行的和解程序亦瞬告中止。

另外，还有一些细节不同，例如，重整计划草案在重整开始以后提出，和解协议草案在和解开始之前提出；重整计划草案可由管理人提出，而和解协议草案则由债务人提出；重整计划由重整执行人执行，而和解协议由债务人执行；重整程序于计划执行完毕时终结，和解程序于和解协议成立时终结。

三、公司财务重组需要解决的财务问题

（一）非正式财务重组中需要处理的财务问题

在进行自愿和解与整顿的过程中，企业在财务方面需要处理好以下具体问题：

1. 通过与债权人的谈判,尽量延长债务的到期日。自愿和解通常都要进行债权的展期。债权人之所以愿意展期,是因为他们期望在以后能收回更多的债权。如果企业与债权人谈判顺利,债权人不仅会同意展期,有时还同意在展期期间,把求偿权的位置退于现在供应商之后。展期的时期越长,对债务人越有利。

2. 通过与债权人的谈判,争取最大数量的债权减免。在债权减免时,债权人仅收回部分债权金额,但要注销全部债权。债权人同意减免债权,是因为减免后可避免正式破产所带来的成本,如管理成本、法律费用、调查费用等。债权人既愿意进行债权减免,又不愿意减免太多,这就需要企业财务人员在谈判时努力争取减免最多的债权。

3. 必须按展期和债权减免的规定来清偿债务。经过展期和债权减免以后,企业的债务有所减少,时间有所推迟,但经过展期和债权减免后的债务必须按时偿还。

(二)正式和解与重整的财务问题

正式和解与重整涉及的财务问题,基本上与自愿性的和解一样,但还有以下几个特殊问题需要注意:

1. 和解协议草案的编制。和解协议草案是一个非常重要的法律文件,若编制得好,得到债权人会议同意,企业便可进行和解重整。若编制不好,在债权人会议上得不到通过,企业便只好被依法宣告破产。

和解协议草案一般应包括如下内容:

(1)草案中应对各项债务的偿还数额、日期和步骤作出具体说明。在编制和解草案时,企业财务人员要对债权人和本企业的情况进行具体分析,合理确定债权减免的数额。除了债权减免外,草案中还应提出延缓支付债务的要求。一般而言,对到期债务应实行分期分批偿还。这种债权减免和展期,与自愿和解程序基本相似,这里不再详述。

(2)和解草案中应提出改善财务状况的具体方案。主要包括:如何增加企业资金来源;怎样减少企业资金占用;如何扩大市场,增加销售收入;采取哪些降低成本的措施;等等。

2. 重整计划草案的编制。债务人或者管理人应当自人民法院裁定债务人重整之日起六个月内,同时向人民法院和债权人会议提交重整计划草案。未按期提出重整计划草案的,人民法院应当裁定终止重整程序,并宣告债务人破产。重整计划草案应当包括下列内容:①债务人的经营方案;②债权分类;③债权调整方案;④债权受偿方案;⑤重整计划的执行期限;⑥重整计划执行的监督期限;⑦有利于债务人重整的其他方案。

3. 重整期间的财务管理。破产企业一般都存在管理混乱、资产破坏严重、销售收入减少、成本居高不下、产品质次价高等问题。为使重整取得成效,在财务上必须做好以下工作:

(1)必须筹集一定数量的资金对厂房和设备进行修理或更新,以利于正常进行生产和大幅度降低成本。

(2)必须筹集一定数量的资金以购置生产经营所需要的流动资产。

(3)筹集一定数量的资金开发新产品和占领新市场,以便增加销售收入。

(4)筹集一定数量的资金偿还到期债务。

以上诸项工作都需要资金,可以这样说,重整能否取得成功,关键的问题是企业能否筹集到重整过程中所需要的资金。在重整期间,企业的信誉较低,企业发行的各种证券的价格往往跌至最低点,银行也往往不给企业追加贷款。因此,在重整期间,企业管理人员可以考虑采取以下措施:(1)努力争取上级主管部门的资金支持。既然上级主管部门提出了和解申请,那么,就说明它愿意帮助企业渡过难关。因此,上级主管部门的资金可能成为重整期间企业资金的主要来源。(2)寻找信誉良好的企业作担保人,向银行获取担保贷款,调整资金结构。如果可能的话,最好把债权转化为股权。适当处理过时和毁损的流动资产,以或少资金占用。减少奖金发放,停止股息和红利的支付。

第三节　公司清算财务管理

一、公司清算的程序

前已述及,公司清算可按其原因分为破产清算和解散清算。下面将做逐一介绍。

(一)破产清算的程序

如果达到破产界限的企业不具备和解与重整的基本条件,或者和解、重整被否决,那么,法院则要依法宣告该企业破产,进行破产清算。

1. 人民法院受理破产申请

企业法人不能清偿到期债务、并且资产不足以清偿全部债务或者明显缺乏清偿能力的,企业法人已解散但未清算或者未清算完毕、资产不足以清偿债务的情形下,债权人、债务人或者依法负有清算责任的人可以向人民法院提出破产申请,提交破产申请书和有关证据,债务人提出申请的,还应当向人民法院提交财产状况说明、债务清册、债权清册、有关财务会计报告、职工安置预案以及职工工资的支付和社会保险费用的缴纳情况。一般地,人民法院应当自收到破产申请之日起十五日内裁定是否受理。

2. 指定管理人

人民法院裁定受理破产申请的,应当同时指定管理人。管理人可以由有关部门、机构的人员组成的清算组或者依法设立的律师事务所、会计师事务所、破产清算事务所等社会中介机构担任。人民法院根据债务人的实际情况,可以在征询有关社会中介机构的意见后,指定该机构具备相关专业知识并取得执业资格的人员担任管理人。

新《破产法》规定,由“破产管理人”取代旧破产法的“破产清算组”,负责在企业重整或破产清算程序中,全面接管破产企业并负责破产财产的保管、清理、估价、处理和分配等破产清算事务。管理人具体履行下列职责:

(1)接管债务人的财产、印章和账簿、文书等资料；

(2)调查债务人财产状况,制作财产状况报告；

(3)决定债务人的内部管理事务；

(4)决定债务人的日常开支和其他必要开支；

(5)在第一次债权人会议召开之前,决定继续或者停止债务人的营业；

(6)管理和处分债务人的财产；

(7)代表债务人参加诉讼、仲裁或者其他法律程序；

(8)提议召开债权人会议；

(9)人民法院认为管理人应当履行的其他职责。

3. 法院依法宣告企业破产

人民法院对于企业的破产申请进行审理,符合《破产法》规定情形的,或者和解、重整被否决的,即由人民法院依法裁定宣告该企业破产的,应当自裁定作出之日起五日内送达债务人和管理人,自裁定作出之日起十日内通知已知债权人,并予以公告。被宣告破产后,债务人称为破产人。

4. 通知债权人申报债权

人民法院确定债权申报期限,自人民法院发布受理破产申请公告之日起计算,最短不得少于三十日,最长不得超过三个月。在此期限内,债权人未申报债权的,可以在破产财产最后分配前补充申报;但是,此前已进行的分配,不再对其补充分配。

5. 召开债权人会议

依法申报债权的债权人为债权人会议的成员,有权参加债权人会议,享有表决权。但是债权尚未确定、人民法院也不能为其行使表决权而临时确定债权额的的债权人,以及对债务人特定财产享有担保权且未放弃优先受偿权利的债权人,不享有表决权。第一次债权人会议由人民法院召集,自债权申报期限届满之日起十五日内召开。以后的债权人会议,在人民法院认为必要时,或者管理人、债权人委员会、占债权总额四分之一以上的债权人向债权人会议主席提议时召开。

债权人会议的职权包括:(1)核查债权;(2)申请人民法院更换管理人,审查管理人的费用和报酬;(3)监督管理人;(4)选任和更换债权人委员会成员;(5)决定继续或者停止债务人的营业;(6)通过重整计划;(7)通过和解协议;(8)通过债务人财产的管理方案;(9)通过破产财产的变价方案;(10)通过破产财产的分配方案;(11)人民法院认为应当由债权人会议行使的其他职权。

债权人会议的决议,由出席会议的有表决权的债权人过半数通过,并且其所代表的债权额占无财产担保债权总额的二分之一以上。债权人会议的决议对全体债权人均有约束力。

6. 确认破产财产

债务人财产包括两大部分:(1)破产申请受理时属于债务人的全部财产;(2)破产申请受理后至破产程序终结前债务人取得的财产。债务人被宣告破产后,其财产称为破产财产。

破产申请受理时属于债务人的全部财产具体包括：一是企业自有的财产，包括企业的固定资产和流动资产，破产企业享有的土地、水流、矿产等自然资源的使用权，设定了担保权益或优先权的财产（具体如抵押物、留置物、出质物，担保物灭失后产生的保险金、补偿金、赔偿金等代位物以及依照法律规定存在优先权的财产）；二是属于债务人企业的财产权利，包括应当由债务人企业行使的物权、债权、证券权利，应当由债务人企业所有的知识产权，债务人企业享有的股东出资缴纳请求权，以及其他财产权利。

破产人在破产宣告后至破产程序终结前取得的财产，是指债务人在此期间仍然从事某些必要的民事活动而产生的收益，主要有以下几种：①因破产企业债务人的清偿和财产持有人的交还而取得的财产；②因未履行合同的继续履行而取得的财产；③由破产企业享有的投资权益所产生的收益，例如公司股份的年终分红；④破产财产所生的孳息或转让所得，例如房屋出租的收入；⑤继续营业的收益；⑥基于其他合法原因而取得的财产，例如因他人侵犯破产企业权利（包括无形资产权）而获得的赔偿。

在认定债务人财产时应注意，下列财产不属于债务人财产：①债务人基于仓储、保管、加工承揽、委托交易、代销、借用、寄存、租赁等法律关系占有、使用的他人财产；②特定物买卖中，尚未转移占有但相对人已完全支付对价的特定物；③尚未办理产权证或者产权过户手续但已向买方交付的财产；④债务人在所有权保留买卖中尚未取得所有权的财产；⑤所有权专属于国家且不得转让的财产；⑥破产企业内的社团经费及其拥有的财产。破产企业内的社团，主要有企业的党团组织和工会组织；⑦因无效合同取得的财产。

7. 确认破产债权

破产债权是指宣告破产前就已成立的，对破产人发生的，依法申报确认，并得由破产财产中获得公平清偿的可强制性执行的财产请求权。债权和破产债权是有区别的。债权是当事人依照合同规定或法律规定所享有的权利，而破产债权是指只能通过破产程序而受到清偿的债权；债权不受债务人财产的限制，必须如数履行，而破产债权受债务人破产财产的限制，有可能不如数履行或根本不能履行。债权是取得破产债权的前提和条件，破产债权是由于破产宣告前的原因所产生的财产请求权。

破产债权主要包括：(1)破产宣告前成立的无财产担保或者法定优先权担保的债权；(2)破产宣告前发生的虽有财产担保但是债权人放弃优先受偿权利的债权；(3)破产宣告前发生的虽有财产担保但是债权数额超过担保物价值部分的债权；(4)宣告破产时未到期的债权，视为已到期债权，但是应当减去至到期日的利息；(5)债务人的保证人或者其他连带债务人已经代替债务人清偿债务的，以其对债务人的求偿权申报债权；(6)债务人的保证人或者其他连带债务人尚未代替债务人清偿债务的，以其对债务人的将来求偿权申报债权。但是，债权人已经向管理人申报全部债权的除外；(7)债务人是票据的出票人，该票据的付款人或者承兑人继续付款或者承兑的，付款人或者承兑人以由此产生的请求权申报债权；(8)债务人是委托合同的委托人，受托人不知该事实，继续处理委托事务的，受托人以由此产生的请求权申报债权；(9)管理人或者债务人依照破产法规定解除合同的，对方当事人以因合同解除所产生的损害赔偿请求权申报债权。

债权人申报债权时，应当书面说明债权的数额和有无财产担保，并提交有关证据。如果申报的债权是连带债权的，也应当说明。管理人收到债权申报材料后，应当登记造册，对申报的债权进行审查，并编制债权表。

8. 行使撤销权及追回权，将追回财产并入破产财产

(1)更为完善的撤销权制度。人民法院受理破产申请前一年内，涉及债务人财产的下列行为，管理人有权请求人民法院予以撤销并且有权追回并入破产财产：①无偿转让财产的；②以明显不合理的价格进行交易的；③对没有财产担保的债务提供财产担保的；④对未到期的债务提前清偿的；⑤放弃债权的。

人民法院受理破产申请前六个月内，债务人对个别债权人进行清偿的，管理人有权请求人民法院予以撤销并追回，个别清偿使债务人财产受益的除外。

(2)更为完善的无效行为制度。对下列无效行为的相关财产有权追回并入破产财产：①为逃避债务而隐匿、转移财产的；②虚构债务或者承认不真实的债务的。

9. 优先清偿有担保的债权

对破产人的特定财产享有担保权的权利人，对该特定财产享有优先受偿的权利。但有两种例外情况：对特定财产享有优先受偿权利的债权人，行使优先受偿权利未能完全受偿的，其未受偿的债权作为普通债权，不再优先受偿；放弃优先受偿权利的，其债权作为普通债权，不再优先受偿。

10. 清偿破产费用和共益债务

人民法院受理破产申请后发生的下列费用，为破产费用：(1)破产案件的诉讼费用；(2)管理、变价和分配债务人财产的费用；(3)管理人执行职务的费用、报酬和聘用工作人员的费用。

所谓共益债务是指破产程序中为全体债权人的共同利益由债务人财产及其管理人行为而产生的债务。人民法院受理破产申请后发生的下列债务，为共益债务：(1)因管理人或者债务人请求对方当事人履行双方均未履行完毕的合同所产生的债务；(2)债务人财产受无因管理所产生的债务；(3)因债务人不当得利所产生的债务；(4)为债务人继续营业而应支付的劳动报酬和社会保险费用以及由此产生的其他债务；(5)管理人或者相关人员执行职务致人损害所产生的债务；(6)债务人财产致人损害所产生的债务。

破产费用和共益债务由债务人财产随时清偿。如果债务人财产不足以清偿所有破产费用和共益债务，应该先行清偿破产费用；如果债务人财产不足以清偿所有破产费用或者共益债务，则按照比例清偿；如果债务人财产不足以清偿破产费用，管理人应当提请人民法院终结破产程序。

11. 破产财产按顺序清偿与分配

管理人应当及时拟订破产财产分配方案，提交债权人会议讨论，债权人会议通过该方案后，由管理人将其提请人民法院裁定认可，经人民法院裁定认可后，由管理人执行。

破产财产在优先清偿有担保的债权，优先清偿破产费用和共益债务后，依照下列顺序清偿：(1)破产人所欠职工的工资和医疗、伤残补助、抚恤费用，所欠的应当划入职工个人账户的基本养老保险、基本医疗保险费用，以及法律、行政法规规定应当支付给职工的补偿金；(2)破产人欠缴的除前项规定以外的社会保险费用和破产人所欠税款；(3)普通破产债权。只有清偿完第一顺序后，才能清偿第二顺序，依次类推。破产财产不足以清偿同一顺序的清偿要求的，按照比例分配。破产财产清偿到某一顺序而全部用完时，破产程序就此终结。规定这一清偿程序，目的是在保障职工的基本生活条件和国家税收的前提下，使破产债权人对破产财产获以平均受偿的权利，维护债权人的利益。

12. 破产清算的结束

破产财产分配完毕是破产程序终结的法定条件和标志。所以，破产财产分配完毕，管理人即应及时向人民法院提交破产财产分配报告，并提请人民法院裁定终结破产程序。人民法院应当自收到管理人终结破产程序的请求之日起十五日内作出是否终结破产程序的裁定，如果裁定终结，则应当予以公告。管理人则应当自破产程序终结之日起十日内，持人民法院终结破产程序的裁定，向破产人的原登记机关办理注销登记。至此，破产清算工作宣告结束。

(二)解散清算的程序

1. 确定清算人或成立清算组。根据《中华人民共和国公司法》(以下简称公司法)的有关规定，公司应在公布解散的15天之内成立清算小组，有限责任公司的清算组由股东组成，股份有限公司的清算组则由董事或者股东大会确定的人选组成。逾期不成立清算组的，根据债权人的申请，由人民法院指定有关人员组成清算组。当解散清算由强制原因导致时，由有关机关组织股东、有关机关人员及有关专业人员成立清算组。根据《公司法》的规定，清算组在清算期间行使以下职权：①制定清算方案，清理公司财产，分别编制资产负债表和财产清单；②通知、公告债权人；③处理与清算有关的公司未了结的业务；④清缴所欠税款以及清算过程中产生的税款；⑤清理债权、债务；⑥处理公司清偿债务后的剩余财产；⑦代表公司参与民事诉讼活动。

2. 债权人进行债权登记。清算组应当自成立之日起10日内通知债权人，并于60日内在报纸上公告，要求其应在规定的期限内对其债权的数额及其有无财产担保进行申请，并提供证明材料，以便清算组或受托人进行债权登记。而且公告和通知中应当规定第一次债权人会议召开的日期。债权人应当自接到通知书之日起30日内，未接到通知书的自公告之日起45日内，向清算组申报其债权。

3. 清理公司财产，制定清算方案。清算组应对公司财产进行清理，编制资产负债表和财产清单，在这一过程中，如果发现公司财产不足以清偿债务的，应当依法向人民法院申请宣告破产，并将清算事务移交给人民法院。在对公司资产进行估价的基础上，制定清算方案。清算方案包括清算的程序和步骤、财产定价方法和估价结果、债权收回和财产变卖的具体方案、债务的清偿顺序、剩余财产的分配以及对公司遗留问题的处理等等。清算方案应报经股东会、股东大会或人民法院确认。

4. 执行清算方案。这包括:(1)确定清算财产的范围,对清算财产进行估价;(2)确定清算费用与清算损益;(3)遵循顺序清偿、先债权后股权、风险和收益统一的原则进行清偿。顺序清偿的原则是指,按照支付清算费用、职工工资、社会保险费用和法定补偿金,缴纳所欠税款,清偿公司债务,分配剩余财产的顺序进行清偿;先债权后股权的原则是指,清算组必须在清偿公司全部债务后再向股东分配公司的剩余财产;风险和收益统一的原则是指,有限责任公司按照股东的出资比例分配,股份有限公司按照股东持有的股份比例分配,以充分体现公平、对等的原则,照顾各方利益。

5. 办理清算的法律手续。企业清算结束后,清算组应制作清算报告,报股东会、股东大会或者人民法院确认,经其批准后宣布清算结束。并报送工商行政管理部门办理公司注销手续,向税务部门注销税务登记,公告公司终止。

二、企业清算中的若干财务问题

(一)清算接管管理

清算接管是破产企业与管理人之间各有关事项的移交工作,是破产清算的基础性工作,各移交事项办理得是否真实、完整、顺利,手续是否完备,责任是否分明,直接关系到清算工作的有效性和成败。在管理人进入破产企业办理交接手续并签订移交书后,根据移交书的内容逐项进行核对。

1. 资产接管。接管资产时,主要核对其账实是否相符,是否按会计制度的要求进行了核算。如接管银行存款时,应根据银行存款日记账和银行对账单核对相符后的金额接管;存货与固定资产接管中应注意存货与固定资产的数量与计价、存货与固定资产的质量、存货与固定资产的归属等问题;对股票投资、债券投资等长期投资接管时,应特别注意投资成本的计价以及持有期间的会计核算问题。接管无形资产时应注意无形资产的计价依据的真实性、合理性、合法性的审查,以及核对摊销、转让收入的记录等。

2. 权益接管。对负债接管时注意各有关明细科目的记录与债权人清册核对,以及对有关合同、债务凭证进行接管;对于权益的接管相对而言比较简单,由于企业清算时一般已终止其经营活动,所有者权益也变成一种凝固化的权益,接管时按账面记录核实后计入清算账目中即可。

3. 其他接管。管理人也应注意对未结事项的接管并按对清算企业有利的原则进行处理。另外,对有关会计档案、人事档案、文件档案依据移交清册逐项核对后接管。

(二)制定清算财务管理制度,编制清算预算

清算财务管理制度是管理人根据《企业破产法》和财务会计有关法规的规定而制定的,用以详细规定清算财务管理的具体内容和方法,是企业清算财务管理的具体依据。包括的主要内容有:(1)关于清算财务组织和财务管理人员职责的规定;(2)关于破产财产清查、登记、变现及分配的规定;(3)关于债务确认、清理等方面的规定;(4)关于清算费用开支范围的规定;(5)关于编报清算财务报告的规定;(6)关于清算

期间会计档案管理的规定。

清算预算是以货币形式表现的企业破产偿债计划，是企业清算财务管理目标的具体化。编制清算预算的目的主要有两点：一是为了明确清算财务管理的目标；二是对清算过程实施有效控制。

（三）清算财产的界定和变价

1. 清算财产的界定。清算财产包括企业在清算程序终结前拥有的全部财产以及应当由企业行使的其他财产权利。管理人应该对其进行全面盘查，并按照财产的性质进行分类和记录，作为会计核算和财务管理的基本依据。

企业下列财产应区别情况处理：①公益福利性设施。企业的职工住房、学校、托儿园（所）、医院等福利性设施，原则上不计人清算财产；但无须续办并能整体出让的，可计入清算财产。②职工集资款。属于借款性质的视为清算企业所欠职工工资处理，利息按中国人民银行同期存款利率计算；属于投资性质的视为清算财产，依法处理。③党、团、工会等组织占用清算企业的财产，属于清算财产。④他人财产。破产企业里归他人所有的财产由该财产的权利人通过管理人行使取回权取回。

2. 清算财产的变价。清算财产的变价是指破产企业清算财产由非货币形态向货币形态的转化，以便偿还债务、分配剩余财产。一般地，是根据企业财产的技术状况、磨损程度、使用年限、剩余价值及市场环境等，分别估定企业有形资产和无形资产的变卖价格，为资产变现和偿付债务提供基础性数据。

对于破产清算而言，管理人应当及时拟订破产财产变价方案，提交债权人会议讨论或者人民法院裁决。管理人按照通过的破产财产变价方案，适时变价出售破产财产。变价出售破产财产应当通过拍卖进行。但是，债权人会议另有决议的除外。

对于解散清算而言，如果企业合同或章程规定或投资各方协商决定，企业解散时需对现存财产物资、债权债务进行重新估价，并按重估价转移给某个投资方时，则管理人应按重估价值对企业财产作价。

清算企业可以全部或者部分变价出售。企业变价出售时，可以将其中的无形资产和其他财产单独变价出售。即清算财产的变价方式分为单项资产变现和综合资产“一揽子”变现。其原则是：提高财产的变现价值，保护财产的整体使用价值，能整体变现的不分散变现；增强财产变现的公正性和时效性，能拍卖的不零售。

按照国家规定不能拍卖或者限制转让的财产，则应当按照国家规定的方式处理。

（四）清算债务的登记、审查和清算财产分配方案的编制

1. 清算债务的登记、审查。管理人收到债权申报材料后，应当登记造册，对申报的债权进行审查，并编制债权表。债权表和债权申报材料由管理人保存，供利害关系人查阅。

2. 清算财产分配方案的编制。管理人应当及时拟订破产财产分配方案，提交债权人会议讨论。破产财产分配方案应当载明下列事项：（1）参加破产财产分配的债权人名称或者姓名、住所；（2）参加破产财产分配的债权额；（3）可供分配的破产财产数

额;(4)破产财产分配的顺序、比例及数额;(5)实施破产财产分配的方法。债权人会议通过破产财产分配方案后,由管理人将该方案提请人民法院裁定认可。

(五)剩余财产的分配

企业清偿债务后剩余财产的分配,一般应按合同、章程的有关条款处理,充分体现公平、对等原则,均衡各方利益。清算后各项剩余财产的净值,无论实物或现金,均应按投资各方的出资比例或者合同、章程的规定分配。其中,有限责任公司除了公司章程另有规定外,按投资各方出资比例分配;股份有限公司按照优先股股份面值对优先股股东优先分配,其后的剩余部分再按照普通股股东的股份比例进行分配。如果企业剩余财产尚不足全额偿还优先股股金,则按照各优先股股东所持比例分配。如果是国有企业,则其剩余财产应全部上缴财政。

(六)进行会计核算

清算会计必须对企业在清算过程中发生的资金运动进行及时、全面的反映。其账务处理程序和会计手段与常规会计基本上是一样的。即首先是取得和填制会计凭证,再根据凭证登记各种账簿,最后根据账簿提供会计信息。清算会计提供的财务信息为企业清算财务管理提供了基本依据。

(七)编制清算财务报告

大中型企业的清算过程可能需要相当长的一段时间,它不能像小企业那样只在清算终结时才编制有关财务报告,反映清算过程中财务状况,而是要在清算期内定期或不定期地编制清算财务报告,以便连续地反映清算各个阶段上的财务状况和清算损益情况。财务报告是企业清算会计机构向有关方面提供清算财务信息最基本的手段和形式。

(八)进行日常财务管理的监督

清算会计机构和会计人员要积极参与破产财产的保管、估价、变卖及债务清偿等清算活动,利用财务手段保证破产财产的安全完整,促进清算工作的顺利进行。同时要根据有关法规和财务管理制度的要求,对企业破产清算活动进行有效的监督,及时防止和纠正清算过程中可能出现的各种违法乱纪行为,切实保证清算工作的合理性、合法性和有效性。

三、破产清算财务管理举例

大中公司因连年亏损,资不抵债,已由债权人向法院提出破产申请,法院在2009年3月31日依法宣告其破产。此时,该企业的资产负债表部分内容如表6-1所示。

表6-1 大中公司资产负债表(2009年3月31日) 单位:万元

资产	金额	负债和所有者权益	金额
现金及银行存款	10	短期借款	40
应收账款	30	应付账款	40
存货	60	应付工资	20

续表

资　产	金　额	负债和所有者权益	金　额
固定资产原值	110	应交税金	10
减:累计折旧	10	长期借款	40
固定资产净值		所有者权益	40
资产总计	200	负债和所有者权益总计	200

管理人根据大中公司的资产,对实存的财产、债权、债务进行清查,以便清算。其破产清算及分配情况如下:

1. 财产的清查、确认、与变卖。经过对财产的实地调查,发现大中公司的固定资产与账面情况基本相符,只是多出载重卡车一辆,后经调查发现该车系安德公司暂存于此,清算组决定让安德公司取回。固定资产经拍卖后实际收得价款76万元,其中担保债务对应的特定物变卖价款仅为4万元,不足以支付10万元的担保债务。

中兴公司的存货有许多毁损,经拍卖后得价款30万元。应收账款经清算组多方努力,收回25万元,其余5万元已无法收回。现金及银行存款数额与账面一致,共计10万元。这样,大中公司的流动资产实际构成破产财产的只有65万元(30+25+10)。

2. 破产债权的确认。经管理人审查和核对后,对公司各种债权作以下确认:

(1)长期借款和短期借款是企业以公司某建筑物为抵押分别从中国建设银行和中国工商银行借入的款项,合计80万元,在企业破产之前已成立,但是该建筑物仅变卖了55万元,还有25万元不能清偿的部分构成普通破产债权。

(2)因为担保债务对应的特定物变卖价款有4万元,担保债券10万元中的4万元可以得到清偿,但是还有6万元债权得不到清偿,只能作为普通破产债权。

(3)应付账款共有40万元,其中10万元没有到期,应扣除利息1万元。另外,有一笔4万元的应付账款,债权人未在法定期限内向法院申报债权数额,被认为是自动放弃,不作为破产债权。因而,40万元应付账款中属于破产债权的只有35万元。

(4)应付工资20万元是最近几个月积欠职工的,应交税金10万元是最近两年欠缴的,这两项均应属于破产债权。

3. 破产费用和共益债务情况。大中公司在破产清算过程中,发生以下费用:

(1)破产财产管理、变卖和催收账款等费用4万元。

(2)破产案件的诉讼费用1万元。

(3)管理人报酬4万元。

(4)破产程序中为全体债权人的共同利益而新发生了2万元债务。

以上三项费用共11万元。

4. 债务清偿情况。管理人根据各种财产收入和法定清偿顺序,对财产收入编制出破产的分配方案见表6-2。表6-2中的应付工资和应交税金属于优先债权,能全部受偿。长期借款、短期借款、担保债务、应付账款则不能全部清偿,未受偿部分成为债权人的损失。

表 6 – 2　破产财产分配方案表

项　　目	求偿权(万元)	求偿率(%)	清偿金额(万元)
1. 破产财产变现			
固定资产	760 000		
流动资产	650 000		
2. 破产财产变现合计	1 410 000		
3. 优先清偿有担保的债权			
有抵押物的银行借款	800 000	68. 75	550 000
担保债券	100 000	40	40 000
4. 清偿破产费用和共益债务			
破产费用	90 000	100	90 000
共益债务	20 000	100	20 000
5. 清偿应付工资	200 000	100	200 000
6. 清偿应付税金	100 000	100	100 000
可供普通破产债权人分配的破产财产	410 000	62. 12	410 000
7. 一般无担保债权	660 000		
银行借款	250 000	62. 12	155 300
应付账款	350 000	62. 12	217 420
担保债务	60 000	62. 12	37 280
合　计	660 000	62. 12	410 000
其中,普通债权的求偿率(%) = 410 000 ÷ 660 000 = 62. 12%			

【本章小结】

本章主要介绍了公司重组和清算财务管理及财务预警系统的有关内容,主要包括:

重组、破产、清算是三个不同的概念,应注意三者的定义、类型及关系。应注意重组既可能发生在经营良好的转制公司,也可能发生在经营管理不善的财务困难公司。本章讨论的公司重组仅指财务困难公司的重组。从广义上讲,破产是指企业因经营管理不善等原因而造成不能清偿到期债务时,按照一定程序,采取一定方式,使其债务得以解脱的经济事件,可分为:技术性破产、事实性的破产、法律性的破产。狭义的破产只是指法律性的破产。本章中未作特殊说明的破产均指法律上的破产。清算是指在公司终止过程中,为保护债权人、所有者等利益相关者的合法权益,依法对公司财产、债务等进行清理、变卖,以终止其经营活动,并以法取消其法人资格的行为。清算按其原因可划分为破产清算和解散清算。

公司重组按是否通过法律程序分为非正式财务重组和正式财务重组,两者都有其适用的条件和优缺点,都要按一定的程序来实行。如果债务人企业只是面临暂时性的财务困难,属于技术性无偿债能力,而且能够恢复和偿还债务的前景比较乐观,适合采用非正式财务重组而不通过法律程序来进行处理。正式财务重组又包含和解程序和重整程序,二者在目的、适用对象、前提、申请时机、申请权人、利害关系、担保债权的实现方法、效力等方面存在不同。

破产清算和解散清算都应遵循一定的清算程序。清算过程中应注意清算接管管理、清算财产的界定与变现、清算债务的界定与清偿、清算费用与损益的确认与管理、剩余财产的分配等财务问题。

【复习思考题】

一、单项选择题

1. 按照破产法的有关规定，公司的破产财产应首先偿付(　　)。

A. 破产企业所欠的税款

B. 已担保的债权

C. 破产企业所欠职工工资和劳动保险费

D. 无担保的破产债权

2. 下列各项中，不属于破产费用的是(　　)。

A. 破产案件的诉讼费用

B. 管理人执行职务的报酬

C. 管理人执行职务致人损害的费用

D. 管理和分配债务人财产的费用

3. 下列属于共益债务的是(　　)。

A. 管理人对破产财产进行分配而发生的费用

B. 管理人为破产财产的估价聘请的资产评估专业人员而支付的劳动报酬

C. 债务人的财产在债务人自己的仓库保管时发生火灾，殃及近邻，造成他人的财产损失

D. 人民法院受理债务人的破产案件依照职权发生的由债务人负担的调查费用、公告费和文件送达费用

4. 下列有关重整制度的表述，说法不正确的是(　　)。

A. 在重整期间，对债务人的特定财产享有的担保权暂停行使

B. 担保物有损坏或者价值明显减少的可能，足以危害担保权利的，担保权人可以向人民法院请求恢复行使担保权

C. 在重整期间，债务人或者管理人为继续营业而借款的，可以为该借款设定担保

D. 在重整期间，债务人的出资人可以请求投资收益分配

5. 关于破产清偿顺序，下列说法正确的是(　　)。

A. 在清偿有担保的债权之前，要优先清偿破产费用和共益债务

B. 破产财产在优先清偿破产费用和共益债务后，要先清偿欠缴的税款

C. 破产财产在优先清偿破产费用和共益债务后，要先清偿普通债权

D. 破产财产不足以清偿同一顺序的清偿要求的按照比例分配

二、多项选择题

1. 下列债权属于破产债权的是(　　)。

A. 破产宣告前发生的虽有财产担保但是债权人放弃优先受偿的债权；

B. 债权在破产宣告后产生的利息

C. 债务人的保证人代替债务人清偿债务后依法可以向债务人追偿的债权

D. 破产债权人参加破产程序所支付的费用

E. 破产宣告前发生的虽有财产担保但是债权数额超过担保物价值部分的债权

2. 下列不属于破产财产的是(　　)。

A. 已作为担保物的财产

B. 破产企业工会所有的财产

C. 破产企业内属于他人的财产

D. 担保物价款超过所担保债务额的部分

3. 人民法院受理破产申请前1年内,涉及债务人的财产的行为,管理人有权请求人民法院予以撤销,这些行为包括(　　)。

A. 有偿转让财产

B. 以明显不合理的价格进行交易

C. 放弃债权

D. 对没有财产担保的债务提供财产担保

4. 根据《破产法》的规定,下列各项中,可以作为破产费用从破产财产中优先拨付的有(　　)。

A. 破产案件的诉讼费用

B. 管理人聘任工作人员的费用

C. 管理人执行职务的费用

D. 破产财产的拍卖费用

5. 根据《中华人民共和国破产法》的规定,对破产企业尚未履行的合同,管理人可以选择的处理方式有(　　)。

A. 予以解除

B. 中止合同履行

C. 宣告无效

D. 继续履行

6. 关于和解的申请,下列说法正确的是(　　)。

A. 债务人不能直接向法院申请和解

B. 债务人可以直接向法院申请和解

C. 债务人可以在人民法院受理破产申请后、宣告债务人破产前向法院申请和解

D. 债务人在人民法院受理破产申请后不能向法院申请和解

三、判断题

1. 根据规定,债务人的董事、监事和高级管理人员利用职权从企业获取的非正常收入和侵占的企业财产,管理人应当追回。(　　)

2. 根据《破产法》的规定,债权人和债务人企业均可向人民法院提出破产清算的

申请。（　　）

3. 企业法人已解散但未清算或者未清算完毕，资产不足以清偿债务，对债务人负有清算责任的人可以向人民法院申请破产清算。（　　）

4. 对债务人的特定财产享有担保权的债权人，未放弃优先受偿权利的，对于破产财产的分配方案的决议有表决权。（　　）

5. 破产费用是在破产程序中为债权人共同利益而发生的费用。（　　）

6. 债务人申请和解，应当提出和解协议草案。（　　）

四、名词解释

1. 重组　2. 破产　3. 清算　4. 正式财务重组

5. 非正式财务重组　6. 和解　7. 重整

8. 共益债务

五、简答题

1. 正式财务重组和非正式财务重组的优缺点各自是什么？

2. 比较重整程序与和解程序的主要区别。

3. 正式财务重组和非正式财务重组需要解决的财务问题有哪些？

4. 简要介绍破产财产的分配顺序。

六、计算题

1. 某公司因连年亏损，资不抵债，已由债权人向法院提出破产申请，法院依法宣告其破产。破产时，管理人对其实存财产、债权、债务进行清查核实情况如下表所示。发生清算费用共200万元，共益债务26万元。抵押债券的抵押资产变卖所获金额为500万元。在此期间，因他人侵犯破产企业权利而获得赔偿30万元。

（1）获得的30万元赔偿是否破产财产？

（2）破产财产总额是多少？

（3）普通破产债权是多少？

（4）试根据法定程序对清算变现资产进行分配。分配率是多少？各自分配多少金额？

表：各种资产变现和债务的清查核实情况表　单位：万元

资产	金额		负债及所有者权益	金额	
	账面金额	变现金额		账面金额	变现金额
流动资产			流动负债		
现金	20	20	短期银行借款	1 000	1 000
应收账款	580	300	应付账款	800	800
其他应收款	200	100	应付工资	200	200
短期投资	100	80	应交税金	300	300
存货	800	400	预提费用	100	—
待摊费用	100	—	流动负债合计	2 400	2 300
流动资产合计	1 800	900	长期负债		
长期投资			抵押债券	1 000	1 100

续表

资产	金额		负债及所有者权益	金额	
	账面金额	变现金额		账面金额	变现金额
长期股权投资	500	300	信用债券	800	900
长期债权投资	300	300	长期银行借款	200	240
长期投资合计	800	600	长期负债合计	2 000	2 240
固定资产			所有者权益		
固定资产原值	3 000	—	优先股	500	100
减:累计折旧	1 000	—	普通股	1 000	1 000
固定资产净值	2 000	1 600	留存收益	-900	-2540
无形资产	400	—	所有者权益合计	600	-1 440
总　计	5 000	3 100	总　计	5 000	3 100

2. 某年3月1日,甲公司就自己不能支付到期债务向人民法院提出破产申请,人民法院于3月10日裁定受理该公司的破产申请,并指定了破产管理人。管理人接管甲公司后,对该公司的财产进行了清理,有关清理情况如下:

(1)甲公司资产总额为5 300万元(变现价值)。其中全部厂房变现价值3 200万元,办公楼变现价值为650万元;全部机器设备变现价值820万元。

(2)负债总额为10 000万元。其中包括但不限于:

①流动负债的情况为:应付职工工资180万元,未缴税金220万元;以甲公司全部厂房作抵押,向中国工商银行贷款500万元;以机器设备作抵押,向中国建设银行贷款420万元。

②应付账款包括:应付乙公司到期货款420万元。应付丙公司到期货款190万元,以甲公司机器设备作抵押,已办理抵押登记。

(3)甲公司的分公司,至人民法院受理破产申请之日止,账外资金累计余额为100万元,被分公司的负责人在上一年度末作为奖金予以私分。

(4)甲公司在破产程序中支付的破产费用为40万元,共益债务是130万元。

要求:根据以上事实,在不考虑债权利息的情况下,分别回答下列问题:

(1)对甲分公司私分的财产应如何处置?

(2)分别判断工商银行、建设银行的贷款是否是普通破产债权?如不是,如何处理?如是,则其普通破产债权如何计算?

(3)甲公司的破产财产额是多少?普通破产债权是多少?

(4)甲公司的破产财产如何分配?普通破产债权的分配率是多少?

(5)乙公司可分配的财产具体数额为多少?并列出计算过程(金额保留至元)。

3. 某年6月1日,甲公司就自己不能支付到期债务向人民法院提出破产申请,人民法院于6月10日裁定受理该公司的破产申请,并指定了破产管理人。管理人接管甲公司后,对该公司的财产进行了清理,有关清理情况如下:

(1)甲公司资产总额为5 700万元(变现价值)。其中全部厂房变现价值3 200万元,办公楼变现价值为250万元;全部机器设备变现价值820万元。

(2)负债总额为12 000万元。其中：

①流动负债的情况为：应付职工工资170万元，未交税金210万元；以甲公司全部厂房作抵押，向中国工商银行贷款500万元；以机器设备作抵押，向中国建设银行贷款420万元；以办公楼作抵押，向中国招商银行贷款300万元。

②应付账款包括：应付乙公司到期货款380万元。应付丙公司到期货款180万元。

(3)甲公司为逃避债务而隐匿250万元的财产。

(4)甲公司的股东用于出资的房产在出资时作价600万元，而当时的实际价值仅为500万元。

(5)甲公司在破产程序中支付的破产费用为55万元，共益债务是125万元。

要求：根据以上事实，在不考虑债权利息的情况下，分别回答下列问题：

(1)对甲分公司隐匿的财产应如何处置？

(2)分别判断工商银行、建设银行和招商银行的贷款是否普通破产债权？如不是，如何处理？如是，则其普通破产债权如何计算？

(3)甲公司的股东出资不实应如何处理？

(4)甲公司的破产财产额是多少？普通破产债权是多少？

(5)甲公司的破产财产如何分配？普通破产债权的分配率是多少？

(6)乙公司可分配的财产具体数额为多少？(金额保留至元)。

【案例分析】

乐山制药厂的明智选择

乐山制药厂是四川省医药工业骨干国有企业，隶属于乐山市医药管理局，总资产3 218万元，是原料药、制剂药兼有的综合性制药企业，主要生产咖啡因等15种原料、制剂药共8种剂型130多个品种。该厂由于没有及时转换经营观念、转换企业经营机制，不能适应激烈的市场竞争，连年亏损，累计负债5 942万元。流动负债5 690万元，流动资产虽然有1 589万元，但其中的960多万元应收账款绝大部分已成为呆账、坏账，实际可用流动资金不足650万元，连简单的再生产都无法维持。

1996年12月，乐山市医药管理局同有关部门组成了乐山制药厂企业解困工作组进驻该厂，进行了全面调查研究。企业解困工作组根据《企业破产法》及有关政策法规，对乐山制药厂实施破产，整个破产清算工作分为三个阶段进行。

1. 债务清理，制定破产预案

1997年1月，成立了乐山制药厂破产工作组。工作组深入企业进行调查，认为乐山制药厂在生产经营上存在严重困难，没有竞争能力和盈利能力，且厂房、设备陈旧，企业无力进行技术改造和产品结构调整。由于已经连续亏损5年，其经营状况进一步恶化。企业财务报表显示，该厂资产负债率为184.71%，已严重资不抵债，根本不具备偿债能力。企业破产工作组通过全面的分析，确定了制定破产预案的指导思想，并且组成了若干个工作小组,分别对破产期间的生产自救方案,资本变现的意向,职工的安置渠道及安置费用,财产维护及生产、生活的应急方案,债券、债务情况及破产费用等方面进行了测算和研究,制定出乐山制药厂破产预案。1997 年 2 月 4 日,乐山制药厂依照有关法律程序,正式向乐山市中级人民法院申请破产。

2. 受理立案,进入法律程序

1997 年 2 月 5 日,乐山市中级人民法院依法受理了乐山制药厂破产案,破产工作组改为清算筹备组。

为了防止企业财产流失,乐山市中级人民法院合议庭对该厂的所有账号予以冻结。同时,给该厂开设了一个临时账户,在合议庭的监督控制下,维持该厂的日常开支。

乐山市中级人民法院合议庭对债权资格进行了严格的审查,做到了一般债权、抵押债权分别进行登记;召集该厂供销人员核实企业债权,发出对账通知书和催收通知书。

按照乐山市"优化资本结构"的整体部署,在乐山市中级人民法院受理乐山制药厂破产案后,乐山市医药管理局成立了行业"再就业服务中心"。中心于 1997 年 5 月正式挂牌运作,承担破产企业职工生活费的发放、托管、培训和接受安置工作。

3. 拍卖变现,分流安置职工

破产企业清算组提出对坏账的处理意见并附调查取证材料及依据,由乐山市中级人民法院进行裁定,评估前该厂账面应收债权 1 800 多万元,评估后只有 180 多万元。

破产企业清算组积极联系收购单位,先后向全国各地 30 多户优势企业发函。为保证乐山制药厂破产拍卖能在公开、公平、公正的条件下进行,清算组委托乐山市拍卖中心有限公司按照《拍卖法》公开拍卖其经营性资产。经过竞拍,成都中西部投资公司以 2420 万元的价格竞买成功,当场签订成交合同并进行了公正。

拍卖会后,企业清算组积极着手做好有关财产、人员的交接工作。除了离退休职工和 5 年内退休职工全部移交乐山市社会保险局外,须分流安置的职工 726 人全部进入再就业服务中心。成都中西部投资公司根据接受的乐山制药厂的设备生产能力,以产定人,并结合破产企业职工意愿,选用原厂部分职工。

1997 年 8 月 13 日,企业清算组向乐山市中级人民法院提交了乐山制药厂经营性资产破产变现清算方案。对变现资产 2 420 万元首先扣除破产费用 161. 43 万元,占变现收入的 6. 67%,然后再扣除安置职工费用 2 206. 15 万元,占变现收入的 90. 79%,仅余 52. 42 万元用于清偿债权人的债权,占变现收入的 2. 17%。对有抵押的债权人按比例进行了登记,清偿率为 2. 78%,其余一般债权人清偿率为零。该方案获乐山市中级人民法院通过。9 月 1 日,乐山市中级人民法院裁定并宣告乐山制药厂破产终结。

4. 破产后的状况

成都中西部投资公司利用原乐山制药厂生产技术、人才品种质量优势和自身资金、管理的长处,启动生产之后,已生产出的产品有 8 个剂型 140 多个品种。截至 1998 年 7 月底,实现产值 813 万元。后来投资 7 000 多万元开发新型脂质体阿霉素粉针,该项目建成投产后,新增产值1亿元,销售收入9 000万元,利润1 766万元。

成都中西部投资公司收购乐山制药厂,将国有企业改组与组建现代企业制度相结合,以市场为导向,以提高经济效益为中心,调整产品结构,强化管理,注重科技开发,为盘活存量资产,促进企业经济运行质量的提高提供了保障。

思考:该案例的启示

资料来源:方明:《100个成功的资本运营》,机械工业出版社,2003. 5。

【参考文献及阅读资料】

1. [美]斯蒂芬·A. 罗斯等著,吴世农等译:《公司理财》,机械工业出版社,2000年.

2. 全国人民代表大会常务委员会,《中华人民共和国企业破产法》(中华人民共和国主席令第五十四号),2006 - 8 - 27.

3. 李永生:《我国上市公司资产重组相关问题研究》,中国集体经济,2010(11):158 - 159.

4. Stanley B. Block, Geoffrey A. Hirt, Bartley R. Danielsen. Foundations of Financial Management(Thirteenth Edition). McGraw - Hill, 2008.

第七章　企业集团财务管理

【学习目的与要求】

本章试图通过对建立企业集团财务管理体系中的若干问题的探讨，来解决目前企业集团中普遍存在的集团内部不协调、各成员企业优势难以充分发挥等问题的有效方法。通过本章的学习，要求：

【了解】 企业集团财务管理的特征和主要内容；企业集团财务管理体制应遵循的原则和应考虑的因素。

【理解】 如何判断核心层企业的资本优势；企业集团集权与分权的具体影响因素；企业集团财务管理的特征和要求。

【掌握】 企业集团的含义、结构、分类和联结纽带；企业集团财务管理体制不同模式的优缺点及合理选择；企业集团财务管理的内容。

【重点与难点】

1. 企业集团的含义、结构、分类和联结纽带。
2. 企业集团财务管理体制的三种模式、各自优缺点及合理选择。
3. 集团企业融资管理决策的内容。
4. 集团企业内部转移价格的类型、制定及其管理。

第一节　企业集团及其特征

随着我国改革开放的深入发展，社会主义市场经济体系的建立和健全，企业集团这种新型的企业组织形式正在蓬勃兴起。但是众多实际调研资料表明，我国理论界对企业集团理论研究在某些方面明显滞后，这种滞后已影响到我国企业集团的发展实践。

一、企业集团的概念及其分类

（一）企业集团的概念

19 世纪末 20 世纪初，在西方经济发达国家，由于生产社会化程度的提高和生产经营规模的扩大，许多企业逐步走向了集团化发展的道路。企业集团在西方国家非常普遍，德国的"康彩恩"、美国的"利益集团"或"金融集团"西欧的"公司集团"等，都是对企业集团这种企业组织形式的不同表述。

一般地，企业集团是指由控股公司及其附属公司所组成的多层次的、稳定的经济组织。换而言之，企业集团是以一个或多个实力强大、具有投资中心功能的大型企业为核心，以若干个在资产、技术上有密切联系的企业，单位作为其外围层，由各成员企业按照自愿原则组成的具有多层次组织结构的大型经济联合体。企业集团是一个经济组织，而不是行政机构；企业集团是一个联系组织，而不是单个企业。

作为一个经济联合组织，企业集团一般由核心层、紧密层、半紧密层和松散层四个层次组成。

1. 核心层企业，即母公司（控股公司）及其附属结构，又称集团企业。核心层企业是指依法成立、有自己的组织管理机构、有独立财产、能依法承担经济责任的经济实体，它是自主经营、自负盈亏的独立的商品生产者和经营者，具有法人资格，其法律地位为母公司。母公司可采取股份有限公司或有限责任公司的形式。核心层必须实力强大，具有投资中心功能，它可以是一个大型生产、流通企业，也可以是资本雄厚的控股公司。母公司的附属结构是指母公司内部的分公司或分厂，它们也是核心层单位，分公司不是独立的法人，在经济上也没有独立性，它附属于母公司，当然，分公司可经母公司授权，独立开展经营活动。

2. 紧密层企业，即子公司（控股层）。紧密层企业是由集团企业直接控制（持股50%以上）的企业，也是独立的公司法人。集团企业与控股层企业之间是母、子公司关系。在我国，紧密层企业应符合下列条件之一：核心层企业投资入股并达到控股的；核心企业长期承包或长期租赁的；经批准将全民所有制企业划归核心企业管理的；经国有资产管理部门授权，将全民所有制企业的国有资产交由核心企业经营的。

3. 半紧密层企业，即关联公司（持股层）。半紧密层企业是指核心企业参股（但未达到控股）或紧密层企业的全资或控股的企业。半紧密层企业可以以资金、设备、技术、专利、商标等作价互相投资，并在集团统一经营下，按出资比例或协议规定享受利益并承担责任。

4. 松散层企业，即固定协作企业。松散层企业是核心企业没有资产关系但有稳定经营业务关系的企业，或者由紧密层企业、半紧密层企业参股的企业。松散层企业在集团经营方针的指导下，按集团章程及合同的规定享有权利，承担义务，并独立经营，各自承担民事责任。

如果将企业集团的核心层企业、紧密层企业、半紧密层企业、松散层企业分别用Q1、Q2、Q3、Q4表示，则可得到四种不同类型的企业集团模式：

模式Ⅰ：Q1 + Q2

这种企业集团具有核心层企业和紧密层企业。它是企业集团的基本模式。

模式Ⅱ：Q1 + Q2 + Q3

这种企业集团除具有核心层企业和紧密层企业外，还具有半紧密层企业。

模式Ⅲ：QI + Q2 + Q4

这种企业集团除具有核心层企业和紧密层企业外，还具有松散层企业。

模式Ⅳ：Q1 + Q2 + Q3 + Q4

这种企业集团除具有核心层企业和紧密层企业外，还具有半紧密层企业和松散层企业。它是内部结构最完备的企业集团模式。

（二）企业集团的分类

1. 按集团内部成员的法律关系，可分为隶属型企业集团和平等型企业集团。

隶属型企业集团内部各企业在法律上独立，但从属企业必须受控制企业支配，集团内的统一经营权由控制企业行使。在这种企业集团中，控制企业与从属企业一般表现为母公司和子公司的控股关系，是企业集团最普遍的法律形式。

平等型企业集团内部各企业之间不仅在法律上具有独立性，而且地位平等，不存在从属关系。集团内各企业通过协商，可以成立统一的领导机构或缔结利益共同体，实行统一经营。

隶属型企业集团与平等型企业集团相比，具有稳定性与长期性，核心企业在法律上享有特殊领导权，并承担特殊义务和责任，有利于统一经营管理。

2. 按集团控制关系与形成途径，可分为控股式企业集团和契约式企业集团。

控股式企业集团是指按照企业之间的控股关系组建的企业集团。控股企业通过持有多数股权，对从属企业在经营上施加决定性影响，从而建立控制关系。这是典型的企业集团。

契约式企业集团是指通过订立合同，各企业自愿结合为集团。根据企业合同，一企业将经营权授予他企业指挥，由此而产生经营上的控制权与相应的权利和义务。

根据控制关系和形成途径对企业集团进行分类，是为了明确其法律效果上的差别。在国外控股式企业集团中，如果有控制权的企业的行为对受控企业造成损害，要予以补偿。而契约式企业集团内母公司有义务弥补子公司的年度亏损，使子公司的债权人获得间接保护。

3. 按照企业集团所有权性质，可分为国有企业集团和复合企业集团。

国有企业集团的成员都是国有性质，复合企业集团的成员具有多种经济成分。

此外，企业集团按涉外性质，可分为国内企业集团和跨国企业集团；按所属行业，可分为产供型、产销型、产供销型企业集团；按联结纽带，可分为以经济技术纽带形成的企业集团和以资本纽带形成的企业集团；按联合的紧密程度，可分为紧密型企业集团、半紧密型企业集团和松散型企业集团。

二、企业集团的特征

（一）法律特征

企业集团是非法人的企业联合体。从法律上来看，企业集团虽然是一个多层次的大型经济联合组织，但它不具备作为法人享有经济权利和承担经济义务的条件，也就是说，企业集团本身不是独立法人，不具有法人地位，只是由若干个法人组成的一种经济联合体。从财产上来看,企业集团不具有自己能够独立支配的财产,没有法定的资本额,企业集团的财产只表现为各成员企业的独立财产。

(二)组织特征

企业集团成员之间存在广泛的经济联系,包括产品、生产技术、经营管理特别是资本联系,在组织上具有稳定性和层次性。由于企业集团的成员在经营上存在着共同的利益和风险,所以在组织上表现出稳定性。由于企业集团成员之间联合的紧密程度不同,所以表现出复杂性。企业集团的组织结构是多层次的,既有核心企业、骨干企业,又有一般成员企业,还有大量只有协作关系的企业。企业集团组织的实质就是在更大的范围内,对各种生产要素进行重新组合,优化配置,有效利用,实现集团企业的共同利益目标。

(三)经营特征

为了分散经营风险和投资风险,企业集团的经营规模都比较庞大,并不断地扩大经营,向多角化、综合化方向发展,许多企业集团跨地区、跨部门、跨行业甚至跨国经营。同时,企业集团的经营方向呈系列化,一般都是围绕着核心企业的主导产品系列化,如"二汽"集团就是以东风系列汽车的研制、开发、生产为链条组成的。

(四)融资特征

企业集团是与金融机构密切结合的经济联合组织,具有强大的融资功能。随着商品经济的发展,工业资本发展到一定程度必然要与金融资本相结合,以增强其向国内外扩张的实力。如日本的企业集团一般以银行为中心,把产业、商社结成三位一体的联合组织。

(五)会计特征

企业集团是特殊的非独立核算的会计主体,但需要编制以母公司为基础的合并会计报表。

三、企业集团的联结纽带

企业集团各成员之间的利益是通过一定的稳定力量联结起来的。这种稳定的力量一般称为企业集团的联结纽带。企业集团的联结纽带主要有三种:行政纽带、资本纽带和技术纽带。通过资本纽带联结的企业集团各成员公司之间关系最为紧密。

(一)行政纽带

企业集团成员之间基于上下级行政关系来联合,级别高的企业指挥和管理级别低的企业。这种联结纽带容易造成产权不明,内在机制缺乏,难以形成凝聚力。我国早期的企业集团往往采取这种联结纽带。

(二)资本纽带

企业集团成员之间通过控股、参股等形式建立资本关系,以此确定利益关系,从而形成成员之间的利益共享、风险共担的机制。这种企业集团建立在现代企业制度的基础上，其成员大多是股份有限公司和有限责任公司。资本联结纽带的优点是：根据资本关系确定利益关系，为处理内外经济利益关系提供了基础，增强了企业集团的凝聚力；核心企业能够控制重要的子公司，形成企业集团统一的经营战略，优化企业集团内部的资源配置，实现集团利益最大化；母公司以较少的资本控制了比自身规模更大的资本，扩大了集团的规模，增强了集团的实力。

（三）技术纽带

企业集团成员通过生产技术、名牌产品为纽带联结起来发挥企业集团在生产技术和名牌产品上的优势。

四、企业集团组建应考虑的资本优势

但凡一个企业从单一组织集成为企业集团，必须要有自身的优势，或称企业的聚和力。只有这种聚合力，才能团结或辐射一批外围企业来组成集团。从本质上来讲，企业集团是一种战略联盟，借助于集团优势来实现核心企业及其成员企业的目标。从这一点出发，我们从上述关于企业集团的组建模式也能得出，组建企业有一个核心企业，而这一核心企业的优势除了产品、营销网络或技术等优势外，主要是其资本优势。

如果核心企业没有资本优势，组建企业集团也就成为一句空话，这对控股型企业集团模式更是如此。需要指出的是，资本优势不单纯表现在核心企业现存账面的资本实力（即存量资本实力），更重要的是核心企业潜在的通过市场的资本融通能力（即未来资本实力），成员企业入伙的一条重要原则是“我能从集团中得到什么？”如果核心企业不能回答“我能给你什么？”则企业集团也就无法产生。作为最为重要的一种资源，资本是核心企业及成员所关注的。从核心企业角度来讲，资本是其行使扩张的必要手段，是凝聚资产的胶合剂，那么如何判断核心企业的资本优势？主要考虑以下几个方面：

（一）核心企业存量资本优势

它是指核心企业在组建之时自身的存量资本实力，即账面所体现的资本存量有多少，账面所体现的存量资本并不表现在数字上，而是表明在实物中，因为任何资本都需要通过资产的数量与质量来体现，如果核心企业的资产质量很低下，其账面值与市场价值相去甚远，在负债总额一定的情况下，则其资本的质量不会好，因为资本作为剩余收益，是资产抵减负债的结果。

（二）核心企业的投资实力

投资实力是资本存量在投资上的表现，没有雄厚的资本实力也就不可能有雄厚的投资实力，但存量资本优势并不等于其投资实力。按照有关法律规定，企业对外投资总额不得超过企业净资产的一定比例，超出这一比例，就不得进行投资。因此，对外投资实力的大小不仅取决于资本总量的大小，而且还取决于可供投资的剩余资本有多少。当然，在企业进行对外投资，特别是进行控股与参股过程中，资本投资只是其投资形式的一方面，企业还可以以较小的资本来取得被投资方较大的份额（如无形资产投资、管理技术投资等)。

(三)核心企业的未来融资能力

首先需要说明的是,融资与筹资是两个不能完全相互等同的概念,或者说融资的概念更为广泛,融资包括通过资产的转换融通而达到取得资金的目的,因此,融资既包括对外的筹资行为,也包括对内的盘活资产行为,还包括内外相结合的资产融通行为。提高企业集团中的核心企业的未来融资能力,既是核心企业成立集团的初衷和基本目标,也是核心企业吸引其他主体介入集团的基本前提,这两者互为因果。核心企业的未来融资能力必须立足于现实,即核心企业现时拥有的融资能力和市场上良好的财务形象,没有现在也就没有未来。融资能力可以通过一系列的指标或动态分析进行自我判断,如市场地位如何、付款情况如何、与金融机构的关系处理如何、与客户的关系如何、公司的财务状况与经营成果又是何等情况等。

可见,企业集团首先必须是以资本为纽带的企业群体组织,没有资本作为纽带,也就不可能建立起真正意义上的企业集团,因此控股与参股是第一位的,核心企业的资本优势也是其基本前提。同时,要保证企业集团健康有序地发展,核心企业不可能只凭资本这一单一优势,而必须是复合优势,它包括管理优势、技术优势与产品或市场优势等。应该说,资本优势是企业集团成立的根本前提;管理优势是企业集团健康发展的根本保障;产品及市场网络优势是企业集团发展的根本目标与方向。

第二节　企业集团财务管理体制模式

一、企业集团财务管理的特征与要求

(一)企业集团财务管理的特征

我们认为企业集团在财务管理方面具有以下特征:

1. 财务主体多元化。企业集团的一个重要特点是母公司与被控股的子公司之间以资本关系为基础产生控制与被控制关系,但它们又都是独立的法人主体。集团公司中的各子公司作为独立的法人,都是利润管理中心或投资管理中心,具有独立的经营管理机构并独自承担财务上的法律责任,形成“公司内的公司”。所以集团公司本身就意味着多个财务主体并存。

2. 财务决策多层次化。在企业集团中,母公司作为核心企业,与其属下各级子公司分别处于不同的管理层次,各自的财务决策权利也不相同,导致集团内部财务决策的多层次化。因此,企业集团在确定母公司主导地位的基础上,必须充分考虑不同产业、地区、管理层次的企业的不同情况,合理处理集权与分权的关系,最大限度地减少内部矛盾,真正调动集团各层次成员企业的积极性和创造性,保证企业集团发展规划和经营战略的顺利实施。

3. 投资领域多元化。企业集团凭借其财力雄厚的条件,普遍采用多元化投资经营战略,注重产品的系列化和产业的多元化,通过进入市场经济的多种领域,在增强其竞争发展能力的同时,提高了抵御不同市场风险的能力,从而可以加速整个集团的资本扩张与资本增值速度。

4. 母公司职能双重化。母公司作为整个集团发展目标的制定与实施的组织者、指挥者,其职能不再仅仅局限于自身单一的经营,更为重要的职能在于通过控股等多种方式,以股权关系为基础从事资本经营和管理,推动其下属各成员公司的经营管理,使整个公司能够作为一个有机整体有效地协调运营并迅速扩张。

5. 关联交易经常化。关联交易是指在关联企业之间发生的转移资源和义务的事项。企业集团内部母子公司之间、由母公司控制的子公司、合营企业、联营企业之间等都会或多或少地发生关联交易。如果这些关联交易能够以市价作为交易的定价原则,则不会对交易双方产生异常的影响。但事实上大量关联交易采取的是协议定价原则,交易价格的高低在一定程度上取决于企业集团的需要,使利润得以在各公司之间转移。

(二)企业集团内部财务管理的要求

企业集团财务管理的最终目标是要实现集团公司整体利益最大化,根据该目的以及企业集团财务管理特征,我们认为企业集团内部财务管理过程中应该满足以下要求:

1. 集中筹集资金。即从集团公司的角度,最有效地从外部筹集资金。这里指的最有效是从集团公司角度看的最有效,而不是局限于某一子公司。

2. 集中使用资金。即从集团公司的角度,最有效地集中使用内部资源。在集团内部一般存在很多子公司,在其自身的资金运转过程中,总会出现某些子公司资金不足而另一些子公司资金有余的现象。通过集中使用资源,可以在集团内部调剂余缺,最大限度地发挥资源的使用效益。同时,集中使用资源也有助于保证集团行为的一致性。

3. 合理调整各子公司的现金流量,争取集团整体的净现金流入量的最大化。集团整体的现金流入量并不等于各子公司现金流入量的简单之和。由于外部环境和各子公司的内部条件不同,在总现金流入量相等的情况下,调整各子公司的现金流入量可以使集团整体的净现金流入量产生相当大的差异。

4. 正确评价各子公司的经营业绩或调整子公司账面业绩,分配经济利益,激发各方面的积极性,确保集团总目标的实现。母公司在资金筹集、使用、转移价格等方面对子公司的干预,使各子公司的账面业绩难以准确地反映各子公司的实际业绩,如果母公司仍旧按照账面业绩作为对各子公司的考核标准以及分配标准,则有失公平。所以,集团公司母公司应该根据实际情况调整账面业绩,以确保按照实际情况评价各子公司业绩和分配经济利益。

二、企业集团财务管理体制基本模式

企业集团财务管理体制模式是处理集团公司内部母公司与子公司、子公司与子公司之间的财务关系和财务权限的模式。建立集团企业财务管理体制的根本目的是为了使集团企业内部纵向各层次之间的财务关系得到妥善处理,实现责权利关系的制度化,协调纵向各层次的财务目标和财务行为。财务管理体制的关键是财务决策权的集中与分散问题。根据决策权集中和分散的程度,大致有集权型、分权型和折衷型三种模式。

(一)集权型财务管理模式

1. 特征。母公司的相关财务管理部门或机构对子公司的财务实行统一的集中管理,子公司没有财务决策权。

2. 母公司对子公司的财务权限。母公司财务管理部门,不仅参与母公司本身的财务决策和管理,而且还直接参与子公司财务的实际执行过程。尽管子公司在法律上的地位是独立的,但是实际上子公司在财务上仅被视同为母公司的分公司或二级法人企业看待。

3. 优缺点。优点是:集团公司的理财目标容易得到子公司贯彻执行;有利于集团公司整合资源。缺点是:不利于发挥子公司积极性;不利于母公司从烦琐的日常管理事务中解脱出来;不利于分清母子公司经济责任;难以建立科学的对子公司经营业绩的考核体系。

(二)分权型财务管理模式

1. 特征。母公司掌握对子公司的重大事务决策权或审批权,子公司掌握子公司日常财务决策权和管理权,子公司一般只需要将决策结果报送母公司备案即可。母公司一般既不干预子公司的经营活动,也不干预子公司的财务活动。

2. 母公司对子公司的财务权限。子公司是作为一个独立的法人企业来看待,母公司不能直接指挥子公司的日常财务活动,母公司对子公司的财务权限主要集中在一些对集团公司整体目标实现有重大影响的财务事项的决策权、对子公司经营业绩的考核权、对子公司财务机构的指导权三个方面。

3. 优缺点。优点是:有利于发挥子公司参与管理的积极性;有利于母公司从烦琐的日常管理事务中解脱出来;有利于分清母公司与子公司经济责任;有利于建立科学的对子公司经营业绩的考核体系。缺点是:集团公司的理财目标不容易得到子公司的认可;不利于集团公司整合资源。

(三)折衷型财务管理模式

1. 特征。母公司对子公司财务管理的权限小于集权型财务管理模式,但大于分权型财务管理模式,即介于集权型和分权型之间。折中型财务管理模式会随母公司集权和子公司分权的多少不同,而形成很多不同的具体模式。

2. 母公司对子公司的财务权限。子公司一般是作为一个相对独立的法人企业看待。母公司对子公司的财务权限主要集中在一些对集团公司整体目标实现有重大影响的方面,主要有资金控制权、预算控制权、人事控制权、业绩考评权。

3. 优缺点。优点是:既有利于母公司控制子公司,又有利于发挥子公司参与管理的积极性;既有利于母公司从烦琐的日常管理事务中解脱出来,又有利于集团公司整合资源;既有利于分清母公司与子公司经济责任,又有利于母公司政令在子公司内部的执行。缺点是:集团公司对子公司的控制力不如集权型大;子公司的积极性和主动性不如分权型高。

三、集团公司财务管理体制模式选择应考虑的因素

(一)一般因素

1. 可能性问题

"可能性"受制于母公司与子公司之间资本关系,即母公司对子公司控制权的大小。一般来讲,控制权的大小与可能选择的集权程度成正比,母公司只有掌握子公司100%股权的条件下,才能对子公司的财务实施绝对集权式管理;反之,则只能按分权模式进行管理。

2. 效益性问题

效益性问题是集团公司选择财务管理模式的一个最重要标准。即必须要考虑到不同财务管理模式的"成本"与"收益",只有收益大于成本的财务管理模式才是可行的模式。

一般地,集权的成本包括子公司积极性下降的损失、财务决策效率降低的损失、管理成本上升的损失等;集权的收益包括子公司与母公司的目标容易协同一致、母公司对子公司指挥的效率高、财务资源利用效率高等。而分权的成本包括子公司经营目标与母公司经营目标背离的损失、母公司对子公司指挥不灵的损失、财务资源利用效率下降的损失等;分权的收益包括子公司积极性提高、财务决策效率提高、管理成本下降等。

(二)具体因素

集团企业的集权与分权都只能是相对的。对于每一个具体的集团企业,理论上总是存在集权与分权的适当的结合点,这一结合点的"位置"则取决于一些影响集权与分权安排的具体因素。具体地,还要从组织结构、规模、地域分布、管理水平等方面分析。

1. 组织结构

现代企业组织理论认为,组织的高效率运行,首先要求设计的组织结构合理。管理组织结构设计的目的,就是为了合理地组织管理人员的劳动,组织结构的设计必须考虑以下三个因素:第一,企业战略。不同的战略,要求进行不同的业务活动,从而影响管理组织的设计。战略重点的转变,会引起组织的工作重点从而各层次职能的调整。第二,环境。任何组织都存在于一定的环境之中。环境特征决定组织内部工作的内容及各项工作的相对重要程度。因此,环境必然会影响组织设计。第三,规模及组织所处的发展阶段。随着企业规模的扩大和组织的发展,企业活动的内容日趋复杂,人员逐渐增多,组织结构须随之调整。鉴于以上因素考虑,集团企业究竟采取"母公

司—地区或产品事业部—子公司”这样的组织结构模式，还是采取“母公司—子公司”这样的组织结构模式，就会有不尽相同的财权分配方式。相对而言，前者财权应更分散些，后者财权应更集中些。

2. 集团规模

根据管理幅度与管理层次理论，管理者受其时间与精力等限制，在企业规模扩大到一定程度后，就有必要实行分层次的授权管理。在集团企业规模不大，经营范围较小，业务比较单一，子公司数量不多，从而集团内部关系较为简单时，财权就可以相对集中；而若集团企业规模较大，经营业务多样化，和（或）子公司数量较多，从而集团内部关系较为复杂，集团总部难以统一管理子公司的财务或统一管理效率过低，那么，财权就应该相对分散。

3. 地理分布

一般而言，子公司或分支机构在地理分布上比较集中的集团企业，母公司比较容易了解和掌握关于子公司或分支机构的具体情况，从而有条件对子公司或分支机构的财务进行较多的直接管理，也即采取相对的财权集中；相反地，如果集团企业在地理上比较分散，母公司就不太容易及时了解和掌握下属单位的具体情况，只有采取相对分散的财务管理体制方能提高财务决策的效率。当然，两种特殊情形须另行考虑：其一，集团内部分下属单位在地理上比较集中，部分下属单位则比较分散，这时可考虑对不同的下属单位采取程度不尽相同的集权或分权；其二，虽然在地理上比较分散，但交通及通讯等都很便利，也可采取较多的集权或较小的分权。

4. 管理水平

因管理者的素质、管理方法和管理手段等因素所决定的集团企业管理水平，对财权的集中或分散也具有重要的影响。较高的集团总部管理水平，有助于集团更多地集中财权。否则的话，财权过分集中只会导致决策效率的低下。

第三节　企业集团财务管理的内容

企业集团的财务活动一般分为四个层次：母公司层、子公司层、关联公司层和协作企业层。其中，母公司层、子公司层的财务活动是企业集团财务管理的主要内容。

一、企业集团产权管理

（一）产权关系

母子公司关系是企业集团财务关系的核心。从法律关系来看，母子公司都是独立平等的市场竞争主体，追求资本收益最大化目标，他们之间不存在行政上的依附关系，而仅仅是所有者与经营者、投资者与受资者之间的关系。因此，母公司对子公司的管理与控制必须依照公司法进行，不能超越所有者权限介入子公司的日常经营事务，以确保子公司真正独立的法人地位。从内部产权关系来看，为了维护和实现集团利益，母公司通过产权关系，依法对子公司经营活动进行控制和监督，保障其投入资本的安全性，并依股东权益获取收益，从而促使子公司经营目标与母公司总体战略目标保持一致。

在处理母子公司关系时，应当防止两种情形：一种情形是，母公司缺乏对子公司有效的监督管理手段，致使子公司经营活动偏离母公司的发展战略目标，危及母公司利益；另一种情形是，母公司为了实现其经营目标，超越所有者权限，侵犯子公司独立经营权。

（二）产权结构

产权结构的设置要充分考虑母子公司的关系。母公司从经营战略和发展规划出发，依据集团公司的产业布局，将其所持有的有形资产、无形资产、债权资产分别投资于各子公司，并依法落实其法人财产权和经营自主权，形成以产权为纽带的母子公司关系，通过产权关系的约束控制，间接实施管理。子公司在获得投资资产的实际占有后，成为具有独立承担民事责任能力的有限责任公司或股份有限公司，独立从事生产经营活动，实现母公司的资产经营目标。

母公司在确定产权结构时，应积极引导子公司寻求多元化的投资，建立多元化的产权结构。一般来说，对于集团公司的支柱产业、资金密集型产业，母公司应绝对控股，将其建立成全资子公司，形成单一的产权结构；对于集团公司生产和发展具有重要导向作用的技术密集型产业和关键辅助性生产，母公司可以绝对控股（51%以上持股），将其建成控股子公司，同时，积极吸收社会法人参股，鼓励公司内部职工投资入股，寻求多元化产权格局；对于集团公司生产有关的配套产业或第三产业，母公司只参股而不必控股。

母子公司控股关系的形成有以下几种方式：

（1）直接将核心企业的一部分分割出去，成立全资子公司独立经营。

（2）以货币资金、实物资产、有价证券和无形资产等向紧密层企业投资入股，并达到一定的控股额，建立起母子公司关系。

（3）通过有偿兼并，出资购买已改组为公司的成员企业半数以上股份，使其成为自己的子公司。

（4）采取等额股份互换的方式，将紧密层企业变成自己的子公司。

（5）通过国有资产授权的经营，将其他企业的国有资产转为核心企业的法人财产，使这些企业变成核心企业的子公司。

（三）持股方式

不同类型的企业集团应当选择不同的持股方式。一般的说，对于核心企业实力强大的企业集团，可以选择垂直持股的方式，以保障母公司的控制权；对于强强联合的企业集团，可以选择交叉持股的方式，以密切母子公司之间的相互关系。

二、企业集团融资管理

与单一公司在筹资方面的区别是，集团公司内部是由若干家单一公司所组成的一个公司群体，从理论上来讲，集团公司内的每一个公司都有权直接对外筹资。但为了使集团公司整体资金结构达到最优，集团公司必须从集团公司整体的立场上来考虑筹资成本和筹资风险。

（一）企业集团集中筹资的目的和主体

企业集团集中筹集资金的目的是将企业集团整体风险控制在一个适当的范围，使集团的整体资金结构达到最优和整体资金成本达到最低。

在单一公司中，资金筹集主体和资金需要主体是合二为一的，而在企业集团中，资金筹集主体和资金需要主体可以分立。即筹集资金的公司筹资能力强但是自身并不需要资金，于是将筹集来的资金通过内部转移的方式，交给需要资金而很难筹集资金的公司使用。采用这种方法的好处：一是可以解决需要资金公司筹资难的问题；二是由于筹资公司的风险低于用资公司的风险，可以降低资金成本。

（二）企业集团集中对外筹资

企业集团集中对外筹资的主要优点就是，通过调整各个子公司的资金来源结构，将集团公司整体风险水平控制在一个适当的范围之内，使企业整体加权平均资金成本达到最低。

集中对外筹集资金根据集团公司的财务组织形式不同，可以分为完全集中筹资和集中决策、分散筹资两种形式。

完全集中筹资是指子公司没有直接对外筹资的权利，只有企业集团才拥有对外筹资的权利的筹资形式。其好处是，企业集团承受风险的能力往往大于子公司，偿债能力往往更强，企业集团集中筹资可以降低投资人的投资风险，因而集团更容易获得低成本资金。其缺点是，筹资所产生的所有风险均由企业集团承担，将企业集团直接暴露在对外筹资的风险之下，不利于在高风险的条件下保护企业集团。

集中决策、分散筹资是指对外筹资的决策权掌握在企业集团手中，而实际筹资仍然以子公司的名义进行。在这种筹资形式下，企业集团根据集团整体资金结构最优的原则，确定各个子公司应该采用的筹资方法。其优点是，筹资风险由子公司承担，避免将集团整体暴露在对外筹资的风险之下，有利于在高风险的条件下保护企业集团。其缺点是，集团不能以综合各子公司风险水平之后的集团整体风险水平为基础进行对外筹资，可能造成筹资成本会高于完全集中筹资形式下的筹资成本。

（三）企业集团的内部筹资

所谓集团公司的内部筹资，是指集团公司如何将分散在各子公司暂时闲置的资金集中起来运用于内部周转的问题。内部筹资目的是，可以最大限度降低集团公司的资金成本和提高资金使用效益。

集团公司内部各子公司由于生产经营周期不一致、盈利能力不一致、资本性支出的安排不一致、资金来源结构不一致等方面的差异，在生产经营过程中不可避免地会存在一些子公司现金有多余，一些子公司现金不足的现象，这就为集团公司内部融通资金提供了可能。

集团公司内部筹资的方式主要是成立集团公司的结算中心或财务公司，集团公司各成员公司都在结算中心或财务公司开设账户，将资金统一存入结算中心或财务公司，集团公司可以利用各成员公司资金存入与支取之间的时间差，确定可能提供的信贷额度，并向需要资金的成员公司发放贷款。财务公司或结算中心通过内部吸收存款产生的可以提供的信贷金额就是企业集团内部的筹资额。

集团公司内部筹资的好处是，可以节约集团整体的利息支出，充分发挥资金的使用效益；还可以令集团整体负债减少、风险水平降低、加权平均资金成本降低、企业价值增加等。

（四）企业集团整合内部资源的对外筹资

所谓整合内部资源的对外筹资是指集团公司将不符合对外筹资条件或处于劣势的对外筹资资源，通过内部整合，使它变为优势或相对优势的资源，然后再用这些资源作为对外筹资的基础。其目的是对成员公司的对外筹资活动提供各种必要的支持，增加集团公司对外筹资能力和筹资量。

企业集团整合内部资源对外筹资的主要方法有：

1. 公司分立上市。是指企业集团将一部分资产从资产所属公司中剥离出来组成一家新的公司，然后再用新公司上市发行股票筹资的筹资行为。当集团公司原公司的整体效益不好，达不到上市发行股票的要求，但是公司中有一些优质的资产，其盈利能力满足上市发行股票的要求时，或者集团公司内部各成员公司的经济效益都达不到上市发行股票的要求，但是各成员公司中都有一些优质资产时，可以通过公司分立上市的方法来实现筹资的需求。

2. 集团公司各成员公司的相互抵押或担保。具体包括母公司为子公司的担保、子公司为母公司的抵押和担保、子公司与子公司之间的抵押和担保。我国商业银行法规定，企业向银行贷款必须要有抵押和担保。提供抵押或担保的公司将来是承担连带赔偿责任的，所以，与借款公司没有特殊关系的企业一般是不愿意为借款公司提供抵押或担保的。这样，集团公司各成员公司的相互抵押或担保借款，可以降低银行的贷款的风险，利息率往往会低于贷款信用贷款的利息率，为企业集团带来利息支出减少和收益增加的好处。

3. 债务在集团公司内部各成员公司之间的转移。是指当某成员公司需要筹集负债资金，但受到本公司资金来源结构的限制或不宜于直接提高外债的比例，或根本无法从外部筹集到负债资金时，集团公司用其他成员公司的名义对外筹集负债资金，然后再将筹集来的负债资金通过内部负债的形式转移给负债资金的成员公司。这样做的好处是，不仅解决了某些成员公司无法取得负债资金的难题，而且，由于选择盈利能力强、资金结构优、风险低的成员公司作为对外借款的主体，从而可以降低负债资金的成本。

三、企业集团投资管理

（一）母子公司投资管理关系

母公司对其投入子公司的资产具有收益权和处分权（如分红或转让），依据其股权大小行使所有权职能。子公司是股东投入资产的实际占有者，具有资产占有权和使用权，并以其全部资产对公司债务承担有限责任。因此，在资产管理关系上，虽然母公司对资产具有结约束力，但不能直接实施控制；子公司在占有资产、独立经营的基础上，也不能脱离母公司的产权约束，实现绝对化的独立。所以，母子公司之间资产关系的协调是实现双方利益的前提。在保证子公司自主经营的基础上，母公司通过选派股权代表进入子公司决策管理机构，将其经营战略意图贯彻到子公司的具体经营活动中，同时通过建立严密的资产经营考核体系，促进子公司自觉实现母公司制定的资产经营目标。

（二）资产管理

1. 确定管理重点，优化资产结构。母子公司应明确各自的资产管理重点，一般来说，母公司应重点控制固定资产和其他长期资产，而子公司应重点控制流动资产。同时，为了规范企业集团的投资行为，应对集团资产增量和存量实行分类管理，控制集团的经营性资产和非经营性资产的比例，确保集团公司资产营运与发展战略的一致性，提高资产利用效率。

2. 明确管理权限，范围和管理程序。母公司采取完全集中的财务管理体制，在财务总监负责下，由筹资部、投资部、规划部、财务公司和市场部等专业部门组成投资决策中心，具体负责对母公司直接投资的项目进行全方位集权管理，实行统一调控。子公司应设置相应的投资管理部门，具体负责管理规模较小的投资项目。规模较大的投资项目由母公司直接管理。集团企业应严格规范资产管理的程序。资产的购置、调剂、使用、报废和处置，不仅要做到权限分明、责任清楚，而且必须按照规范的程序进行管理。

3. 严格资产变动管理。核心层企业与紧密层、半紧密层企业之间虽然建立了产权关系，但随着企业生产经营情况的变化和产业结构的调整，集团成员企业之间还会出现资产转让现象，为防止资产流失，必须做到：集团成员企业之间流动资产的转让必须是有偿的，固定资产的转让若为无偿调拨，必须经集团有关部门领导审查批准，凭无偿调拨手续办理；集团各成员企业向集团外单位转让固定资产，必须有偿转让，并经集团有关部门领导审查批准。

（三）投资决策

1. 选择投资机会。投资机会的选择是一个复杂的过程，集团公司应全面分析影响投资的各种因素，包括市场短缺分析、经济政策分析、产品更新换代时期分析、通货膨胀和银根紧缩分析，科学选择投资机会。

2. 引导投资方向。集团公司要认真研究国家的财政政策、税收政策、货币政策和产业政策,选择适当的投资方向,通过对产业结构的效益进行比较分析,及时提出资本结构的调整方案,引导成员企业的资金结构的效益进行比较分析,及时提出资本结构的调整方案,引导成员企业的资金流,使成员企业在授权的范围内,通过财务管理实现良好的投资效益。

3. 控制投资规模。集团公司应从集团整体利益出发,对投资规模进行全面和长远的规划,将各成员企业的投资规模控制在一定的范围之内。

4. 审定投资项目。集团公司应当统一规定投资项目可行性分析和审定的决策程序,对规模较大的项目由集团公司审批,规模较小的项目由成员企业按照决策程序自行决定。

四、企业集团收益分配管理

(一)利益分配的基本格局

1. 企业集团与国家之间的利益分配。这种分配体现了国家与企业集团之间的财政分配关系。分配的方法是:企业集团的核心层和紧密层企业一律按现行税法缴纳各种税金,税后利润再经过各种法定提留,才可作为应付投资者利润或应付股利由集团内外进行分配。

2. 集团核心层与紧密层企业之间的利益分配。以控股方式形成的紧密层企业与核心层之间的利益划分,体现的是投资报酬返还的投资分配关系;以承包、租赁方式形成的紧密层企业与核心层之间的利益划分,体现的是核心层向紧密层企业所有者、管理当局交付承包费和租金的有偿使用资产的分配关系;行政合并形成的紧密层企业与核心层之间的利益划分,体现的是规模经营形成的利益共享的分配关系。可见,核心层与紧密层企业之间的利益划分最能反映企业集团的特色,是企业集团利益分配的核心。

(二)利润分配的方式

企业集团联结纽带和联合方式的不同,利润分配方式也不同。主要有以下几种:

1. 直接分配。适用于以投资控股组成的企业集团的利润分配,大多数企业集团都采用这种分配方式。在这种方式下,受资企业根据投资额的多少;以"应付利润"或"应付股利"的形式,直接进行利润分配。

2. 基数分配。适用于以承包、租赁组成的企业集团的利润分配。这种分配方式的前提是:企业集团核心层向成员企业的主管部门以承包、租赁的方式取得资产使用权,并与成员企业的主管部门或所有者,签订承包税后利润上缴数额和资产使用租金合同。这样,由于被承包、租赁企业成了企业集团的紧密层企业,企业经营所得利润要先按合同规定的基数将承包费或租金上交成员企业的主管部门或所有者,剩余部分才归企业集团核心层。同时,紧密层企业(被承包、租赁企业)也按合同的规定取得本企业职工应得收入和企业发展收入。这样,紧密层企业将实现的利润以"应付利润——应交承包或租赁费"的方式交原主管部门;以"应付利润——分给承包承租方利润"的方式交集团核心层；以提取公积金、公益金等方式留下自己应得的部分。

3. 基数比例分配。适用于以行政性合并方式下，集团核心层向国家承包，各紧密层企业再向核心层承包。因此，集团由核心层统一对国家，紧密层企业取得的税后利润再按承包基数，在核心层和紧密层企业之间进行分配，即按规定的基数上交集团核心层，剩余部分由紧密层企业自行掌握。如果紧密企业的经营发生了亏损，核心企业也应按比例承担损失。这种方式广泛适用于核心企业按约定的条件对紧密层企业提供技术、半成品、销售服务等，紧密层企业按核心企业的要求从事生产经营，期末以“应付利润”向核心企业上交税后利润。

（三）利润分配方式的选择

1. 企业集团的利润分配应遵循“先税后分”的原则。

2. 依据组建企业集团的不同方式进行选择。按照“先税后分”原则分配利润有一个重要的前提条件，即企业之间的投资有明确的数额纳入会计核算范围，产权界限要清晰。但在现阶段，企业集团只有按投资控股方式组建起来的才能够清楚地进行利润分配，而按承包租赁、行政性合并等方式组建的企业集团，由于产权界限不清而遇到障碍。因此，在坚持“先税后分”的原则下，对承包租赁和行政性合并组建的企业集团仍可按已有的承包基数、租金、比例等分配方式进行利润分配；对以国有资产授权经营方式组建的企业集团，应在核心企业对授权经营资产保值、增值的基础上，向国家进行税后利润总承包，并再以下一层次税后利润承包的方式与各成员企业进行利润分配。

3. 企业集团利润分配还应考虑一些特殊因素。例如，内部结算价格与市场价格差异很大，已含有转移利润的因素，则应对利润分割的基数、比例和数额进行相应的调整；又如，如果成员企业负担了集团核心层的部分费用，则在确定基数、比例时也应予以考虑，或在利润分配时进行调整。

五、企业集团财务监控

（一）人员监控

集团公司可通过对子公司财务人员的管理，来影响子公司的财务活动。为此，有必要对内部财务人员管理体制进行改革，实行财务人员的垂直管理。具体做法有：

1. 集中管理。子公司的财务负责人由集团公司统一委派，其人事关系、工资关系集中在集团公司财务部门。财务负责人的职责是：负责子公司的会计核算和财务管理；参与子公司经营决策，执行母公司资金管理制度。集团公司建立财务负责人的例会制度，沟通情况，落实任务，同时加强对财务负责人的指导与监督，制止违章行为。集团公司审计部门加强对子公司的财务审计、年度审计和离任审计，形成自上而下的审计约束机制。这种做法的优点是：（1）实现了集中统一的垂直领导，财务管理指令畅通，财务人员能够正常行使职权，从而解决“顶得住，站不住”或“站得住，顶得住”的问题；（2）加强了专业化管理，有利于统一核算口径与方法，提高财务信息质量。但其缺点是横向联系不够紧密，容易造成某些脱节。

2. 双重管理。子公司的财务负责人由集团公司统一任免,但他们的人事关系和工资关系不集中在集团公司财务部门。这种做法能够加强横向联系,避免工作脱节,也在一定程度上体现垂直管理。但由于人事关系和工资关系的原因,垂直管理的力度也很有限。

(二)制度监控

由于企业集团组织形式的特殊性,现行财务与会计制度尚不能对企业集团的财会工作加以全面规范,所以,企业集团还应结合集团经营管理和自主理财的需要,补充制订集团内部财务与会计管理制度,用以规范集团内部各层次企业的财务管理工作。

集团公司应根据内部核算的需要,补充部分会计科目(对母子公司具有相互对应关系的会计科目要作明确的使用说明),并统一设计规范的内部报表格式和封面,以便统一执行。对于合并财务报表,要作出具体规定,母子公司必须严格执行,以便于全面反映企业集团的整体财务状况,满足信息使用者的需要。

(三)审计监控

企业集团财务管理内部层次多、财务关系复杂,需要运用内部审计手段,强化企业集团内部的财务监督。企业集团外部的财务监督工作由国家授权的专门部门和机构进行,集团内部的财务监督工作主要由集团公司审计部门统一组织。

1. 健全审计机构。一是把内部审计机构交由董事会或总经理直接领导,以保证审计监督的力度;二是配备足够的符合条件的审计人员,以保证按质按量完成审计任务;三是制定内部审计工作制度,把审计工作纳入规范化的轨道。

2. 明确审计重点。检查各项管理制度的执行情况,如内部牵制制度、内部财会制度等等;验证收支的真实性、成本费用的合规合理性;实施针对性的专项审计,对经营管理中的重大弱点问题提出改进意见,为企业领导提供决策依据。

3. 改进审计方法。根据集团公司点多面广的实际,应将详细审计为主改变为抽样审计为主,提高审计工作效率;将一次性审计为主改为经常性审计为主,保证审计的及时性;将送达审计为主就地审计为主,体现内部审计的务实性;将经常性财务收支审计、经济责任审计和经济效益审计结合起来,保证各成员企业在受控状态下开展工作,同时,以审计结果为依据,对各成员企业的财务活动进行规范、考核和评价。

六、企业集团内部转移价格的制定与管理

(一)制定内部转移价格的必要性

内部转移价格是指企业集团内各成员企业转让中间产品时所采用的价格。采用内部转移价格进行企业集团内部结算,可以使用集团成员企业处于类似于市场交易的买卖两极,起到与外部市场价格相类似的作用,从而在保证成员企业利益的前提下实现集团整体利益最大化;内部转移价格有利于划清集团成员企业的经济责任,使业绩考核建立在客观可比的基础上,从而激励经济有效经营,在企业集团内部优化资源配置;有利于集中分配集团资金,确保重点业务或成员公司发展对资金的需要;有利于取

得避税效应；对于跨国公司而言，还有助于回避资金管制。此外，内部转移价格还是进行内部结算、利润分配和财务控制的依据。

（二）制定转移价格应考虑的因素

内部转移价格的制定应坚持集团整体利益高于成员企业利益的基本原则，做到公平合理。制定内部转移价格时，应该主要考虑以下因素：

1. 制定转移价格应考虑的内部条件，主要包括集团公司的集权和分权程度、集团公司持有成员公司股份的多少、集团公司的管理能力和权威、内部交易客体的性质和数量，等等。

2. 制定转移价格应考虑的外部环境，主要是指外部各种利益集团对转移价格的反映。转移价格影响的外部利益集团越多、利益量越大，集团公司在制定转移价格时受的制约就越多，应该考虑的因素也就相应越多；反之，则越少。

（三）内部转移价格的种类

企业集团的内部转移价格主要有以下几种：

1. 市场价格

市场价格就是以转让中间产品的外部市场价格作为内部转移价格。在西方国家，通常认为市场价格是制定内部转移价格的最好依据，因为市价意味着客观、公平，意味着集团内部引入了市场机制，形成了竞争气氛。当然，以市场价格作为内部转移价格并不等于直接将市场价格用于内部结算，而应在此基础上作必要的调整，如剔除销售费、广告费等。

以市场价格作为转移价格的适用条件是：

（1）从管理权限上来看，各个成员公司完全独立自主经营、拥有从集团公司外部还是内部进行购买的最终决策权。

（2）从产品和劳务的关联度上来看，内部各个成员公司之间的相互依赖程度不高，内部交易量较少，采用市价作为内部转移价格对集团公司的整体经济利益影响不大。

（3）从内部产品和劳务是否存在外部竞争来看，各个成员公司之间的中间产品或劳务如果存在有效的外部竞争市场，且市价容易取得，那么内部转移价格才可以采用市价。

以市场价格作为转移价格的优点是：（1）用市价计算出来的盈利能力，可以更准确的评价各个成员公司的业绩；（2）可以节约内部转移价格制定和实施的费用。其缺点是：（1）市价可能导致内部有关子公司内部采购而转向外部采购，造成一部分生产能力闲置，不利于整合内部资源；（2）市价往往变化大，某些产品或劳务甚至不存在相应的市价，使得完全以市价为转移价格可能不现实。

2. 协商价格

协商价格是集团内部成员企业通过共同协商确定的、双方都接受的价格。采用协商价格的前提是中间产品有在非竞争市场上买卖的可能性。在这种市场中，买卖双方有权自行决定是否买卖这种中间产品。一般来说,协商价格的上限是市场价格,下限是变动成本,具体价格须由买卖双方在这一范围内协商议定。

以协商价格作为转移价格的适用条件:

(1)从管理权限上来看,各个成员公司拥有相对独立的自主经营权,可以在很大程度上决定自己是从集团公司外部还是内部进行购买。

(2)从产品和劳务的关联度上来看,内部各个成员公司之间的相互依赖程度较高,内部交易量较大,采用不同市价作为内部转移价格对集团公司的整体经济利益影响较大。

(3)从内部产品和劳务是否存在外部竞争来看,各个成员公司之间的中间产品或劳务,虽然存在有效的外部竞争市场,且市价容易取得,但是,市价的代表性不够或市价波动太大,难以直接采用市价作为内部转移价格。

协商价格的优点是:(1)有利于集团公司整合内部资源;可以更准确的评价各个成员公司的业绩;(2)一旦确定,则各个成员公司不再需要经常的协商和讨价还价。其缺点是:(1)协商定价的过程花费大,会花费大量的人力、物力。(2)在协商过程中,往往需要上级公司参与,导致成员公司的自主经营权受到伤害,激励作用降低。

3. 成本转移价格

成本转移价格就是以转移产品的成本为基础制定的内部转移价格。由于成本的概念不同,成本转移价格也有不同的形式:一是以完全成本为基础作为内部转移价格;二是以成本加成为基础,即以产品的标准成本加上一定的合理利润作为内部转移价格;三是以产品的标准变动成本为基础作为内部转移价格。究竟采用哪种成本形式,应根据转移产品的特点和制定转移价格的不同要求来确定。这里主要介绍完全成本基础和变动成本基础两种转移价格制定方法。

(1)以完全成本为基础的转移价格

其适用条件是:第一,集团公司的各个生产工序是连续不断的,在集团公司外部也不存在同样的产品,不存在竞争性的市场价格;第二,采用市场价格定价容易使各个成员公司产生较大的利益冲突时;第三,产品在制造过程中含有独特的专有技术或其他秘密,这时采用完全成本法可以将中间产品的转移全部内部化,有利于保守公司的秘密。

以完全成本为基础的转移价格又分为以完全实际成本为基础的转移价格和以标准预算成本为基础的转移价格两种。

以完全实际成本为基础的转移价格是指集团公司内部转移价格完全按照提供产品和劳务子公司的全部成本实际成本确定的一种定价方法。其优点是:(1)通俗易懂、便于实施;(2)可以弥补各个成员公司的全部耗费,保证各个成员公司生产经营活动的正常进行;(3)可以使集团公司在市场竞争中获得成本优势。其缺点是:(1)只有销售最终产品的成员公司才能获得利润,会影响到作为利润或投资中心的成员公司的经营积极性;(2)将处于不同生产环节的成员公司业绩评价紧密地联系在一起,容易引起摩擦;(3)上游成员公司发生的全部成本都能够得到补偿,就可能造成上游公司对产品成本管理的放松。

以标准预算成本为基础的转移价格是指根据一旦制定后就不可轻易变动的标准（预算）成本，而不是根据不断变化的完全成本为基础来制定转移价格。其优点是：第一，可以克服以完全实际成本为基础的转移价格在上游成员公司显示不出利润的缺点；第二，可以克服上游成员公司成本完全转移给下游公司而导致上游成员公司对成本控制的动力减弱的缺点；第三，可以克服业绩评价复杂的缺点。其缺点是：第一，标准（预算）成本的制定受人为因素的影响较大，受各个公司讨价还价能力的影响；第二，管理所花费的费用大。

（2）以变动成本为基础的转移价格

以变动成本为基础的转移价格，除了在转移价格中不包括固定成本外，在其余方面与完全成本转移价格基本一样。

该制定方法的优点是：集团公司在是否接受新订单上会作出正确的选择。也即避免了以下情况：当按完全成本制定转移价格时，上游公司的固定成本就转变为了下游成员公司的变动成本，下游成员公司在制定对外的销售价格时，就有可能放弃承接有贡献毛益的销售订单。其缺点是：第一，会使上游公司的固定成本转变为下游公司的利润，从而对下游公司过分有利，而上游公司则总是处于亏损状态；第二，不考虑固定成本，从长期来看可能产生不利。因为只有当全部成本得到补偿以后，集团公司和各个成员公司才有真正的利润可言；第三，以变动成本作为转移价格，不能用涉及盈利的指标对成员公司业绩进行考核，只适用于成本中心，而不适用于利润和投资中心。

4. 双重转移价格

双重价格是针对买卖双方分别采用不同的价格作为内部转移价格。如对产品的供应方可按协商的市价计价，对需求方可按产品的变动成本计价，两者的差额最终由集团公司进行调整。双重价格有两种形式：一是双重市场价格，即当产品在市场上有多种价格时，供应方采用最高市价，需求方采用最低市价；二是双重转移价格，即供应方以市场价格或协商价格作为计价基础，而需求方以变动成本作为计价基础。采用双重价格作为内部转移价格，能够满足供需双方的不同需要，调动双方的积极性。

其优点是：（1）避免因内部转移价格定价过高，使下游公司放弃内部采购导致生产能力闲置的弊端；（2）有利于提高上游公司的经营积极性；（3）有利于正确考核各个成员公司的经营业绩。缺点是：（1）销售和购买中间产品的价差完全由集团公司承担，引起集团公司的利润低于各个成员公司利润之和，造成成员公司利润虚增；（2）利润虚增会导致各成员公司账面盈利能力提高，使从成本控制中获利比例降低，可能造成成员公司对成本的控制放松。上述缺点使该方法在实际中并不多见。

一般地，在以下条件下适宜采用双重转移价格：

（1）在任何单一转移价格的条件下都无法使成员公司与成员公司之间、集团公司与成员公司之间的目标达到一致，以及无法有效地解决对成员公司激励效率时。

（2）中间产品存在外部市场时。

（3）中间产品供应者的生产能力不受限制，且产品的变动成本低于市价。

【例 7－1】 某集团公司拥有若干个成员公司，其中甲子公司生产的产品属于竞争性产品，既可以对外直接销售，又可以作为乙子公司的半成品，通过乙公司加工之后，再作为乙子公司的产成品对外销售。其相关的成本资料如表 7－1 所示。

表 7－1　　市场价格及成本资料表

	甲子公司（上游公司）	乙子公司（下游公司）
市场价格（元）	30	60
单位变动（加工）成本（元）	14	10
单位变动（对外销售）成本（元）	1	1
单位变动（对内销售）成本（元）	—	—
固定成本总额（元）	100 000	120 000
生产能力（件）	12 000	10 000

假定乙子公司的销售量为 10 000 件，甲子公司可以对外承接的销售订单为 5 000 件。（1）试分析乙子公司按市场价格购买甲子公司的产品与向外购买半成品对集团公司整体效益影响的最大差异。

（2）如果该集团公司采用完全成本法制定内部转移价格，甲子公司的产品应优先满足乙子公司的需要，剩余生产能力生产的产品再对外销售，其余条件不变，试确定甲子公司的转移价格，并计算集团公司的整体利益。

（3）如果该集团公司采用的是变动成本作为转移价格，假定甲子公司的产品不能对外销售，乙子公司目前的产销量只有 6 000 件，现在有一个客户愿意以现行销售单价的 50% 订货 4 000 件，即 30 元/件，其余不变。试问乙子公司是否该接受该订单？并计算集团公司的整体利益。

解：

（1）乙子公司所需中间产品全部向甲子公司购买情形下的集团公司的整体效益（税前收益）：

$[12\,000 \times (30-14) - 2\,000 \times 1 - 100\,000] + [10\,000 \times (60-10-1) - 10\,000 \times 30 - 120\,000] = 160\,000$（元）

乙子公司所需中间产品全部向集团公司外部购买情形下的集团公司的税前收益：

$[5\,000 \times (30-14-1) - 100\,000] + [10\,000 \times (60-30-10-1) - 120\,000] = 45\,000$（元）

经比较可以发现，乙子公司所需中间产品全部向集团公司内部购买的时候会使得集团公司整体效益增加 115 000 元（160 000 元－45 000 元）。造成该差距的原因是：一是由于甲子公司的生产能力远远超过了对外承接的订单，在乙子公司不购买甲子公司产品的条件下，甲子公司的生产能力必将大量闲置，从而降低贡献毛益；二是内部转移产品可以节约甲子公司的对外销售费用，使整体利益增加。

（2）甲子公司转移价格制定的计算见表 7－2：

表 7-2 甲子公司的转移价格计算表

	甲子公司
单位变动(加工)成本(元)	14
固定成本总额(元)	100 000
产量(件)	12 000
单位固定成本(元)	8.33
转移价格(元)	22.33

以完全成本作为转移价格条件下的集团公司税前收益是:

[(2 000×30+10 000×22.33)-12 000×14-2 000×1-100 000]+[10 000×(60-22.33-10-1)-120 000]=160 000(元)

通过与第(1)问题比较,发现只要下游公司所需全部从内部购买,则无论采用什么转移价格,对集团公司总的税前收益都不会产生影响。

(3)以变动成本作为转移价格条件下乙子公司放弃该订单时的集团公司税前收益是:

[(6 000×(14-14)-100 000]+[6 000×(60-14-10-1)-120 000]=-10 000(元)

以变动成本作为转移价格条件下乙子公司接受订单时的集团公司税前收益是:

[(10 000×(14-14)-100 000]+[6 000×60+4 000×30-10 000×(14+10+1)-120 000]= 10 000(元)

经比较,认为乙子公司应该接受该订单,此时集团公司整体的税前收益是10 000元。

【本章小结】

企业集团作为一个经济联合组织,一般由核心层、紧密层、半紧密层和松散层四个层次组成。按集团内部成员的法律关系,可分为隶属型企业集团和平等型企业集团。按集团控制关系与形成途径,可分为控股式企业集团和契约式企业集团;按照企业集团所有权性质,可分为国有企业集团和复合企业集团。国有企业集团的成员都是国有性质,复合企业集团的成员具有多种经济成分。企业集团是非法人的企业联合体,我们从法律、组织、经营和融资四个方面的特征来认识其一般特征。企业集团各成员之间的利益是通过一定的稳定力量联结起来的,这种稳定的力量一般称为企业集团的联结纽带。企业集团的联结纽带主要有三种:行政纽带、资本纽带和产品纽带;企业集团首先必须是以资本为纽带的企业群体组织,没有资本作为纽带,也就不可能建立起真正意义上的企业集团,应该说,资本优势是企业集团成立的根本前提;管理优势是企业集团健康发展的根本保障;产品及市场网络优势是企业集团发展的根本目标与方向。

集团企业的财务管理体制,根据决策结构特征,一般分为三种类型:集权型财务管理体制、分权型财务管理体制、折衷型财务管理体制。影响集权与分权的一般因素有可能性问题、效益性问题,具体因素有组织状况、集团规模、地理分布和管理水平等。

企业集团的财务活动一般分为四个层次:母公司层、子公司层、关联公司层和协作企业层。其中,母公司层、子公司层的财务活动是企业集团财务管理的主要内容。应在产权明晰的基础上,加强企业集团融资管理和投资管理。

企业集团收益分配应建立以母子公司为中心的利益分配体系,通过确定合理的利润分配方式,正确处理好企业集团与国家之间的利益以及集团核心层与紧密层企业之间的利益。

企业集团通过制定公平合理的内部转移价格,有利于划清集团成员企业的经济责任,使业绩考核建立在客观可比的基础上,从而激励经济有效经营,在企业集团内部优化资源配置;有利于集中分配集团资金;有利于取得避税效应,还是进行内部结算、利润分配和财务控制的依据。应该综合考虑集团企业的内部条件和外部环境来制定合适的转移价格。内部转移价格主要有以下几种:市场价格、协商价格、成本转移价格和双重价格,每种转移定价方法有各自的优缺点和适用条件。

【复习思考题】

一、单项选择题

1. 在财务管理的法律特征上,企业集团是(　　)。

A. 独立的企业法人　　B. 非法人的企业联合体

C. 享有独立经济权利和承担经济义务　　D. 拥有独立支配的财产

2. 在财务管理的主体特征上,企业集团呈现为(　　)。

A. 多元结构特征　　B. 一元结构特征

C. 一元中心下的多层级复合结构特征　　D. 直线结构特征

3. 企业集团财务中心隶属于(　　)。

A. 母公司财务部　　B. 财务公司

C. 子公司财务部　　D. 母公司董事会

4. 财务公司的最基本或最本质的功能是(　　)。

A. 投资中心　　B. 融资中心

C. 结算中心　　D. 信贷中心

5. 企业集团选择下列哪种方法确定内部转移价格时,可能会对上游成员公司最不利?(　　)。

A. 完全以市场价格　　B. 双重价格

C 变动成本转移价格　　D. 协议市场价格

二、多项选择题

1. 从法律的角度,母子公司间关系的处理必须以(　　)为依托。

A. 独立责任原则　　B. 充分控制原则

C. 有限责任原则　　D. 权力平衡原则

E. 相互协同原则

2. 企业集团组建的目的在于( )。

A. 实施管理体制的集权制　　B. 发挥管理协同优势

C. 实现资源聚集整合优势　　D. 消除竞争对手

E. 取得市场的垄断地位

3. 在财务管理对象上,企业集团与单一法人制企业最大的不同在于( )。

A. 人、财、物的数量有所不同

B. 资金运动涉及的范围不同

C. 资金的可调剂弹性和风险承担压力不同

D. 可利用的融资. 投资以及利润分配的形式或手段不同

E. 在财务关系上,采取的财务对策与财务手段或形式不同

4. 下列比例是集团公司对成员企业的持股比例(假设在任何成员企业里,拥有25%的股权即可成为第一大股东),则其中与集团公司可以母子关系相称的是( )。

A. 0%　　B. 10%　　C. 30%　　D. 51%

E. 100%

5. 企业集团在确定内部转移价格时,正确的选择是( )。

A. 从外汇管制严子公司向无外汇管制子公司应低价转移

B. 从外汇管制松子公司向外汇管制严子公司应高价转移

C. 从高税区子公司向低税区子公司应高价转移

D. 从低税区子公司向高税区子公司应高价转移

三、判断

1. 企业集团是一个大型经济联合体,具有独立法人地位。 ( )

2. 企业集团内的子公司、分公司均具有法人资格。 ( )

3. 企业集团内,各具有法人地位的成员企业,可以不服从总部对财务资源的一体化整合重组。 ( )

4. 在财务管理主体上,企业集团呈现为一元中心下的多层级复合结构特征。 ( )

5. 企业集团内部总公司和成员公司之间联结纽带有技术、资本和行政纽带三种,资本连接纽带最紧密。 ( )

6. 企业集团总部与各成员企业的关系同大型企业的总、分公司间的关系没有质的区别,只有量的差别。 ( )

四、名词解释

1. 企业集团　　2. 企业集团财务管理体制模式

五、简答题

1. 简述企业集团的特征。

2. 与一般企业财务管理相比,企业集团财务管理的特征有哪些?

3. 简述企业集团财务管理体制的三种模式及其各自优缺点。

4. 制定企业集团内部转移价格时应考虑哪些因素?

六、计算题

1. 某集团公司拥有若干成员公司,其中甲子公司生产的产品属于竞争性产品,既可以对外直接销售,又可以作为乙子公司的半成品,通过乙子公司加工之后,再作为乙子公司的产成品对外销售。其相关的成本资料如下:

表 市场价格及成本资料表

	甲子公司	乙子公司
市场价格(元)	30	70
单位变动(加工)成本(元)	20	10
单位变动(对外销售)成本(元)	2	3
单位变动(对内销售)成本(元)	—	—
固定成本总额(元)	200 000	210 000
生产能力(件)	50 000	40 000

假定乙子公司的销售量为30 000件,甲子公司可以对外承接的销售订单为40 000件。(1)试分析乙子公司按市场价格购买甲子公司的产品与向外购买半成品对集团公司整体效益影响的最大差异,以及造成该差异的原因。并判断从集团利益最大化的目标考虑,乙子公司应该从外部还是内部购买。

(2)该集团公司采用完全成本法制定内部转移价格,甲子公司的产品应优先满足乙子公司的需要,剩余生产能力生产的产品再对外销售,其余条件不变,试确定甲子公司的转移价格,并计算集团公司的整体利益。

(3)该公司采用标准(预算)成本法制定内部转移价格。假设甲子公司的标准(预算)成本为24元/件,由于甲子公司加强了成本控制,单位变动成本下降了1元/件。甲子公司的产品满足乙子公司的需要,剩余生产能力生产的产品再对外销售,其余条件不变。试计算集团公司的整体效益,并比较差异。

(4)该公司采用甲子公司按照市价转移产品和乙子公司按照变动成本接受产品的双重转移价格法,其余条件不变。试计算集团公司的整体效益。

2. 大同集团公司拥有若干成员公司,其中甲子公司生产的产品属于竞争性产品,既可以对外直接销售,又可以作为乙子公司的半成品,通过乙子公司加工之后,再作为乙子公司的产成品对外销售。其相关的成本资料如下:

表 市场价格及成本资料表

	甲子公司	乙子公司
市场价格(元)	20	50
单位变动(加工)成本(元)	15	10
单位变动(对外销售)成本(元)	1	2
单位变动(对内销售)成本(元)	—	—
固定成本总额(元)	200 000	500 000
生产能力(件)	50 000	40 000

(1)假定乙子公司的销售量为35 000件,甲子公司可以对外承接的销售订单为

30 000件。试分析乙子公司按市场价格购买甲子公司的产品与向外购买半成品对集团公司整体效益影响的最大差异。

(2)该集团公司采用完全成本法制定内部转移价格,甲子公司的产品应优先满足乙子公司的需要,剩余生产能力生产的产品再对外销售,其余条件不变,试确定甲子公司的转移价格,并计算集团公司的整体利益。

(3)除此之外还有哪些制定转移价格的方法?其中哪种方法可以促使上游成员公司增强成本控制?

【案例分析】

重庆海外旅业集团财务管理

重庆海外旅游公司是重庆市首家涉外旅游企业,1989 年以前隶属于重庆市人民政府外事办公室,在计划经济时代一直承担着全市的外事旅游接待任务。1989 年重庆市旅游局成立后隶属于重庆市旅游局。重庆市旅游航空服务公司成立于 1987 年,1989 年以前隶属于重庆市人民政府外事办公室,1989 年重庆市旅游局成立后隶属于市旅游局,1990 年更名为重庆市国际旅游航空服务公司。1998 年 4 月重庆市海外旅游公司和重庆市国际旅游航空服务公司合并重组为重庆海外旅业(旅行社)集团有限公司,并将重庆市国际旅游航空服务公司作为海外旅业(旅行社)集团有限公司的全资子公司。

重庆海外旅业集团财务管理现状分析:

1. 财务机构设置不适应集团管理的需要

集团各成员企业都设有财务部,其人员任免权限全部在各公司总经理。集团本部即海外旅业财务部设财务副总监一名,主要功能是进行融资和改制时对外界的联络工作,财务副总监和下属各子公司财务经理没有上下级关系。集团财务部经理和下属子公司财务经理在行政级别上一样,工资待遇一样,实际上集团财务部经理只是负责海外旅业经营业务的会计处理。各公司内部财务和会计机构没有分设,财务部经理日常精力主要在会计工作上,没有资金时再向总经理请示,向集团拆借或者向银行贷款。

从海外旅业集团的财务结构设置中可以看出:

(1)在集团内没有对下属子公司进行财务管理和监督的部门,也没有专门的人员从事这项工作,集团公司对子公司的财务管理体制根本没有机构上的保障,当然也不存在集团公司对子公司的财务管理职能。

(2)集团对财务的管理观念落后,不存在对资金的预测、计划工作。

(3)由于各子公司财务负责人由各个子公司总经理直接任免,工资待遇由各公司独立发放,因此财务负责人的独立性受到很大影响,这种状况不利于发挥财务人员的监督作用。

(4)由于财务负责人从属于不同的利益主体,其利益和各单位利益紧密联系,在利益的驱动下,其财务管理行为必将向各自的利益主体倾斜,并将最大限度地满足本单位的需要,不能实现集团利益最大化的要求。

2. 财务管理权限混乱

海外旅业集团在集团内的财务管理权限配置混乱,主要表现在:

(1)对外投资的管理。海外旅业集团对一些项目在投资时没有经过可行性研究,也没有集团董事会的充分授权,由当时集团的主要负责人个人决定投资。各子公司在进行固定资产投资时缺乏科学决策、没有投资回报意识,由于集团没有形成对子公司投资的约束机制,导致出现重复投资、无效投资甚至在某些投资项目中出现个人的寻租行为。在2003年12月1日合并资产负债表显示净资产为5 835万元,而账面所列长期投资7 021万元,从这两个数据大致可以看出盲目投资的一种情况。

(2)对外筹资的管理。集团内公司根据自己资金的缺乏情况直接向银行融资,并擅自对外担保,如航空服务公司1997年为重庆某公司担保295万美元,并在2001年进行续保,但该公司2002年因为债务问题被资产管理公司接管,同时资产管理公司向航空服务公司提起诉讼要求295万美元的连带赔偿,一旦诉讼败诉,航空服务公司就会面临着灭顶之灾。对于海外旅业集团来说,筹资和担保的管理失控面临着很大的或有风险,埋下了定时炸弹。

(3)资金使用权的管理。集团内合并日常资金余额在2 000万元左右,这个金额从合并现金流量表来看是能够满足整个集团日常生产经营所需现金流量。但由于资金的分散使用,导致个别公司缺乏流动资金而不得不向银行贷款;而另一些公司,比如旅行社,由于季节性经营的原因在某段时间会有富余资金。以2002年为例,整个集团支出利息费用832万元,但如果以集团为财务主体来运用资金据测算可以节约利息费用80万—110万左右。

3. 缺乏预算体系。全面预算作为一种有效的管理手段已经成为现代企业管理的基本工具之一,但是在海外旅业集团的财务管理中还从没提起过这个概念,企业管理者对本集团的收入、成本、利润只有在会计报表编制出来后才知道,缺乏事先的预测和计划。

4. 缺乏财务监控体系。海外旅业集团的机构设置中没有内部审计部门,同时集团对下属公司的财务监控没有制度保证,在社会审计方面是由各公司自行聘请会计事务所,据统计在海外旅业集团中同时有5家会计师事务所在提供审计、评估等中介服务,质量标准不统一,同时因为委托者同时又是被审计的对象,很难保证审计的独立性和客观性。

5. 缺乏科学的绩效考核体系。长期以来海外旅业集团年度考核以净利润为主,各子公司经营者都追求净利润的高低,而忽视了应收账款回收率、净资产收益率等其他指标,极端的例子是招商国旅2002年实现近450万元利润,但其应收账款达到3 000万元之巨,其中有相当一部分是可能会发生坏帐损失的应收账款。

要求:根据对海外旅业集团的财务管理现状的分析,对该集团的财务管理体制和财务管理制度改革提出具体措施和建议。

【参考文献及阅读资料】

1. 熊楚雄:《公司高级理财学》,清华大学出版社,2005 年 7 月。

2. [美]罗斯、威斯特菲尔德、杰富等著:《公司理财》,(英文版·原书第六版),机械工业出版社,2003 年。

3. 侯雪:《企业集团财务管理模式研究》,现代经济信息,2010(22):146。

4. Stephen A. Rose, Randolph W. Westerfield, Jeffrey Jaffe. Corporate Finance(Eighth Edition). McGraw - Hill, 2006。

第八章　国际财务管理

【学习目的与要求】

跨国公司是科学技术革命、企业组织创新和管理技术发展的产物，也是当今世界市场上组织国际经济活动的最重要的实体。跨国公司的财务管理行为要比一般国内公司更为复杂，面临的风险更多，这就要求我们更深刻地认识跨国公司面临的国际筹资环境、国际投资环境，如何在国际资本市场上进行融、投资活动，最终实现其财务管理的目标。通过本章的学习，要求：

【了解】　外汇市场的含义，外汇市场的功能，世界主要外汇市场；跨国公司的海外筹资方式，跨国公司的筹资战略抉择；跨国公司直接投资的环境分析方法。

【理解】　外汇风险的类型；跨国公司资金来源；跨国公司直接投资面临的风险。

【掌握】　降低外汇风险的措施；跨国公司外币债务筹资成本的计算；跨国直接投资项目预算。

【重点与难点】

1. 外汇风险的类型。
2. 降低外汇风险的措施。
3. 跨国公司资金来源。
4. 外币债务筹资成本计算。
5. 公司直接投资项目预算。

第一节　国际财务管理概述

相对于国内经营的公司而言，从事跨国经营的公司会面临更多的跨国投资机遇与投资风险，其筹资渠道、筹资范围、筹资方式也会较国内经营更多、更广。其间，国际金融环境的变幻莫测更是增加了跨国经营的风险，因此，我们必须学会面临各种各样的外汇风险，尽可能掌握规避外汇风险的多种方法，在进行跨国经营过程中，抓住各种稍纵即逝的投资机会，多方位、多渠道筹资，掌握各种税收筹划策略并争取东道国的税收优惠政策，从而实现跨国理财的最终目标。

一、跨国公司及其产生与发展

（一）跨国公司的概念

跨国公司是“二战”以后出现的一种新的企业组织形式，它是指在两个或两个以上的国家进行一体化经营的企业（如果是企业集团从事跨国经营，则称为跨国企业集团）。跨国公司不仅进行世界范围内的生产经营活动，还从事世界范围内的筹资及投资活动，其产品及资金遍布世界各地，因此，跨过公司的影响力越来越大，成为各领域、各行业最具竞争实力的企业组织形式。

（二）跨国公司的产生与发展

跨国公司是科学技术革命、企业组织创新和管理技术发展的产物，也是当今世界市场上组织国际经济活动的最重要的实体。第二次世界大战之后，特别是自 20 世纪 60 年代以来，科学技术的迅速发展为生产国际化与资本国际化的进一步发展提供了物质基础，科学技术在生产要素中占了主导地位；同时，生产的国际化也使部门之间的专业化转向部门内部专业化成为可能，从而出现了以科技优势为基础的产业内部专业化，构成了新国际分工的主导模式。在这种模式下，本来一个企业内部进行设计、研制、加工、推销等一系列环节分布到了世界各地进行，从而实现了企业内部分工的“国际化”。随着生产国际化进程的不断推进，全球经济一体化因生产要素跨国界流动和配置的需要应运而生，它要求成员国让渡部分主权，成立一个超国家的组织，通过这个组织来调节经济活动，这样就出现了跨国公司。为了开拓新市场，寻求新的原料来源及新的技术，进一步提高生产效率以及避免各种经营风险及贸易壁垒等目的，国内公司随着世界经济的一体化，逐步向全球化的跨国公司发展。

（三）国际化经营与国内经营的差异

1. 计价货币的差异。跨国公司在不同国家的分支机构分别以所在国的货币进行会计计量，因此，其财务分析应包括对汇率变动的分析及货币价值变动的分析，即要考虑汇率风险；而一般情况下，单纯从事国内经营的企业在汇率方面的风险却很小。

2. 经济制度及法律制度的差异。每个国家都有自己的经济和法律制度，这些差异增加了跨国公司管理世界各地子公司的难度。例如，各国税法的不同会导致同一项交易在不同地区的税后收益相差很大。同样，不同的东道国也有不同的法律制度。这些差异限制了跨国公司分局经营需要调配资源的能力，也使得在一个国家接受培训的管理人员到了另一个国家无法有效经营。

3. 语言的差异。语言沟通能力在所有的交易中都很重要，跨国公司在这方面面临的问题也更多。相对而言，由于英语的普及，欧洲和亚洲的跨国公司更容易进入美国市场，而美国的跨国公司进入非美国市场时的语言障碍会更大。

4. 文化差异。不同国家有不同的文化传统，这也会影响到跨国公司的经营。如在制定企业目标、对待风险的态度、与员工的关系、处理经营亏损企业的态度等方面，不同国家的差别是很大的。

5. 政治风险。一个国家可以自由对国外公司财产的转移进行限制，甚至无偿征用，这就是跨国经营的政治风险。由于政治风险的客观存在及国别差异，跨国公司不得不更加仔细地选择东道国。

二、国际财务管理的目标

跨国公司在财务管理过程中会遇到许多问题，如筹资决策、风险防范、税收筹划、财务控制等，因此，跨国公司要想保证经营活动能够顺利进行，企业能够顺利发展，就必须有一个明确的财务管理目标。

跨国公司的财务管理目标与国内公司的财务管理目标基本一致，从股东的观点出发，应是股东财富最大化；从企业的角度而言，应是企业价值最大化。此外，从短期来看，有时也把充分利用多国经营，降低资金成本，减少或避免汇率变动的风险，防止通货膨胀造成的损失，提高经营效率等作为其短期财务管理目标。

由于跨国公司仍旧存在所有权与经营权的分离，而且跨国公司的组织结构、地域分布、资本规模等方面也都较国内公司要复杂得多，因此，由委托代理引发的一系列问题更加突出。所以，跨国公司在制定财务管理目标时，不仅要考虑母公司及其股东的利益，也要考虑各成员企业的利益，尽可能协调好各方面的关系，降低委托代理成本。

三、国际财务管理的内容

（一）外汇风险管理

由于跨国公司在财务活动中会涉及许多国家的货币，发生大量的外汇收支，因此，外汇风险成为国际财务管理最基本的内容，这也是与国内财务管理的根本区别。外汇风险是由于外汇汇率变动而使企业资产、负债及收入、支出的金额发生变动的可能性。外汇汇率的波动有可能给企业带来收益，也有可能给企业造成损失。因此，跨国公司的财务人员必须掌握外汇风险管理的程序和方法，尽可能利用汇率变动为企业增加收益，减少损失。

（二）国际筹资管理

跨国公司不仅可以从本国筹集资金，也可以从国际金融市场筹集资金。国际筹资的方式主要有：国际股票筹资、国际债券筹资、国际信贷筹资、国际租赁及补偿贸易筹资等。不同的资金来源其成本不同，再加上国际金融市场情况瞬息万变，因此，跨国公司的财务管理人员一方面要正确选择各种筹资方式，及时取得企业生产经营所需的资金，同时尽可能降低筹资成本；另一方面，要正确安排资本结构，使企业既可以获得财务杠杆利益，又能保证财务风险在可控的范围内。

（三）国际投资管理

国际投资是把筹集到的资金用于国际企业生产经营活动，以获取收益。国际投资一般可分为直接投资和间接投资，本章主要介绍国际直接投资。国际投资的决策方法与国内投资基本相同，但国际投资涉及的范围及其风险要比国内投资更加复杂。在进行国际投资时，首先要分析国际投资的环境，其次还要对项目的可行性进行财务分析。在进行财务分析时，不仅要从项目本身进行分析，还要从母公司的角度进行分析。

（四）国际税收管理

税款的计算与缴纳也是跨国公司财务管理的内容之一，由于跨国公司的成员企业或分支机构遍布世界各地，因此，其纳税问题变得更加复杂。由于各国的税率及税制的差异，使得跨国公司有可能利用这些差异进行税收筹划，从而降低企业的税收负担，如可以利用转移价格、避税地等方法，达到减低税负、增加利润的目的。

此外，国际财务管理还包括国际营运资金管理、国际结算管理等内容，限于篇幅问题，在此不再一一赘述。

四、国际财务管理的特点

（一）理财环境更加复杂

跨国公司的财务活动涉及许多国家，而各国的政治、经济、法律及文化环境有很大的差异，这就必然使跨国公司的理财环境变得更加复杂。因此，跨国公司在进行财务管理时，不仅要考虑本国的政治、经济等环境，还要充分考虑国际形势的变化以及各国社会政治经济环境的特殊性，如各国汇率的变化、外汇管制的程度、通货膨胀率及利率的变动、税负的轻重及资本市场的完善程度等，从而科学有效地组织财务活动。

（二）筹资空间更加广阔

无论是从资金来源还是从筹资方式上来看，跨国公司都要较国内公司有更大的选择空间，呈现出多样化的特点。跨国公司既可以利用母公司所在国的资本市场筹资，也可以利用子公司所在国的金融市场筹资，还可以利用国际金融市场融资。因此，跨国公司应从众多的筹资来源及方式中，选择最有利的一种或几种。

（三）投资风险更高

跨国公司所面临的风险，除了国内企业所具有的风险外，还包括国际政治、经济环境中的各种风险，如汇率风险、利率风险、通货膨胀风险以及经营管理风险等经济风险，政府更迭、政策变动、战争及法律等政治风险。因此，跨国公司在进行投资决策时，应充分考虑并预测这些风险的大小，尽可能采取各种有效措施，降低或避免这些风险。

（四）理财方法更加复杂

由于跨国公司财务管理的上述特征及与国内公司存在的诸多差异，使跨国公司的财务管理方法更加复杂。如何利用各种财务管理方法获取最佳效益成为跨国公司财务管理的重要内容。如在应收账款的管理过程中，收取何种货币、收账时间的确定，不仅要考虑如何降低管理成本，还要考虑如何减少风险而又不会失去已占有的市场。

五、国际财务管理方法

主要是指跨国公司总部对子公司或成员企业的财务活动进行组织、控制和考核评价的方法。一般包括：

（一）财务预算制度。是指跨国公司的子公司或成员企业要根据公司总部下达的任务和有关规定，向公司总部编报年度财务预算和长期计划。

（二）财务报告制度。各子公司或成员企业向公司总部上报的财务报告主要由资产负债表、损益表、应收账款分析、存货分析、资金流动分析、借款情况、通货膨胀影响及外汇风险分析等。

（三）财务分析制度。在一般情况下，考核成员企业的指标有每股盈利、投资报酬率、销售利润率及资产报酬率等；分析的方法主要是将财务指标的实际数与预算数进行比较，可以是横向比较，也可以是纵向比较。

第二节　外汇风险管理

一、外汇市场

（一）外汇市场的概念

外汇市场是在国际间从事外汇买卖、调剂外汇供应的交易场所。目前，越来越多的外汇交易都是通过先进的通信工具直接进行，参与外汇交易的交易商及经纪人之间通过先进的通信网络保持联系并获取市场信息和外汇报价。目前世界主要外汇市场有纽约外汇市场、伦敦外汇市场、东京外汇市场等[①]。

（二）外汇市场的参与者

外汇市场主要由以下参与者构成：①外汇银行。它是指经中央银行批准可经营外汇业务的商业银行和其他金融机构；主要包括：专营外汇业务的本国商业银行，兼营外汇业务的本国商业银行，在本国开设的外国银行或代理行，经营外汇业务的其他金融机构。②外汇经纪人。指外汇买卖的中介人，其自身并不经营外汇买卖，一般只充当外汇买卖的中介，并收取一定的中介费用。他们必须获得所在国中央银行的批准才能取得经营中介业务的资格。外汇经纪人又可分为两类：一类为一般经纪人，通过组成公司专门经营外汇业务来赚取外汇买卖价差；此外，也常常参与外汇的买卖业务，从而获取其间的利润。③进出口商。进出口商既是外汇市场外汇的最初供应者，也是最后的外汇需求者，成为外汇市场中的重要组成部分。他们在买卖外汇时，首先向银行提出买卖外汇的申请，然后与银行达成协议或签订买卖合同。通过外汇买卖，他们的资金得以顺利周转。④中央银行。作为外汇市场的管理者，主要对外汇市场进行管理和监督。一般来说，央行参与外汇交易的频率较小，但影响力大，常常成为外汇市场最有影响力的因素。⑤外汇投机者。他们主要是通过预测汇率的涨跌趋势，利用某种货币汇率的时间差异进行低买高卖、赚取投机利润的市场参与者，包括商业银行、其他金融

① 详细介绍可参阅胡元木等编：《高级财务管理》，经济科学出版社，2006 年版。

机构、工商企业以及个人。⑥其他外汇供求者。主要包括贴现商、承兑商以及出入境旅游者等。

(三)外汇市场的基本功能

1. 促进资本跨国流动,加速国际贸易的发展。外汇市场的存在,方便了各国货币的兑换,促进了国际资本的流动,将各国的货币市场和资本市场有机联系起来。当交易者来自不同的国家时,由于他们希望在交易前后持有的货币均为本国货币,而外汇市场却能为交易双方提供各自所需的货币。因而,外汇市场的出现也加速了国际贸易的发展。

2. 有利于外汇持有者实施外汇的保值增值与投机行为。在国际经济交往中,各个跨国公司经常会由于贸易活动或融资与投资行为而持有较多的外币头寸。当这些外币的币值发生波动时,跨国公司就会面临巨大的外汇风险。一方面,外汇市场的存在,为这些多余外汇头寸的买卖提供了便利的条件,从而大大降低了跨国公司的外汇风险,一定程度上实现了外汇保值增值的目的;另一方面,跨国公司也可以主动利用外汇市场提供的各种金融工具进行风险管理。此外,外汇市场也成为部分投资家进行金融投机的主要场所。

3. 提供了解国际资本流动及汇率变动的最新信息。目前,外汇市场成为国际金融市场最大的组成部分,外汇市场上的利率和汇率的变动状况直接反映了货币资本在国际间的流动情况,一国国际收支的全部外汇也都是通过外汇市场进行的。因此,外汇市场已成为人们了解国际资本流动及汇率变动的窗口。

二、外汇风险及其分类

外汇风险(foreign exchange exposure)是指公司的资产、负债、经营成果及现金流量因汇率变动而发生变化的风险。汇率的波动最终会引起公司的利润及现金流的变化。

汇率的波动是否会对跨国公司母公司的股东价值构成影响,目前,理论界存在两种截然相反的观点:一种是无关论:持这种观点的人认为母公司股东价值受汇率影响不大,不用采取专门的风险管理措施进行规避,理由是:股东可以自行实施风险管理;跨国公司本身经营过程中会涉及多种外币,相互之间可以达到汇率风险的抵消;如果外汇平价存在,汇率的变动影响就会被价格、利息率的变动影响所抵消。[①] 另一种是相关论:持这种观点的人认为母公司的股东价值会受到货币波动的影响,理由是:从短期来看,各种外币风险相互完全抵消的可能性较小;在实践中,短期内的外汇评价经常被市场打破。

从跨国公司管理的实践来看,很多公司还是经常采取各种措施进行外汇风险管理。那么,就一个特定的跨国公司而言,是否应该对外汇风险进行管理,何时进行外汇管理,采取什么措施进行管理,首先应从判别公司外汇风险的种类入手。

---

① 黄福广著:《跨国公司财务管理》,天津大学出版社,2004 年版。

在一般情况下,跨国公司面临的外汇风险主要有以下三种:

(一)交易风险(Transaction Exposure)

又称为交易暴露,是指公司用某种外币结算的交易,从成交到实际收到款项的过程中,由于汇率的变化,而导致其用本币(或另一种外币)计算时所承受的收入或支出发生增减变化的可能性。交易风险的发生主要与以下业务有关:

1. 商品进出口交易

商品进出口交易中的外汇风险是指公司进行商品、劳务进出口的交易过程中,由于使用外币计价结算,如果在成交日到结算日之间汇率发生变动,而使公司用本币计算的收入、支出发生增加或减少的可能性。

【例 8-1】 假设中国某公司以信用形式出口商品一批,价值 1 000 万美元,以外币美元结算,60 天后收到货款。出口当日的汇率是 \$ 1 = ¥8.5,如果收到货款当日的汇率变为 \$ 1 = ¥8.0,则该公司最终收到的本币应收账款减少了:

1 000 × (8.5 - 8.0) = 500(万)

但是,这种风险只有中国的出口商存在,而美国的进口商因为以本币支付,所以不存在交易风险。

2. 资金借贷中的外汇风险

资金借贷中的外汇风险是指公司借入(或贷出)某种外币,由于借入(或贷出)日到还本付息日(或收到本息日)的汇率变动使公司折合为本币(或另一种外币)的本息合计支付额增多(或收入额减少)的可能性。

【例 8-2】 中国的甲公司从花旗银行借入 100 万美元,年利率为 10%,期限为 1 年,借入日汇率为 \$ 1 = ¥8.0,1 年后的汇率为 \$ 1 = ¥8.1,则还本付息的本币数共计:

100 × (1 + 10%) × 8.1 = 891(万)

而汇率变动之前本利和的本币数为:

100 × (1 + 10%) × 8.0 = 880(万)

由于汇率的波动,甲公司因此而要多支付 11 万元人民币;反之,如果美元贬值,甲公司则会受益。

3. 远期交易中的外汇风险

远期交易中的外汇风险是指在远期外汇交易中,由于合约规定的远期汇率与合约到期日的即期汇率不一致,致使按远期汇率付出或收到的本币数发生变化的风险。

【例 8-3】 中国某公司从日本进口设备,价款 5 000 万日元,合同规定 90 天内以日元付款。为了规避外汇风险,该公司签订了一项 90 天日元远期买入合约,合约规定的汇率为:100 日元 = 6.75 元人民币。假定 90 天后的即期汇率为 100 日元 = 6.70 元人民币,则在这笔交易中该公司承担的外汇风险为:

5 000 ÷ 100 × (6.75 - 6.70) = 2.5(万)

如果日元按预期贬值,该公司将多支付 2.5 万元人民币。

【例 8-4】 接上例:如果日元在 90 天后升值为:100 日元 = 6.80 元人民币,则:

5 000 ÷ 100 × (6.75 − 6.80) = −2.5(万)

此时,该公司将少支付2.5万元人民币。

(二)经济风险(Economic Exposure)

经济风险又称为经济受险或经济暴露等,是指由于未能预料的汇率变动,对公司未来收益发生变化的潜在性风险。这种风险可能给公司带来收益,也可能带来损失,这主要取决于对未来的产销量、价格、成本等产生影响的方向和程度。由于预计到的汇率变化已经反映在公司的经营计划之中,所以,经济风险指包括那些对公司始料未及的汇率变化所产生的影响。表8－1列[①]示了跨国公司存在经济风险的一些较普遍的国际业务。

表8－1　汇率波动的经济风险

影响公司本国货币流入量的交易	本国货币升值对交易的影响	本国货币贬值对交易的影响
本国销售(相对于在本国市场上的外国竞争者)	减少	增加
以本国货币标价的出口	减少	增加
以外币标价的出口	减少	增加
对外投资的利息收入	减少	增加
影响公司本国货币流出量的交易		
公司以本国货币标价进口的物料	无变化	无变化
以外币标价进口的物料	减少	增加
所欠外债的利息	减少	增加

(三)折算风险(Accounting Translation Exposure)

折算风险又称为会计风险,是指公司财务报表中的外汇项目,因汇率变动而引起的转换为本币时价值变动的风险。一般情况下,跨国公司的外币资产和负债项目,在发生时是按当时的汇率折算的,而在编制报表时却要对某些项目按编表日的汇率进行换算;另外,跨国公司在编制合并报表时,要把世界各地的子公司以外币编制的个别会计报表换算成统一的货币形式。所以,汇率的变动必然影响报表上的资产、负债和损益项目,但不影响公司的现金流量。

影响折算风险的因素包括:①外币的种类及头寸。相对而言,外币种类越多,折算风险就越大。但是,如果各种外币之间存在一定的负相关性,则在一定程度上可以抵消外币的折算风险;此外,外币净头寸较多时,也会增加折算风险。国外子公司的资本规模越大,盈利能力越强,折算风险越大。②外币的波动性。相对而言,外币的汇率波动越频繁,波动幅度越大,折算风险越大。子公司的记账本位币一般为所在地货币,所在地货币相对集团记账货币的汇率变动越频繁,折算风险会越大。③报表折算汇率的选择。折算汇率的选择不同,面临的风险不同。选择的折算汇率间的差异越大,折算风险有可能会越大。对外币折算的方法一般有四种:区分流动与非流动项目法;区分

---

① Jeff　Madura, International financial management ,杨淑娥等译,东北财经大学出版社,2006年版。

货币性与非货币性项目法;时态法;现行汇率法。对同一会计报表使用不同的折算方法,会出现不同的折算风险。

外汇风险必然影响公司经营活动的各个方面,跨国公司为了避免或降低外汇风险,就必须对汇率变动情况进行监督、预测,并作出相应的降低外汇风险的决策,尽可能地减少风险。

三、外汇风险管理

(一)交易风险的管理

1. 利用经营决策降低外汇风险

(1)促进进出口合同采用本国货币计价结算。当进出口合同采用本国货币计价时,汇率的变化对企业收支不会产生任何影响,因此,企业也不存在外汇风险。但是,以本国货币计价会使外汇风险转移给对方。此外,能否采用本国货币计价,受很多因素制约。

(2)尽量采取双边或多边贸易方式,减少外汇的结算金额。在结算过程中,尽量选择有利于自己的计价结算货币,如对出口收汇尽量争取用硬货币,进口付汇尽量使用软货币。

(3)在合同中订立适当的保值条款,以防止汇率变动的风险。在国际贸易中常用的保值条款有:黄金保值、硬货币保值、“一篮子”货币保值①等。通过使用这些保值条款,达到降低外汇风险的目的。

(4)利用互换协议规避外汇风险。互换协议,是指同一种类和同一数额的外汇在不同交割日之间进行的掉换交易,或在不同利率之间进行掉换的一种交易。利用互换协议进行外币保值的方式主要有:平行贷款(Parallel Loans)、货币互换(Currency Swaps)及信用互换(Credit Swaps)②等。

(5)建立再开票中心降低外汇风险。再开票中心是跨国公司设立的,专门管理集团内部交易产生的外汇交易风险的一种中介公司,各子公司都以所在国的货币进行交易,把子公司与母公司及子公司之间的外汇资金往来集中结算,其中对各个子公司有进有出的外汇资金在账面上进行抵消,只对其差额进行实际结算。这样做,一方面,可

① 黄金保值是指在订立合同时,按当时的黄金市场价格将支付货币的金额折合为若干盎司黄金,到实际支付日,如果黄金市场价格上涨,则支付货币的金额相应增加;反之则减少。硬货币保值是在合同中确定以硬货币计价,用软货币支付,并载明两种货币当时的汇率。在执行合同过程中,如果由于支付货币汇率下降,则合同中金额要等比例进行调整,按照支付日的支付货币的汇率计算。这样,实际收到的计价货币金额和签订合同时相同,支付货币汇率下降的损失可以得到补偿。“一篮子”货币保值是在合同中规定用多种货币来保值。

② 平行贷款是指跨国公司的母公司为了规避外汇风险,与子公司所在国的其他跨国公司的母公司达成的相互向对方在本国的国外子公司提供资金的贷款方式。这样,各母公司实际上就是利用本国货币解决了其在国外子公司的资金需求。货币互换,是指交易双方按自己事先商定的规则,以某种货币表示的一定数量的本金及利息支付义务进行相互交换,到期后再换回本金的交易。利率互换,是指交易双方按事先商定的规则,以同一货币、相同金额的本金,在相同的期限内,将计息方法不同或利率水平不同的债权或债务的利息相互交换的交易。具体可参考欧阳勇等主编:《金融理论教程》,西南财经大学出版社,2006 年版。

以有效地减少资金的实际结算量,从而降低外汇风险;另一方面,将所有外汇资金集中管理,可以使跨国公司更好地安排外汇资金的支付时间,灵活调度资金,最终使公司整体的外汇交易风险最小化①。

(6)提前或延期外币款项的收支。根据预测的外汇汇率变动趋势加速或延缓外币往来款项的收支。如果预测到外币将来有可能升值,要加速应付外币款项的支付,可适当延缓应收款项的回收;相反地,则要加速应收外币款项的回收,拖延支付外币应付账款。

2. 利用各种金融工具进行套期保值

(1)利用远期合约(或期货合约)进行套期保值

【例8-5】 假设中国某公司180天后需要100万英镑支付对英国出口商的货款,该公司的财务人员预测到英镑对人民币的汇率在未来180天内要上升到£1=¥13.0;因此,该公司可与银行签订汇率为£1=¥12.5的买入英镑远期合约,以回避外汇风险。具体解释如下:

假设180天后英镑的即期汇率为£1=¥13.0,

不签合约,支付的人民币为:100万×13.0=1300万

签合约后,支付的人民币为:100万×12.5=1250万

由此可见,签订合约后,对于该公司而言,可以少支付50万元人民币。因此,利用外汇远期合约可以起到减少外汇风险损失的作用。实际上,如果对汇率预测的足够准确时,对于外币债务只要远期合约的价格低于到期日的市场即期汇率,都能达到回避风险的目的。但是,如果对汇率预测不够准确,利用远期合约很可能就会起到相反的作用。

【例8-6】 接上例:如果180天后,英镑的即期汇率为£1=¥12.0,虽然按市价购买英镑更合算,但由于远期合约一经签署必须履约,所以,该公司购买英镑支出仍然是:

100万×12.5=1 250万

由此可见,利用远期合约是否能起到套期保值的作用,关键在于对汇率的准确预测。

(2)利用期权合约进行套期保值

利用期权合约,可以给予外汇持有者在规定的时间内按规定的价格出售或购进一定数量外币的选择权,合约的持有者可以根据需要或者履行合约、或者放弃合约。这样,在合约的有效期内,期权的购买者可以根据市场汇率的变动决定是否执行期权。这在一定程度上可以弥补利用远期合约进行外汇套期保值的不足。当然,为拥有这种权力,期权的购买者要向出售者支付一笔费用——期权费。因此,只有在对未来汇率的发展趋势没有足够把握时,才能体现期权合约的套期保值优势。

【例8-7】 接上例,由于不能准确确定未来汇率是上升还是下降,该公司与银行

① 熊楚熊:《公司高级理财学》,清华大学出版社,2005:第234页。

签订了一个期权合约,按£ 1 = ¥12.5 买入 100 万英镑,同时支付期权费每英镑 0.1 元人民币。

如果 180 天后英镑的即期汇率为£ 1 = ¥13.0

该公司可以通过执行合约回避外汇风险,计算过程如下:

执行合约,共须支付人民币:

100 万 ×12.5 +100 万 ×0.1 =1260 万

不执行合约,共须支付人民币:

100 万 ×13.0 +100 万 ×0.1 =1 310 万

如果 180 天后英镑的即期汇率为£ 1 = ¥12.0,该公司可以选择放弃执行期权合约来减少损失(远期合约却不能够),计算过程如下:

执行期权合约,须支付:

100 万 ×12.5 +100 万 ×0.1 =1 260 万

不执行期权合约,须支付:

100 万 ×12 +100 万 ×0.1 =1 210 万

(3)利用货币市场进行套期保值

像远期合约套期保值一样,货币市场的套期保值同样涉及合约和一笔用于履约的资金。不过,货币市场的合约一般是贷款协议。打算进入货币市场进行套期保值的公司,可以按一种货币借入款项,然后再换成另一种货币的方法进行套期保值。

【例 8 -8】 中国某公司 90 天后将收到 100 万美元,假设美元即期汇率为 $ 1 = ¥7.5,90 天后可能贬值到 $ 1 = ¥7.0;目前,银行 90 天美元借款利率为 2% ,90 天人民币存款利率 1.0% 。利用货币市场套期保值的程序如下:

①从银行借入美元:100 万 ÷(1 +2%) =98.04 万

②立即换成人民币并存入银行,90 天后的本利和:98.04 万 ×7.5 ×(1 +1%) = 742.65 万

③90 天后收到 100 万美元,正好偿还银行美元借款:98.04 万 ×(1 +2%) = 100 万

如果 90 天后美元的即期汇率为 $ 1 = ¥7.0,则该公司利用货币市场套期保值的收益为:

742.65 万 -100 万 ×7.0 =42.65 万

但是,如果 90 天后,英镑没有贬值反而升值抑或贬值幅度很小,那么,利用货币市场套期保值就很可能是不明智的。

(二)经济风险的管理

随着国际经济的一体化,绝大多数国家的商品与国际金融市场的联系越来越紧密,相互影响的程度日益加深,一个公司即使没有任何跨国经营活动也会面临经济风险。对于跨国公司而言,由于经济风险对其的发展影响重大且涉及面广,使其成为跨国公司最高决策者必须参与的重要财务决策之一。经济风险的管理目标是对未能预料的汇率变化对公司未来现金流量的影响作出预测,并采取各种措施来减少公司的损

失。管理和防范经济风险的主要措施是经营重构，它是指公司通过从事多种业务经营，同时多渠道筹集资金以及多渠道运用资金，达到改善公司经营素质、降低公司资金成本及财务风险、增加公司竞争力的目的。具体包括经营多元化和财务多元化两大途径。

经营多元化是指在国际范围内分散原料来源，分散生产和销售渠道。经营多元化的跨国公司比单一经营的企业，在外汇风险防范方面，处于更有利的地位。财务多元化是指投资和筹资的币种尽可能选择多个资金市场、多种货币。财务多元化的出发点是利用组合原理及货币之间的相关性，最终达到降低外汇风险的目的。经营多元化和财务多元化既可以单独使用，也可以混合使用。例如，跨国公司向某一国家出口的同时，又从该国家进口原材料或进行贷款，使公司出现的外汇债权和外汇债务并存且金额相等或相近，从而回避或降低外汇经济风险。

（三）折算风险的管理

为了防范折算风险，跨国公司通常采用的是资产负债表保值方法。资产负债表保值的原理是使公司的外币风险资产与外币风险负债尽可能相等来轧平净资产头寸，这时汇率变化对外币风险资产的影响恰好被外币风险负债所抵消。在实务操作中，如果公司预测今后一定时期内汇率将发生变动，而公司的资产负债表存在净风险资产（或负债）时，就可以通过调整国外资产或负债的数量来进行资产负债表保值。

跨国公司也可以采用远期合约对折算风险套期保值。例如，美国有一跨国公司在英国设有一个子公司，设该子公司年初预计本年利润为 1 000 万英镑，如果公司预测到英镑在本年贬值时，跨国公司就可对预期利润使用远期合约进行套期保值，即卖出金额为 1 000 万英镑的一年远期合约来回避英镑汇率的变动对合并报表产生的折算风险。

当然，由于折算风险并不影响公司的实际现金流量，因此，也有一些跨国公司不对折算风险进行套期保值。

第三节　跨国公司筹资管理

跨国公司与单纯国内公司相比，在筹资活动及其管理方面既有共同点，又有不同。就筹资管理的基本原理而言，两者相差无几；但从国外筹资方面来看，差别却较大。

一、国际金融市场

国际金融市场是指从事国际资金借贷和融通的市场。世界上主要的国际金融市场分别分布在伦敦、纽约、东京及香港等地。

国际金融市场按融资期限的长短，可分为国际货币市场和国际资本市场。国际货币市场一般是指一年或一年以内的金融工具的交易市场。经常交易的短期金融工具包括政府发行的国库券、各种短期债券、大额可转让存单及商业银行间的同业拆借等。国际资本市场是指期限在一年以上的金融工具的交易场所，如国际银团贷款、国际债券及国际股票市场等。

国际金融市场的特点如下：①融资对象涉及本国企业、外国企业及其子公司。②通过银行进行资金借贷。③借贷币种一般为市场所在国货币。

二、国际筹资的特点

国际筹资是指跨国公司为实现其财务目标，通过一定的金融机构或金融市场，跨越国界在世界范围内筹措其生产经营所需资金的一项管理活动。国际筹资具有以下特点：

（一）筹资数量多

由于跨国公司是在全球范围内从事生产经营活动，因而其经营规模相对于国内企业而言要更大一些，所需资金也较多。

（二）筹资来源地域广

跨国公司由于其跨国经营的特点，不仅可以从母公司所在国筹集资金，也可以从子公司所在的东道国筹集资金，还可以利用其他国际金融市场进行广泛融资。

（三）筹资方式多样化

跨国公司除了可以利用母公司所在国的一般筹资方式外，还可以利用国际银团、国际债券、国际股票及国际贸易等多种方式融资。

（四）筹资风险较大

由于跨国公司可以面向国际金融市场筹资，筹资机会相对较多。但是面对不同的筹资机会，筹资中所受的影响因素也较多，如各国的政治环境、法律环境、经济条件及文化背景等各不相同，因此跨国公司的筹资风险较国内筹资风险要大得多。

（五）筹资决策复杂

跨国公司在作出筹资决策前，除了要考虑母公司与子公司所在国的因素外，还要考虑筹资所在地的利率变动情况、外汇管制、贷款管制、税收政策、通货膨胀等因素。只有如此，筹资决策才有可能成功。

三、国际筹资战略

筹资战略是跨国公司筹资管理的重要组成部分。由不同筹资渠道与筹资方式所决定的筹资成本直接影响跨国公司的经营成本，与筹资机会俱增的筹资风险也将影响公司的总体风险水平，筹资结构更会直接影响跨国公司的后续筹资能力及发展水平，因此，跨国公司应从全球战略高度出发，权衡各类可利用的资金来源进行融资，以达到筹资成本最低、筹资风险最小、资本结构最优的目标。

(一)筹资成本最小

跨国公司资金成本高低主要受各国利率及汇率的影响,不同市场上的资金,筹资成本各不相同;此外,国际资金借贷一般都采用浮动利率且汇率变动也较频繁,因此,跨国公司应尽可能寻找资金成本最低的筹资方式。

(二)筹资风险最低

国际筹资风险一般包括国家风险和经济风险。国家风险主要受一国政治、社会、军事及管理制度等的变动的影响;经济风险则主要受国家宏观经济调控及政府经济政策的变动的影响。跨国公司在进行筹资安排时,无论是由母公司还是由子公司筹资,都必须考虑这些风险,并努力避免或降低这些风险。

(三)总体资本结构最优

跨国公司应以总体资本结构最优为目标合理安排各种筹资方式及资金比例,关注与债务筹资有关的违约或破产风险,关注子公司或投资项目的资本结构,要在考虑总体资本结构的前提下,结合子公司或投资项目的具体情况来确定最佳资本结构。

四、国际筹资

(一)跨国公司的筹资渠道

跨国公司一般是一个企业集团,由境内的母公司和境外的子公司组成,相比从事国内经营的公司,其资金来源更广。

1. 来自公司内部的资金

跨国公司的内部资金不仅包括未分配利润,还包括其内部积存的折旧基金。这些资金的存在,可以使母公司与子公司、子公司与子公司相互迅速提供资金而无须对外支付筹资费用,从而在一定程度上解决跨国公司对资金的需求。

2. 来自跨国公司所属国的资金

跨国公司可以从所属国(或称为母国)银行、非银行金融机构、有关政府组织、公司甚至个人手里获取资金。从所属国筹资一般有以下三条渠道:(1)从所属国金融机构获得贷款。这是跨国公司从外部获取资金的重要途径之一,特别是一些跨国银行,通常与其母国的主要跨国公司存在极为密切的关系,因而他们会支持跨国公司的业务活动。(2)在所属国资本市场上进行证券筹资。如美国投资银行、英国商业银行等都为其本国的跨国公司经办过此类业务。(3)通过所属国有关政府机构或经济组织获得贸易信贷。

3. 来自子公司所在东道国的资金

当公司内部资金、所属国资金均不能满足其需要时,跨国公司可以向其子公司所在的东道国寻求资金来源。由于各东道国经济状况及金融环境差别较大,所以,跨国公司利用子公司当地资金的情况不尽相同。在发达国家,由于其经济基础好,资本市场发达,跨国公司可以选择发行证券筹资,也可以选择银行信贷融资;在发展中国家,由于其资本市场不完善及本国经济正处于发展阶段,因而,通过资本市场融资比较困难,银行贷款一般也只限于筹措短期资金。

4. 其他国际资金来源

主要包括:(1)向第三国银行借款或在第三国资本市场发行有价证券融资。向第三国银行借款,一般仅限于跨国公司的子公司;在第三国资本市场筹资,主要采取发行债券的方式。(2)向国际资本市场融资。主要是通过直接或间接在国际资本市场发行证券来筹措所需资金。(3)向国际金融机构借款。如向世界银行、亚洲开发银行等的借款。

(二)跨国公司的海外筹资方式

1. 利用国际证券市场。跨国公司可以通过在国际证券市场上发行国际股票及国际债券直接筹得所需资金。

(1)发行国际股票(International stock)。它是跨国公司通过在国际资本市场上发行以外国货币为面值或以外国货币计价的股票向社会筹集资金的一种方式。许多大型跨国公司常常需要筹集数亿元的资金,由于本国股市无法吸收如此大的发行量,因此,将新股分别置于若干国家的股票市场,既可以防止单一市场过于饱和而造成股价下跌,又可以快速有效地筹集大量资金。

利用国际股票筹资的优点:有助于提高公司在国际上的知名度,有利于开拓国际市场,同时也为跨国公司进行国际债务融资提供了基础;跨国上市使投资人的基础扩大,股权分散,据此可以降低敌意接管的可能性;在通货膨胀的情况下,采用股权筹资能使国际股东抵消一部分由于通货膨胀对购买力的影响,因而更容易吸引资金;利用国际股票筹资,无须还本;若是发行普通股,也没有固定的股息负担,因此,筹资风险低。

利用国际股票筹资的缺点:要想在海外上市发行股票,必须满足上市地的种种要求;实际上,由于很多国外证券机构对跨国公司上市条件要求非常严格,往往使许多跨国公司最终以失败告终;为了能顺利在海外市场发售新股筹集所需资金,许多公司常常寻求将其股票在两个以上国家的股票市场上市。发行国际股票筹资会稀释原有大股东的控制权(优先股除外)。由于国际股股东承担的风险加大,要求的报酬率提高,在一定程度上提高了筹资成本。相对于国内融资,国际股票筹资的发行费用更高。

(2)发行国际债券(International bond)。它是跨国公司在本国以外的金融市场上发行以非本国货币标价的债券进行筹资。按照面值与发行债券所在国的关系,国际债券可以分为外国债券和欧洲债券。

外国债券(Foreign Bonds)指一国政府、金融机构、公司等在某一外国债券市场上发行的、以该外国的货币为面值的债券。例如,中国某公司在美国发行以美元计价的债券。由于外国债券的担保和发售由发行市场所在国的金融机构组织实施,因此要受到东道国主管机关的管制[①]。

欧洲债券(Eurobonds)是指一国政府、金融机构、公司等在外国(一国或几国)的

① 现阶段世界上最大的外国债券市场在瑞士。

债券市场上发行的，不以该外国的货币为面值的债券。如中国某公司在瑞士发行美元标价的债券；另外，中国该公司在瑞士、英国、法国等地的资本市场同时发行人民币标价的债券也称为欧洲债券。欧洲债券由于是一种“境外”债券，通常由国际辛迪加承包办理并发行；可同时在债券面值货币所属国以外的若干个国家出售；发行时不须向货币所属国的主管单位注册，只须经筹资者所在国政府批准即可；筹资成本较低①。

国际债券筹资的优点：债券利率一般低于银行贷款利率；资金来源广泛，债权人分散，筹资者可完全自主地使用；偿还期较长，一般在10—30年之间，筹资风险低；偿还方式比较灵活，既可以提前偿还，也可以通过发行新的债券延长偿还期；可以取得税收优惠。

国际债券筹资的缺点是：准备时间较长、审查严格、手续较复杂、发行费用较高；利息成为跨国公司的主要负担；增加了跨国公司的破产风险。

2. 利用国际银行信贷。国际银行信贷是一国借款者在国际金融市场上向外国银行或国际金融机构借入资金的信贷行为。主要有以下几种：

（1）国际商业银行贷款

国际商业银行是指一国借款人向国外商业银行借入资金的一种信贷方式。由于跨国公司需要的资金数额巨大，一家银行通常很难单独承担，对于数额巨大的中长期贷款往往由一家银行牵头、邀请数家银行和其他金融机构参与，组成银团安排资金。国际银行贷款按其期限不同，可分为短期信贷和中长期信贷。短期信贷的贷款期限一般不超过1年，是跨国公司为了支付货款而凭借其信用借入资金的一种银行信贷。国际短期信贷主要来自于欧洲货币市场和亚洲货币市场。欧洲货币市场是存放和借贷欧洲货币的国际金融市场。随着国际经济的发展，欧洲货币市场的货币种类由单一欧洲货币向多样化发展。欧洲美元②的出现，更是促进了欧洲货币市场的发展。由于欧洲美元不受美国有关金融法规的约束，欧洲美元贷款使借贷款双方都免于本国的货币管制，因此，欧洲货币市场成为跨国公司为营运资本进行短期融资的主要渠道。亚洲货币市场是主要为在亚洲地区的跨国公司提供短期资金借贷的场所，其规模及影响力要较欧洲货币市场小。中长期信贷的贷款期限一般在1年以上，长期信贷一般在5年甚至10年以上，是跨国公司为了满足对固定资产的需要而向银行取得的贷款。这种贷款数额较大，风险较高，一般须由借款人所在国政府提供担保。由于这类贷款大多数由国际银团提供，又称为辛迪加贷款；有时也有独家银行提供的，称为双边中期贷款，但其数额较小。

（2）国际金融组织贷款

① 此外，1989年5月世界银行首次发行了一种新型国际债券——全球债券，它既可以在全世界各个主要资本市场同时大量发行，也可以在这些市场内部和市场之间自由交易；其特点是流动性高，并且其发行者多为政府机构，因此信用级别也较高。

② 欧洲美元是前苏联1946年“发明”的，由于当时的国际商人不相信苏联卢布，苏联便以黄金购入美元存在巴黎的银行，用于在世界市场上购买商品。其他国家发现这样使用美元比较方便，纷纷效仿，从而产生了欧洲美元。随着欧洲美元的广泛使用，将存放于美国以外的世界各地的美元都称为欧洲美元。

国际金融组织贷款是指国际金融组织按照章程及自身运作要求向其会员国家提供的多种贷款。国际金融组织分为全球性金融组织和地区国际金融组织，全球性金融组织主要有国际货币基金组织①，世界银行②及其下属的国际开发协会和国际融资公司，地区性国际金融组织主要包括亚洲开发银行③、美洲开发银行等。

3. 利用国际租赁(International lease)

国际租赁融资也是跨国公司一种重要的筹资方式。在国际租赁融资中，承租人和出租人分属不同的国家，承租人为了获得资产的经济用途需向国外的出租人定期支付租金。国际租赁作为利用外资的一种特殊形式，具有资金融通和贸易相结合的特点，可以发挥投资、融资和促销三重作用。

国际租赁一般分为融资租赁和经营租赁两种形式。融资租赁也称为金融租赁，它是租赁公司购买跨国公司所要求的设备，在较长的契约或合同期内，将此设备租给跨国公司使用的信用业务。经营租赁又称为业务租赁，它是一种短期租赁，服务性强，须出租人提供租赁物的维修、保养和管理等服务，因此，经营租赁的租金要较融资租赁高。

国际租赁的作用主要表现在：(1)减轻公司总体税负。跨国公司可以利用国际租赁方式在其成员公司之间进行利润转移来减轻公司的总体税负。如当设在低税区国家的子公司需要某项大型设备时，可由高税区子公司先进行国际租赁，然后低价转租给低税区的子公司。(2)转移公司内部资金。当跨国公司需要调度内部资金时，可通过国际租赁的方式，将资金从一个成员公司移向另一个成员公司。(3)降低或避免政治风险。如果跨国公司的成员公司处于高风险的国家或地区，母公司可要求其从东道国租赁所需的全部或部分设备来降低或避免设备被征用或被没收的风险。

国际租赁同样存在资金成本较高的缺点，此外，公司对租赁物也只有使用权而无所有权。

4. 利用国际贸易信贷

国际贸易信贷也称跨国公司进出口信贷，是指一国为支持和扩大本国出口，增强国际竞争力，通过对本国的出口给予利息贴补或提供信贷担保的方法，鼓励本国的银行对本国出口商或外国进口商(或其银行)提供利率较低的贷款，来解决本国出口商资金周转的困难，或满足国外进口商对本国出口商支付贷款需要的一种信贷方法。

根据期限不同，可分为短期贸易信贷和中长期贸易信贷。短期贸易信贷一般在 1

---

① 国际货币基金组织成立于 1945 年 12 月，它主要向成员国提供贷款。贷款对象仅限于成员国的财政金融当局，其资金只限于弥补各国国际收支逆差或经常项目的国际支付。

② 世界银行成立于 1945 年，主要向成员国提供长期贷款。贷款对象一般是成员国中的低收入国家政府或政府担保的各类公司；贷款期限长，一般在 10～50 年之间；贷款利率较低，一般低于国际市场利率；贷款的用途受到严格限制。

③ 亚洲开发银行作为一个区域性金融组织，成立于 1960 年，总部设在菲律宾，主要向会员国发放进行投资和技术援助的贷款，其中的优惠贷款不收利息，只收取 1% 的手续费，只提供给人均 GNP 低于 670 美元的会员国；普通贷款的期限在 10～30 年之间，利率采取浮动利率的形式。

年以下,主要包括应收账款融资、应收账款让售、信用证贷款[①]及银行承兑汇票[②]等形式。其中,应收账款融资是以应收账款的转让为担保,由银行向出口商提供贷款来满足跨国公司的资金缺口的一种融资方式。银行向出口商的贷款是以出口商可信赖为基础,当购货方因任何原因未向出口商付款时,出口商仍承担向银行还本付息的责任。应收账款让售是指出口商将应收账款以不含追索权的形式出售给第三方换回所需资金的一种短期信贷形式。在这种情况下,应收账款的购买方要承担购货方的信用风险。中长期贸易信贷[③]的期限一般在1年以上,长期信贷在5年以上。中长期信贷又称为出口信贷,只能在购买为跨国公司提供贷款的国家的大中型成套设备时使用。由于其金额较多,为了保证银行资金的安全,实际申请到的贷款一般只占合同金额的85%,同时需要提供出口信贷的国家为其进行担保。在中长期信贷中,有一种中长期应收票据收买业务,称为福费廷业务(Forfeiting),它是指在交易中,进口商通过签发一张期限为3—7年的汇票或本票给出口商,用以支付资本性商品进口的款项,出口商将其出售给福费廷银行换取现金的信贷方式。在福费廷业务中,银行作为代理人或受让人(the forfeiter)承担了从购买方收取货款的责任及进口方的信用风险。福费廷交易通常超过50万美元,而且能够用多种货币计价。对于一些大额交易,为了降低风险,一般由多家银行组成辛迪加参加福费廷业务;此外,福费廷交易通常有银行保证书或进口商为该项交易专门签发的信用证作为担保。由于很难获得有关进口商的财务信息,所以福费廷银行对银行担保书寄予了很大的信任,以此作为购买方(即进口商)不能按协议付款的担保物。担保物的存在,刺激了福费廷市场的成长,在欧洲,福费廷市场已成为贸易融资的有效方式。

有时,跨国公司也采用补偿贸易(counter trade)的方式筹措资金,这种方式多为发展中国家所采用,其实质是一种商品信贷性质的贸易合作,其特点是以出口信贷为基础,将技术设备的进口与产品的出口相联系,从而有利于缓和进口方外汇资金紧张的状况。此外,由于补偿贸易中出口方以货物而非货币的形式受偿,当进口方存在外汇管制或其他限制硬通货作为支付手段等情况时,也可以采用补偿贸易。

5. 项目融资(Project Financing)

项目融资也是跨国公司常用的一种融资形式,它是指由承办项目的跨国公司为筹集资金及经营该项目而成立一家具有独立法人地位的项目公司,由该项目公司承担贷

---

① 信用证是贸易融资中最古老的方式之一,是银行在特定条件下,代表特定当事人向受益人进行支付的保证。信用证处理过程通常涉及两个银行,出口商银行和进口商银行,签发行以自身的信用代替进口商的信用,假如出口商能遵守信用证的条款和条件,它就基本保证向出口商的支付。

② 银行承兑汇票是由银行承兑并支付的远期汇票,当出口商提交汇票请求付款时,银行需无条件付款;期限通常为30~180天。

③ 中长期信贷包括买方信贷和卖方信贷两种形式,买方信贷是出口商所在地银行贷款给外国进口商或进口商银行,用以支付货款的信贷。这种信贷方式有利于出口公司及时收回货款,进口公司负担的费用和利息也较少;缺点是手续复杂、条件苛刻、限定贷款用途。卖方信贷是出口商所在地银行对出口商提供的信贷。在这种信贷方式下,出口公司所付给银行的利息和费用,一般被转嫁给国外的进口公司,其特点是贷款手续简单,使用方便。

款，以项目公司的现金流作为还款来源，项目公司的资产作为还款的保障的一种筹资方式。这种融资方式常用于大型、长期且现金流较为稳定的基本建设项目融资，例如发电、公路、铁路、机场等。

常见的项目融资多为政府项目融资，即 BOT(Build - Operate - Transfer)，是指[①]东道国政府把由政府支配、拥有或控制的资源（如基础设施、公益项目等）以招标形式选择国际商业资本或私人资本等发展商，并授予其在项目建成后的一定期限内通过经营收回投资、运营、维修费用和一些合理的服务费、租金等其他费用即取得利润等投资回报的特许权。在授权期结束后，发展商将项目无偿转交政府。

（三）跨国公司的资本成本

跨国公司资本成本的计算方法类似于国内企业。如果跨国公司有外币筹资时，就要考虑汇率变动对外币筹资成本的影响，然后才能综合计算跨国公司的资本成本。

1. 普通股资本成本

普通股资本成本的计算主要有两种模型，分别是：

(1)股利资本化模型

$$K_e = \frac{D_1}{P_0(1-f)} + g \qquad \text{（公式 8.1）}$$

其中，P_0：股票的初始价格

D_1：下一期支付的股利（如各期股利相等时，该指标即为固定不变的股利）

g：股利预期增长率（如各期股利相等时，该指标为 0）

K_e：普通股资本成本

f：发行费用率

(2)资本资产估价模型：

$$K_e = K_f + \beta(K_m - K_f) \qquad \text{（公式 8.2）}$$

式中，K_e：普通股股东要求的收益率，即普通股成本

K_f：无风险债券利率

β：股票发行公司的系统风险系数

K_m：股票市场投资组合的平均要求收益率

另外，留存收益融资成本的计算类似普通股，但不需要支付发行费用。

2. 债务资本成本的计算

跨国公司进行本币债务融资时，其成本的计算类似于国内企业债务融资成本的计算，但如果要进行外币债务融资时，情况则有所不同。

(1)短期外币债务融资成本的计算：

$$R_f = (1 + I_f)(1 + e_f) - 1 \qquad \text{（公式 8.3）}$$

其中，R_f：短期外币债务融资的实际利率

I_f：短期外币债务融资的名义利率

① 陈伟利等：《跨国公司财务管理》，中国对外经济贸易出版社，1998：第 210 页。

e_f :外币在融资期内的变动百分比

【例 8 -9】假设美元的利率为 8%，一家中国的跨国公司计划借入美元，将其兑换成人民币，在 1 年后归还贷款本息。如果一年内美元相对人民币贬值 3%，该公司的实际融资利率是多少？

代入公式：

$R_f = (1 + 8\%)(1 - 3\%) - 1 = 4.76\%$

(2)长期外币债务融资成本的计算：

计算长期外币债务融资成本时，不仅要考虑汇率变动对将来还本付息的影响，同时也要考虑时间价值的因素。因此，长期外币债务融资成本是使实际融资额折合的本币数与到期还本付息所需本币数相等时的折现率，用公式表示如下：

①分次付息一次还本：

$$\text{实际融资额本币数} = \frac{\text{到期本金本币数}}{(1 + \text{折现率})^n} + \sum_{t=1}^{n} \frac{\text{年利息本币数}}{(1 + \text{折现率})^t} \quad (\text{公式 } 8.4)$$

②一次还本付息：

$$\text{实际融资额本币数} = \frac{\text{到期本利和本币数}}{(1 + \text{折现率})^n} \quad (\text{公式 } 8.5)$$

其中，n 表示借款期。

【例 8 -10】　假设某一中国跨国公司为某一中期项目融资 100 万元人民币，期限三年，最终选择欧元借款。假设目前欧元对人民币元的汇率是 1 欧元 =8 元人民币，则它应借入 12.5 万欧元，欧元的年利率为 10%，根据预测，欧元在 3 年内将会贬值，分别是：7.8 元人民币，7.7 元人民币，7.6 元人民币，如果采取一次还本，分次付息的还款方式，则该公司的实际融资成本是多少？

设融资成本为 R，则有：

$$100 = \frac{12.5 \times 10\% \times 7.8}{(1 + R)} + \frac{12.5 \times 10\% \times 7.7}{(1 + R)^2} + \frac{12.5 \times 10\% \times 7.6 + 12.5 \times 7.6}{(1 + R)^3}$$

利用插值法，可得：

$R = 8.01\%$

3. 加权平均资本成本的计算

由于跨国公司加权平均资本成本的计算类似于国内企业加权平均资本成本的计算，在此就不再赘述。

4. 影响跨国公司资本成本的主要因素

(1)外汇风险。当跨国公司在国际金融市场中筹措外汇资金时，外汇风险是影响其实际资本成本的主要因素。因此，在选择筹资方式时，一定要考虑外汇风险对资本成本的影响。

(2)国家风险。这里的国家风险主要是指资金来源国国内经济、政治状况变动对跨国公司的影响。如果资金来源国的经济政策发生变动，如提高存款利率，则跨国公司要想筹得资金，就必须提高借款利率，这样就会提高其实际融资成本；相反地，则可以降低其资本成本。

(3)母国和东道国的税收政策。母国和东道国的税收政策对跨国公司的融资成本也会产生较大的影响。跨国公司在进行跨国融资时，必须考虑母国及东道国的有关税收政策，如预提税、避免重复征税制度及对国外子公司盈利的征税政策等。

(4)跨国公司的经营活动。跨国公司的经营活动，包括经营的产品、投资地点、购货来源及销售市场等，对跨国公司进入国际金融市场，进行何种外币融资，都有一定的影响，从而会直接或间接地影响其资本结构。

(5)投资者的倾向。不同的资本市场，投资者对国外证券的投资倾向不同，当投资者倾向于购买本国证券时，跨国公司就会增加筹资难度，从而以提高筹资成本来获取资金；相反地，跨国公司的资金筹措就会相对容易一些，从而其资本成本也会较低。

(6)上市披露要求。国际金融市场，尤其是国际资本市场对证券上市的披露要求越来越多，越来越标准，这也增加了跨国公司海外上市筹资的成本费用，但是却降低了投资者的风险，从而使投资者要求的风险报酬下降。因此，公司可通过权衡，选择适合自己的国际资本市场，以利于降低资本成本。

(四)跨国公司的资本结构

跨国公司在确定最佳资本结构时，首先，要考虑公司自身的特点，包括：①跨国公司现金流量的稳定性。现金流量较多且比较稳定的跨国公司，可适当增加债务融资的比例。②跨国公司的信用风险。有较低信用风险的跨国公司更容易获得债务资本。③跨国公司对收益的处理。如果跨国公司倾向于保守的资本结构，可以将大量剩余收益留存于企业以弥补其资金的缺口。其次，要考虑各个东道国国家特征的影响。如：东道国对投资股票的限制(有些国家，政府规定只能投资于当地股票)、东道国利率水平的变化、东道国货币实力以及东道国税法规定等都会影响到跨国公司的资本结构。此外，跨国公司在确定最佳资本结构时，也要考虑到各个海外子公司的具体情况。

总之，跨国公司最佳资本结构的安排，是实现企业价值最大化的重要手段。在设计资本结构时，跨国公司必须研究各种因素的制约，并据此设计公司整体的资本结构和各个子公司的资本结构；在实现总体最优资本结构的前提下，保证个体的同步发展。

五、跨国公司筹资战略抉择

无论资金具体来自哪里，跨国公司在筹资过程中所需作出的基本战略抉择就是：资金来源国(或筹资币种)的选择；权益资金与债务资金的选择。影响这两项选择的因素包括外汇管制、资金来源地的投资保证状况、税收优惠措施、资金来源地与使用地之间的通货膨胀差异、利率差异、外汇变动的幅度、资金来源地的政治风险等。

(一)资金来源地的选择

资金来源地的选择，最终会影响到筹资的成本，而其中最重要的影响因素就是汇率。就理论的角度而言，跨国公司应该选择币值稳定且可自由兑换的外币。实际中，受各种主观及客观因素的制约,只能在有限的范围内加以选择。

【例8-11】 一家中国的跨国公司为其设在国内的母公司筹集一年期贷款,金额为1000万人民币,可供选择的资金来源为:国内金融机构借款,年利率8%;一家瑞士银行的瑞士法郎一年期贷款,年利率7%,一家美国银行的美元一年期贷款年利率9%。假设目前市场汇率:1美元=7.2元人民币,1瑞士法郎=3.8元人民币;又假设一年后:1美元=7.0元人民币,1瑞士法郎=4.0元人民币。请问:该公司应该选择哪一种资金来源?

1. 选择瑞士法郎借款:

须借入资金:1 000万÷3.8=263.158万瑞士法郎

一年后偿还美元本利和:263.158万×(1+7%)=281.579万瑞士法郎

折合人民币:281.579×4.0=1 126.32万人民币

瑞士法郎的实际借款利率:r=(1126.32-1 000)÷1 000=12.63%

2. 选择美元借款:

须借入资金:1 000万÷7.2=138.889万美元

一年后偿还美元本利和:138.889万×(1+9%)=151.389万美元

折合人民币:151.389×7.0=1 059.72万人民币

美元的实际借款利率:r=(1 059.72-1 000)÷1 000=5.97%

3. 选择人民币借款:

一年后偿还的本利和:1 000×(1+8%)=1 080万元人民币

人民币的实际利率即名义利率:r=8%

由此可见,借入美元的资金成本最低①。因此,在进行外币筹资时,除了要考虑借入资金的名义利率之外,更多则要考虑各种影响实际还本付息金额的因素。这些因素的存在常常会使名义利率较高的筹资方式变成成本较低的可行性筹资方案。

(二)权益资金与债务资金的选择②

由于国际经营环境的复杂性,跨国公司的筹资选择除了以资本成本作为决策的基础之外,还要考虑权益资金与债务资金对公司的产权负债结构的影响及相关的风险。

权益筹资的主要优点是:对海外经营的控制有较大的灵活性。从低成本国家筹集大量资金可取得规模经济效益,增强公司的负债能力。其缺点是:容易受国有化政策、资金抽出政策和外汇风险造成的损失。

债务筹资的优点是:海外子公司支付的利息属于正常成本开支范围,可以从税前利润中扣除,从而在一定程度上减轻公司的税负(股息则不行);便于接近资金市场,选择低成本资金来源,还本付息的资金流动一般不受限制;若从东道国筹集债务资金,还可以降低诸如国有化政策等政治风险及外汇风险。其缺点是:不利于加强对海外子

---

① 本例题也可以先计算外币升值的百分比,即 e_f,然后根据公式16-3计算各币种的实际利率,结果相同。

② 杨德新著:《跨国经营与跨国公司》,中国统计出版社,1996年版。

公司的控制;如果资金来自东道国外的第三国,也会面临较大的外汇风险;即使资金来自东道国,也有可能因资金供应有限而难以满足所需。

第四节 跨国公司投资管理

一、国际投资的特点

国际投资是指跨国公司向另一国家或几个国家进行资本输出活动,以期获得收益的经济行为。国际投资的特点主要表现在以下几个方面:

(一)投资的多重性

国际投资的目的比国内投资更为广泛、复杂,有的是为了占领国外市场,有的是为了利用国外的资源,有的是为了降低生产成本,实现资本增值,还有的是为了实现企业的整体战略性目标等。

(二)投资资本形态和投资方式的多样化

跨国公司对外投资的资本形态,既可以是货币,也可以是实物资产,还可以是无形资产,如先进的技术及管理经验、专利权等。

(三)投资环境的复杂多样性

国际投资实际上是将资本投资到一个不确定的国际环境中。各个国家的政治、经济、社会、文化等相差悬殊,投资者会面临比国内投资更多的多变因素和约束条件,诸如汇率变动、税收差异、金融制度差异等会随着国际投资的发生而成为跨国公司必须面对的问题。

二、国际投资的方式

跨国公司对外投资一般采取两种形式:国际直接投资和国际间接投资。

(一)国际直接投资

国际直接投资是指投资者在国外创办并经营企业而直接用资金、设备、技术等进行的投资。其具体方式有:①创办独资企业,包括开办新公司、设立子公司或分公司。②开办合资或合作企业,即与东道国企业共同出资,并派遣一定的人员参与经营。③收购或兼并现有企业,即跨国公司通过对东道国现有企业进行兼并或收购,可以缩短投资建设期,直接分享原有公司的市场份额。④控制外国企业的股权,进而控制东道国的企业。⑤参股经营国外企业,即只投入少量的资金,不参与经营,必要时可派遣技术人员和顾问担任指导。

(二)国际间接投资

国际间接投资是指投资者在国际金融市场上购买外国政府或企业发行的各种证券。这种投资方式与直接投资相比,资本运用比较灵活,而且当国际形势发生不利变化时，便于随时调节和转移资金。因此，它比直接投资的风险要小。

三、国际直接投资的动机

（一）吸引新的需求来源，扩大产品市场份额

随着某一行业的不断发展，行业内的企业不断增加，产品的竞争越来越激烈，市场不断接近饱和。这时，对于行业内的企业而言，最好的办法就是向潜在的需求市场发展。对于大多数先进的行业或企业而言，向这一行业较落后的外国市场进军是一个明智的选择，因此，许多发展中国家成为最具吸引力的需求市场。如摩托罗拉在中国以合资公司方式的投资；可口可乐在中国进行的投资。

（二）利用国外廉价的劳动力等生产要素降低成本，增加利润

由于市场的不完善，各国间的劳动力和土地等生产要素的价格是不同的，通过对外直接投资，可以利用当地比较廉价的生产要素，从而降低生产成本，提高企业的投资收益率。例如，许多美国的跨国公司在墨西哥都设有分支机构，原因是墨西哥日平均工资不到6美元，而在美国则高达30美元。

（三）利用国外的原材料

跨国公司为了避免进口原材料而发生的一系列不必要的成本费用，尤其是当其计划再将生产加工好的产品返销给该外国的消费者时，最好的办法就是在当地设厂并进行生产销售，这样可以保证原材料的及时供应，从而确保企业的正常运转。

（四）利用国外先进的技术和科学的管理经验

企业一旦拥有先进的技术、技能、信息及科学的管理经验，就可以给企业带来丰厚的超额利润。因此，大多数技术落后国家的跨国公司往往会到技术先进的国家进行投资，采取与当地高科技企业合资经营、收购或兼并当地高科技企业等方式，获取这些企业先进的技术及管理经验，从而提高其利润率。

（五）利用规模经济效应

在一些竞争性市场中，产品价格越来越接近于边际成本，尤其是在一些固定成本比例相对较高的行业中的企业，必须从事大批量的销售以求保本。在有些行业，特别是资本密集型行业，由于其产品的研制需要投入大量的研究开发费用，由此决定了这些企业必须大批量生产并销售其产品，才能降低其单位成本，从而达到保本并盈利，这就要求企业寻求产品市场，而国内市场毕竟有限或日趋饱和，因而决定了这些企业要将视野移向海外，开辟新的海外市场，占领并扩张海外市场，提高产品的销售量，降低成本，从而提高企业的生产效率和盈利能力。

（六）降低汇率变动带来的风险

通过对外直接投资，可以避免一部分外汇兑换的成本；同时，可以通过对外直接投资获得的收益来抵补初始投资的成本，从而减少外币头寸，进而降低因汇率波动引起的外汇风险。此外，通过对外直接投资，也可以抵消因汇率波动而引起的对企业销售

的变化。如当美元对人民币贬值时，中国的跨国公司的出口量可能会下降，人民币收入也会下降；而如果中国的跨国公司直接到美国投资设厂，实现本土化经营，则不会受到这种不利的影响。

（七）避开国际贸易限制

跨国公司采取直接投资也是避免外国政府贸易限制的有效措施。例如，日美之间经常发生贸易战，如果美国对日本采取贸易配额或提高关税，日本跨国公司通过出口对美国的销售量就有可能下降，如果直接在美国投资设厂生产并销售，则可以避开此类贸易壁垒。

（八）分散经营风险

由于国内的投资项目都会受到本国一般经济情况的影响，所以国内投资项目的收益相关性很大，而不同国家之间的投资项目，由于各国经济发展的不一致性，其相关性较同属一国的投资的相关性要小得多。因此，将资金在国际范围内进行多样化投资较国内多样化投资而言，更能有效地减少相对预期收益的波动，分散企业的经营风险。

四、国际直接投资的环境分析

所谓国际投资环境，是指在国际投资过程中影响国际资本运行的东道国（即资本输入国）的综合条件，由硬环境和软环境组成。投资的硬环境主要由城市和工业基础设施、自然地理条件等基本因素构成；投资的软环境则主要由政治、法律、经济以及社会、文化和教育等基本因素构成。各国的投资环境不同，对国际投资产生的影响也不同。为此，就需要用特定的方法对投资环境进行研究，以选择投资环境比较好的国家进行投资，从而减少投资风险，提高投资收益。目前，对国际投资环境进行分析的方法主要有：①投资障碍分析法。主要通过列出有关国家阻碍投资的不利因素，如政局动荡、经济停滞、外汇短缺、劳动力成本提高、基础设施不良、资金融通困难等，然后加以比较并选择阻碍因素较少的国家作为投资备选对象。②“冷热”分析法。此方法是由美国学者伊西·阿利特法克和彼得·班廷两人通过对美国和加拿大等国大批工商界人士进行调查并对大量资料进行综合分析后得出的。他们认为评价一国投资环境时，应对政治稳定性、市场机会、经济发展、文化成就、法令阻碍、实质阻碍（指自然条件、气候等）、地理及文化差异 7 个因素进行分析，投资环境好的国家称为“热国”；反之为“冷国”。③多因素评分法[①]。这种方法由美国学者罗伯特·斯托鲍夫提出。它是从东道国政府对外国投资者的限制和鼓励政策着眼，具体分析了影响投资环境的 8 大微观因素，并按各因素的重要性赋以一定的分值。根据这种分析方法，总分越高，投资环境越好。

---

① 具体可参考叶刚著：《遍及全球的跨国公司》，复旦大学出版社，1989：第 123 页。

五、国际投资项目的财务评价

（一）确定财务评价主体

在对跨国投资项目进行财务评价时，是以国外的投资项目本身作为评价主体还是以进行跨国投资的母公司为主体，往往会导致不同的结果。由于受到税收管理和外汇管制的影响，国外投资项目可获得的现金流量与母公司可获得的现金流量存在很大差异，这些差异主要表现为：

1. 东道国政府对收益和资本汇回的限制会使母公司实际收益下降。

2. 特许权使用费、服务费、管理费等费用对于子公司来说是一项费用，而对母公司则是一项收益。

3. 母公司所在国与子公司所在国的通货膨胀率的差异会影响投资收益的确定。

4. 由于母公司、子公司所在国的税制不同，必然产生纳税负担，从而会影响投资收益。

5. 汇率变动使收入和费用随之变动。

对于确定国际投资财务评价主体问题，目前学术界主要有以下几种观点：(1)认为应以母公司作为评价主体，这是因为进行跨国投资的最终目的是为了实现母公司财富最大化的目的。(2)认为应以投资项目本身或子公司为评价主体，这是着眼于跨国公司的长期发展，倾向于将投资项目创造的资金用于再投资，而非汇回母国；此外，将投资项目作为评价主体也有利于跨国公司将目标项目的收益与东道国国内其他竞争性项目的收益相比较，从而选择最优的投资项目。(3)认为应当将母公司和子公司作为评价主体，因为财务目标是多元的，所以应当考虑不同利益主体的利益，分别评价更有利于评价子公司管理层的经营业绩，更好的建立激励机制。

以上三种观点都有其合理的一面，但需要注意的是，不同的评价主体将影响对投资项目现金流量的分析及折现率的选择。

（二）进行财务分析

1. 投资总额和资金来源的分析

项目所需投资包括厂房、设备等固定资产的投资，原材料和现金等流动资产的投资以及专利权、商标权和专有技术等无形资产的投资。通过预测，确定项目的原始投资总额，考虑资金来源，分析资金的供应能力。在考虑资金来源时，跨国公司除了要考虑自有资本之外，更注重东道国的融资条件。

2. 预期利润分析

确定了投资总额及资金来源之后，就要对跨国投资项目的损益进行预测：

(1)销售预测，包括预测在生产经营期间各年的产品销售量、单位售价等，同时也要考虑市场供求状况、通货膨胀等影响销售收入的各种因素。

(2)生产成本预测，包括预测生产经营期间各年的产量、单位变动成本、销售费用和管理费用等，从而确定各年的生产成本；此外，也要考虑影响生产成本的各种市场因素。

(3)税负预测，通常要考虑东道国政府对外国企业规定的各税种及税率，税法对折旧的有关规定、税收优惠以及双边税收协定等因素，从而预测要承担的税负。

(4)损益预测，根据预测的销售收入、成本、税负情况计算投资项目在生产经营期间各年的经营利润、税前利润及税后利润。

3. 现金流量分析

预测跨国投资项目建设期及经营期内各年的现金流入量、现金流出量及现金净流量，并编制现金流量计划。一般情况下，对跨国投资项目进行现金流量分析，需要分别编制子公司及母公司两张现金流量计划表。子公司现金流量计划表按子公司所在国货币计算，反映子公司在建设期和经营期各年的现金流入量、流出量及净流量，据以计算其内含报酬率或净现值。母公司的现金流入主要是股利收入和许可费用，现金流出主要是向子公司的各种初始投资及国外投资收益向本国政府缴纳的各种税金，然后据此计算其跨国投资的净现值或内含报酬率。

(三)选择评价指标

在进行跨国投资项目的评价时，适用于国内投资项目的评价指标同样适用于跨国投资项目。下面我们主要介绍四种指标：

1. 回收期指标

回收期是指在不考虑货币时间价值的情况下，一个投资项目收回其原始投资额所需的时间。一般要事先确定一个"要求的回收期"，然后将投资项目的回收期与之进行对比。由于回收期指标固有的缺陷，该指标只适用于评价高风险项目或小型项目。

2. 净现值指标

净现值指标是将项目实施所带来的现金净流量按要求折现率折算成现值，选择净现值大于零(多个项目时，选择现值大于零中的最大者)的项目。在进行跨国投资项目的评价时，运用此指标的关键是折现率的选择，如果以母公司作为财务评价主体，可以选择母公司的加权平均资本成本作为折现率；如果以项目本身或子公司作为财务评价主体，折现率应与其相关的筹资成本相联系。

3. 内含报酬率指标

内含报酬率是指能使投资项目的净现值等于零的折现率。内含报酬率不仅能够真实反映项目本身的投资收益率，同时也能避免对折现率进行选择的麻烦，但其计算较复杂。

4. 获利指数指标

获利指数是指项目投资期内各年现金净流入的现值之和相当于初始投资的倍数。一般情况下，选择获利指数大于 1 且最大的投资项目进行投资。但是，获利指数指标的应用也涉及折现率的选择。

相比较而言，净现值指标在实践中的应用最广泛，也最适合对跨国投资项目进行评价。

(四)实施财务决策

1. 投资收益的确定

在评价跨国投资项目时,首要的是确定投资收益。在确定投资收益时,跨国公司面临的主要问题是以子公司还是以母公司观点来确定其期望投资收益。由于所持观点不同,计算结果会有很大差别。如果跨国公司制定的长期投资目标是将投资项目所取得的收益在子公司所在地进行再投资,可按子公司的观点来确定投资收益;如果跨国公司制定的目标是将投资收益进行转移(汇回母公司或转移给其他子公司),则应按母公司的观点来确定投资收益;如果跨国公司考虑多重财务目标,可以用双重观点分别确定投资收益。

2. 投资项目现金流量的确定

(1)初始现金流量。一个项目的初始投资通常由厂房、机器设备等项目上的投资支出和垫支的营运资金构成。这些现金流量必须是实际支出的现金,不包括未支出的部分,例如,冻结的资金。

(2)经营期现金流量。经营期现金流量指在项目正式投产后产生的经营现金净流入,它的计算公式如下:

年现金净流量 = 年净收益 + 年非付现成本(主要是折旧)　　(公式8.6)

年净收益 = 预计营业收入 - 预计营业成本—费用—所得税　　(公式8.7)

(3)终结现金流量。终结现金流量包括固定资产的清理收入和收回垫支的营运资金。在跨国投资中,有的投资项目所在国的有关法律可能规定投资项目经过一定年限后即归东道国所有,在这种情况下,投资项目的终结现金流量为零。

(4)汇回母公司的现金流量。如果以母公司作为评价主体,则所用的现金流量必须是汇回母公司的现金流量。如果东道国对现金流量的汇回没有任何限制,那么项目所产生的净现金流量能全部成为母公司的现金流量;如果东道国对汇回母公司的现金流量有各种限制,那么只能将可汇回的金额视为母公司的现金流量,而且现金流量的换算应当选择汇回现金流量时的汇率。此外,跨国投资项目汇回的现金流量中,以股利形式汇回的现金流量一般已在东道国缴纳了所得税,为避免出现双重征税,在国外已纳税的现金流量汇回母公司时可享受一定的纳税减免。

3. 折现率的选择

折现率的选择要根据所确定的财务评价主体而定。一般情况下,如果选择以母公司的观点来估计投资收益,则可以选择母公司的加权平均资本成本或母公司股东要求的报酬率;如果选择子公司的观点来估计投资收益,则可以选择子公司或项目本身的筹资成本作为折现率;但须注意的是,折现率必须能正确反映预期现金流量的风险,并要考虑其他投资机会的机会成本。

六、跨国直接投资项目预算分析

【例8-12】　中国ABC公司目前在美国没有任何业务,但它准备在美国建立一

个子公司,生产并销售甲产品。他们已搜集了以下信息来评估该项目:

1. 设立子公司需要初始投资 1 500 万美元,目前的即期汇率为 \$ 1 = ¥8;除此之外,还须一次性垫支 200 万美元的营运资本。

2. 该项目预计 4 年后终结,美国政府承诺 4 年后以 800 万美元的价格向母公司购买该厂(假设 4 年后营运资本留在企业继续使用)。

3. 该项目投入运行后,甲产品各年的销售情况如下:

年度	单价	销售量
1	\$ 400	50 000 件
2	\$ 400	50 000 件
3	\$ 450	60 000 件
4	\$ 500	60 000 件

4. 变动成本预计如下:

年度	单位产品变动成本
1	\$ 250
2	\$ 250
3	\$ 260
4	\$ 300

另外,租赁办公楼每年支付租金 100 万美元,每年其他付现的固定经营费用预计为 200 万美元。

5. 假设汇率在 4 年内保持 \$ 1 = ¥8 的比率

6. 税负情况:美国政府对子公司的所得征收 30% 的所得税。如果将收益汇回母公司,美国政府还将对收益征收 20% 预提税,美国政府对 4 年后汇回的资本金免税。中国政府为鼓励对外投资及避免双重征税,对汇回收益不再征税。

7. 子公司准备在每年年底将所有的剩余现金流量汇回母公司。

8. 美国政府允许的税前折旧为每年 200 万美元。

9. 母公司股东要求的投资收益率为 10% 。

【分析】

表 8－2　　子公司各年预计税后利润表　　单位:万美元

项目＼年份	1	2	3	4
销售收入	2 000	2 000	2 700	3 000
减:变动成本	1 250	1 250	1 560	1 800
租金	100	100	100	100

续　表

项目＼年份	1	2	3	4
固定经营费用	200	200	200	200
折旧	200	200	200	200
税前利润	250	250	640	700
减:所得税	75	75	192	210
税后利润	175	175	448	490

表 8-3　**子公司各年预计现金流量表**　单位:万美元

项目＼年份	0	1	2	3	4
一、现金流入量					
1. 税后利润	—	175	175	448	490
2. 折旧	—	200	200	200	200
3. 第 4 年年末终值	—				800
合计	—	375	375	648	1 490
二、现金流出量					
4. 原始投资	1 500	—	—	—	—
5. 营运资本	200	—	—	—	—
合计	1 700	—	—	—	—
三、现金净流量	(1 700)	375	375	648	1 490

表 8-4　**母公司预计各年现金净流入**　单位:万美元

项目＼年份	0	1	2	3	4
子公司现金净流量减:预提税	(1 700) —	375 75	375 75	648 129.6	1 490 138
母公司现金净流量	(1 700)	300	300	518.4	1 352

由于假设每年的汇率都相同,所以,可以直接计算项目的净现值:

$$NPV = -1\,700 + \frac{300}{1+10\%} + \frac{300}{(1+10\%)^2} + \frac{518.4}{(1+10\%)^3} + \frac{1352}{(1+10\%)^4}$$

$$= -1\,700 + 272.73 + 247.93 + 389.48 + 923.43$$

$$= 133.57(\text{万美元})$$

折合人民币:

$133.57 \times 8 = 1\,068.56$(万)

因此,该方案是可行的。

【例 8－13】 如果各年的汇率不同,则这个投资项目是否可行就需要重新考虑。其他条件如上例,假设即期汇率为 \$ 1 = ¥8,4 年内每年末的汇率分别为:\$ 1 = ¥7.8,\$ 1 = ¥7.6,\$ 1 = ¥7.3,\$ 1 = ¥7.0,则须先将各年的美元现金净流量折合为人民币,然后计算其净现值:

$$NPV = -1\,700 \times 8.0 + \frac{300 \times 7.8}{1 + 10\%} + \frac{300 \times 7.6}{(1 + 10\%)^2} + \frac{518.4 \times 7.3}{(1 + 10\%)^3} + \frac{1\,352 \times 7.0}{(1 + 10\%)^4}$$

$$= -13\,600 + 2\,127.27 + 1\,884.30 + 2\,843.22 + 6\,464.04$$

$$= -281.17$$

可见,汇率的变动会影响到投资项目的可行性。此外,跨国公司筹资来源的差异,也会影响到投资项目的可行性①。

七、国际直接投资的风险分析

(一)国际直接投资风险的组成

1. 政治风险。是指国际经济活动中因政治因素导致经济损失的风险。主要包括:

(1)东道国政府的态度

东道国政府采取的各种行动都会影响到跨国公司的预期投资收益,例如,东道国政府可通过设立污染控制标准,增加各种对外国公司的税金,甚至将其公司收归国有来限制或取消跨国公司在东道国的投资;相反地,东道国政府也可以采取各种有利于跨国公司在当地发展的措施,如给予各种税收优惠等。

(2)东道国消费者的态度

如果消费者更忠实于本国产品,那么跨国公司在进入这样的国家时,就会面临此种风险,从而影响其在该国的销售量,进而影响其预期收益。此时,组建合资企业可能是一种更适合的跨国直接投资方式。

(3)资金转移的冻结

东道国政府为了某种目的有时会通过外汇管制等措施使外国投资者无法将投资所得汇回本国或转移到其他国家;或者通过调整汇率,使本币贬值间接限制外资流出,从而影响到跨国公司的投资收益。

(4)战争

如果东道国与他国发生战争或经受内战,一方面,会影响到跨国公司所雇员工的人身安全;另一方面,饱受战争威胁的国家,其商业活动也很不稳定,从而使跨国公司在该国的预期收益变得更加不确定。

2. 经营风险。是指生产经营上的原因给跨国公司投资收益带来的不确定性。它来源于企业外部条件的变动和企业内部原因两个方面。来源于外部的经营风险包括:

---

① 具体可参见胡元木等编:《高级财务管理》,经济科学出版社,2006:第 261－265 页。

经济形势和经营环境的变化、市场供求和价格的变化、税收调整、通货膨胀的发生等；来源于企业内部的经营风险包括：技术装备、产品结构及设备利用率的变化、工人生产效率、原材料利用率等的变化。

3. 外汇风险。主要是指由于汇率变动造成的跨国公司投资及其投资收益价值变动的风险。

（二）国际投资风险的管理

1. 认真进行投资风险的科学论证

在投资前，通过投资项目的可行性分析，从宏观和微观两个方面评价投资风险的大小，选择风险较小且收益较高的投资资方案，并采取各种防范投资风险的措施。

2. 依靠独有的原材料供应和技术

如果子公司只能从母公司购买原材料，那么东道国政府在没有这种原材料供应的情况下，就不会征收并经营该公司；同样地，子公司如果在生产过程中对所用技术实施保密，也会降低东道国征收的风险。

3. 借用东道国当地的力量

跨国公司可以通过在子公司所在地雇佣员工来降低其投资风险，因为当地雇员为了保护自己的利益可能在一定程度上会阻止政府对子公司采取某些不利行为。此外，子公司也可以通过在当地筹资，进而将东道国内的投资者的利益与企业联系在一起，当发生东道国政府无偿征收等风险时，可以借用这部分人的力量减少企业的损失。

4. 进行多样化、分散化经营

通过经营的多样化与分散化，跨国公司可以选择多个国家进行投资，经营多种商品与业务，分散销售渠道、原材料来源等，从而分散其投资风险。

5. 参加保险

目前，许多国家都设有承保国外投资风险的服务。例如，美国的海外私人投资公司、英国的出口信贷保证部、中国的中国人民保险公司等。一般情况下，承包机构将根据保险范围的大小和公司相关风险的大小确定收取保费的数额。承保范围主要集中于征收、战争或货币冻结风险等方面，只占跨国公司承受的国际投资风险的一部分。

（三）结合国际投资风险对跨国公司投资项目进行可行性分析

在对一项拟议中的投资项目进行可行性分析时，除了要考虑前述各因素外，还应考虑国际投资风险这一因素。在前面的论述中，我们假定不存在国际风险。实际上，国际风险对跨国投资项目的影响非常大。我们一般通过以下两种方法来分析国际投资风险对跨国投资项目可行性的影响。

1. 调整折现率

一般情况下，折现率及投资者要求的收益率，因为当国际投资风险增加时，投资者要求的风险补偿就会提高，折现率也会随之提高；然而，提高的幅度与风险的大小没有一个统一的标准。因此，这种方法存在一定的主观性。

2. 调整预计现金流量

跨国投资风险会对跨国投资项目的现金流量产生影响，从而使项目的现金流量表现出一定的波动性，进而影响该项目的可行性。一般情况下，通过分析每一种可能的风险对跨国投资项目现金流量的影响，计算出该项目不同净现值的概率分布，然后进行加权平均。如果加权后的净现值大于零，接受该项目；否则，放弃该项目。

【例 8－14】 某一跨国投资项目，面临两种投资风险 A、B，发生 A 种风险的概率为 30%，发生 B 种风险的概率为 40%，这样，这个项目就会有四种可能的净现值：

	A 发生 B 不发生	A 发生 B 发生	A 不发生 B 发生	A 不发生 B 不发生
概率	18%	12%	28%	42%
净现值	120 万	－20 万	80 万	220 万

所以，加权平均的净现值为：

$$
\begin{aligned}
E(NPV) &= 120 \times 18\% + (-20) \times 12\% + 80 \times 28\% + 220 \times 42\% \\
&= 21.6 + (-2.4) + 22.4 + 92.4 \\
&= 134(\text{万})
\end{aligned}
$$

因为 E(NPV) > 0，所以，接受该项目。

【本章小结】

外汇市场是在国际间从事外汇买卖、调剂外汇供应的交易场所。外汇市场由外汇银行、外汇经纪人、进出口商、中央银行及外汇投机者等组成。外汇市场的存在，促进了国际资本的流动、加速了国际贸易的发展，同时也给外汇市场的参与人员提供了及时的汇率变动信息及套期保值与投机的可能。外汇风险类型与汇率变化时间的关系如下图所示①：

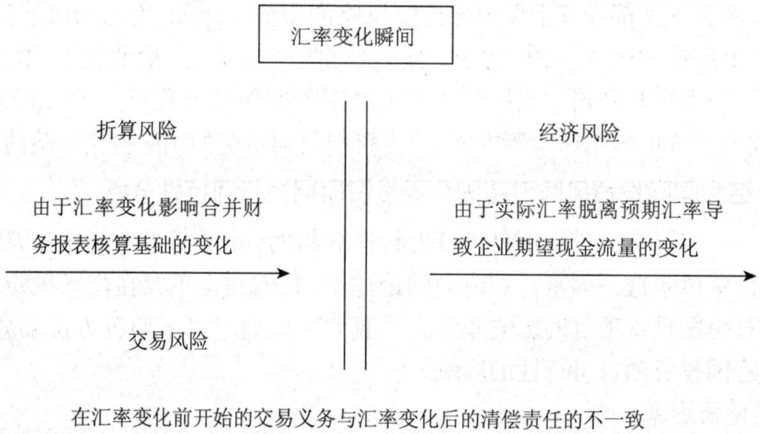

外汇风险的存在，使得企业必须关注外汇风险带给企业的影响。如何降低外汇风险成为跨国理财的重要关注点。

① 熊楚熊：《公司高级理财学》，清华大学出版社，2005 年版。

跨国筹资的资金来源既可以是来自母国的资本市场,也可以是来自东道国或第三国的国际资本市场;既可以在公司内部筹措;也可以向公司外的资金市场融资。但最重要的是做出筹资的战略抉择:一是要注重所筹外币的汇率变动对筹资成本造成的实际影响;二是要在权益筹资与债务筹资两者中做出权衡。

跨国投资分为直接投资和间接投资,相比间接投资,直接投资的风险更大。因此,在进行跨国直接投资时,不仅要对国际环境进行分析,还要对即将面临的投资风险进行详细的分析。跨国投资是否可行,必须进行跨国投资项目预算。

【复习思考题】

一、单项选择题

1. 吉姆现有一笔外币应收账款,由于将来汇率难以预测,从降低风险的角度,请你代他选择一种比较可行的套期保值方式(　　)。

A. 期货合约　　B. 期权合约　　C. 远期合约　　D. 不套期

2. 美国人在德国发行欧元标价的债券,同时在英国发行欧元标价的债券,这两种债券分别称为(　　)。

A. 欧洲债券,外国债券　　B. 欧洲债券,欧洲债券

C. 外国债券,欧洲债券　　D. 外国债券,外国债券

3. 美国公司更希望在加拿大而非墨西哥进行直接对外投资的最可能原因是(　　)。

A. 赢得超额利润的更大可能性　　B. 更便宜的生产要素

C. 垄断优势的可能利用　　D. 更好的技术条件

4. 1992 年,有一个炸弹在世贸中心爆炸,因此,在此办公的跨国公司会由于该事件而更关心(　　)。

A. 经营风险　　B. 财务风险　　C. 政治风险　　D. 社会风险

5. 下列哪项业务无交易风险却有经济风险?(　　)

A. 以本国货币标价的出口　　B. 以本国货币标价的进口

C. 以外国货币标价的出口　　D. 以外国货币标价的进口

二、多项选择题

1. 决定折算风险大小的因素包括(　　)。

A. 国外子公司在国外经营的程度　　B. 国外子公司所在地

C. 货币的相关性　　D. 所使用的会计方法

2. 中国某公司三个月后将收到一笔美元应收账款,为避免美元贬值的风险,该公司应采取(　　)进行套期保值。

A. 在货币市场借入人民币　　B. 在货币市场借入美元

C. 利用应收账款远期合约　　D. 利用应付账款远期合约

3. 国际直接投资面临的风险包括(　　)。

A. 经营风险　　B. 财务风险　　C. 政治风险　　D. 外汇风险

4. 影响跨国公司资本成本的主要因素(　　)。

A. 外汇风险　　B. 国家风险

C. 母国和东道国的税收政策　　D. 跨国公司的经营活动

三、判断题

1. 欧元的实施完全消除了成员国内的汇率风险。(　　)

2. 应收账款融资的风险完全转移给贷款方。(　　)

3. 汇率波动幅度越大,风险越大。(　　)

4. 本币升值,企业的现金流出量减少。(　　)

5. 纯粹本国公司的现金流量没有汇率风险。(　　)

四、名词解释

1. 外汇风险　2. 交易风险　3. 经济风险　4. 折算风险　5. 欧洲债券　6. 外国债券　7. 应收账款融资　8. 应收账款让售　9. 项目融资　10. 转移价格

五、简答题

1. 经济风险与交易风险存在的前提有何不同?

2. 没有跨国业务的企业是否存在外汇风险,为什么?

3. 降低交易风险的措施有哪些?

4. 相比国内经营的企业,跨国公司的筹资渠道、筹资方式有何不同?

5. 跨国直接投资面临的风险有哪些?

六、计算题

1. 假设中国某公司进口商品一批,价值 1 000 万美元,以外币美元结算,60 天后支付货款。进口当日的汇率是 \$ 1 = 7.5 ¥,如果支付货款当日的汇率变为 \$ 1 = 8.0 ¥,请计算该公司因此承担的外汇风险。

2. 中国的某跨国公司从伦敦一家银行借入£ 100 万,年利率为 8%,期限为 1 年,借入日汇率为£ 1 = ¥11.0,1 年后的汇率为£ 1 = ¥11.1,则还本付息的本币数是多少?

3. 假设中国的某一跨国公司预测到一年后会收到 100 万美元,美元兑人民币的即期汇率为 \$ 1 = ¥7.04,一年的远期汇率为 \$ 1 = ¥7.02。该公司得出一年后未来即期汇率的概率分布如下:

未来即期汇率	概率
¥7.00	40%
¥7.02	30%
¥7.06	30%

又假设一年期美元卖出期权价格为 7.03 元人民币,每美元的期权费为 0.02 元人民币。货币市场的一年期利率如下:

	美国	中国
存款利率	3%	6%
贷款利率	4%	7%

请依据上述资料,分别计算各种保值方法收到的本币数(或本币数的期望值),然后计算不采取保值措施收到的本币数(或本币数的期望值)。最后,请比较,对该项应收账款是否应采取保值措施?若应该,哪种更好?

4. 假设一家以中国为本部的跨国公司需要为期一年的资金 1 000 万元人民币,该公司面临三种选择:以 6% 的利率借入人民币;以 4% 的利率借入瑞士法郎;以 7% 的利率借入欧元。该公司已经预测到一年后瑞士法郎将升值 2%,欧元贬值 1%,请计算:①外币融资的实际利率分别是多少?②该公司从成本的角度考虑,应选择哪一币种筹资?

5. 美国 KL 公司向英国出口了一批甲商品,预计三个月后收到英镑 100 万元,目前英镑兑美元的汇率为£ 1 = $ 1.6,KL 公司预测到三个月后英镑将贬值 5%,因此,该公司正在考虑是否用远期合约进行套期保值。如果你是该公司的财务人员,你将如何做?为什么?

【案例分析】

LP 公司是一家中国公司,目前在美国没有任何业务,但是它正在考虑在美国建立一个子公司。其他相关数据如下:

(1)建设工厂、购买设备需投资 2 000 万美元(假设建设期为零)。要想保证正常经营,还需 1 000 万美元的营运资本,这部分资金由子公司从美国当地银行借款,年利率 10%,借款期为 10 年。

(2)计划子公司在美国经营 3 年后,出售给美国某家公司。LP 公司计划让兼并公司承担后续的贷款本息的偿付。营运资本不会收回,由兼并公司继续使用。因此,LP 公司希望子公司的出售价减去资本利得税能达到 3 000 美元。假设此笔资金汇回时不用交预提税。

(3)子公司 3 年内的产品销售情况如下:

年度	单价	销售量	单位可变成本
1	250 美元	4 万件	15 美元
2	255 美元	5 万件	17.5 美元
3	265 美元	6 万件	20 美元

(4)需发生诸如经营费用等固定成本(付现),预计每年 300 万美元;厂房和设备按直线法计提折旧,10 年内提完折旧,残值为零。

(5)每年年末子公司获得的现金净流量都将汇回母公司,子公司将利用投入的营运资本维持企业的持续经营。

(6)美国当地的公司所得税为20%,并对LP公司的子公司汇回母公司的收益课以20%的预提税。

(7)美元汇率预测如下:

目前汇率	第一年末	第二年末	第三年末
¥7.06	¥7.04	¥7.02	¥7.00

此外,LP公司对这一项目要求的投资收益率为15%。

请问:该项目的净现值是多少?投资是否具有可行性?

【参考文献及阅读资料】

1. 陆正飞,朱凯编著:《高级财务管理》,浙江人民出版社,2000年。

2.【美】杰弗·马杜拉著,杨淑娥,张俊瑞主译:《国际财务管理》,东北财经大学出版社,2006年。

3. 夏乐书:《国际财务管理》,东北财经大学出版社,2006年。

4.【美】切奥尔S. 尤思,布鲁斯G. 雷斯尼克著,赵银德,张华译注:《国际财务管理》,机械工业出版社,2007年。

5. 王化成:《高级财务管理》,中国人民大学出版社,2007年。

6. 夏皮罗:《跨国公司财务管理》,中国人民大学出版社,2007年。

7. 毛付根:《跨国公司财务管理》,东北财经大学出版社,2008年。

第九章　中小企业财务管理

【学习目的与要求】

中小企业是我国经济发展必不可少的组成部分，它不仅为我国提供了众多的就业岗位，同时也为我国 GDP 的增长作出了重要贡献。但目前中小企业的财务状况却不尽如人意，筹资难一直困扰着中小企业，而目前的经济环境对中小企业的发展也有很多制约因素，再加上中小企业先天存在的不足，使得加强中小企业财务管理行为成为中小企业迫切解决的问题。通过本章的学习，要求：

【了解】 中小企业的理论界定；中小企业的融资方式和投资方式；中小企业的投资领域；

【理解】 中小企业的财务特征、融资特点；中小企业的投资特点和环境；

【掌握】 中小企业的财务管理目标；中小企业信贷融资的各种具体方式；公开上市股权融资的方式；IPO 的条件；中小企业财务发展的基本思路、财务战略安排。

【重点与难点】

1. 一般企业的财务管理目标与中小企业财务管理目标的区别。
2. 中小企业主要的融资方式与大型企业的区别。
3. IPO 的具体条件。
4. 中小企业财务管理的重点。

第一节　中小企业财务管理概述

一、中小企业的理论界定

从理论上来讲，中小企业一般是指规模较小的或处于风险阶段和成长阶段的企业，包括规模在规定标准以下的法人企业和自然企业。具体地说，一是指那些没有较大规模、企业人数不多的企业；二是指处于向较大规模方向发展过程的企业。在现实中，企业社会各界人士对中小企业也有广义和狭义两种理解。广义的中小企业，一般指除国家确认为大型企业之外的所有企业，包括中型企业、小型企业和微型企业。狭义的中小企业则不包括微型企业。通常认为微型企业是指雇员人数在 8 人以下的具有法人资格的企业和个人独资企业、合伙企业以及工商登记注册的个体和家庭经济组织等①。

按照现行中小企业划分标准进行统计的情况看,我国中小企业的基本情况与世界一些国家的确认标准相比,实际的人数规模相对偏高,但资本、资产和营业额规模相对偏低,这些反映了我国中小企业多为劳动密集型的基本国情。

根据我国2002年颁布,2003年1月1日正式实施的《中华人民共和国中小企业促进法》规定:中小企业标准根据企业职工人数、销售额、资产总额等指标,结合行业特点制定。具体标准如表9-1所示:②

表9-1　　中小企业标准暂行规定具体内容表格化

行业	职工人数	销售额	资产总额	备注
工业	300—2 000	3 000万—3亿	4 000万—4亿	中型企业须同时满足三项指标下线,其余为小型企业
建筑业	600—3 000	3 000万—3亿	4 000万—4亿	中型企业须同时满足三项指标下线,其余为小型企业
批发业	100—200	3 000万—3亿		中型企业须同时满足两项指标下线,其余为小型企业
零售业	100—500	1 000万—1.5亿		中型企业须同时满足两项指标下线,其余为小型企业
交通运输业	500—3 000	3 000万—3亿		中型企业须同时满足两项指标下线,其余为小型企业
邮政业	400—1 000	3 000万—3亿		中型企业须同时满足两项指标下线,其余为小型企业
住宿和餐饮业	400—800	3 000万—1.5亿		中型企业须同时满足两项指标下线,其余为小型企业

二、中小企业的财务特征

(一)初始资本投入有限,资本积累能力较弱

据有关统计,我国90%以上的中小企业原始资本都来自个人积累、家庭成员或朋友,资本来源比较单一。而在经营过程中,中小企业的资金利润率水平一般低于大企业,利润增长缓慢,内部资本积累能力较弱。

(二)资产质量较弱

根据第三次全国工业普查的数据显示,我国中小企业的资产负债率高达65.30%,流动资产周转天数231天,流动比率为0.9981,已属不良型,使得企业资产周转率低、使用效率差、经营流动资金紧缺。

---

① 郝嵘:中小企业融资方式的选择研究,西安电子科技大学硕士论文,2009。

② 2003年2月19日国家经济贸易委员会、国家发展计划委员会、财政部、国家统计局国经贸中小企[2003]143号发布,http://baike.baidu.com/view/436895.htm? fr=ala0_1.

（三）短期负债与长期负债结构不合理

据有关调查显示，我国60.5%的中小企业没有1—3年的中长期贷款，即使能获得，也仅有16%的中长期贷款能满足全部需要，52.7%的贷款只能满足部分需要，还有31.3%的贷款不能满足需要。由于中小企业很难筹集到长期资金，所以多用短期资金来解决长期资金如固定资产的购入、设备更新等方面的需要，长期资金周转慢、回收期长，而短期负债期限短，随时需要资金来偿还，使得中小企业可能会经常面临急迫的短期偿债的压力。

（四）利润质量较低，亏损比较普遍

据统计，中小企业亏损数占全国亏损总数的90%，占全部中小企业总数的60%以上，盈利能力较差。同时利润结构大多存在主营业务收入突出、而其他营业收入较少的状况，一旦其主营业务所在的行业出现大的经济滑坡或重大变动，就会使企业陷入利润急剧下降、资金无法周转甚至破产的困境。

三、中小企业的财务管理现状

中小企业的生产要素集中程度较低，表现在财务管理上为：资产规模小，抵御风险能力不强，财务制度不健全，又受宏观经济环境的变化和体制的影响，使其在财务管理方面存在与市场经济不适应的情况。

（一）中小企业内部管理基础较弱

一方面，管理人才普遍短缺，管理机构简单，专业性不强，内部制度不完善，甚至没有内部控制制度。另一方面，许多中小企业仍在亏损的边缘，无暇全面系统地考虑内部管理的有效性。

（二）成本费用管理水平低

中小企业普遍存在成本费用核算不实，控制不严，控制体系不健全等问题。在成本费用管理过程中，往往人为追求利润，造成费用不实。企业会计基础工作不健全，成本核算缺乏真实准确的资料，内部缺乏科学有效的成本费用控制体系。

（三）融资渠道单一，资金短缺，筹资能力差

首先，在直接融资上，现行的上市额度管理机制决定了中小企业很难争取到发行股票上市的机会；在发行企业债券上，因发行额度小也难以获准。其次，在间接融资方面，由于中小企业本身素质不高，人才缺乏、内部组织关系不稳定、规模经济效益差、经营风险高、信用等级低等原因，往往难以满足银行等金融机构的贷款条件。再加上银行贷款政策倾斜、手续繁杂、收费高，而财产拍卖、信用融资担保、资产评估、信用评估等机制建设的滞后，更使中小企业实际上很难得到银行的贷款；此外，其他融资渠道同样不通畅。因此，这种相当大程度依赖于内部资金供给的融资模式，极大地制约了企业的进一步发展。

(四)抗风险能力较弱,信用等级较低

中小企业资本规模较小,决定了他们抗风险的能力先天不足,加上内部管理基础薄弱,产品比较单一,市场风险很大,而市场风险很容易转变为企业的财务风险和银行的信贷风险,从而影响其信用等级。

(五)服务体系薄弱

许多中小企业缺乏及时获取各种信息的渠道,致使财务管理人员难以作出科学合理的筹资、投资决策,不能满足各方面需求,使企业的发展受到限制。

四、中小企业的财务管理目标

确定合理的财务管理目标,既是中小企业发展的必然需要,也是客观环境对中小企业的经营理财行为的约束。中小企业与大企业相比,在生存发展环境、依赖的资源方面具有生产要素简单,资金规模小,融资困难的特殊性,由于中小企业自身的特性其所面对的环境,与大型企业相比有明显的差别,这些差别导致中小企业财务管理目标应有其特殊性。

(一)财务管理的一般目标

关于财务管理的一般目标,目前较流行的观点主要有:1. 利润最大化。2. 每股盈余最大化。3. 股东财富最大化。4. 企业价值最大化。其中以企业价值最大化的提法最为科学。企业价值最大化目标的优点主要有:(1)考虑了取得收益的时间,并用时间价值的原理进行计量;(2)科学地考虑了风险与报酬的关系;(3)重视企业未来收益,有利于企业长期稳定的发展;(4)注重在企业发展中与各方的利益关系,在注重协调企业与股东关系的同时,关心企业职工的利益,加强与债权人的联系,讲求信誉,注重社会形象。虽然企业价值最大化是现代企业财务管理的最优目标,但它也存在缺点:(1)对于上市企业,股价是受多种因素影响的,不一定能直接反映企业的获利能力;(2)对于非上市企业,在评估企业价值时,评估标准和评估方式会影响到评估的准确性和客观性。

(二)中小企业财务管理目标选择①

针对中小企业在财务管理方面的独特之处,简单地把中小企业财务管理目标确定为利润最大化或企业价值最大化是不符合实际的。确定中小企业财务管理目标首先确定目标的定位,根据定位制定目标。

利润最大化是中小企业现实选择。中小企业由于受所有制的局限,一般难以上市发行股票筹集资金,企业的形式多为合伙或独资企业,所有者大多数直接从事企业经营管理,所以,中小企业关心的首要问题是企业的生存,不断提高企业的利润、追求利润最大化,都是企业为求生存和发展的基本前提。也只有在这个前提下,才能保证企

① 刘海风,方德英.:《小企业财务管理目标的定位》,中国乡镇企业会计,2007(8)。

业资本保值和增值，保证企业生存、发展。可以说，利润尤其是利润最大化对中小企业的生存和发展是第一位的。以实现企业利润最大化作为中小企业的财务管理目标更接近人们的认识，也易于被企业的经营管理者理解和接受。

从理论上来看，与利润最大化目标相比，企业价值最大化、股东财富最大化等目标主要是根据大型企业或上市公司资本运行良好企业为研究和论证的对象推导出来的，太过于抽象，可操作性差。同时，中小企业的组织机构和管理行为相对简单，“企业价值最大化”分析成本过高，公式计算过于复杂，中小企业难以操作，实用性较差。利润的最大化虽有缺陷，但是对于中小企业而言，既与企业目标一致(获取利润)，符合中小企业客观实际，又是企业价值最大化的基础，股东财富最大化的实质，故是中小企业目标的首选。

第二节　中小企业融资管理

中小企业以其灵活的经营机制、多样的经营方式和创新的经营理念，逐步成为中国经济发展的一支生力军，为中国经济的持续高速发展做出了重要贡献。与此同时，中小企业也面临着资金、技术、人才和信息等方面的困难。其中，筹资难就是一个突出的问题。

一、中小企业的融资特点

(一)资金需求数额少，时间紧、频率高

中小企业大多数依靠当地资源优势，低门槛进入市场，经营规模较小，面向市场组织生产，充分发挥“船小好掉头”的优势，商机十分重要，经营方式灵活多样，涉及面广，以规模和数量的多样化和小批量著称，对资金的一次性需求量小、频率高、借期短，同时具有很强的时效性。银行对其贷款进行调查、审批、发放等所花费的人、财、物力较多，在一定程度上降低了银行的经营效率。因此，中小企业很难从传统的大型商业银行取得资金。

(二)自有资本相对较少，抵押担保不足

由于中小企业自有资本金相对较少，初创阶段大多靠租赁厂房、设备等方式开始生产经营活动，缺少足够的可用于抵押的资产；或者由于受企业发起人资金实力及人数所限，自有资本投入相对较少；再加上刚刚步入所在行业，经营风险大、信贷记录缺乏，很难获得银行的青睐。

(三)先天不足，缺少直接融资渠道

中小企业由于自身的规模、经营风险等因素，其融资渠道往往比较单一，很难从像大型企业的诸如国家财政资金、社会机构投资、外商投资等这样的资金渠道获得直接资金支持。本身的高风险特性，又制约了大部分投资者的投资欲望；即使是敢于冒风

险的投资者也会在众多中小企业中择优投资,而这样的天使资金在我国目前不完善的资本市场下,相对中小企业的对资金的需求显得杯水车薪。

(四)融资方式单一,以借贷融资为主

中小企业由于受其自身因素所限,大多数不具备发行股票和债券额条件,信贷融资就成为其主要的融资方式。据统计,我国中小企业融资总量中依靠商业银行和民间借贷的合计比例达到全部资金需求的50%以上,有的甚至更高。借贷资金中主要是短期借款,主要用于弥补临时性流动资金周转所需。用于项目开发和扩大再生产的长期借款则所占比例极少。虽然借贷融资成为中小企业主要的融资渠道,但是商业银行对中小企业的“惜贷”、“慎贷”,导致中小企业获得商业银行贷款困难重重,很多中小企业转向民间金融市场借贷。不规范的民间金融市场提供不仅加大中小企业的融资成本与融资风险,同时也加剧了中小企业衰亡。

二、中小企业的融资方式

(一)信贷融资①

《中小企业促进法》颁布与实施后,金融机构加大了对中小企业信贷融资的支持力度,并通过金融制度、管理和工具的不断创新,推出了不少中小企业信贷融资的方式。归纳起来主要有:

1. 综合授信贷款

综合授信是指银行根据符合对外授信条件的企业的书面申请,综合评价企业的全面情况,确定企业在一定期限内可使用的信用额度,并与之签订授信合同。授信的范围包括对企业的本外币贷款、贸易融资、贴现、承兑、担保及信用证等业务。企业在有效期限和额度范围内,根据资金需求情况可分期循环使用,随借随还。

取得银行综合授信企业的条件一般为:一要符合国家产业政策和市场发展要求,内部管理健全,无不良信用记录;二要市场开拓能力强、产品适销对路,获利能力较好;三要资产负债率处于合理水平,经营性现金流量充足,能确保贷款的偿还;四要与银行有较长期的合作关系,并且有与银行贷款额度相匹配的结算往来;五要企业信用评定等级在规定级别以上。

2. 信用担保贷款

信用担保贷款一般是由中小企业信用担保机构作为担保人实施的银行贷款。信用担保机构大多实行会员制管理的形式,属于非盈利组织。担保基金的来源包括当地政府财政拨款、会员自愿交纳的会员基金、社会募集的资金、商业银行的资金等几部分。会员向银行借款时。可由担保机构予以担保。此外,中小企业也可向专门开展中介服务的担保公司寻求担保服务。当然,担保公司为了保障自己的利益,也会要求企业提供反担保,甚至还会派员到企业监控资金流动情况,但相比银行要求的担保条件

① 部分内容参考刘百宁等编著:《中小企业融资实务与技巧》,中国经济出版社,2004年版,第33-36页。

要灵活很多。

中小企业信用担保对象为符合国家产业政策,有产品、有市场、有发展前景,有利于技术进步与创新的技术密集型和扩大城乡就业的劳动密集型的中小企业;信用担保的种类主要包括短期银行贷款、中长期银行贷款、融资租赁以及其他经济合同的担保等,但目前的重点是短期流动资金贷款。

3. 买方贷款

当企业因自身资本金不足,而且提供合适的担保品或寻求担保又比较困难,无法取得银行贷款,但企业的产品有可靠的销路时,银行可以根据销售合同,为其产品的购买方提供一定的贷款支持。这样,卖方就可以从买方那里收取一定比例的预付款,以解决生产过程中的资金紧缺问题。或者,由买方签发商业汇票,卖方持汇票到银行贴现。

4. 异地联合协作贷款(或称集群贷款)

有些中小企业产品销路很广,或为某些大企业提供配套零部件,或是企业集团的松散型子公司。在生产协作过程中,需要补充生产资金,可以寻求一家主办银行牵头,对集团公司统一提供贷款。再由集团公司对协作企业提供必要的资金;也可由牵头银行同异地协作企业的开户银行结合,分头提供贷款。

5. 项目开发贷款

一些高科技中小企业如果拥有重大价值的科技成果转化项目,初始投入资金数额比较大,企业自有资本难以承受,可以向银行申请项目开发贷款。商业银行对拥有成熟技术及良好市场前景的高新技术产品或专利项目的中小企业以及利用高新技术成果进行技术改造的中小企业,将会给予积极的信贷支持,以促进企业加快科技成果转化的速度。对于高等院校、科研机构建立稳定项目开发关系或拥有自己研究部门的高科技中小企业,银行除了提供流动资金贷款外,也可办理项目开发贷款。

6. 出口创汇贷款

对于生产出口产品的企业,银行根据出口合同,或进口方提供的信用签证,提供打包贷款。对有现汇账户的企业,银行可提供外汇抵押贷款。对有外汇收入来源的企业,可以凭结汇凭证取得人民币贷款。对出口前景看好的企业,还可以给予一定数额的技术改造贷款。

7. 保付代理业务

保付代理业务又称保理,是银行购买供货企业因赊销而产生的短期应收账款债权,货款由银行先期支付给卖方企业,然后银行作为债权人代理卖方再向买房企业催收的一项业务。这项业务虽然有利于盘活企业的资金,但银行承担了买方企业无法(或拒绝)付款的风险,因此,银行会视债务方的风险情况而确定支付给卖方的货币数额。

此外,还有自然人担保贷款、个人委托贷款、无形资产担保贷款、出口退税质押贷款、保单质押、应收账款质押(或收购)等信贷形式,在此不再一一赘述。[①]

(二)公开上市股权融资

公开上市股权融资是指融资企业以社会公开方式,向公众投资者出售股权进行的融资,包括首次发行股票和随后的增发、配股形式的股权再融资。公开上市股权融资一般是通过股票发行向全社会公开募集资金。中小企业公开上市,利用股票市场进行融资的主要方式有两个:直接公开上市融资和间接公开上市融资。

1. 境内直接公开上市

境内直接公开上市主要采取IPO(initial public offerings),即首次公开发行股票的方式,IPO是指一家企业第一次将它的股份向公众出售[②]。我国中小企业境内上市包括国内主板和中小企业板上市,境内主板上市主要指在我国的深圳证券交易所和上海证券交易所两个主板市场上市。现阶段我国的主板市场对高新技术企业的障碍主要表现在:主板市场对上市公司要求较高,上市公司在历史、规模业绩、行业等方面都有严格规定,中小企业特别是科技型小企业[③]很难达到这样的条件。在服务于国企改制和扩大融资渠道的政策下,以非国有为基本成分的中小高新技术企业很难直接进入主板市场融资。深圳中小企业板市场[④]的推行一定程度上为中小企业尤其是风险投资企业提供了更宽的融资渠道与退出机会。

主板市场上市的相关要求可参考前述相关章节,下面就二板市场的上市条件做简单介绍[⑤]。深圳中小企业板申请首次公开发行股票应当符合下列条件[⑥]:(1)发行人是依法设立且持续经营三年以上的股份有限公司。有限责任公司按原账面净资产值折股整体变更为股份有限公司的,持续经营时间可以从有限责任公司成立之日起计算。(2)最近两年连续盈利,最近两年净利润累计不少于一千万元,且持续增长;或者最近一年盈利,且净利润不少于五百万元,最近一年营业收入不少于五千万元,最近两年营业收入增长率均不低于百分之三十。净利润以扣除非经常性损益前后孰低者为计算依据。(3)最近一期期末净资产不少于两千万元,且不存在未弥补亏损。(4)发行后股本总额不少于三千万元。

但是,无论是主板市场,还是二版市场,其上市的要求一般比较严格,上市程序也比较复杂,时间成本和相关费用成本也比较高,大多数情况下使创业企业家和风险投资家望而生畏。

---

① 详见附录一。

② 详细内容可参考百度百科 http://baike.baidu.com/view/7497.htm? fr = ala0_1_1。

③ "浙大海纳"1999年6月成功在我国主板市场上市。

④ 深圳中小企业板与2004年5月推出,主要满足中小企业的上市要求。

⑤ 详细内容见中国证监会网站－专题专栏－创业板－相关政策。

⑥ 中国证监会网站－专题专栏－创业板－相关政策:《首次公开发行股票并在创业板上市管理暂行办法》。

2. 境外直接公开上市[①②]

境外直接上市即直接以境内公司的名义向境外证券主管部门申请发行、登记注册，并发行股票（或其他衍生金融工具），向当地证券交易所申请挂牌上市交易。

通常，境外直接上市都是采用首次公开发行方式进行，其程序较为复杂，须聘请境内外中介机构较多，成本较高；需经过境内、境外监管机构审批，花费的时间也较长。但是，正因为须经过这些相对严格的程序，申请企业一旦获准在境外上市，将能够比较容易地获得投资者的信任，公司股价能达到尽可能高的价格，公司可以获得较大的声誉，股票发行的范围也更广。

对于国内中小科技企业来讲，其上市的市场也可选择香港创业板和海外创业板市场上市[③]。其中美国纳斯达克作为最具影响力的创业板市场，至今培育微软、思科和英特尔等很多高速增长的企业，也是风险企业上市的一个重要选择。

大多数情况下，首次公开发行股票和直接上市的难度比较大，成本相对较高。于是借助资本市场良好的股本流动性，借壳或买壳上市等间接上市方式，成为中小企业进入资本市场的重要辅助手段。中小企业间接上市融资包括境内间接上市和境外间接上市，主要方式为买壳上市和借壳上市，即买壳或借壳上市可在内地和海外证券市场进行。

3. 境内间接公开上市

境内间接上市一般包括借壳上市和买壳上市。借壳上市是指一家私人公司通过把资产注入一家市值较低的已上市公司壳，得到该公司一定程度的控股权，利用其上市公司地位，使母公司的资产得以上市，通常壳公司会被改名。买壳上市是指非上市公司根据《公司法》、《证券法》、《上市公司新股发行管理办法》等有关法律法规，通过协议转让、拍卖、二级市场收购流通股等方式购买一家已经上市的公司的控股权，然后通过反向收购或资产置换等方式将自己的有关业务和资产注入上市公司，从而实现间接上市的目的。

借壳上市的一般做法是：第一步，集团公司先剥离一块优质资产上市；第二步，通过上市公司大比例的配股筹集资金，将集团公司的重点项目注入上市公司中去；第三步，再通过配股将集团公司的非重点项目上市。

4. 境外间接上市

境外间接上市主要也有买壳上市和造壳上市两种形式，其本质都是通过将本国资产注入壳公司的方式，达到拿国内资产到国外上市的目的，壳公司可以是已上市公司，也可以是拟上市公司。境外买壳上市是指非上市公司通过购买一家境外上市公司一定比例的股权来取得上市的地位，然后注入自己的有关业务及资产，实现在境外间接上市的目的。境外造壳上市是指公司在香港、百慕达、开曼群岛等地注册公司（或收

---

① 周运兰．中小企业股权融资与股权再融资研究，华中农业大学博士论文，2008。

② 境内企业以任何形式到境外上市，均应报中国证监会审批。主要适用法律是《证券法》第二十九条和国务院于1997年6月20日公布的《关于进一步加强在境外发行股票和上市管理的通知》。

③ 具体可参见附录二。

购当地已经存续的公司)，用以控股境内资产，而境内则成立相应的外商控股公司，并将相应比例的权益及利润并入境外公司，以达到上市目的。公司采取境外造壳上市，主要有两个方面的原因：一是为了规避政策监控，使境内企业得以金蝉脱壳，实现境外上市；二是利用避税岛政策，实现合理避税。

(三)吸收创业投资

创业投资最先产生于美国，经过半个多世纪的探索，不仅造就了微软、网景、雅虎、戴尔等全球高科技产业的佼佼者，而且带动了大批中小企业的发展。创业投资在我国最早起步于1985年。创业投资是指专业性或非专业性投资人为具有一定增长潜力、可以快速成长成为经济增长重要贡献者和增长点的新兴企业提供一定期限的股权性资金支持，并通过经营管理服务对所投资企业进行全方位培育和辅导，在企业发育相对成熟后通过上市、转让等手段退出所投资企业，以实现资本增值，然后开始新一轮的投资活动。

中小企业吸收风险资本来源，主要来自四个方面的投资者：①"天使"投资者。"天使"投资者是指创业企业的第一批投资人，他们在公司产品和业务成型之前就把资金投入进来，以帮助年轻公司迅速成长。②风险投资公司。风险投资公司大部分通过风险投资基金来进行投资，这些基金一般以有限合伙制为组织形式。③产业附属投资公司。这类投资公司往往是一些非金融性实业公司下属的独立风险投资机构，他们以直接股权投资为主要业务，并通过股权转让获取收益。④金融机构。银行、保险公司等通过向即将上市的风险企业和风险企业的杠杆收购业务提供资金，或直接投资于合伙制的风险企业，以期获得更高的回报。

创业投资的产业领域主要是高新技术产业。投资方式按投资性质分，主要有三种：一是直接投资；二是提供贷款或贷款担保；三是投入一部分风险资本购买被投资企业的股权。

风险投资过程可分为选择投资项目、与被投资企业签订有关协议、对被投资企业进行辅导以及风险投资退出四个阶段。风险资金的退出有三种方式：一是风险投资公司将其持有的股份转让给其他投资者或者被其他企业兼并。二是被投资的企业由于经营失败宣布破产，这意味着风险投资失败。三是将风险资金投资的企业改组为上市公司，风险投资公司将其持有的股票在证券市场公开出售，达到收回投资和实现风险收益的目的，这是风险投资退出的最佳途径。因此建立专门为中小型科技创新企业上市的二板市场，或适当放宽中小型科技创新企业到主板市场上市的条件，是实现风险投资良性循环和发展我国风险投资业的重要举措。

(四)其他融资方式

1. 技术创新基金

技术创新基金是一种不以营利为目的的引导性资金，通过吸引地方、企业、科技创业投资机构和金融机构对中小企业技术创新的投资，逐步建立起符合社会主义市场经济客观规律、支持中小企业技术创新的新型投资机制。技术创新基金面向在中国境内注册的各类中小企业,重点扶持符合国家产业技术政策、产业化初期、投资风险较大、有较高创新水平和较强市场竞争力、有较好的潜在经济效益和社会效益、有望形成新兴产业的高新技术成果转化的项目及承担项目的企业,并为商业性资本的介入和产业化的转变起到铺垫和引导作用。

技术创新基金主要有以下三种支持方式:(1)贷款贴息。对已具有一定水平、规模和效益的创新项目,原则上采取贴息方式支持其使用银行贷款,以扩大生产规模。一般按贷款额年利息的50%—100%给予补贴,贴息总额一般不超过100万元,个别重大项目最高不超过200万元。(2)无偿资助。主要用于中小企业技术创新中产品研究开发及中试阶段的必要补助、科研人员携带科技成果创办企业进行成果转化的补助。资助数额一般不超过100万元,个别重大项目最高不超过200万元,且企业须有等额以上的自有匹配资金。(3)资本金投入。对少数起点高、具有较广创新内涵、较高创新水平并有后续创新潜力、预计投产后具有较大市场需求、有望形成新兴产业的项目,采取资本金投入方式。资本金投入以引导其他资本投入为主要目的,数额一般不超过企业注册资本的20%,原则上可以依法转让,或者采取合作经营的方式在规定期限内依法收回投资。

2. 民间资本

目前,我国民间资本总额十分庞大,大量滞留于银行。由于国家宏观调控及相关政策制度的滞后以及融资渠道不畅等原因,使得以民间融资为特征的地下金融市场异常活跃,甚至成为中小企业融资的主要渠道。然而,由于现阶段各种相关制度和法律的不完善,加大了民间融资行为的金融风险和金融欺诈的可能。

为了启动民间投资,推动中小企业的进一步发展,政府应该采取相应措施鼓励和保护民间资本介入融资市场;加大开放力度,取消一些领域对民间资本进入的限制,开启民间资金的多种投资"渠道"。同时,为避免金融风险、规范管理,应由政府引导建立一批实力雄厚、运作规范、专业的投资基金组织,统一管理分散的民间资金,作为政府投资的有效补充。此外,政府还应尽快出台相应的法律法规,加大对民间资本的监管力度,有效防止金融欺诈,降低金融风险。

3. 融资租赁

融资租赁是指由出租方融通资金为承租方提供所需设备,具有融资、融物双重职能的租赁交易,它主要涉及出租方、承租方和供货方,并有两个或两个以上的合同构成。出租方根据承租方的需求和选择,与供货方订立购买合同,与承租方订立租赁合同,将购买的设备出租给承租方使用。在租赁期间,由承租方按合同规定,分期向出租方交付租金,租赁设备所有权属于出租方,承租方在租赁期间对该设备享有使用权,租赁期满时,设备可由承租方按合同规定留购、续租或退回出租方。

融资租赁对中小企业融资的作用:(1)可缓解中小企业融资困境,促进中小企业融资;(2)延长资金融通期限,加大中小企业的现金流量;(3)可以获得国家的优惠政策;(4)可避免通货膨胀的不利影响,防范汇率、利率风险;(5)融资租赁属于表外业务,有利于企业通过多种渠道融资。因此,在中小企业集中的浙江省,到目前为止融资租赁业务已为2 000多家中小企业提供服务。但融资租赁最大的缺点是融资成本太高。

4. 票据贴现

企业收到商业汇票,若在票据未到期前需要资金,可持未到期的商业汇票经过背书后向其开户银行申请贴现。票据贴现是指汇票持有人将未到期的商业汇票交给银行,银行受理后,从票面金额中扣除按银行的贴现率计算确定的贴息,将余额付给贴现企业,作为银行对企业的一种短期贷款。企业利用票据贴现融资,一是不受企业资产规模大小影响;二是比银行贷款手续简便;三是筹资成本低于贷款成本。

5. 典当融资

典当是以实物为抵押,以实物所有权转移的形式取得临时性贷款的一种方式。与银行贷款相比,典当贷款成本高、贷款规模小,但典当也有银行贷款所无法相比的优势:(1)典当对客户的信用要求几乎为零,只注重典当物品是否货真价实,既可以是不动产,也可以是动产。(2)典当物品的起点低,更注重对个人客户和中小企业的服务。(3)典当贷款手续简便,时间短,对贷款的用途不做任何限制。

此外,还有如债券融资、商业信用融资等适用于各类企业的融资方式,中小企业都可以根据自身情况有选择地使用。

第三节　中小企业投资管理

一、中小企业投资的特点

与大企业投资相比,中小企业投资具有以下特点:

(一)投资风险大

中小企业的经营环境具有不确定性,其生产经营有很大风险,也造成了投资决策风险性极大。同时,受资金量的限制,又不可能将资金分散投资在多个项目上,而往往专注于某一项投资,因而不能有效地分散投资风险,加剧了中小企业投资的风险程度。

(二)中小企业投资可能出现过度投资或投资不足的情况

当新的投资机会来临,并较容易地获得投资资金时,中小企业缺乏冷静的态度,会倾向于更多的投资,甚至出现过度投资。如果资金短缺,许多中小企业可能选择利用借款进行投资,则由于受到借款金额的限制而造成投资不足。

二、中小企业投资环境分析

目前我国中小企业面临的投资环境如下:

(一)不公平的政策环境

在"抓大放小"政策的诱导下,一些地方采取了"抓大弃小"的作法;融资条件不平等,一些地方的金融机构对不同所有制(不同规模)的企业实行不同的贷款条件,中小企业的贷款条件要比大企业严格得多，一些个体私营的中小企业甚至没有资格得到金融机构的贷款；中小企业面临税费负担的政策环境不公平，存在“一税轻（流转税、所得税），二税重（规费），三税是个无底洞（社会性收费）”、“铺天盖地都是费”的状况；改革政策不到位、市场准入的政策限制都使中小企业很难平等的生存与发展。

（二）面临不规范的竞争秩序

各地中小企业之间在相当大的范围内存在着低水平过度竞争问题。此外，一些大企业凭借自身的经济优势或者假借政府的权势，或者以低于成本的价格销售其产品，来达到排挤中小企业竞争对手的目的。

（三）生产技术和管理水平不高

中小企业经营者（少数中小高科技企业除外）的经营管理水平普遍较低；受自身企业性质所限，也难以引进高素质的管理人才。除了高新技术领域的中小企业之外，中小企业比较普遍地存在缺乏获得市场信息和技术的渠道的弱点，缺乏市场信息使经营者难以做出适时和合理的经营决策，最终影响其管理水平。此外，技术装备水平偏低也是其提高生产管理水平的制约因素之一。

（四）面临不发达的社会化服务环境

中小企业由于很少或没有专门的人员负责政府各部门所要求的各种表格、报告、统计等工作，政府对它的信任度也大为降低，中小企业的技术创新若想得到政府计划的支持，常常需要准备冗长而又专业化的申请报告及建议书，手续繁杂，耗时耗力，这种由于缺乏完善的社会服务保障体系所带来的额外负担也使中小企业难以承受。

（五）法律体系不完善、法律法规不健全

法律体系不完善、法律法规不健全是我国市场经济体制改革的一大难点，亦是中小企业投资环境欠佳的一个主要方面，集中体现在立法缺乏统一性和权威性、执法或行政保护尺度欠缺公允以及司法存在“权大于法”的不良影响，中小企业在实际上难与大型企业有真正的平等。

（六）信用缺失

信用缺失降低了资源的配置效率从而降低了中小企业的投资效率；另外中小企业经营管理水平低，市场竞争能力弱，经营机制不健全，信用危机等也在一定程度上限制了中小企业的投资。

三、中小企业的投资方式

（一）直接投资

直接投资，也叫做生产性投资，是指把资金直接投放于生产经营性资产，以便获取利润的投资。如购置设备、兴建厂房、开办商店等。直接投资的目的除了获利之外，还有扩大生产规模、增加市场的占有率等。

直接投资的特点：①对企业的长远发展具有影响；②投资大，周期长；③投资风险

大;④投资的流动性差。

(二)间接投资

间接投资又称证券投资,是指把资金投放于金融性资产,以便获取股利或者利息收入的投资。如购买政府公债、购买企业债券和企业股票等,其主要目的是为了获取利润。中小企业采用的间接投资方式主要有以下几种:①投资于金融企业,开办或参股银行、保险公司。②投资于股票、债券(包括国债)等金融资产。③投资于产权市场,通过产权交易和企业并购,获得产业能力。

四、中小企业的投资领域

投资领域的选择在一定程度上决定了投资的效益。关注中小企业投资领域,对于更好地引导投资,促进经济持续发展,具有重要意义。现阶段适合我国中小企业的投资领域有以下几种:

(一)传统产业

传统产业在发达国家虽然已经成了夕阳产业,但是传统产业在中国仍将大有可为。我国经济起飞的时间还不很长,经济基础还很薄弱,许多产业刚刚发展,传统产业在相当长时间内仍是我国需要大力发展的行业。因此,传统产业也将在相当长的一段时间内是中小企业的主战场。随着国有经济在一般竞争领域的逐步退出,中小企业在这些领域的比重会进一步提高,逐步成为传统产业的主力军。

(二)高新技术产业

随着全球经济步入知识经济时代,高新技术产业已逐步成为经济发展的领头羊,部分中小企业也已开始涉足高新技术产业寻求发展之路,成为我国经济增长中一支不可忽视的力量。投资于高新技术产业,是中小企业提高投资水平、增加投资效益的重要途径。

中小企业在技术创新方面具有一定的优势:首先,为了在市场竞争中站稳脚跟并持续发展,中小企业十分重视技术创新和技术进步的新动向,因此中小企业在创新方面的冲动显得更加强烈。其次,中小企业有着快速的决策机制,有着快速的内部沟通机制,能够迅速地根据需求的变化进行创新。此外,员工勇于承担风险,其研究开发效率也比较高。

(三)国有经济退出领域

目前,我国经济体制改革不断深入。国有企业由于体制上的原因,除了在少数几个具有战略意义的行业依靠国家政策的扶持处于垄断地位以外,在大部分领域都逐渐退出。由于国有经济退出的是一般性竞争行业,这些领域对大型跨国公司吸引力不大,这就给中小企业投资带来了良机。这些领域拥有较为成熟的市场、完善的经营模式,为中小企业的进入提供了可资参考的模板;而国有企业经营的弊端也可以让中小企业引以为鉴,从而避免不必要的失误。

（四）市场空隙领域

国外一位著名的企业家曾经提出过一种“圆圈理论”，他把大企业占有的销售市场比作大圆圈，把中小企业占有的销售市场比作小圆圈。所谓“圆圈理论”就是认为在无数的大圆圈和小圆圈之间，必然存在一些空隙，即仍有一部分尚未被占领的市场，这就是所谓的市场空隙。一般来说，这种市场空隙领域市场规模较小，都是对于大企业来说生产价值不大的产品，因为不会给大企业带来丰厚的利润。因此大企业不会进入，甚至不少中小企业也不屑于进入该领域。另外，这些市场空隙领域隐蔽性很强，因为人们平时的目光往往集中在圆圈里面尤其是大圆圈里面的市场，往往容易忽视这些市场空隙的存在。因此，在市场空隙领域竞争力很小，有时甚至没有竞争力。这些空隙领域，是中小企业不可多得的商机。

（五）农村地区

目前大多数企业把注意力过分集中于大中城市，无视或低估农村市场。实际上，农村市场潜力巨大。一方面，农村地价大大低于城市；另一方面，农村地区劳动力成本也大大低于城市。不过我国农村地域辽阔，各地区发展水平参差不齐，这就需要企业在选择投资区域时予以区别对待。

（六）农业产业化投资领域

我国是一个农业大国，但是我国农业产业化的水平和发达国家有很大的差距。近几年来，政府采取优惠政策和某些组织措施，推动了我国农业产业化的发展，涌现出了许多进行农产品加工的企业，很多还将产品打入了国外发达国家的市场，但是与需要和要求相比，还有很大的差距。农产品加工行业，比如，蔬菜、瓜、果保鲜及其初加工和深加工，农作物的果实、秸秆、叶、皮、壳的利用，木、竹、藤、棕的加工利用等，需要的资金不多，没有太高的技术含量，应成为中小企业良好的投资领域。

（七）大中型企业专业化配套协作领域

经济全球化的一个重要特征就是生产的国际分工更加细化。大型企业不仅仅是出于劳动力成本的考虑，有时更是为了便于管理和控制，在很多方面和中小企业建立紧密的生产加工协作关系。比如，日本松下电器公司，与它协作的中小企业约有 1 200 多家，所需的零部件 70%—80% 都是由中小企业提供的。随着经济体制改革的深化，我国经济实力进一步增强，大型企业会逐步增多，加之加入世贸组织后对外开放的扩大，外国大型企业在中国的投资也会增加。就专业化配套方面来看，大企业的发展可以拉动中小企业投资空间的增加。汽车、家电、机械、食品等行业大企业的发展，都会给中小企业带来不少的投资良机。

（八）国际市场领域

我国的中小企业虽然在科技开发、品牌的知名度和国际大企业具有很大的差距，但是我国的劳动力成本远远低于发达国家，因此在国际市场上，我国劳动密集型产品有一定的竞争力。对于这些劳动密集型产品，我国的中小企业完全可以有所作为。

第四节 中小企业财务发展战略

一、中小企业财务发展的基本思路

（一）良好的资本结构

良好的资本结构为企业发展创造良好的信用潜力。优化资本结构，就是企业应在权益资本和债务资本之间确定一个合适的比例结构，使负债水平始终保持在一个合理的水平上，不能超过自身的承受能力。负债经营的临界点是全部资金的息、税前利润等于负债利息。在达到临界点之前，提高负债将使股东获得更多的财务杠杆利益。一旦超过临界点，加大负债比率会成为财务危机的前兆。同时，中小企业资金结构上要追求配比性。中小企业的资金运用决定资金筹集的类型和数量。

（二）良性循环的营运资金

营运资金的良性循环为企业生产经营的内涵扩大提供保障。相对于大企业而言，中小企业由于缺乏外部筹资能力和内部资金调度余地，因而加强运营资金管理显得尤为重要。这就要求中小企业具备资金运转较快，资金结构合理，时间调度能力强，资金调剂能力强，资金运作具有一定的抗风险和应对突发问题的能力。此外，在资金运用上，要维持一定的付现能力，以保证日常资金周转灵活，提高资金的营运能力，保持合理的资产结构，使资金来源和资金运用得到有效配合。

（三）优越的理财环境

优越的理财环境为企业开拓发展空间提供了条件。优越的理财环境主要包括如下几个方面：

1. 具有完整的会计资料。会计信息是获取公司信息的主要渠道。会计信息反映的是公司的经营活动的成果和财务状况。企业要想做好财务管理工作，首先要有完善的会计资料。会计资料是对企业经营成果、财务状况的记录和反映，是企业进行经营决策的依据。

2. 具有合格的会计人员。合格的会计人员是会计资料真实完整的保证。会计人员不仅要有较高的财务会计核算的知识水平，同时还必须了解企业各方面的生产经营情况，掌握具体资料；建立一套生产耗费、资金营运、经营成果等资料档案，定期搜集、整理、登记，以备需要时查用。只有这样，才能满足财务管理的需要，才能给企业管理者提供及时、准确、有效的信息资料，使管理者作出正确的决策。

3. 具有合格的财务管理人员。对于具有一定规模的企业来说，除了会计人员以外，还应该有合格的财务管理人员。会计只是负责企业的经营活动的记录，财务经理才是真正的财务管理的行家。

4. 具有良好的管理环境。在财务这一敏感部门，“忠诚度”成为用人的重要标志。良好的管理环境才能留住高水平的财务人员。

5. 具有适合理财工作的管理制度。企业内部有了适合理财工作的管理制度，财务部门既能通过控制财务收支和分析检查财务指标完成情况来监督企业本身的经营活动，降低产品成本、增加企业盈利，协助企业主实施财务监控，又能协助企业领导者在经营管理上做出科学的决策。

6. 经营者具备基本的理财知识。财务管理是一个专业性很强的领域，经营者具备了基本的理财知识，才能作出正确的财务决策。而对于没有财务经理的小型企业来说，经营者具备基本的理财知识，还可以避免在财务上犯低级错误。

二、中小企业发展的财务战略安排

(一)选择合适的财务政策

1. 要坚持以资本收益最大化为中心的财务政策思想，并与经济运行周期相配合。在经济复苏阶段，增加厂房设备，采用融资租赁，建立存货，开发新产品，增加劳动力。在经济繁荣阶段，实行举债经营，扩充厂房设备，继续建立存货，提高产品价格，开展营销策划，增加劳动力。在经济衰退阶段，停止扩张，出售多余的厂房设备，停产不利产品，停止长期采购，削减存货，减少雇员。在经济萧条阶段最好在经济处于低谷时期，建立投资标准，保持市场份额，压缩管理费用，放弃次要的财务利益，削减存货，减少雇员。所以，企业理财人员要跟踪时局的变化，对经济发展阶段作出恰当的反应。要关注经济形势和经济政策，深刻领会国家经济政策特别是产业政策、投资政策的变化对企业财务活动可能造成的影响。

2. 企业财务政策思想必须着眼于企业未来长期稳定的发展，具有防范未来风险的意识。首先，企业财务政策目标必须考虑到企业发展规模、发展方向和未来可能遇到的风险，并根据环境的变化及时地作出调整，以保持其旺盛的生命力。其次，企业应当分析所处的发展阶段，采取相应的财务政策。在初创期，现金需求量大，需要大规模举债经营，因而存在很大的财务风险，股利政策一般是非现金股利政策。在扩张期，虽然现金需求量也大，但以较低幅度增长，财务风险仍然很高，股利政策一般可以考虑适当的现金股利政策。在稳定期，现金需求量有所减少，一些企业可能有较多的现金结余，财务风险降低，股利政策一般是现金股利政策。在衰退期，现金需求量持续减少，最后发生亏损，财务风险较低，股利政策一般采用高现金股利政策，直到发生亏损。

3. 调整企业财务投资政策，加大基础项目的投资力度。企业经济真正的长期增长要求提高资源配置能力和效率，而资源配置能力和效率的提高取决于基础项目的发展。虽然基础项目在短期内可以带来较大的财务利益，但它也是长期发展的制约因素。所以，企业在财务投资的规模和方向上，要实现基础项目相对于经济增长的超前发展。

4. 加大财务制度创新力度。通过创新企业财务制度，既可以对追求短期数量增长的冲动形成约束，又可以强化集约经营与技术创新的行为取向；通过以收益最大化和本金扩大化为目标的财务资源配置，限制高投入、低产出对资源的耗用，使企业经营集约化、高效化得以实现。

5. 财务政策的选择还必须考虑心理与预期因素。财务行为涉及人们对未来的预测或预期。预测或预期是决策者对未来的一种判断,其中隐藏着心理因素。在企业财务景气时,人们受乐观情绪的支配,过高地估计财务收益,过低地估计财务成本,持续增加资本投入,从而创造出更大的、虚假的资本需求,随着财务资源投入的不断增加,财务景气的背后正孕育着财务危机;相反地,在企业面临财务危机时,人们受悲观情绪的支配,持续减少财务资源的投入,过分抑制资本需求,财务资源投入不断削减,从而使财务危机从一种潜在演变成现实。所以,企业在选择财务政策时要考虑这一因素。

(二)增强企业的举债能力

中小企业的外部筹资主要依赖银行借款,增强企业的举债能力至关重要。为此,中小企业需要做到以下几个方面:

1. 熟悉银行的有关政策。主要应了解银行贷款种类、借款人的条件、借款人的义务、对借款人的限制、银行贷款的利率和偿还方式、贷款的程序和手续等。

2. 改善企业经营情况。银行发放贷款,最关心的是借款人能否按时偿还本息,而良好的经营情况是企业能够按时偿还本息的基本保证。因此,中小企业要提高自己的融资能力,就必须改善自己的经营状况。中小企业可以从提高企业的盈利水平、改善企业的财务状况、提高企业的自身管理水平等方面来改善自己的经营状况。

3. 提高企业信誉。(1)遵循诚实信用、公平竞争的原则,依法开展生产经营活动,自觉接受工商行政管理等有关部门的监督管理。(2)依法建账,确保会计资料真实完整。(3)加强财务管理,建立财务预决算制度。要以现金流量为重点,对生产经营各个环节实施预算管理。(4)加强质量管理。中小企业应当彻底摒弃制造假冒伪劣产品、宣传虚假广告等低级营销手段,而应该通过长期规划建立自己具有核心竞争力的产品与服务,谋求企业的长期发展。(5)遵纪守法。中小企业要严格按照国家法律法规要求,及时足额缴纳应缴税款。(6)树立自己的品牌。品牌是企业重要的无形资产,树立品牌不仅有利于企业开拓市场,也是企业诚信的一个标识。(7)积极参与社会公益事业。参与一定的社会活动,会有助于提高企业的社会知名度,改善企业的社会形象,从而有利于提升企业诚信。

(三)通过内部职工集资,扩大资本规模

企业内部职工集资是指企业为了自身的经营资金需要,在本单位内部职工中以债券、内部股等形式筹集资金的融资行为,是企业较为直接、较为常用、也较为迅速简便的一种融资方式,但一定要严格遵守金融监管机构的相关规定。内部职工集资不仅能够增强企业职工的凝聚力,而且又为企业发展过程中的资本规模的扩大提供了新的途径。

中小企业采用内部职工集资方式获得投资很常见。因为中小企业与内部职工的关系较为紧密,所以中小企业的业主为扩大企业规模或者资金周转一时不灵时,向内部职工集资一般都会得到支持。中小企业向职工集资的优势:①不受银行借款所附条

件的限制，运用资金比较自由；②职工向企业投资后，与企业建立了荣辱与共的关系，有利于调动职工工作的积极性。

【本章小结】

中小企业的财务管理相对于大企业而言，有其特殊之处。

中小企业的财务特征：初始资本投入不足；资金积累能力较弱；资金匮乏伴随中小企业的整个发展过程。

中小企业的筹资方式有：信贷融资、公开上市股权融资、吸收创业投资、利用民间资本、融资租赁、发行债券等多种，但中小企业仍存在很大的资金缺口。

目前，我国中小企业面临的投资环境较差，包括：不公平的政策环境；不规范的竞争秩序；生产管理技术水平低，社会服务体系缺乏；法律体系不健全；信用环境差等。由于中小企业的投资者缺乏冷静的态度、投资行为具有专一性，往往使企业承受较高的投资风险。中小企业的投资领域较为广泛，包括：传统产业、高新技术产业、国有经济退出领域、农村地区、农村产业化投资领域、大中型企业专业化配套协作领域，国际市场等。投资方式以直接投资为主。

中小企业财务发展战略的基本思路：良好的资本结构；良性循环的营运资金；优越的理财环境。

【复习思考题】

一、单项选择题

1. 中小企业的财务特征是(　　)。

A. 初始资本投入较多　　B. 长期负债多

C. 融资渠道单一　　D. 成本费用管理水平较高

2. 中小企业的财务管理目标主要应侧重(　　)。

A. 企业价值最大　　B. 每股收益最大

C. 股东财富最大　　D. 利润最大

3. 中小企业的股权融资方式有(　　)。

A. IPO　　B. 综合授信　　C. 典当融资　　D. 技术创新基金

4. 中小企业直接投资方式有(　　)。

A. 开办或参股银行、保险公司　　B. 投资于股票、债券

C. 投资于产权市场　　D. 兴建厂房

5. 典当融资的特点不包括(　　)。

A. 典当对客户的信用要求几乎为零　　B. 典当物可以是动产，也可以是不动产

C. 典当贷款手续简便，时间短　　D. 对贷款的用途有严格限制

二、多项选择题

1. 中小企业信贷融资的方式包括(　　)。

A. 综合授信　　B. 融资租赁

C. 典当融资　　D. 保付代理业务

2. 创业板上市的条件,包括(　　)。

A. 发行人是依法设立且持续经营三年以上的股份有限公司

B. 最近三年连续盈利

C. 最近一期期末净资产不少于两千万元,且不存在未弥补亏损

D. 发行后股本总额不少于三千万元

3. 技术创新基金主要有以下(　　)支持方式。

A. 贷款贴息　　B. 无偿资助　　C. 资本金投入　　D. 综合授信

4. 中小企业吸收风险资本来源,包括(　　)。

A. 天使投资　　B. 风险投资公司

C. 产业附属投资公司　　D. 金融机构

三、判断题

1. 工业行业的中小企业是指职工人数在300—2 000 人,销售额在3 000 万元以上的企业。(　　)

2. 中小企业的债务融资中,银行借款居多,银行借款中以长期借款居多。(　　)

3. 中小企业的财务管理目标通大型企业一样,也是企业价值最大化。(　　)

4. 中小企业的融资特点表现为资金需求数额少、时间紧、频率高。(　　)

5. 深圳中小板上市条件之一是最近两年连续盈利,净利润累计不少于1 000 万元且持续增长。(　　)

6. 技术创新基金是一种以盈利为目的的引导性资金。(　　)

四、名词解释

1. 综合授信贷款　2. 保付代理业务　3. IPO　4. 借壳上市　5. 买壳上市

五、简答题

1. 简述中小企业的财务特征。

2. 简述中小企业的融资方式。

3. 试述中小企业的投资领域有哪些。

4. 试述中小企业发展的财务战略安排。

【案例分析】

大连中小企业集合债券深交所挂牌仪式在深交所成功举办

2009 年5 月21 日9 点25 分,开市的宝钟在深圳证券交易所三楼仪式大厅由中国中小企业协会会长李子彬和大连市副市长曲晓飞共同敲响,标志着中国中小企业协会牵头组织发行的2009 年大连市中小企业集合债券(简称09 大连中小债)在深圳交易

所正式上市交易，当天上午深圳证券交易所为庆祝09大连中小债在该所的上市举行了隆重的挂牌仪式，并就中小企业如何通过发行债券融资召开研讨会。国家发改委相关领导及中国中小企业协会会长、大连市副市长等相关部门领导等到会，对参与本次发行的8家发行人企业表示祝贺，中央电视台经济频道、大连日报、大连电视台、中国证券报、上海证券报、证券时报、中国改革报等媒体做了全程跟踪报道。

经过一年的努力，大连中小债于4月28日通过深圳证券交易所和承销团设置的发行网点正式发行，发行总额为人民币5.15亿元，是6年期固定利率债券，附投资者回售选择权及发行人全额赎回权，存续期内票面年利率为6.53%。这是继“07中关村债”、“07深中小债”中小企业集合债之后第三只获得批准发行的地方中小企业集合债券，也是商业银行停止为企业债券提供担保后第一只获批发行的集合债券。它的发行，受到了投资人的热捧，其中通过证券交易网上发行的债券开盘6分钟即被订单一抢而空。

本次发行人企业由大连市负责组织当地企业申报，并经严格筛选、尽职调查，最终确定8家企业作为债券联合发行人，均在大连百强民营企业之列。此次企业集合债的发行不但降低了8家企业融资的成本，同时也提高了它们的知名度，也成为它们上市准备前的一次练兵。

中小企业集合债由多个企业联合发行，相对于单个企业债，发行的工作量成倍增加。集合债不像其他债的品种一样市场化，还没有形成一个规则的体系，必须有一个强有力的组织者，有强有力的担保，才能使不同资信等级的企业达到信用的均等化，作为一只企业债券发行，这是它最重要的一个特点。中小企业协会在本次集合债的发行准备过程中，在组织发行、争取国家发展改革委和大连市政府的支持、推动专业机构的工作等方面发挥了巨大的组织和协调作用，对企业债品种的发展是一个有利促进。

大连市政府积极出台以下支持政策，降低了企业融资成本：一是对参与“09大连中小债”发行的企业，大连市财政部门拿出资金，每年给予1.5%—2%的贴息支持，等于企业的发行成本从6.53%再降1.5%—2%；二是对进入“09大连中小债”的发行项目，大连市民营和中小企业发展专项资金给予项目补助优先支持；三是对09中小债提供二级担保的两家担保公司给予风险补偿金，并优先推荐享受省担保风险补偿和国家有关政策的支持；四是对09中小债提供一级担保的大连港集团有限公司3年内给予1 600万元的奖励费用。在目前中小企业融资难困境中可谓“力度空前”、“有所创新”的政府扶持措施，业内称为“大连模式”。

问题：1. 何谓集合债？

2. 集合债的发行条件有哪些？

【参考文献及阅读资料】

1. 刘百宁等编著：《中小企业融资实务与技巧》，中国经济出版社，2004年。

2. 鲍静：《我国中小企业金融制度创新研究》，人民出版社，2008年。

3. 郝嵘：《中小企业融资方式的选择研究》，西安电子科技大学硕士论文，

2009 年。

4. 周运兰:《中小企业股权融资与股权再融资研究》,华中农业大学博士论文,2008 年。

5. 刘海风,方德英:《中小企业财务管理目标的定位》,中国乡镇企业会计,2007(8)。

6. 中国证监会网站,www. csrc. gov. cn/。

7. 中国中小企业信息网 www. sme. gov. cn。

8. 中国银监会网站,www. cbrc. gov. cn。

第十章　非营利组织的财务管理

【学习目的与要求】

非营利组织既不同于企业，也不同于政府和各行政单位，具有其自身的特点，因而对非营利组织实施财务管理也有别于其他单位组织，这主要表现为非营利组织的财务管理目标是实现社会效益最大化，因此也就决定了财务管理的内容及重点也有所变化。通过本章的学习，要求：

【了解】　非营利组织的范围、非营利组织财务管理的内容、非营利组织财务管理的方法。

【理解】　非营利组织的财务特征、非营利组织的收入管理原则、非营利组织的投资管理。

【掌握】　非营利组织的财务管理目标、非营利组织的资金来源、非营利组织的收入管理及支出管理。

【重点与难点】

1. 非营利组织的财务管理目标。
2. 非营利组织的资金来源。
3. 非营利组织的支出管理。

第一节　非营利组织财务管理概述

一、非营利组织概述

（一）概念

非营利组织，又称为非牟利机构（Non－Profit Organization，NPO），是指不是为组织所有者营利为目的的组织，它的目标通常是支持或处理个人关心或者公众关注的议题或事件，因此其所涉及的领域非常广，担任起弥补社会需求与政府供给间的落差[①]。非营利组织涉及的范围非常广，公立的非营利组织既涉及科学、教育、文艺、广播电视、信息服务、卫生、体育等科学文化事业，又涉及气象、水利、地震、环保、计划生育、社会

① 引自百度百科，http://baike.baidu.com/view/191410.htm? fr＝ala0_1_1，2010－07－22。

福利等公益事业;民间非营利组织则主要是指依照国家法律、行政法规登记的社会团体、基金会、民办非企业单位和寺院、宫观、清真寺、教堂等。

非营利组织的运作与企业一样是需要产生利益的,以提供其活动的资金。但区别在于非营利组织是为组织倡导的服务对象和服务内容而产生利益,这一点通常被视为这类组织的主要特性。非营利组织的收入和支出都受一定的约束,其经费的很大部分来自公、私部门的捐赠,同时,也可得到政府的免税。然而,将非营利组织和企业区分开来的最主要差异是:非营利组织受到法律或道德约束,不能将盈余分配给拥有者或股东,因而具有独立、公共、民间等特性。因此,非营利组织有时也称为第三部门(the third sector),与政府部门(第一部门)和企业界的私部门(第二部门),形成第三种影响社会的主要力量。

(二)非营利组织的财务特征①

与营利组织相比,非营利组织的财务具有以下明显特征:

1. 运营的主要目的不是为了追求利润或利润等价物。虽然有的非营利组织也开展各种经营活动,实行有偿服务,进行经济核算,但是所获取的收入主要用于补偿完成其社会使命所花费的支出,创造的营业盈余不分配给组织内的成员,而是将这些盈余留在组织内部,使组织能够持续不断地发展。因此,非营利组织是以实现社会效益为宗旨,社会效益是衡量非营利组织业绩的基本标准。

2. 业务运营所需要的资财,全部或部分来自政府预算拨款、单位收支结余以及接受的捐赠等渠道。政府或捐赠者等资财提供者目的不在于收回所提供资财或按提供资财的一定比例获取经济回报,而在于保持和加强该组织为整个社会或特定团体提供商品或劳务的能力。资财的权益属于组织本身所有而不是任何个人,这使得非营利组织不能对其资源进行出售、转让,并且在某些情况下必须按照资财提供者的要求和意愿来运作、管理和处置资财。当非营利组织解体时,资财提供者也没有分享剩余资产的明确所有者权益。

3. 运营业绩不能用利润指标来衡量。营利组织的财务目标是追求利润最大化,其利润指标是组织衡量绩效的标准,然而,非营利组织是不以获取利润为目的的公益性组织,社会效益才是衡量其业绩的基本标准。在非营利组织财务中通常是以"净收入"作为财务业绩衡量指标,该指标不同于营利组织的利润指标,如果该指标小于零(即收入小于支出),说明这个机构有可能会走向倒闭,也就无从谈起为公众提供服务的宗旨;如果净收入很大(收入大于支出),则可能说明该组织资金来源充裕雄厚。

4. 业务运营通常借助政府和捐赠者对使用其所提供的资财加以限制、以单位预算约束等手段进行控制。非营利组织的主要表现形式为学会、商会、协会、联合会、基金会等各类社会团体,以及学校、图书馆、研究所、医院、博物馆、福利院等各种事业单位和民办非企业单位,它在教育文化、科技、医疗卫生、权益保护、社区服务、扶贫发展及慈善救济等领域为社会公益提供服务。

---

① 部分参考自吕珈:《我国非营利组织财务管理问题及对策研究》,湖南大学硕士学位论文,2008。

5. 非营利组织的营业盈余一般享受政府给予的免税待遇。因为非营利组织以实现社会效益为宗旨,不以营利为目的,其出资者也不要求获取经济回报,所以政府通常给予其特殊的税收支持。

二、非营利组织财务管理及其内容

任何组织的产生和存在都是以对社会财富或资源的占有和使用为前提的。组织对其拥有的财富或资源的使用和配置便构成了该组织的财务管理活动。财务管理活动的对象主要是资金运动。对于非营利组织而言,同样有资金的运动,也存在财务管理问题。非营利组织是以完成组织使命为其财务管理的核心目标,其资金运动方式主要表现为资金的"收支运动",财务管理的实质是组织为完成其职能和使命,在开展业务活动的过程中,通过规范和约束组织及其内设机构的财务行为,有计划地控制和支配财务资源,以确保组织目标实现的管理活动。

非营利组织财务管理是指非营利组织组织财务活动、处理与政府、资源提供者、债权人等各方面财务关系的一项管理工作。

非营利组织财务管理的主要内容是其财务管理的核心,主要包括会计反映和控制、预算管理、成本分析、筹资投资管理和财务分析等方面的内容,不仅涉及会计核算、预算编制、收入与支出管理、财务报表编制、内部审查等方面,更应注重筹资管理、投资管理、成本分析和财务分析等方面的工作。

(一)收入管理

非营利组织的收入是非营利组织为实现其社会使命而获取的非偿还性资金。收入管理起着关键性的作用,能否完成最大限度地筹集资金,提高筹资效率的任务,决定了组织管理的有效性。与企业不同,非营利组织的收入来源广泛,按来源区分为非自创收入与自创收入进行管理。非自创收入是指非营利组织接受的政府拨款和社会捐赠,是非营利组织收入的重要来源。非自创收入的管理需要做好与政府合作、寻找企业合作伙伴、面向社会公众募捐。自创收入是指非营利组织通过业务活动提供服务收取的收入以及通过投资而从受资方取得的收益。自创收入主要包括业务收入、经营收入和投资收益。业务收入是指非营利组织为实现其社会使命而开展业务活动取得的收入,这是自创收入的基本形式。非营利组织从事合法的经营来支持其非营利性的活动,需要符合下列条件:一是利润或收入不可分配给其创立人、会员、干部、董事或员工;二是其主要目的并非单纯从事经济活动,而是实现其非营利宗旨。投资收入是非营利组织所获取的资金,在运用于实现其社会使命的具体项目之前,通过资本运作方式进行投资,获取投资收益,以实现资金的保值与增值。

(二)支出管理

非营利组织支出是指非营利组织为组织自身的生存发展和开展业务活动以实现其社会使命而发生的各种资金耗费。按支出的用途分为项目支出与基本支出分别进行管理。项目支出是非营利组织为了实现其社会使命而发生的支出,应当从社会效益出发，通过规划与监督，保证最大限度地实现组织的社会使命。基本支出是非营利组织为了自身的生存与发展而发生的支出，应当厉行节约尽可能控制基本支出占总支出的比重。正由于非营利组织的支出一般具有非报酬性，就更隐含着各种责任风险，所以，支出管理应该是非营利组织财务管理的重点，而财务性资金的分配和有效利用就成为非营利组织财务管理的核心问题。

（三）预算管理

负责预算的制定和执行。预算管理是财务管理制度的核心，是政府分配资源方式的具体体现，也是对非营利组织进行财务控制所使用的主要手段。预算是控制组织管理和运作活动的依据，非营利组织根据本单位所承担的工作任务、部门发展规划及年度工作计划测算编制。预算的编制应反映部门所有的收入和支出，既要反映政府财政部门安排的拨款收支预算，又要反映组织其他来源的资金收支预算。

（四）成本分析

成本分析是非营利组织全部活动的基础，在明确的成本分析前提下，组织才能设计筹款计划、营销战略、项目投资等重要活动，成本分析使组织运作的各项成本一目了然，使成本控制有章可循，有助于降低成本，提高效率。但是，非营利组织所提供的服务经常难以量化，使得成本分析很困难。这也是目前非营利组织财务管理中的一大难题。

（五）投资管理

为使组织稳定和可持续发展，非营利组织也进行投资活动，但其主要目的不在于获取投资收益，而是在于弥补其营运成本，投资获取的收益也不用于分配，一般被用做非营利组织实现社会公益目标的积累资金。

（六）制度管理

只有健全的制度系统，才能有利于保护组织的财产，检查组织会计信息的准确性和可靠性，提高组织的运作效率和效果以及督促有关人员遵循管理原则。包括组织机构的设计和相互协调的方法和措施。主要是建立考评机构，确定考评数据、依照制度进行考评和执行考评结果。要把过程考核与结果考核结合起来，并进行相应的奖惩。

（七）财务分析

非营利组织的财务状况和取得成果可以用财务报表来反映，但是要对此做出评价，仅有报表上的数据是不够的，还要对报表上的数据进一步加工，通过分析、比较，求出新的数据，而这些数据往往是能说明某些方面的具体问题，如评价组织财务状况健全与否、组织的运作是否高效、组织的前景是否乐观等。①

三、非营利组织财务管理的目标

一个组织的财务管理目标决定于组织本身的目标。从非营利组织自身而言，非营

① 吴平芳：《非营利组织财务问题研究》，昆明理工大学硕士论文，2007。

利组织的产生是为了更好地提供社会服务，非营利组织的整体目标就是实现组织的社会使命，非营利组织是不以营利为目的的，其财务管理的目标不是简单的追求利润最大化，而是通过财务管理相关的约束和控制，使其单位内部建立和完善符合管理要求的财务管理结构；依法、科学地规范非营利组织的财务收支行为；督促非营利组织建立行之有效的财务风险控制系统，强化风险管理，确保履行职能过程中各项业务活动的健康运行；通过财务控制堵塞漏洞、消除隐患，防止并及时发现和纠正各种欺诈、舞弊行为，保护国有资产的安全完整；确保国家有关财务、财政管理的法律、法规和政策的贯彻执行，提高资金的使用效益，保证非营利组织各项社会功能的实现，即在合理组织和利用财务资源的基础上，保持良好的财务状况，圆满完成其工作任务和社会使命，以实现社会效益的最大化；同时，追求资源的有效使用，以实现资金效用的最大化（所谓资金效用的最大化可以从两个方面理解：一是用一定的资金取得最大的工作绩效；二是取得特定的工作绩效耗用最少的资金），从而使非营利组织始终具有不断持续、健康发展的能力。

四、非营利组织财务管理的方法

非营利组织为了加强财务管理，提高资金使用效益和效率，防范风险，需要借助一系列的管理工具、采用各种理财技术方法，具体包括财务预测、财务决策、财务计划、财务控制和财务分析等。

值得注意的是，非营利组织财务计划常常以财务预算的形式来进行。财务预算是指一系列专门反映非营利组织在未来一定预算期内预计财务状况、收支情况、结余情况等指标预算的总称。

目前，国家对全额拨款事业单位和差额拨款事业单位的管理采取中央、省、地、县、乡五级预算管理，即每年的下半年事业单位要对其来年的开支做出预算，有业务收入的事业单位要同时做收支预算，报同级财政部门审核、调整，财政部门审核汇总所有相关单位的预算后形成总体预算，交由相应的人大进行审议，审议通过后予以实施。单位预算一旦审议通过，原则上要严格执行，不得随意更改，如果有突发事件发生，确实需要更改预算的，必须向财政部门书面审批，此过程被人们称为“法制化预算”。自收自支事业单位一般不须进行法制化预算。

第二节　非营利组织资金来源管理

一、非营利组织资金来源的渠道

（一）政府拨款或补助

这一筹资渠道对于资金来源主要依靠财政拨款的全额拨款事业单位有着极为重要的意义，因为这是该类组织最主要的资金来源。因此，该类事业单位要根据工作目标，进行深入调研与科学核算，准确核定所需拨款的额度，制定科学合理的预算方案，确定的预算额度既要保证取得既定工作任务的开支需要，又要保证不夸大虚报。

此筹资渠道对于差额拨款事业单位的资金来源也有一定的影响。差额拨款事业单位的人员工资是由财政拨付的，工资能否正常足额发放直接影响到工作人员的工作热情和积极性，对于事业单位顺利开展其业务活动有着重要的作用。因此，认真准确地核定人员编制，正确计算工资发放额，科学编制预算是该类事业单位所必须做好的基础工作。

民间非营利组织有时会得到政府给予的适当资助。随着民间非营利组织的进一步发展壮大，其发挥的作用也将越来越大，政府给予的资助将会逐步增大，因而民间非营利组织应该努力争取政府的支持和资助，与政府部门特别是民政部门、财政部门、统计部门等加强沟通和联系，以争取更多的政府资助和财政支持。

（二）社会捐赠、募捐和赞助

不论公立的非营利组织——事业单位，还是民间的非营利组织，都可以接受社会捐赠和赞助，也可以在国家政策、法规允许的条件下向社会募捐。如我国目前的“希望工程捐款”、“慈心一日捐”以及各类救灾捐款等都属于此类。

对于事业单位来讲，应充分认识到社会捐赠这一筹资渠道的重要性，切实做好宣传工作，努力开展业务活动，不断提高其资金的利用效用和效率，充分发挥其社会职能，要让赞助者、捐赠人充分地了解他们所捐助的资金都能被谨慎地、按捐赠意愿使用，并且资金的使用过程都有完整的财务记录，只有这样，才能不断提高组织的知名度，争取到更多的捐助和赞助。

对于民间非营利组织来讲，其基本资源的提供者主要是组织的捐赠者和会员，因而接受捐款和发展会员将成为其资金的最重要来源。由于民间非营利组织的类型多种多样，其捐赠者、会员的身份也会各不相同。他们既可以是法人，也可以是普通的公民；既可以是慈善家，也可以是单位、组织；既可以来自于内地，也可以来自于境外或国际组织。所以，民间非营利组织应充分认识到不同捐赠人、会员的性格特点和捐赠意图、入会目的，不断拓展业务空间，吸引不同阶层、不同领域、不同国家的人员向组织捐款、捐物或成为组织的会员。

（三）银行或非银行金融机构借款

非营利组织可以通过向银行等金融机构或非银行金融机构借款的方式筹集自身发展所需的资金。因为非营利组织不是以营利为目的的，所以利用这种筹资方式时，可能会遇到这样那样的困难，如由于非营利组织的营利能力有限，银行或非银行金融机构不愿意将资金贷给它们；由于贷款额度过大，导致非营利组织短期内的还款压力过大，财务风险过高，进而影响到非营利组织正常业务的开展等。但是采用银行或其他非银行金融机构借款筹资的资金成本相对较低且弹性较大，因而这一筹资渠道正被越来越多的非营利组织所看好。

（四）融资租赁

融资租赁是以融资为目的，从而最终获取所租赁的资产所有权的一种筹资方式。

随着我国经济体制改革的不断深入、对外开放的日益扩大，作为融通资金的一种重要方式，我国的租赁业已有了蓬勃的发展，为我国经济的发展发挥着越来越大的作用。如，目前我国已有多家租赁机构在一些高校的周边地区建设学生公寓，租赁给这些高校，租赁期十五年、二十年不等，租赁期满后，公寓产权归承租高校所有，这是较典型的融资租赁方式。这说明融资租赁已经成为非营利组织可以利用的另一条重要的筹资渠道。

在众多的筹资渠道中，融资租赁往往备受推崇，这是因为这种筹资方式有其他筹资方式所不能比拟的诸多特性，并能满足特定的财务目的。融资租赁虽有许多优点，但绝不能把它看得毫无瑕疵。所以，非营利组织在考虑采用融资租赁方式进行筹资时，要视具体情况，进行必要的定性和定量分析，与其他筹资方式进行比较，正确决策是否采用融资租赁方式以及采用何种租赁形式。

（五）发行彩票

在国家批准、社会监督的前提下，各类非营利组织都可以使用发行彩票这种筹资方式筹集组织发展所需资金。目前，我国非营利组织通过发行彩票筹集所需资金的筹资方式尚处于初级阶段，“福彩”、“体彩”、“足彩”只是由少数国有的非营利组织使用。随着经济的发展和社会的进步，利用发行彩票筹集所需资金将是一种具有可操作性和良好发展前景的筹资方式。

须注意的是，通过发行彩票所筹集的资金往往事先就限定了资金的使用用途，非营利组织必须严格按照所限定的用途使用这些资金，并且资金的使用情况必须有完整的财务记录，并定期向社会公布相关信息，接受国家审计部门和社会的监督。

（六）发行债券

非营利组织可以通过向社会公开发行债券的方式筹集资金。这种筹资方式在营利组织中采用的较为普遍，在非营利组织中采用的则较少。非营利组织可以借鉴营利组织发行债券的成功经验，发行适合于自身业务特点的债券以筹集所需资金。通过发行债券的方式筹集资金，与银行贷款相比，筹资风险较大，资金成本较高，但一般无需办理担保抵押手续，所以该方式是上述几种筹资方式的有益补充。非营利组织应根据自身实际需要，权衡利弊，合理使用这种方式筹集资金。

（七）非营利组织的收入

非营利组织的收入主要包括政策性收入和面向市场的服务收入。政策性收入主要是非营利组织在开展业务工作时，按国家规定的收费标准获得的工作收入，是差额拨款事业单位和自收自支事业单位的主要资金来源。面向市场的服务性收入是指利用自身的资源开展面向市场的服务业务所获得的收入，自收自支事业单位和民间非营利组织所取得的这方面的收入较多。非营利组织要努力拓展服务领域，提高服务质量和服务潜力，获取更多的政策性收入和面向市场的服务性收入。

（八）内部积累

非营利组织的内部积累主要是指政府的资助、补助以及接受的捐赠等加上其开展业务活动及经营活动所获取的收入总和扣除用于补偿其完成社会使命所花费的支出(费用)后的结余部分。由于这部分盈余不分配给组织内的成员，也不向资源提供者提供经济回报，而是将它留在组织内部，用于组织的持续不断发展，所以，内部积累也成为资金来源的一种必要的方式。采用内部积累筹集资金有许多优点，如资本成本低，财务风险小，无须花费筹资费用等。但由于非营利组织不以营利为目的，它所获取的收入往往不能足额补偿其所花费的支出，所以大多数非营利组织较普遍存在着资金紧张、结余少甚至没有结余的情况。采用这种方式筹资，必须在进一步争取政府资助、增加捐赠收入、会员会费收入以及服务性收入、经营性收入的同时，提高资金的利用效率，开源节流，以较低的资金消耗完成其工作任务，使结余不断增加。

此外，非营利组织还可以利用在开展业务、提供服务过程中所形成的自然融资方式(如赊欠)筹集短期资金；另外，在国家政策允许的前提下，还可以采取向组织成员集资的方式筹集资金等等。

总之，非营利组织可以根据自身的工作性质和工作需要，在国家法律、法规允许的前提下，选择利用上述一种或几种筹资方式。

二、非营利组织资金来源管理

非营利组织应结合所筹资金的用途，充分考虑、仔细权衡各种筹资方式的资本成本和财务风险因素，选择适当的筹资渠道和筹资方式。还应区分不同收入的特点，加强对收入的管理，不断增加收入，以便为业务开展提供充足的资金。

(一)非营利组织筹资过程中应注意的几个问题

1. 不同筹资方式的特点及优缺点各不相同，非营利组织应做好充分、科学的预测，合理确定筹资规模，选择适当的筹资方式。

2. 不同筹资方式的资本成本和风险各不相同，非营利组织应结合自身的特点，权衡利弊，选择既能满足业务发展所需，又能减少资本成本和财务风险的筹资方式或筹资组合。

3. 应加大宣传力度，努力提高非营利组织的社会声誉和良好知名度，尽量争取政府的支持，尽可能地争取政府的补助和社会各界的捐赠和捐助。民间非营利组织要不断提高服务质量，吸引更多的人加入组织，成为组织的会员。

(二)非营利组织收入的管理

在非营利组织财务管理中，收入管理起着非常重要的作用，它不仅决定着预算、支出管理的有效性，而且也是组织发展所需资金的重要来源，因而对收入进行有效的管理将是一项非常重要的财务管理活动。

非营利组织的收入来源相对来说比较广泛，既有自创收入，又有非自创收入。

1. 公立的非营利组织——事业单位的收入管理

(1)事业单位收入的内容

事业单位的收入主要包括：财政补助收入、上级补助收入、事业收入、经营收入、附属单位缴款、其他收入和基本建设拨款收入等。其中，财政补助收入是事业单位按照核定的预算和经费领报关系收到的由财政部门或上级单位拨入的各类事业经费，属财政资金；上级补助收入是事业单位从主管部门、上级单位取得的非财政性补助资金，属非财政补助资金；事业收入、经营收入和其他收入构成了事业单位的业务收入。

(2)事业单位在收入管理中应遵循的原则

第一，事业单位应按照“事业单位的各项收入全部纳入单位预算，统一核算，统一管理”的原则，研究分析各项收入的范围、内容和特点，有针对性地加强管理。

第二，要注意划分各项收入的界线。要划清基建拨款与事业经费的界线，两者虽都属于政府或上级拨款，但前者是用以形成固定资产的，后者则是在完成事业任务中消耗的；划清财政补助收入与上级补助收入的界线，后者是主管单位或上级单位用自身组织的收入或者集中下级单位的收入拨给事业单位的资金；划清事业收入和经营收入的界线，前者是事业单位通过开展专业业务活动及其辅助活动取得的收入，后者是事业单位在专业业务活动及其辅助活动之外开展经营活动取得的收入，如经营服务收入、产品销售收入等；划清经营收入与附属单位缴款的界线，后者不仅包括附属单位上缴的利润，也包括附属单位上缴的收入，而且上缴利润的经营性企业为附属独立核算单位。

第三，事业单位应充分利用现有条件依法合理组织各项收入。事业单位要圆满完成社会赋予的特殊使命，必须按照市场经济的要求，充分利用现有的人、财、物、技术等条件，不断拓宽服务范围和领域，提高服务质量和水平，在国家政策允许的范围内，依法合理组织各项收入，不断扩大收入来源，增强单位抵御风险能力和经济实力，使事业单位能够健康、持续地发展。

第四，事业单位要正确处理社会效益与经济效益的关系，坚持把社会效益放在首位，同时注重经济效益。事业单位组织的各项收入活动，必须本着有利于事业发展的原则，既要按照经济规律办事，讲求经济效益，又不能单纯追求经济效益而忽视社会效益，必须将社会效益放在首位，要把经济效益和社会效益有机统一起来，力求获得社会效益、经济效益双促进、双丰收。

2. 民间非营利组织的收入管理

民间非营利组织收入主要有：捐赠收入、会费收入、服务收入、政府补助收入、投资收益、商品销售收入等。可将这些收入区分为交换交易形成的收入和非交换交易形成的收入，分别界定其确认标准。对于按照等价交换原则所进行的交易，按照交换交易收入的确认原则进行确认和计量；对于按照非等价交换原则进行的交易，如政府补助、捐赠等，按照非交换交易收入的确认原则进行确认和计量。

民间非营利组织应加强对收入的管理，分析收入的构成及收入管理中存在的问题，采取得力措施，努力增加政策性收入和服务性收入、经营性收入的份额，使组织具备可持续发展的能力，拥有广阔的发展前景。

第三节 非营利组织的资金运用管理

一、非营利组织的支出(费用)管理

非营利组织的支出(费用)主要是为了完成其社会使命,实现其社会效益,其支出行为是财务管理的重点,所以,对非营利组织的支出(费用)进行有效的管理是非营利组织财务管理中非常重要的一项内容。

对于公立的非营利组织——事业单位的开支,会计上是以"支出"来记录的,对于民间非营利组织则是以"费用"来记录。

事业单位的支出是指事业单位为开展业务活动和其他活动所发生的经济利益流出,即各项资金耗费及损失。按照支出的性质和去向,事业单位的支出可以分为:事业支出、经营支出、对附属单位补助、上缴上级支出和基本建设支出。

民间非营利组织的费用是指为开展业务活动所发生的、导致本期净资产减少的经济利益或者服务潜力的流出。按照其功能可分为:业务活动成本、管理费用、筹资费用和其他费用。这些费用中大部分为消耗性支出,除业务活动成本外,费用中有相当一部分得不到补偿。

无论是事业单位的"支出",还是民间非营利组织的"费用",都要在保证业务开展正常需要的同时,讲求资金的有效使用,追求效率;要厉行节约、精打细算,使非营利组织的各项支出(费用)发挥最大的效果。非营利组织能否以最少的资源消耗来实现其组织目标,是影响组织生存和发展的重要因素之一。

非营利组织进行支出(费用)管理,一般都应该遵循以下几条原则:

1. 划清各种支出(费用)的界线,按国家规定的开支范围和标准办理相关支出(费用)。非营利组织的各种资金,有着规定的使用范围和开支标准,应严格按规定办理各项支出(费用),这就要划清各项支出(费用)间的界线,杜绝各项支出(费用)相互挤占现象的发生。

2. 分清轻重缓急,合理分配各项支出(费用)的比例。非营利组织的支出(费用)多种多样,有用于组织正常业务开展的,也有用于组织进一步发展的。无论哪种支出(费用),都要分清轻重缓急,对于重点项目、急需项目,要在照顾一般的前提下优先安排,只有这样,才能科学地分配有关支出(费用),使有限的资金,发挥最大的效用。

3. 贯彻"勤俭办事业"的方针,追求资金的使用效果和效率。非营利组织在办理各项支出(费用)的过程中,应本着"勤俭节约、精打细算、少花钱多办事"的原则,反对"大手大脚、铺张浪费"的做法,既要保证工作需要,又要控制支出(费用)规模,防止浪费现象的发生。因此,追求资金的有效使用和效率对于非营利组织来讲是至关重要的,这也是非营利组织能否圆满完成其社会使命和根本任务、能否得以生存和发展的非常重要的因素。

4. 建立健全各项财务管理规章制度,严格按制度、章程办事,防止公款私用、侵占

公款等类似事件的发生。要建立健全完善的内部控制制度和财务管理制度,加强财务管理人员的职业道德建设和业务能力的培养,严格按制度办事,防止出现有损于组织正常运转和进一步发展的事件发生。

总之,非营利组织的支出(费用)管理在非营利组织的财务管理过程中是至关重要的一环,要高度重视支出(费用)管理,争取以最少的资源消耗实现组织的目标,使组织不仅能够生存下去,而且能够可持续地不断发展壮大。

二、非营利组织的投资管理

(一)非营利组织的投资内容

非营利组织的投资可分为对内投资和对外投资两个方面。

对内投资主要是指非营利组织为了保证业务活动的正常进行和组织的持续健康发展,把资金投在组织内部,用于组织日常业务开展所需各种资产的投资活动。这类投资可分为维持性投资和扩张性投资两大类。维持性投资一般只是对现有固定资产等进行更新或大修,所需资金数额一般不大,对组织未来的发展不会产生重大影响。扩张性投资则是为了组织的生存和发展而进行的数额较大的投资,这类投资一般周期较长,风险较高,对组织的前途会产生较大的影响,决策时应审慎行事。

对外投资是指非营利组织为了合理有效地使用资金,根据国家法律、法规的规定,将所拥有的、暂时不用的资产投放于组织外部,以实现资金增值的投资活动。非营利组织的对外投资与营利组织的对外投资不同,由于非营利组织的最终目标是完成其社会使命,在进行投资活动时,其资金的安全性要放在首位,为规范管理、规避风险,国家对非营利组织的投资行为有专门的规定,对一些高风险投资领域作出了禁止非营利组织(尤其是公立的非营利组织)资金介入的规定,因而其对外投资无论是从内容、范围还是从投资对象的角度都不如营利组织广泛,再加上非营利组织往往会得到政府的拨款或补助以及捐赠人的捐赠、赞助等,其资金往往会被严格限定了用途,尤其是公立的非营利组织——事业单位,其资金通常是依赖于政府的拨款,其对外投资的范围也就更窄,对外投资往往不区分长短期投资,投资对象也仅仅包括债券投资和其他投资。民间非营利组织基本资源的提供者主要是组织的捐赠者和会员,因而接受捐款和发展会员将成为其资金的最重要来源,虽然资金的用途有时也会被限定,但与事业单位相比较,其对外投资的范围就要宽一些,往往把民间非营利组织的对外投资区分为短期投资和长期投资(这点与企业的处理方法类似),将长期投资进一步分为长期股权投资和长期债权投资,并且提出了在接受捐赠、短期投资、长期股权投资和通过非货币性交易换入长期股权投资业务中采用公允价值的计量方法。

(二)非营利组织的投资管理要求

1. 投资活动必须在国家法律、法规允许的前提下进行。非营利组织对外进行投资活动,一是要在投资对象、范围、额度等方面符合国家的政策规定,二是要尽量选择投资风险小、安全性高的投资项目。非营利组织的特殊性质决定了其投资尤其是对外投资的内容、范围比企业都要小得多，因而高风险的投资项目不适合非营利组织，所以，非营利组织必须认真分析、仔细权衡风险与收益的关系，努力规避、控制风险，使风险和收益达到均衡。

2. 认真进行市场调研，善于捕捉投资机会。市场是瞬息万变的，投资机会也是不断变化、稍纵即逝的，要受到许多因素的影响，尤其是受到市场需求变化的影响。因此认真进行市场调查和分析，及时捕捉有利的投资机会，是非营利组织投资决策的关键。

3. 认真进行投资项目的可行性分析，科学地进行投资决策。投资项目可行性分析主要是对投资项目技术上的可行性和经济上的有效性进行分析论证，运用科学的分析方法计算出各个指标，比较不同项目的优劣，从而作出正确的投资决策。在比较分析时，应采用现金流量分析，通过对投资项目经济效益的分析与评价来确定投资项目是否可取，非营利组织投资项目的可行性分析可参照企业投资项目分析方法进行。

4. 投资规模和投资期限等要符合组织的实际情况。组织在进行投资时，要切合实际、量力而行，不能一味贪大、求全、求远，不能因投资活动而影响组织正常业务的开展和社会使命的完成，而使组织当前的正常运行陷入被动。

5. 审慎进行固定资产投资。由于固定资产投资一般周期较长，风险较大，对非营利组织的未来会产生较大的影响，因而决策时应审慎行事。在分析固定资产投资项目的可行性时，应充分考虑折旧对现金流量的影响。

【本章小结】

非营利组织是介于政府和市场之间的第三部门，它不以营利为目的，而是以完成社会使命、实现社会效益为宗旨。非营利组织财务管理的目标是非营利组织通过组织其财务活动、正确处理各方面财务关系所应达到的目的，即在合理组织和利用财务资源的基础上，保持良好的财务状况，圆满完成其工作任务和社会使命，以实现社会效益的最大化；同时，追求资源的有效使用，以实现资金效用的最大化。非营利组织既不同于企业、也不同于行政单位，具有其自身的特点，在资金来源和资金运用上都与营利组织存在较大差别，因此，非营利组织在进行财务管理的过程中，首先要牢固树立适合自身特点的财务管理基本观念，根据国家的有关政策规定、结合组织实际、正确运用科学有效的财务管理方法，努力实现资金效用的最大化和社会效益的最大化，优质、高效地完成其社会使命。

【复习思考题】

一、单项选择题

1. 非营利组织财务管理的目标是（　　）。

A. 企业价值最大　　B. 股东财富最大

C. 每股利润最大　　D. 社会效益最大

2. 下列筹资方式，只有非营利组织才可以利用的是（　　）。

A. 发行债券　B. 银行借款　C. 融资租赁　D. 发行彩票

3. 民间非营利组织资金的基本来源是(　　)。

A. 政府拨款　B. 发行债券　C. 发行彩票　D. 社会捐赠

4. 下列关于非营利组织的收入管理的说法不正确的是(　　)。

A. 民营非营利组织应加强对收入的管理,努力增加各种收入

B. 事业单位要把经济利益放在首位,同时注重社会效益

C. 事业单位应按照统一核算、统一管理的原则加强收入管理

D. 非营利组织的收入包括自创收入和非自创收入

5. 下列关于非营利组织投资行为的说法错误的是(　　)。

A. 非营利组织既可以将资金投资于组织内部,也可以投资于组织外部

B. 非营利组织在进行投资活动时,首先要考虑资金的收益性

C. 国家对非营利组织的投资行为有专门规定,限制其投资于高风险领域

D. 民间非盈利组织的投资范围相对于事业单位要宽泛

二、多项选择题

1. 非营利组织财务管理的基本原则包括(　　)。

A. 遵守国家相关法律法规

B. 坚持实事求是原则

C. 坚持以收定支,收支平衡,略有结余的原则

D. 经济效益最大的原则

2. 非营利组织资金来源的渠道有(　　)。

A. 政府拨款或补助　B. 社会捐赠、赞助

C. 银行借款　D. 发行债券

3. 事业单位的收入包括(　　)。

A. 财政补助收入　B. 上级补助收入

C. 事业收入　D. 经营收入

4. 事业单位的支出包括(　　)。

A. 经营支出　B. 对附属单位补助

C. 上缴上级支出　D. 基本建设支出

5. 事业单位在收入管理中应遵循的原则包括(　　)。

A. 统一核算、统一管理

B. 划分各项收入的界限

C. 充分利用现有条件依法合理组织各项收入

D. 正确处理社会效益与经济效益的关系

三、判断题

1. 发行彩票所筹资金的用途没有任何限制。　(　　)

2. 政府拨款或补助是非营利组织资金的主要来源。　(　　)

3. 非营利组织的内部积累可以分配给组织内部的成员。　(　　)

4. 非营利组织是不以盈利为目的的企业,因而不必考虑资金使用的成本与效率问题。 ( )

5. 非营利组织也会出现“破产”。 ( )

四、简答题

1. 什么是非营利组织?

2. 什么是非营利组织财务管理?其目标是什么?

3. 非营利组织的资金来源渠道有哪些?

4. 如何对非营利组织的投资活动进行管理?

【案例分析】

某高校是由该省教育厅举办的全额拨款的事业单位,其宗旨和业务范围:面向社会培养高等学历专业人才,承担各类职业资格和技能培训业务。开办资金5.9亿元。该高校执行《事业单位会计制度》及其补充规定,收入的确认采用收付实现制。伴随着高校招生规模的急剧膨胀,该校为招收更多的学生只好选择再建一所分校,2004年遂征地2 000亩,总建筑面积50万平方米,招生规模2.3万人,项目建设期为3年,项目总投资9亿元。目前,该校2004年的事业收入为5 000万元,财政补助收入1 500万元,2004年共发生事业支出6 300万元。新校区的建设需要大量的资金支持。目前该校已通过银行贷款的方式向工商银行、建设银行等金融机构借款2亿元,贷款期限为3年,利率为5.49%,若再增加贷款,贷款的难度将增大,利率将会有所上升。

请问:你作为高校的财务人员,将如何筹划新校区建设所需要的资金?

【参考文献及阅读资料】

1. 谷祺,王琳:《试论非营利组织的财务控制》,会计论坛.2003,第1辑。

2. 刘兴云,汪平:《财务管理学》,经济科学出版社,2002年。

3. 常勋:《高级财务会计》,辽宁人民出版社,2004年。

4. 王庆成:《政府与事业单位会计》,中国人民大学出版社,2004年。

5. [美]尤金·F. 布瑞翰 乔尔·F. 休斯顿著,胡玉明主译:《财务管理基础》,东北财经大学出版社,2004年。

6.【美】詹姆斯·P. 盖拉特:《21世纪非营利组织管理》,中国人民大学出版社,2003年。

7. 史蒂文.A. 芬格乐:《财务管理——公共、医疗卫生和非营利机构组织》,上海财经大学出版社,2003年。

8. 里贾纳·E. 赫兹琳杰:《非营利组织管理》,中国人民大学出版社,2002年。

附录:参考答案

第一章　高级财务管理概述

一、单项选择题

1. A　2. A　3. B　4. C　5. D

二、多项选择题

1. ABC　2. ABC　3. ABC　4. AB　5. ABCD

三、判断题

1. √　2. ×　3. √　4. ×　5. √

四、名词解释

1. 财务管理假设:是人们利用自己的知识,根据财务活动的内在规律和理财环境的要求所提出的,具有一定事实依据的假定或设想,是进一步研究财务管理理论和实践问题的基本前提。

2. 财务管理原则:也称为理财原则,是指人们对财务活动的共同认识,是财务管理工作必须遵循的基本准则,是从财务管理实践中概括出来的体现财务活动规律性的行为规范。

3. 双方交易原则:双方交易原则是指每一项交易都至少存在两方,在一方根据自己的经济利益决策时,另一方也会按照自己的经济利益决策行动,并且对方和你一样聪明、勤奋和富有创造力。双方交易原则的建立依据是商业交易至少有两方、交易是“零和博弈”,以及各方都是自利的。

4. 信号传递原则:信号传递原则是指行动可以传递信息,并且比公司的声明更有说服力。信号传递原则是自利行为原则的延伸。

5. 引导原则:引导原则指当所有办法都失败时,寻找一个可以信赖的榜样作为自己的引导。引导原则是行动传递信号原则的一种运用。

五、简答题

1. 简述财务管理假设的基本内容。

答:财务管理基本假设:(1)财务主体假设是指人和财务行为的发生、发展和消失都与特定的“主体”有关。这个“主体”具有独立的资金,是独立或相对独立物质利益的经济实体,财务主体假设明确了财务管理工作的空间范围。

(2)自主理财假设是指财务主体具有独立的理财权,有权进行独立的财务活动,不受或尽量少受外界干预。它包括资金的筹集、调拨、使用、分配和偿还的自主权,同时也包括着财务预测,财务决策的自主权。

(3)持续经营假设是指假设企业是一个经营中的实体并且在可以预见的将来会持续经营下去,也就是说是假设财务主体能应付各种风险,把企业视为具有永久清偿能力的继续营业单位;同时假设资金将永续运动,伴随企业的始终。

(4)财务分期假设是指把持续经营的经济业务归属人为划分的各个期限作为计算损益、评价业绩的期间。

(5)财务可控假设是指财务主体能够计量、约束、指挥与有能力干预经济活动,只有企业在主体上具有独立性并享有一定的理财权之后,才能有机会对自身的财务行为进行控制,也才有可能在本企业内和本企业外实现对拥有经济资源的回收及主权资金的完整给予有效的保护,控制不法经济行为,维护企业合法权益。

2. 简述财务管理原则中有关竞争环境原则的基本内容。

答:有关竞争环境的原则是对资本市场中人的行为规律的基本认识。包括:

(1)自利行为原则是指人们在进行决策时按照自己的财务利益行事,在其他条件相同的情况下人们会选择对自己经济利益最大的行动。

自利行为原则的依据是理性经济人假设。该原则的应用是委托—代理理论和机会成本的概念。

(2)双方交易原则是指每一项交易都至少存在两方,在一方根据自己的经济利益决策时,另一方也会按照自己的经济利益决策行动,并且对方和你一样聪明、勤奋和富有创造力。双方交易原则的建立依据是商业交易至少有两方、交易是“零和博弈”,以及各方都是自利的。

双方交易原则要求在理解财务交易时不能“以我为中心”,在谋求自身利益的同时要注意对方的存在,以及对方也在遵循自利行为原则行事。

(3)信号传递原则是指行动可以传递信息,并且比公司的声明更有说服力。

信号传递原则是自利行为原则的延伸。信号传递原则要求公司在决策时不仅要考虑行动方案本身,还要考虑该项行动可能给人们传达的信息。

(4)引导原则指当所有办法都失败时,寻找一个可以信赖的榜样作为自己的引导。

引导原则是行动传递信号原则的一种运用。引导原则的两个重要应用:一是行业标准概念,二是“免费跟庄(搭便车)”概念。

3. 简述财务管理原则中有关创造价值原则的基本内容。

答:有关创造价值的原则是人们对增加企业财富基本规律的认识。包括:

(1)有价值的创意原则是指新创意能获得额外报酬。有价值的创意原则主要应用于直接投资项目。只有不断创新,才能维持产品的差异化,不断增加股东财富。

(2)比较优势原则是指专长能创造价值。比较优势原则的依据是分工理论。比较优势原则的应用是“人尽其才、物尽其用”和是优势互补。

(3)期权原则是指在估价时要考虑期权的价值。许多资产都存在隐含的期权。在评价项目时就应考虑到后续选择权是否存在以及它的价值有多大。有时一项资产附带的期权比该资产本身更有价值。

(4)净增效益原则是指财务决策建立在净增效益的基础上,一项决策的价值取决于它和替代方案相比所增加的净收益。净增效益原则的应用领域一是差额分析法,二是沉没成本概念。

第二章　公司治理与财务治理

一、单项选择题

1. C　2. B　3. B　4. D　5. A

二、多项选择题

1. ABCD　2. ABCD　3. ABC　4. ABD　5. ABC

三、判断题

1. √　2. ×　3. ×　4. √　5. ×

四、名词解释

1. 公司财务治理:公司财务治理是公司治理的重要内容和主要方面,它从财务的社会属性出发,以财权配置为核心,研究如何通过财权的合理配置,形成一组联系各利益相关主体正式和非正式关系的制度安排,以期达到维护利益相关者利益的根本目的。

2. 财权:财权是企业所有权的核心。根据企业各项财权之间的内在联系,可将企业财权分为财务收益权和财务控制权两种。

3. 财权配置:经济学家将企业剩余控制权和剩余索取权的分配称为企业所有权安排,即财权配置。

五、简答题

1. 公司治理结构主要包括哪些内容?

答:根据公司治理的主体和方式,公司治理结构的内容主要包括:

(1)保护股东的权利

(2)对股东的平等待遇

(3)利害相关者在公司治理结构中的作用

(4)信息披露和透明度

(5)董事会的责任

2. 当前世界上主要存在哪几种公司治理结构模式?比较市场主导型和银行控制主导型公司治理模式的股权特征。

从世界范围来看,当前存在三种主流的公司治理结构模式,即以英美为代表的市场主导型模式、以日德为代表的银行导向型模式和以韩国及东南亚为代表的家族控制型模式。

(1)市场主导型公司治理模式强调股东主权,以股东财富的最大化作为衡量公司治理效率的标准。它以发达的金融市场,广泛分散的股份所有权以及活跃的公司控制权市场为基础,利用市场手段间接控制公司,形成对经理人员强有力的激励和持续性约束,从而保证了公司治理的有效性。其股权特征为:股权高度分散在个人和机构投资者手中;股权流动性极强。

(2)在银行控制主导型公司治理模式下,银行、法人股东、内部人在公司治理中起着主要作用。这种模式在德国、瑞士、奥地利、荷兰等欧洲大陆国家及东亚的日本盛行,尤其是德国和日本发展最好,所以又称为"日德模式"。其股权特征表现为:股权集中,法人持股为主,银行占主导地位;法人相互持股普遍。

3. 简述在利益相关者共同治理逻辑下的财权配置特征。

答:在利益相关者共同治理逻辑下的财权配置具有以下特征:

(1)财权安排的分散对称性。这主要表现在两个方面:一是企业财权应由各利益相关者共同分享;二是对于每个利益相关者来说,财务收益权和财务控制权都是对称分配的。这一特征意味着在企业财务方面要进行共同治理。

(2)财权安排的状态依存性。企业所有权安排的一个基本特征就是"状态依存",即企业处于不同经营状况时,就对应着不同的治理结构。企业财权作为企业所有权的核心内容,其安排自然也具有状态依存性。企业财权安排的这一特征揭示了企业财权安排与企业财务状况之间的关系,即不同财务状况对应着不同的财权安排。这意味着在企业财务方面要进行相机治理。

(3)财权安排的动态性。利益相关者与企业的利益相关度是动态变化的,从而利益相关者在企业中的利益格局会发生变化。

【案例分析】要点提示:

伊煤的一人股东大会的意义在于,它明明白白地告诉我们,在某些上市公司眼里,公众股东除了出钱以外,是没有任何权利的,同时,它也给后世了解今天股市的全貌留下了一个标本。

我国上市公司大多由国有企业改制而来,其最大的特点就是国有股"一股独大",股权高度集中,流通股比例偏低。这种股权结构,直接诱发大股东操纵和大股东"掠夺"。大股东操纵指大股东凭借自己的股权优势,根据"一股一票"的原则操纵股东大会,使股东大会演变成大股东一票否决的场所和合法转移上市公司利润的工具。由于小股东过于分散和"搭便车"动机,参加股东大会的热情很低,使股东大会成为大股东的"一言堂",各项议案表决完全以大股东的意志为转移。大股东操纵与控制了股东大会以后,便选举"自己人"直接进入董事会和监事会,顺理成章地操纵和控制董事会、监事会,使之成为大股东的影子,公司治理的内部制衡机制失效。公司的控制权实际上被大股东一手操纵。大股东控制了上市公司,使上市公司成为自己的钱柜,通过关联交易,大量的侵占上市公司资源,这便是大股东"掠夺"。

再加上我国目前还缺乏公司治理所必需的外部市场竞争机制,如完备的经理人市场、控制权市场、并购市场和有效的资本市场,以及企业的中止或破产机制,无法对上市公司进行有效的外部监控,也是造成这种现象的重要原因。

第三章 业绩评价指标体系与方法

一、单项选择题

1. C 2. D 3. A 4. A 5. B

二、多项选择题

1. ABCD 2. ABC 3. ABCD 4. ACD 5. ACD

三、判断题

1. √ 2. × 3. √ 4. × 5. √

四、名词解释

1. 经济增加值:是在会计利润调整后的税后营业净利(息前税后利润)基础上扣除全部资本(包括债务资本和股东资本)成本后的余额

2. 平衡记分卡:是以企业战略为导向,通过财务、客户、运营和员工四个方面及其绩效指标的因果关系,全面管理和评价企业综合绩效的系统。

五、简答题

1. 简述基于会计基础的业绩评价指标的缺陷。

答:基于会计基础的传统业绩评价指标的缺陷具体体规在:(1)会计收益的计算未考虑所有资本的成本,仅仅解释了债务资本的成本,然而却忽略了对权益资本成本的补偿。(2)由于会计方法的可选择性以及财务报表的编制具有相当的弹性,会计收益存在某种程度的失真,往往不能准确地反映企业的经营业绩。(3)会计收益是一种“短视指标”,是按照人为划分的等长会计期间提供的。片面强调利润容易造成企业管理者为追求短期效益。(4)会计收益只反映过去业务的结果,无法反映产生结果的动因,也不能反映当前进行的价值创造活动。

2. 简述以经济增加值为代表的价值基础业绩评价指标的优点。

答:其主要优点在于:(1)体现了一种新型的企业价值观。(2)是一种业绩管理评价指标体系。(3)可以改善公司治理模式。(4)该指标的设计着眼于企业的长期发展。

3. 为什么说EVA是全面衡量企业生产经营真正盈利或创造价值的一个指标或一种价值管理工具?

答:这里的“全面”和“真正”是指与传统的会计利润相对比而言的。会计利润是按公认会计原则(GAAP)计算出的归属于企业所有者的剩余(或称为利润底线)。显然在会计利润中,一是未能扣除所有者的资本成本,二是基于GAAP的会计政策和历史成本的会计计量的使用所造成的信息失真,因此会计利润不能全面、真正反映企业生产经营的最终盈利或价值。而 EVA 是在会计利润调整后的税后营业净利(息前税后利润)基础上扣除全部资本(包括债务资本和股东资本)成本后的余额,正好克服了会计利润的上述两个缺陷,比较准确地反映了公司在一定时期内为企业(股东)创造的价值。

4. 简述提升 EVA,增加企业价值的途径。

答:(1)提高现有投资资本的回报(EBIT)水平。(2)加速资本周转,提高资本的使用效率。(3)有效增加利润。(4)从价值毁灭型项目撤出资金以减少投资成本。(5)选择最优资本结构,适当增加杠杆功能,实现资本成本最小化。(6)减少实际税率。

5. 联系实际,谈谈你对 EVA 指标计算难点的认识。

答:EVA 指标的计算难点一是会计调整,二是资本成本的计算。

案例分析要点提示:

启示:所有权和经营权的分离在任何大型现代公司里都是司空见惯的。只要这种分离存在,就会产生经营者和所有者之间激励不相容和信息不对称问题,管理者的道德风险、管理松懈和自主自利等代理问题也就会出现。要解决这些问题,公司就必须建立基于股东价值的公司治理与公司管理框架。然而,这个简单的真理却往往被人们忽略或者遗忘,结果导致了严重的经济后果。比如,20 世纪 80 年代美国的敌意收购,90 年代日本的泡沫经济的崩溃,1998 年东南亚经济危机的爆发都是典型的例子。美国从 90 年代开始成功的吸引国际资本并使其上市企业平均市值在 1990—2000 年的 10 年间翻了 4.7 倍,成为世界上企业市价增值最高的股市,其中很重要的一个原因即是 EVA 概念在美国企业中的推广使用。

长期以来,我国国有企业普遍存在投资失误、重复投资、投资低效益的现象,究其原因,就在于不重视权益资本的成本,把国有资本当成"免费资本",结果形成预算软约束,绩效普遍不佳。形似而实不至,并没有真正以股东价值最大化为核心进行公司治理和实施公司管理。有数据表明,目前我国的上市公司"圈钱买利润"的资本粗放行为在加剧,企业资本规模过度膨胀,偏离了公司股东价值最大化的目标。蓝田股份、亿安科技、银广夏等一系列重大事件更是极大的打击了投资者的投资信心。在这种背景之下,一些上市公司开始探索和实践价值管理,青岛啤酒就是其中之一,将 EVA 作为经营业绩评价和管理者报酬的决定因素。可以说,青岛啤酒管理模式改革的成功(至少在目前是如此)给中国的企业未来发展指明了前进的方向。EVA 的意义不只是因为它是一种全面的、新型的绩效衡量指标,更在于它可以揭示价值创造的途径。

第四章 企业财务战略管理

一、单项选择题

1. C 2. A 3. C 4. B 5. D

二、多项选择题

1. ABC 2. ABC 3. ABCD 4. ABCD 5. ABC

三、判断题

1. √ 2. × 3. × 4. × 5. ×

四、名词解释

1. 企业战略:是指在对企业外部环境和内部条件深入分析和准确判断的基础上,为提高企业的竞争能力,对企业全局和未来所进行的总体和长远谋划。

2. 企业财务战略:是指在深入分析和准确判断企业内外环境因素对企业财务活动影响的基础上,为了谋求企业资金均衡有效地流动和实现企业战略目标,增强企业财务竞争优势,对企业资金流动进行全局性、长期性和创造性的谋划,并确保其执行的过程。

3 企业财务战略管理:也称为企业战略财务管理,或曰战略性财务管理,是以企业财务战略为对象的管理活动,是对企业财务战略制定直至实施全过程的管理。它是企业战略管理不可或缺的一个重要组成部分,也是现代企业财务管理的一个重要方面。

4. SWOT 分析法:SWOT 是由英文"优势""劣势""机会"和"威胁"四个单词的第一个字母组合而来的。它是一种在综合考虑企业内部条件和外部环境的各种因素,正确认识自身优势与劣势的基础上,进行系统评价,扬长避短,抓住机会,避开威胁从而选择最佳投资战略的方法。

五、简答题

1. 从企业基本财务活动的角度分析,企业财务战略包含哪些内容?

答:财务战略主要应该包括以下三个方面的内容:

(1)资金筹措战略,主要解决战略期间内企业筹资资金的内外环境分析、目标、结构、渠道和方式等重大问题。(2)资金投放战略,主要解决战略期间内企业资金投放的目标、原则、方向、时机等重大问题。(3)收益分配战略,主要解决战略期间内企业纯收益,特别是股份制企业的股利如何分配的重大方针政策等问题。

2. 什么是企业财务战略管理?它包括哪些程序?

答:企业财务战略管理是以企业财务战略为对象的管理活动,是对企业财务战略制定直至实施全过程的管理。它是企业战略管理不可或缺的一个重要组成部分,也是现代企业财务管理的一个重要方面。

企业财务战略管理的程序包括战略环境分析、战略目标的确定、战略方案的形成、战略实施和控制等问题。其中,战略环境分析是基础环节;战略目标的确定是出发点和归宿;战略方案的形成是中心环节;战略实施是关键;战略控制是保证。

3. 企业筹资战略的目标是什么?

答:资金筹措战略目标体系包括:

(1)满足资金需要目标。(2)扩大和保持现有融资渠道目标。(3)低资金成本目标。(4)低筹资风险目标。(5)提高筹资竞争力目标。

4. 企业筹资渠道与方式的战略类型有哪几种?

答:(1)内部资金筹措战略。(2)金融型资金筹措战略。(3)证券型资金筹措战略。(4)联合型资金筹措战略。(5)结构型资金筹措战略。上述五种情况是企业资金筹措战略方案的一般的和基本的类型。企业在具体开展资金筹措战略时,要根据企业自身的能力及企业所处的金融环境等选择合理的资金筹措渠道与方式战略。

5. 企业投资战略的目标是什么?

答:企业投资战略目标包括:收益性目标、成长性目标、市场占有目标、技术领先目标、产业转移目标、一体化目标和社会公益目标。上述目标相互联系,共同构成一个多元化的投资战略目标体系。

6. 企业投资战略的类型有哪些?

答:(1)按投资战略的性质划分,有稳定性投资战略、扩张性投资战略、紧缩性投资战略和混合性投资战略。(2)按照投资经营对象的差异可分为密集型投资战略、一体化投资战略和多样化投资战略。

7. 企业投资战略的制定方法一般有哪几种?

答:目前,企业可以选择的制定投资战略的方法主要有SWOT分析法、波士顿矩阵法、通用电气经营矩阵分析法和生命周期矩阵分析法等。

8. 企业股利战略的目标是什么?

答:一般而言,股利战略的目标主要以下几个:

(1)稳定股票价格。(2)保护股东权益,平衡股东间的利益关系。(3)促进公司的长期发展,最终实现企业资金均衡、有效流动的财务战略目标和股东财富最大化的财务管理目标。

案例分析要点提示:

华为之所以取得今天的成就,关键在于它对不断变化的外部环境的把握,并在此基础上采取了正确而有效的应对措施。抓住国际政治经济形势大好的机会,率先与国外研发力量广泛合作,一举奠定技术优势;加强产品差异化和企业快速反应的能力,从容面对竞争对手的突然发难,适时区分机会和威胁,集中精力打造品牌优势等等,这一切为华为成为我国最出色的民营企业之一奠定了坚实的基础。由此可见,了解、判断和预测企业战略外部环境,对企业的生存和发展有着极为重要的意义。

企业发展所面临的外部环境可以分为宏观环境和微观环境。其中宏观环境指的是对企业的发展具有战略性影响的环境因素,例如,政法、社会文化等。一般在分析企业的外部环境时,通常是先分析企业的宏观环境,然后再分析微观环境,由外到内进行分析。

华为公司没有通过炒作和宣传来美化企业的形象,而是一直用事实证明自己的实力。华为的成功除了得益于行业自身的快速成长之外,主要归功于它在对企业外部环境的准确判断的基础上,采取了以下两个方面的战略措施:其一是技术创新战略。华为创业伊始,就以国际先进水平为目标,力求领先于世界。它立足于当代计算机与集成电路的高新技术,大胆创新,取得了一系列突破。目前,华为已跻身于世界少数几家能够提供CAC08 - STP数字程控交换机设备的巨头行列;在移动智能网、STP、GPRS

等核心网络方面形成了领先的优势。华为并不满足于现有领域的成功,它在行业结构分析中发现了一个新的利润增长点——光网络设备市场,并且正在成为该领域的一颗新星。其二是市场竞争战略。随着市场环境不断变化,消费者行为日趋成熟,华为的市场战略也经历了公关型—推销型—营销型—管理型的几次转变和飞跃,如今它还采取以技术换市场的策略,开拓国际市场。华为今日的成就是来之不易的,激烈的市场竞争环境和对技术的不懈追求,使华为更加专注于寻找强势企业在市场和技术上遗留的空档,使之成为产品和技术差异化的依托,并且加强企业面对突发状况时快速反应的能力。为了更迅速、更完整地了解市场讯息,降低研发风险,提高企业适应外部宏观环境变化以及抵御企业外部竞争对手压力的能力,华为提出"工程商人"的理念,即在华为内部,各岗位是流动的,技术研发人员与市场营销人员和销售人员不断转换岗位

第五章　公司并购财务管理

一、单项选择题

1. A　2. D　3. B　4. D　5. C　6. A　7. D　8. B

二、多选选择题

1. BCD　2. ABCD　3. ABCD　4. BD　5. AD

三、判断题

1. ×　2. √　3. √　4. ×　5. ×　6. ×

四、名词解释

1. 横向并购:是指处于同一行业的两个或多个企业所进行的并购。

2. 纵向并购:是指处于同类产品且不同产销阶段的两个或多个企业所进行的并购。这种并购可以是向前并购,也可以是向后并购。

3. 混合并购:是指处于不相关行业的企业所进行的并购,可以通过多元化投资降低企业的经营风险,达到资源互补、优化组合、扩大市场范围的目的。

4. 承担债务式并购:是指在被并购企业资不抵债或资产与债务相等的情况下,并购企业以承担被并购企业全部或部分债务为条件,取得被并购企业的资产所有权和经营权。

5. 股权交易式并购:是指并购企业用其股权换取被并购企业的股权或资产的一种并购方式。有以股权交换股权、以股权交换资产两种具体形式。

6. 杠杆并购:是指并购企业利用被并购企业资产的经营收入,来支付并购价款或作为此种支付的担保,仅须筹集小部分资金用于收购的一种并购活动。

7. 管理层收购:是杠杆收购的一种特殊形式,是指当目标公司受到收购公司的袭击时,目标公司的管理层利用杠杆收购这一工具,通过大量的债务融资收购本公司的股票,从而获得公司的所有权和控制权,以达到重组本公司并获得预期收益目的的一

种并购行为。

8. 相对价值法:也即传统的市场法,是指通过市场调查,选择一个或几个与评估对象类似的公司作为参照物或价格标准,分析比较参照物的交易条件,进行对比调整,据以确定被评估公司价值的一种评估方法。

9. 非杠杆并购:是指并购企业不用被并购企业自有资金及营运所得来支付或担保支付并购价格的并购方式。

五、简答题

1. 企业并购的动机有哪些?列举几个并购动机理论。

答:公司并购的动机或原因有许多,但概括起来,主要有财务性动机和非财务性动机两类。企业并购的财务性动机主要表现在以下四个方面:(1)实现多元化投资组合,分散投资风险。(2)改善企业财务状况。(3)取得节税收益。(4)扩大经营规模,降低成本费用。企业并购的非财务性动机,主要表现在以下两个方面:(1)提升企业整体竞争力,实现公司发展战略。(2)实现协同效果。

并购动机理论主要有效率理论、交易费用理论、市场势力理论、价值低估理论、代理成本理论、战略发展和调整理论、信号传递理论、自由现金流量理论、税负利益理论等。

2. 杠杆并购、管理层收购和非杠杆并购之间有什么关系?

答:杠杆并购和非杠杆并购主要按是否利用被并购企业本身资产来支付并购资金来区分,而不是通过是否利用举债方式筹集收购资金来区分。杠杆并购中并购企业利用被并购企业资产的经营收入,来支付并购价款或作为此种支付的担保,仅需筹集小部分资金用于收购。非杠杆并购中并购企业不用被并购企业自有资金及营运所得来支付或担保支付并购价格。

管理层收购则是杠杆收购的一种特殊形式,也是以该公司的资产或该公司未来的现金流量作为抵押来筹集资金,其特殊性在于收购主体为目标公司的管理层。

3. 公司并购的资金筹措方式有哪些?

答:企业并购的资金筹措方式主要有企业内部留存、增资扩股、金融机构信贷、发行企业债券、卖方融资等。在具体的企业并购运作中,对于上述并购资金筹措方式,有些可单独运用,有些则可组合运用,应视并购双方的具体情况而定。

4. 对并购目标企业的估价方法有哪几种?各自有哪些优缺点?适用性如何?

答:如今比较成熟的目标企业评估方法有资产基础法、相对价值法、现金流量折现法、经济利润模型等。

资产基础法得到的是企业中各项资产的加总价值,无法衡量目标企业的整体真实价值,忽略了并购目标企业组织资本,缺乏对资产未来收益的前瞻性,无法准确把握一个持续经营企业价值的整合效应。一般地,只有当收购特定的有形或无形资产,或者目标企业各资产的整体性较差,企业整体获利能力较低,企业收益水平不高或企业收益难以预测时,资产基础法才适用。

相对价值法是基于市场对可比公司或可比交易的财务状况作出的客观、综合分析,而不是某个机构或个人的主观预测,因此其评估结果具有一定的可靠性;同时这种方法以市场交易为分析基础,并从统计学的角度归纳总结市场上类似企业或交易的财务特征,在理论和应用上都简单易懂,可以迅速获得目标企业的评估价值。相对价值法比较适用于成熟股票市场上的上市公司收购。

现金流量折现法的优点是将目标公司的获利能力作为确定收购价格依据的评估方法,充分考虑了目标公司未来创造现金流量能力对其价值的影响,它考虑了货币的时间价值、资产的未来预期收益等因素,能够较真实准确地反映目标公司资产的资本化价格,在理论上被认为是最科学、最成熟的估价技术,适用于对具有持续获利能力的目标企业(成长型企业)的价值评估。缺点是这种方法的运用需要大量的假设和判断,对决策条件与能力的要求较高,易受预测人员主观意识影响,并且合理预测未来现金流量和选择贴现率的困难和不确定性都将影响估算目标企业价值的准确性。

经济利润模型与现金流量模型在本质上是一致的,但是经济利润具有可以计量单一年份价值增加的优点,而现金流量折现法却做不到。然而,经济利润模型也与现金流量折现法一样,存在对未来预测的不确定性、资金成本难以确定、主观性强的问题。

5. 简要介绍企业并购的一般程序。

答:(1)确定目标企业;(2)评价并购战略;(3)对目标企业进行估价;(4)制定并购计划;(5)实施并购计划;(6)整合目标企业;(7)并购活动的评价。

6. 公司并购支付方式有哪些?并购支付方式决策时的影响因素主要有哪些?

答:企业并购可采用现金支付、债券支付和股票支付的方式。选择何种支付方式,需要结合并购双方的成本和并购方的企业风险等综合考虑,主要是两个方面因素:(1)税负因素。(2)并购企业的生命周期。另外,选择合适的并购支付方式还需要综合考虑法律法规约束、资本市场与并购市场发育程度、并购双方股东的要求等因素。

7. 公司并购可能面临着哪些风险?

答:(1)营运风险。(2)信息风险。(3)融资风险。(4)反并购风险。(5)法律风险。(6)体制风险。(7)政治风险。

8. 企业并购成本的构成有哪些?

答:企业并购的成本主要包括并购完成成本、并购整合与营运成本、并购退出成本和并购机会成本等。其中,并购完成成本是指在并购过程中所发生的直接成本和间接成本,间接成本具体包括债务成本、交易成本、更名成本;并购整合与营运成本包括整合改制成本、注入资金成本。

六、计算题

1. 解:

(1)选用目标企业最近一年的税后利润作为估价收益指标:

B 公司的价值 $=25\times18=450$(万元)

(2)选用目标企业近三年税后利润的平均值作为估价收益指标:

B 公司的价值 $=22\times18=396$(万元)

(3)假设目标企业被并购后能够获得与并购企业同样的(长期)资本收益率,以此计算出的目标企业在并购后的利润作为估价收益指标:

B 公司的资本额 = 长期负债 + 股东权益 = 100 + 400 = 500(万元)

B 公司的价值 = (500 × 17.5%—100 × 10%) × (1—40%) × 18 = 837(万元)

(4)假设目标企业在并购后获得了并购企业的盈利增长水平,以目标企业三年来的平均税后利润经一年后增长的数字作为估价指标:

B 公司的价值 = 22 × (1 + 20%) × 18 = 475.2(万元)

2. 解:

目标企业被收购后每年的自由现金流量分别是:

第一年:(150 + 50) × 20% × (1 − 40%) − 50 × (10% + 4%) = 17(万元)

第二年:(150 + 50 × 2) × 20% × (1 − 40%) − 50 × (10% + 4%) = 23(万元)

第三年:(150 + 50 × 3) × 20% × (1 − 40%) − 50 × (10% + 4%) = 29(万元)

第四年:(150 + 50 × 4) × 20% × (1 − 40%) − 50 × (10% + 4%) = 35(万元)

第五年:(150 + 50 × 5) × 20% × (1 − 40%) − 50 × (10% + 4%) = 41(万元)

第六年:(150 + 50 × 5) × 20% × (1 − 40%) − 0 = 48(万元)

目标企业的价值 = 17 × (P/F,11%,1) + 23 × (P/F,11%,2) + 29 × (P/F,11%,3) + 35 × (P/F,11%,4) + 41 × (P/F,11%,5) + 48 × (P/F,11%,6)

= 15.317 + 18.676 + 21.199 + 23.065 + 24.313 + 25.68

= 128.25(万元)

3. 解:目标企业 B 公司被收购后五年的现金流量折现价值

= 0.3 × (P/A,10%,5) = 0.3 × 3.7908 = 1.13724(亿元)

并购收益 = 并购后形成新企业的价值—并购前各公司价值之和

= 16 − (10 + 1.13724) = 4.86276(亿元)

并购收益 > 0,说明并购在财务方面具有协同效应。

并购溢价 = 4.1 − 1.13724 = 2.96276(亿元)

并购溢价 > 0,说明并购对 B 公司股东有好处。

并购净收益 = 并购收益 − 并购溢价 − 并购费用 = 4.86276 − 2.96276 − 1 = 0.9(亿元)

并购净收益 > 0,说明该并购行为可以使得 A 公司原有股东获得净收益 0.9 亿元。

总之,该并购行为对并购双方都有利,并购在经济上可行。

4. 解:收益指标选择目标企业最近三年利润的平均值,市盈率指标选择目标企业所处行业的平均市盈率,那么,

目标企业 B 公司的价值 = [(1 200 + 1 500 + 1 800) / 3] × 20 = 30 000(万元) = 3(亿元)

并购收益 = 并购后形成新企业的价值—并购前各公司价值之和

= 16 − (10 + 3) = 3(亿元)

并购收益 >0,说明并购在财务方面具有协同效应。

并购溢价 =4 -3 =1(亿元)

并购溢价 >0,说明并购对 B 公司股东有好处。

并购净收益 = 并购收益 - 并购溢价 - 并购费用 =3 -1 -1.2 =0.8(亿元)

并购净收益 >0,说明该并购行为可以使得 A 公司原有股东获得净收益 0.8 亿元。

总之,该并购行为对并购双方都有利,并购在经济上可行,又符合 A 公司未来发展目标的要求,A 公司应该并购 B 公司。

案例分析要点提示:

(一)财务顾问在本案中的作用分析

企业购并,特别是交易规模较大的购并案例的圆满完成需要一些优秀的中介机构共同合作完成。这些中介机构包括财务顾问、会计师事务所、资产评估机构、律师事务所等,其中最为关键和重要的是购并财务顾问。承担中远——众城案例的购并财务顾问是国内最早从事资本市场运作咨询服务的专业顾问公司——上海亚洲商务投资咨询公司(以下简称亚商)。亚商作为中远的独立购并财务顾问,在帮助中远收购众城的过程中主要有以下几个方面提供了专业的顾问服务。

1. 选择合适的收购时机。分析国内外宏观经济背景,特别是国内资本市场发展的阶段性特征和机遇,研究国家有关企业购并的最新政策、法规,在此基础上确定最佳收购时机。

2. 选择合适的收购对象。对上市公司进行全面筛选分析,由浅到深,再根据收购方的实际情况和要求,挑选出四家至五家收购对象公司。在此基础上运用亚商专业的研究部门对这几家公司进行深入调研,并与这些公司的高层管理人员进行初步接触。最终,在征求有关政府管理部门和中远最高层领导意见的基础上,决定收购众城实业。

3. 设计最优的收购方案。收购方案包括股权收购比例、支付方式、收购价格、付款步骤等。这些数据通常需要通过同时对比分析好几种方案才能最终确定。

4. 参与收购主要谈判进程。这次收购涉及几家互相独立的大股东,因此股权转让的谈判任务非常艰巨。在每一轮重要的谈判前,中远和亚商都会认真分析谈判要点、可能遇到的障碍及相应的应对方法。亚商派出专业人员,以中远方财务顾问的身份直接参与了一些重要谈判。

5. 协调与收购有关的各种关系。在中国收购一家上市公司需要牵涉到各种社会关系。亚商利用其广泛的社会关系网络协助中远协调与政府管理部门、相关企业的关系,为收购顺利完成打下基础。

6. 制定各种有关协议、合同、方案的文本。大宗上市公司股权转让在中国还是新兴事务,因此各种有关协议文本的制定尚未形成规范,需要专家参与制作。在这方面,亚商也做了大量工作。

7. 制定与收购进程相配合的宣传方案。上市公司的一个重要作用就是宣传广告作用,收购上市公司使收购方和被收购方迅速成为市场关注的焦点。这时,适当且客观公正的宣传对收购公司良好健康市场形象的树立是非常重要的。亚商自成立以来就和各大与资本市场有关的媒体建立了良好的合作关系，并且自己拥有两份影响较大的报纸专版《亚洲证券》和《亚商证券》，使宣传工作能顺利进行。

8. 制定收购后各项重要整合工作的操作方案。中远收购众城后面对的是一个百病缠身的绩差企业，因此购并整合工作任务繁重。亚商和中远置业经过近一个月的研究分析，制定了详细的资产重组操作方案，为众城实业在短时间内脱胎换骨提供了纲领性文件。

（二）购并整合技巧

1. 剥离不良资产

众城实业在浦东最早建立起了在当时设备、环境一流的俱乐部、大酒家，另外在上市之初建立起超市、物业管理公司等。近几年来随着浦东开发迅猛发展、竞争日趋激烈，加上公司内部管理不善，众城投资的 5 家全资子公司和 2 家参股公司出现了全面亏损。为使众城实业轻装上阵，剥离这部分不良资产是中远入主众城后首先要解决的重要问题。这时中远集团拥有各类丰富资产的资源优势就起到关键作用。

（1）中远房地产公司和中远酒店物业管理公司联手买下众城大酒店和众城俱乐部。中远房地产公司出资 90%，中远酒店物业管理公司出资 10%。中远房地产公司把其持有的两家公司 90% 的股权全部托管给中远酒店物业管理有限公司进行经营、管理。中远酒店物业管理公司在上海管理远洋宾馆非常成功，已积累了丰富的餐饮、娱乐业经营经验。在其管理下，众城大酒店和俱乐部将获得新的生命力。

（2）众城超市主要经营百货、五金交电、烟、酒。该公司作为众城大厦的商业配套设施，因其经营规模和服务范围都受到一定限制，经营业绩一直不甚理想。为了尽快提高公司资产的整体质量，公司借助于上海远洋船舶供应公司拓展江海船舶供应范围，在浦东增设免税品和物料、食品供应网点和供应中转点的时机，将上海众城超市公司转让给上海远洋船舶供应公司，为该超市的发展注入新的活力。

由此可见中远集团并不是简单地找一家下属企业把亏损子公司全部购买下来，而是针对这些子公司的行业、资产质量，主要症结等从中远集团内部精心挑选一些可以胜任对症下药职能的骨干企业分别对众城的一些子公司实施接管整治。

2. 盘活存量资产

在剥离了不良资产后，众城实业的存量资产主要由众城大厦、众城商厦、众城公寓及众城花苑等几个楼宇、项目组成。（1）众城大厦是浦东最早落成的甲级高层写字楼，出租率相当高，众城商厦和众城公寓位于繁华的陆家嘴金融贸易开发区，刚落成不久，近两年浦东楼市受国家宏观经济调控影响及高档楼盘过于密集等因素比较低迷，因而这两幢高楼销售状况不佳。中远入主众城后为盘活这几块楼盘做了大量细致认真的调研、分析工作，并利用中远集团极为广泛的海内外客户网络关系积极寻求合适买家，力争使这块沉淀资产由烫山芋变成金娃娃。（2）众城花苑房产项目是众城于 1995 年 6 月开工的中高档外销住宅楼，位于陆家嘴金融贸易区龙阳综合小区内。由于受建设资金和市场的影响，在完成桩基及围护工程后，于 1996 年 6 月缓建，根据大量的市场调查研究,进一步发挥公司现有的各项优势,公司决定与上海远洋广场置业发展有限公司共同合作成立上海众城花苑房产开发有限公司,双方各按50%的比例投资,共同开发该项目。这样,众城花苑不会因项目荒废使众城原始投资损失惨重;众城实业以实物出资组建公司使其又多了一块对外长期股权投资;上海远洋广场置业发展有限公司半途入盟,可以大大节省宝贵的建设周期,使该项目尽快发挥效益。该项重组可谓一举数得。

3. 注入优良资产

在买壳上市的操作过程中,注资是非常关键的一环,它决定了壳公司未来发展的产业定位、赢利能力、增长速度、市场形象等诸多方面。众城实业原先的主营业务是房地产开发,而中远集团的主业是航运、集装箱、仓储、贸易等。中远收购众城后对其主业发展方向作了精心调整和安排,原有的房地产业务仍予以保留,在此基础上,中远将逐步把其在运输、仓储、贸易等方面的优质资产有选择地注入众城实业中去,这次临时股东大会同意把众城的行业类别由原来的房地产调整为综合类,为中远的注资行动打下良好基础,中远注入众城的主要一家货运公司和一家贸易公司,发展前景均被看好。

第六章　公司重组和清算财务管理

一、单项选择题

1. B　2. C　3. C　4. D　5. D

二、多项选择题

1. ACE　2. BC　3. BCD　4. ABCD　5. AD　6. ACD

三、判断题

1. √　2. √　3. √　4. ×　5. √　6. √

四、名词解释

1. 重组:也称为公司改组,是指公司出于自身盈利的动机对公司现有的资源要素(包括人、财、物三个方面),在公平互利的基础上,通过一定方式进行再配置,实现要素在公司间的流动和组合的公司行为。

2. 破产:从广义上讲,破产是指企业因经营管理不善等原因而造成不能清偿到期债务时,按照一定程序,采取一定方式,使其债务得以解脱的经济事件。

3. 清算:是指在公司终止过程中,为保护债权人、所有者等利益相关者的合法权益,依法对公司财产、债务等进行清理、变卖,以终止其经营活动,并以法取消其法人资格的行为。

4. 正式财务重组:是指在法院受理债权人申请破产案件的一定时期内,经债务人及其委托人申请,与债权人会议达成和解协议,对企业进行重整、重组的一种制度。

5. 非正式财务重组:是指债务人企业与债权人达成自愿协议进行的重组。

6. 和解:是由债务人企业向人民法院申请,并提出和解协议草案,经债权人会议

(或债权人委员会)讨论,就公司延期清偿债务的期限、减免部分债务等问题达成协议,经人民法院认可后,由人民法院公告中止破产程序。

7. 重整:是由债务人企业或者债权人向人民法院申请,提出重整计划草案,经债权人会议表决通过后,对该公司的产品结构、经营管理、组织机构等进行调整,使公司能够在规定期限内,扭亏为盈,以清偿债权人的债务。

8. 共益债务:是指破产程序中为全体债权人的共同利益由债务人财产及其管理人行为而产生的债务。

五、简答题

1. 进行非正式财务重组债务人企业和债权人需要具备的前提条件有哪些?

答:债务人企业应具备的条件主要包括:①债务人必须有良好的道德风尚。②债务人能取得成功的可能性较大。③客观的经济情况对企业重整比较有利,便于企业摆脱困境,取得成功。

债权人应具备的条件主要包括:①债权人必须同意进行自愿和解。②债权人必须为债务人摆脱困境提供有力的帮助。

2. 比较重整程序与和解程序的主要区别。

答:(1)直接目的不同。(2)适用对象不同。(3)前提不同。

(4)申请时机不同。(5)申请权人不同。

(6)利害关系不同。

(7)担保债权的实现方法不同。

(8)效力不同。

3. 正式财务重组和非正式财务重组需要解决的财务问题有哪些?

答:非正式财务重组需要解决的财务问题包括:(1)通过与债权人的谈判,尽量延长债务的到期日。(2)通过与债权人的谈判,争取最大数量的债权减免。(3)必须按展期和债权减免的规定来清偿债务。

正式财务重组需要解决的财务问题除了上述的以外,还有:(1)和解协议草案的编制。(2)重整计划草案的编制。(3)重整期间的财务管理。

4. 简要介绍破产财产的分配顺序。

答:破产财产在优先清偿有担保的债权,优先清偿破产费用和共益债务后,依照下列顺序清偿:(1)破产人所欠职工的工资和医疗、伤残补助、抚恤费用,所欠的应当划入职工个人账户的基本养老保险、基本医疗保险费用,以及法律、行政法规规定应当支付给职工的补偿金;(2)破产人欠缴的除前项规定以外的社会保险费用和破产人所欠税款;(3)普通破产债权。只有清偿完第一顺序后,才能清偿第二顺序,依次类推。破产财产不足以清偿同一顺序的清偿要求的,按照比例分配。

六、计算题

1. 解:

(1)获得的30万元赔偿是破产财产。

(2)破产财产 = 900 + 600 + 1 600 + 30 = 3 130(万元)

(3)普通破产债权 = 1 000 + 800 + 600 + 900 + 240 = 3 540(万元)

(4)根据法定顺序,对破产财产 3 130 万元的分配顺序如下:首先偿还有优先受偿权的债权 500 万元,其余未受偿的 600 万元作为普通破产债权;破产费用 200 万元,共益债务 26 万元;应付工资 200 万元;应交税金 300 万元;普通破产债权 3 540 万元。具体分配金额如下表所示。

表:变现资产分配表 单位:万元

项目	求偿权	分配率(%)	实际偿付金额
破产财产	—	—	3 130
减:抵押债券(抵押资产变卖所得)	—	—	500
清理费用	200	100	200
共益债务	26	100	26
应付工资	200	100	200
应交税金	300	100	300
可用于偿付一般债务的金额	—	—	1 904
减:偿付一般债务的金额	3 540	53. 785	1 904
短期银行借款	1 000	53. 785	537. 85
应付帐款	800	53. 785	430. 28
抵押债券	600	53. 785	322. 71
信用债券	900	53. 785	484. 07
长期银行借款	240	53. 785	129. 08
可用于偿付优先股的金额	100	0	0
减:偿付优先股的金额	100	0	0
可用于普通股分配的剩余金额	600	0	0

2. 解:

(1)甲分公司私分的财产依法应当追回,计入破产财产用于破产分配。

(2)工商银行、建设银行的贷款不是普通破产债权,应该优先受偿

(3)甲公司的破产财产额为 5 400 万元(5 300 + 100)。

普通破产债权是 8 490 万元(10 000 - 500 - 420 - 190 - 180 - 220)。

(4)甲公司的破产财产额为 5 400 万元。依法应按下列顺序分配:

①由对甲公司特定财产的债权人享有优先受偿权:评估为 3 200 万元的厂房先清偿中国工商银行贷款 500 万元;机器设备评估作价 820 万元先清偿中国建设银行贷款 420 万元和丙公司到期货款 190 万元。共有 1 110 万元。

②用剩余的 4 290 万元优先支付破产费用 40 万元和共益债务 130 万元。

③用剩余的 4 120 万元支付职工工资 180 万元、未交税金 220 万元。

④用剩余的 3 720 万元支付普通债权 9 590 万元。

分配率 =3 720 ÷8 490 =43.82%

(5)420 ×(3 720 ÷8 490)=184.0283(万元)=1 840 283 元

所以,乙公司可以分配的财产为 1 840 283 元。

3. 解:

(1)甲分公司隐匿的财产依法应当追回,计入破产财产用于破产分配。

(2)工商银行、建设银行、招商银行的贷款不是普通破产债权,应该优先受偿;但是由于招商银行担保物债权对应担保物变现价款不足以清偿其全部贷款,超出部分属于普通破产债权,即招商银行的普通破产债权是 300 -250 =50 万元

(3)破产管理人应当要求该股东补缴出资额 600 -500 =100 万元。

(4)甲公司的破产财产额为 6 050 万元(5 700 +250 +100)。

普通破产债权是 10 450 万元(12 000 -500 -420 -250 -170 -210)。

(5)甲公司的破产财产额为 6 050 万元依法应按下列顺序分配:

①由对甲公司特定财产的债权人享有优先受偿权:评估为 3 200 万元的厂房先清偿中国工商银行贷款 500 万元;机器设备评估作价 820 万元先清偿中国建设银行贷款 420 万元;办公楼变现价值 250 万元先清偿招商银行 250 万元。共有 1 170 万元优先清偿。

②用剩余的 4 880 万元优先支付破产费用 55 万元和共益债务 125 万元。

③用剩余的 4 700 万元支付职工工资 170 万元、未交税金 210 万元。

④用剩余的 4 320 万元支付普通债权 10 450 万元。

分配率 =4 320 ÷10 450 =41.34%

(6)380 ×(4 320 ÷10 450)=157.0909(万元)=1 570 909 元

所以,乙公司可以分配的财产为 1 570 909 元。

案例分析要点提示:

负债经营是企业的一大特征。企业过度负债,造成一部分企业严重资不抵债,亏损严重,当企业在扭亏无望的情况下实施破产,对各利益相关方都有好处。对于企业而言,可以及时地盘活现有资产,实现有效的流动;对于债权人而言,可以避免债务的完全坏死,获取部分的补偿;对于政府和国家而言,可以减轻财政负担,实现政企分离,乐山制药厂的破产有力地证明了这一点。破产也是市场经济优胜劣汰的一种体现。不破不立,敢破才敢立。破的是旧体制和低效率的市场竞争者,立的是新体制和充满生命力的市场主体。企业破产是企业经营的一种极端手段,它打破了企业持续经营的状态,但它并不是坏事情,可以使社会资源得到重新的优化配置,有助于国有经济的战略性调整。

第七章　企业集团财务管理

一、单项选择题

1. B　2. C　3. A　4. B　5. C

二、多项选择题

1. AC 2. BC 3. BCDE 4. CDE 5. ABD

三、判断题

1. × 2. × 3. × 4. × 5. √ 6. ×

四、名词解释

1. 企业集团:是以一个或多个实力强大、具有投资中心功能的大型企业为核心,以若干个在资产、技术上有密切联系的企业,单位作为其外围层,由各成员企业按照自愿原则组成的具有多层次组织结构的大型经济联合体。

2. 企业集团财务管理体制模式:是处理集团公司内部母公司与子公司、子公司与子公司之间的财务关系和财务权限的模式。大致有集权型、分权型和折中型三种模式。

五、简答题

1. 简述企业集团的特征。

答:(1)法律特征:企业集团是非法人的企业联合体。

(2)组织特征:企业集团成员之间存在广泛的经济联系,包括产品、生产技术、经营管理特别是资本联系,在组织上具有稳定性和层次性。

(3)经营特征:为了分散经营风险和投资风险,企业集团的经营规模都比较庞大,并不断地扩大经营,向多角化、综合化方向发展,许多企业集团跨地区、跨部门、跨行业甚至跨国经营。

(4)融资特征:企业集团是与金融机构密切结合的经济联合组织,具有强大的融资功能。

(5)会计特征:企业集团是特殊的非独立核算的会计主体。

2. 与一般企业财务管理相比,企业集团财务管理的特征有哪些?

答:(1)财务主体多元化。(2)财务决策多层次化。(3)投资领域多元化。(4)母公司职能双重化。(5)关联交易经常化。

3. 简述企业集团财务管理体制的三种模式及其各自优缺点。

答:根据决策权集中和分散的程度,大致有集权型、分权型和折衷型三种模式。

(1)集权型财务管理模式的优点是:集团公司的理财目标容易得到子公司贯彻执行;有利于集团公司整合资源。缺点是:不利于发挥子公司积极性;不利于母公司从烦琐的日常管理事务中解脱出来;不利于分清母子公司经济责任;难以建立科学的对子公司经营业绩的考核体系。

(2)分权型财务管理模式的优点是:有利于发挥子公司参与管理的积极性;有利于母公司从烦琐的日常管理事务中解脱出来;有利于分清母公司与子公司经济责任;有利于建立科学的对子公司经营业绩的考核体系。缺点是:集团公司的理财目标不容易得到子公司的认可;不利于集团公司整合资源。

(3)折中型财务管理模式的优点是:既有利于母公司控制子公司,又有利于发挥子公司参与管理的积极性;既有利于母公司从烦琐的日常管理事务中解脱出来,又有利于集团公司整合资源;既有利于分清母公司与子公司经济责任,又有利于母公司政令在子公司内部的执行。缺点是:集团公司对子公司的控制力不如集权型大;子公司的积极性和主动性不如分权型高。

4. 制定企业集团内部转移价格时应考虑哪些因素?

答:内部转移价格的制定应坚持集团整体利益高于成员企业利益的基本原则,做到公平合理。制定内部转移价格时,应该主要考虑以下因素:(1)制定转移价格应考虑的内部条件,主要包括集团公司的集权和分权程度、集团公司持有成员公司股份的多少、集团公司的管理能力和权威、内部交易客体的性质和数量,等等。(2)制定转移价格应考虑的外部环境,主要是指外部各种利益集团对转移价格的反映。转移价格影响的外部利益集团越多、利益量越大,集团公司在制定转移价格时受的制约就越多,应该考虑的因素也就相应越多;反之,则越少。

六、计算题

1. 解:

(1)乙子公司所需中间产品全部向甲子公司购买情形下的集团公司的整体效益(税前收益):

[50 000 ×(30 - 20) - 20 000 ×2 - 200 000] + [30 000 ×(70 - 10 - 3 - 30) - 210 000] = 860 000(元)

乙子公司所需中间产品全部向集团公司外部购买情形下的集团公司的税前收益:

[40 000 ×(30 - 20 - 2) - 200 000] + [30 000 ×(70 - 30 - 10 - 3) - 210 000] = 720 000(元)

经比较可以发现,乙子公司所需中间产品全部向集团公司内部购买的时候会使得集团公司整体效益增加 140 000 元(860 000 元 - 720 000 元)。

造成该差距的原因是:一是由于甲子公司的生产能力超过了对外承接的订单,在乙子公司不购买甲子公司产品的条件下,甲子公司的生产能力必将大量闲置,从而降低贡献毛益;二是内部转移产品可以节约甲子公司的对外销售费用,使整体利益增加。

并认为从集团利益最大化的目标考虑,乙子公司应该从内部购买。

(2)甲子公司转移价格制定的计算见下表。

表:甲子公司的转移价格计算表

	甲子公司
单位变动(加工)成本(元)	20
固定成本总额(元)	200 000
产量(件)	50 000
单位固定成本(元)	4
转移价格(元)	24

以完全成本作为转移价格条件下的集团公司税前收益是:

[(20 000×30+30 000×24)-50 000×20-20 000×2-200 000]+[30 000×(70-24-10-3)-210 000]=80 000+780 000=860 000(元)

通过与第(1)问题比较,发现两种情形下集团公司总的税前收益相等。

(3)此时集团公司税前收益是:

[(20 000×30+30 000×24)-50 000×20-20 000×2-200 000]+[30 000×(70-23-10-3)-210 000]=80 000+810 000=890 000(元)

通过与第(1)问题比较,发现比(1)问题情形下集团公司总的税前收益高出了30 000元。这是节约成本的结果。

(4)采用甲子公司按照市价转移产品和乙子公司按照变动成本接受产品的双重转移价格法时,集团公司税前收益是:

[(20 000×30+30 000×30)-50 000×20-20 000×2-200 000]+[30 000×(70-20-3-10)-210 000]=260 000+900 000=1 160 000(元)

通过与第(1)问题比较,发现比(1)问题情形下集团公司总的税前收益高出了300 000 元,有利润虚增现象。

2. 解:

(1)当从市场外购时的利益是:

甲:30 000×(20-15-1) -200 000= -80 000(元)

乙:35 000×(50-10-20-2) -500 000= 130 000(元)

当从企业内购时的利益是:

甲:(35 000+15 000)×(20-15) -15 000×1-200 000= 35 000(元)

乙:35 000×(50-10-20-2) -500 000= 130 000(元)

(35 000+130 000)-(-80 000+130 000)= 115 000(元)

由于外购时的集团收益 50 000 元(-80 000 + 130 000)小于内购时的集团收益 165 000 元(35 000 + 130 000),所以集团还是内购好,该种情形下会使集团收益多 115 000元。

(2) 价格/完全成本=15+200 000/50 000=19(元/件)

此时的利益是:

甲:[(35 000×19+15 000×20)-50 000×15-15 000×1]-200 000=0(元)

乙:35 000×(50-19-20-2)-500 000=165 000(元)

此时集团的利益是:0+165 000=165 000(元)

(3) 除此之外,还有以标准(预算)成本、变动成本、成本加成为基础的方法以及双重转移价格方法。其中,以标准(预算)成本为基础的方法可以促使上游成员公司增强成本控制。

案例分析要点提示:

1. 关于财务组织机构的设置

海外旅业集团实行统一领导、分级管理的内部财务管理体制。各控股子公司是独立的企业法人,依法享有法人财产权和民事权力,承担民事责任,公司实行独立核算,但财务上实行统一管理。在这个原则下设计海外旅业集团的财务机构:①集团财务总监由董事会聘任,代表董事会对集团财务进行运作和监督,集团财务总监是集团的财务最高负责人。②集团设立财务中心,设立财务中心主任一名,在集团财务总监领导下工作。③各子公司设立财务部,其财务经理由集团公司财务总监提名,报集团董事会批准。所聘任财务经理人员的人事关系、工资待遇由集团公司负责。这样做的目的是解决子公司财务经理的后顾之忧,从而加强对子公司的财务管理和监控。④集团财务中心下设财务部、审计部、会计部,分别负责集团的财务管理、内部审计和会计核算工作。这种分设财务和会计机构的做法主要是为了加强集团财务管理的工作,比如资金的控制,融资工作等,从而改变海外旅业集团以前那种重核算轻管理、重会计轻财务的倾向。⑤条件成熟时集团成立财务结算中心,主要负责集团内部各成员之间和对外的现金收付和往来结算。⑥在这种财务组织结构下,要做到集团财务中心有权随时通过子公司财务人员了解子公司财务信息,子公司财务人员有义务提供真实、准确的财务信息。集团财务中心对子公司财务部门有业务指导、业绩考核的权力。子公司财务人员由子公司财务负责人提名,按子公司人事管理制度进行聘任,报集团公司财务部备案。子公司财务人员的业务培训由集团财务部统一组织,并将培训结果作为年度考核的依据。各子公司的重大投资、筹资、固定资产处置等行为均通过集团财务中心报告集团董事会。

2. 关于财务管理权限的配置

集团财务管理权限的配置有两个层面:一是集团内各成员企业之间的权限分配,即母公司和子公司的权限分配;二是集团内核心企业的财务管理权限分配。

第一个层面的问题按照海外集团选择的财务集权管理模式是指将下列权限收归集团:①投资决策权。集团必须对其内部的重大投资行为进行统一管理和控制。企业集团的投资行为必须符合集团的战略目标,必须满足全集团的经济效益最优;②收益分配权。集团内部各子公司的收益政策必须与母公司协调一致,企业集团的收益政策制定必须从整个集团利益出发,以优化集团资本结构,保证集团的发展壮大为着眼点;③业务控制权。通过对子公司所拥有的资源的整合,实现集团的规模效应,有助于集团发展战略的实施;④财会政策制定权。集团统一制定会计政策和财务管理制度。⑤重大人事管理权。集团公司应当掌握控股子公司总经理、财务总监等重要管理层的任免权。⑥资产处置权。母公司必须有对集团关键固定资产进行处置的权限。⑦筹资权。集团必须在保证集团整体资本结构最优、综合资金成本最低的前提下制定筹资政策,统一对外筹资。

除了上述7项权力外的正常经营权应分权给各子公司,在责、权、利明晰的前提下集团公司更多采用间接管理的方式来引导子公司在集团的战略框架下进行日常经营。

3. 关于全面预算的实施

预算管理最根本的目的是用预算来代替管理,使预算成为一种自动的管理机制,调动各方面的积极性。预算具有全面规划、动态控制等特点,涉及了企业发展中价值目标的所有方面,企业的经营活动和财务活动都应受预算的控制。预算应包括生产经营方面的预算、资本预算、财务预算等,通过动态、适时的监控来实现目标管理功能的。同时,预算管理符合企业内部决策权、执行权、监督权三权分立的原则,预算的决定权(申批权)归属集团总部,预算的执行由各预算单位(包括分公司、全资子公司、控股子公司)进行,这些预算单位应把总部制定的预算再进行分解,同时集团总部应给予其对应的责、权、利关系;预算的监督由独立的内部监督机构(审计部门)负责,这样形成一个以预算管理为核心的内部权力制衡系统。预算目标应是集团目标或战略意图的体现,在制定指标时应考虑:一是可操作性,二是导向性或战略性。基于这两点考虑集团在制定指标时,应侧重两个方面指标。一是效益指标(如费用或利润),二是规模指标(如收入、市场增长率或市场份额)。

海外旅业集团预算应包括两个方面:一是总部预算目标的确定;一是分(子)公司预算目标分解。各子公司在财务负责人的领导下可以设立专门的预算部门,也可以由财务部门兼任,但应指定专人从事预算工作。集团公司将本年度经董事会批准的经营目标进行分解后下达给各子公司,子公司根据自身情况反馈意见,最终在整个集团中进行综合平衡后确定母子公司各自的预算目标。

4. 关于绩效考核

为了保证集团总体目标的实现,使集团对于公司实施有效管理和控制,必须建立一套以预算管理为基础,辅以其他指标的内部考核指标体系。按照委托代理理论,要让经营者的报酬与其行为的后果挂钩,才能有效的减少代理成本,因此需要对于经营者有一套科学的绩效考核体系,可以根据实际情况设计 EVA 绩效考核体系。另外企业集团对内部成员企业也需要设计合理的评价体系。评价的目的是判断资本获利能力、发现财务控制中的薄弱环节,为管理提供依据。

5. 关于财务信息披露和监控

企业集团是由众多成员企业组成的企业联合组织,为了发挥集团的整体组合优势,统一各成员企业的经营行为,还应建立财务信息披露和监控制度,如财务报告制度、重大财务情况通报制度、内部授权制度、内部审计制度等。

通过上述重庆海外旅业集团财务管理现状的分析得出以下结论:①运作良好的集团财务管理体制是企业集团管理运行机制中最重要的体制,因此研究集团财务管理可从集团财务管理体制着手。②在构建集团财务管理体制前应该选择适合本企业集团的财务管理模式即集权还是分权。在当前我国市场经济还不完善,企业集团发展还比较落后的情况下,选择倾向于集权的集团财务管理模式可能是比较好的选择。③集团财务管理体制的关键是财务管理权限的配置,既包括集团内各成员企业的财权配置,也包括集团的核心企业的财权配置。集团内成员企业的财权配置应在选择的集团财务管理模式下进行,而核心企业的财权配置应按照出资者财务、经营者财务和财务经理财务的层次科学划分。④集团财务管理体制包括集团财务管理模式、财务权限的配置、组织机构的设立等,实现财务管理体制的基础和关键是建立完善的财务管理制度,使财务管理体制有制度作为保障。

第八章　国际财务管理

一、单项选择题

1. B　2. C　3. D　4. C　5. A

二、多项选择题

1. ABD　2. BD　3. ABCD　4. ABCD

三、判断题

1. ×　2. ×　3. √　4. √　5. ×

四、名词解释

1. 外汇风险:是指公司的资产、负债、经营成果及现金流量因汇率变动而发生变化的风险。

2. 交易风险:是指公司用某种外币结算的交易,从成交到实际收到款项的过程中,由于汇率的变化,而导致其用本币(或另一种外币)计算时所承受的收入或支出发生增减变化的可能性。

3. 经济风险:是指由于未能预料的汇率变动,对公司未来收益发生变化的潜在性风险。

4. 折算风险:是指公司财务报表中的外汇项目,因汇率变动而引起的转换为本币时价值变动的风险。

5. 欧洲债券:是指一国政府、金融机构、公司等在外国(一国或几国)的债券市场上发行的,不以该外国的货币为面值的债券。

6. 外国债券:指一国政府、金融机构、公司等在某一外国债券市场上发行的、以该外国的货币为面值的债券。

7. 应收账款融资:是以应收账款的转让为担保,由银行向出口商提供贷款来满足跨国公司的资金缺口的一种融资方式。

8. 应收账款让售:是指出口商将应收账款以不含追索权的形式出售给第三方换回所需资金的一种短期信贷形式。

9. 项目融资:是指由承办项目的跨国公司为筹集资金及经营该项目而成立一家具有独立法人地位的项目公司,由该项目公司承担贷款,以项目公司的现金流作为还款来源,项目公司的资产作为还款的保障的一种筹资方式。

10. 转移价格:是指跨国公司内部基于共同利益的需要,经过人为安排的、背离正常市场价格的各种内部交易价格和费用收取标准。

五、简答题

1. 经济风险与交易风险存在的前提有何不同?

答:交易风险是由于公司用某种外币结算的交易,从成交到实际收到款项的过程中,由于汇率的变化,而导致其用本币(或另一种外币)计算时所承受的收入或支出发生增减变化的可能性。因此,交易风险只有在存在外币业务时,才会产生;经济风险是由于未能预料的汇率变动,对公司未来收益发生变化的潜在性风险。由于目前的国际市场是一个开放的市场,各国的经济经营活动不可避免地会存在千丝万缕的联系,因此,只要是在开放市场中进行经营活动的企业,都会存在经济风险。

2. 没有跨国业务的企业是否存在外汇风险,为什么?

答:没有跨国业务的企业也会存在外汇风险,因为只要是在开放的市场中进行经营的企业,不管是否有外汇业务,都会存在经济风险,因此,没有跨国业务的企业也因为存在经济风险而有外汇风险。

3. 降低交易风险的措施有哪些?

答:(1)利用经营决策降低外汇风险:①促进进出口合同采用本国货币计价结算;②尽量采取双边或多边贸易方式,减少外汇的结算金额;③在合同中订立适当的保值条款,以防止汇率变动的风险;④利用互换协议规避外汇风险,利用互换协议进行外币保值的方式主要有:平行贷款、货币互换及信用互换等。⑤建立再开票中心降低外汇风险;⑥提前或延期外币款项的收支。

(2)利用各种金融工具进行套期保值:利用远期合约(或期货合约)进行套期保值;利用期权合约进行套期保值;利用货币市场进行套期保值。

4. 相比国内经营的企业,跨国公司的筹资渠道、筹资方式有何不同?

答:跨国公司的筹资渠道:跨国公司一般是一个企业集团,由境内的母公司和境外的子公司组成,相比从事国内经营的公司,其资金来源更广。(1)来自公司内部的资金。(2)来自跨国公司所属国的资金。从所属国筹资一般有以下三条渠道:从所属国金融机构获得贷款;在所属国资本市场上进行证券筹资;通过所属国有关政府机构或经济组织获得贸易信贷。(3)来自子公司所在东道国的资金。(4)其他国际资金来源,主要包括:向第三国银行借款或在第三国资本市场发行有价证券融资;向国际资本市场融资;向国际金融机构借款。

跨国公司的海外筹资方式:(1)利用国际证券市场。发行国际股票;发行国际债券,又分为外国债券和欧洲债券;(2)利用国际银行信贷,主要有以下几种:国际商业银行贷款;国际金融组织贷款;利用国际租赁;利用国际贸易信贷;项目融资。

5. 跨国直接投资面临的风险有哪些?

答:(1)政治风险。是指国际经济活动中因政治因素导致经济损失的风险。主要包括:东道国政府的态度;东道国消费者的态度;资金转移的冻结;战争。

(2)经营风险。是指生产经营上的原因给跨国公司投资收益带来的不确定性。它来源于企业外部条件的变动和企业内部原因两个方面。来源于外部的经营风险包括:经济形势和经营环境的变化、市场供求和价格的变化、税收调整、通货膨胀的发生等;来源于企业内部的经营风险包括:技术装备、产品结构及设备利用率的变化、工人生产效率、原材料利用率等的变化。

(3)外汇风险。主要是指由于汇率变动造成的跨国公司投资及其投资收益价值变动的风险。

六、计算题

1. 1 000 万×(8.0－7.5)＝500 万

2. 100 万×(1＋8%)×11.1＝1 198.8 万

3. (1)远期合约:7.02×100 万＝702 万

(2)期权合约:[(7.03－0.02)×40%＋(7.03－0.02)×30%＋(7.06－0.02)×30%]×100 万＝7.01.9 万

(3)货币市场:(借入美元,一年后用收到的美元款偿还)100 万÷(1＋4%)×7.04×(1＋6%)＝717.54 万

(4)不套期保值:(7.0×40%＋7.02×30%＋7.06×30%)×100 万＝7.02.4 万

由此可见,应采取套期保值,选择货币市场套期保值收到的本币数最多。

4. 人民币实际利率为6%

瑞士法郎实际利率:(1＋4%)(1＋2%)－1＝6.08%

欧元实际利率:(1＋7%)(1－1%)－1＝5.93%

由此可见,应该选择欧元筹资。

5. 用远期合约进行套期保值,但合约定价不得低于1.6×(1－5%)＝1.52 美元。

案例分析要点提示:

从母公司的观点出发,计算其净现值,计算过程如下表所示:

单位:万元

	0	1	2	3
收入		1 000	1 275	1 590
－可变成本		60	87.5	120
－利息		100	100	100
－经营费用		300	300	300
－折旧		200	200	200
＝利润		340	587.5	870
－所得税		68	117.5	174
净利润		272	470	696
＋折旧		200	200	200
现金流量		472	670	896
－预提税		94.4	134	179.2
＋3 年后出售所得				3 000
汇回外币数		377.6	536	3 716.8
汇回本币数		2 658.30	3 762.72	26 017.6

$$NPV = \frac{2\,658.30}{(1+15\%)} + \frac{3\,762.72}{(1+15\%)^2} + \frac{26\,017.6}{(1+15\%)^3} - 2\,000 \times 7.06 = 8\,143.72$$

因为净现值大于零,所以,投资具有可行性。

第九章　中小企业财务管理

一、单项选择题

1. C　2. D　3. A　4. D　5. D

二、多项选择题

1. AD　2. ACD　3. ABC　4. ABCD

三、判断题

1. ×　2. ×　3. ×4. √　5. √　6. ×

四、名词解释

1. 综合授信贷款:是指银行根据符合对外授信条件企业的书面申请,综合评价企业的全面情况,确定企业在一定期限内可使用的信用额度,并与之签订授信合同的一种贷款方式。

2. 保付代理业务:又称保理,是银行购买供货企业因赊销而产生的短期应收账款债权,货款由银行先期支付给卖方企业,然后银行作为债权人代理卖方向买方企业催收的一项业务。

3. IPO:是指一家企业第一次将它的股份向公众出售。

4. 借壳上市:是指一家私人公司通过把资产注入一家市值较低的已上市公司壳,得到该公司一定程度的控股权,利用其上市公司地位,使母公司的资产得以上市,通常壳公司会被改名。

5. 买壳上市:是指非上市公司根据《公司法》、《证券法》、《上市公司新股发行管理办法》等有关法律法规,通过协议转让、拍卖、二级市场收购流通股等方式购买一家已经上市的公司的控股权,然后通过反向收购或资产置换等方式将自己的有关业务和资产注入上市公司,从而实现间接上市的目的。

五、简答题

1. 简述中小企业的财务特征。

答:(1)初始资本投入有限,资本积累能力较弱。(2)资产质量较弱。(3)短期负债与长期负债结构不合理。(4)利润质量较低,亏损比较普遍。

2. 简述中小企业融资方式。

答:(1)信贷融资:综合授信贷款;信用担保贷款;买方贷款;异地联合协作贷款;项目开发贷款;出口创汇贷款;保付代理业务;此外,还有自然人担保贷款、个人委托贷款、无形资产担保贷款、出口退税质押贷款、保单质押、应收账款质押(或收购)等信贷形式。(2)公开上市股权融资:境内(直接)首次公开上市;境外(直接)首次公开上市;境内间接公开上市;境外间接上市。(3)吸收创业投资;(4)其他融资方式:技术创新基金;民间资本;融资租赁;票据贴现;典当融资。此外,还有如债券融资、商业信用融资等适用于各类企业的融资方式，中小企业都可以根据自身情况有选择地使用。

3. 试述中小企业的投资领域有哪些。

答：(1)传统产业；(2)高新技术产业；(3)国有经济退出领域；(4)市场空隙领域；(5)农村地区；(6)农业产业化投资领域；(7)大中型企业专业化配套协作领域；(8)国际市场领域。

4. 试述中小企业发展的财务战略安排。

答：(1)选择合适的财务政策：要坚持以资本收益最大化为中心的财务政策思想，并与经济运行周期相配合；企业财务政策思想必须着眼于企业未来长期稳定的发展，具有防范未来风险的意识；调整企业财务投资政策，加大基础项目的投资力度；加大财务制度创新力度；财务政策的选择还必须考虑心理与预期因素。(2)增强企业的举债能力：熟悉银行的有关政策，主要应了解银行贷款种类、借款人的条件、借款人的义务、对借款人的限制、银行贷款的利率和偿还方式、贷款的程序和手续等；改善企业经营情况；提高企业信誉。(3)通过内部职工集资，扩大资本规模。

案例分析要点提示：

1. 企业集合债券是通过牵头人组织，以多个企业所构成的集合为发债主体，发行企业各自确定债券发行额度分别负债，采用集中统一的债券名称，统收统付，以发行额度向投资人发行的约定到期还本付息的一种企业债券形式。它是以银行或证券机构作为承销商，由担保机构、评级机构、会计师事务所、律师事务所等中介机构参与，并对发债企业进行筛选和辅导以满足发债条件的新型企业债券形式。这种“捆绑发债”的方式，打破了只有大企业才能发债的惯例，开创了企业新的融资模式，它的出现是企业债券发行的重大创新。

2. 参与发行企业集合债券的单个主体必须同时满足以下条件：

(1)股份有限公司的净资产不低于人民币3 000万元，有限责任公司和其他类型企业的净资产不低于人民币6 000万元；(2)累计债券余额不超过企业净资产(不包括少数股东权益)的40%；(3)最近三年可分配利润(净利润)足以支付企业债券一年的利息；(4)筹集资金的投向符合国家产业政策和行业发展方向，所需相关手续齐全。用于固定资产投资项目的，应符合固定资产投资项目资本金制度的要求，原则上累计发行额不得超过该项目总投资的60%。用于收购产权(股权)的，比照该比例执行。用于调整债务结构的，不受该比例限制，但企业应提供银行同意以债还贷的证明；用于补充营运资金的，不超过发债总额的20%；(5)债券的利率由企业根据市场情况确定，但不得超过国务院限定的利率水平；(6)已发行的企业债券或者其他债务未处于违约或者延迟支付本息的状态；(7)最近三年没有重大违法违规行为。(8)发债企业须提供具有证券从业资格的会计师事务所审计的最近三年(联审)的财务报告。

第十章　非营利组织的财务管理

一、单项选择题

1. D　2. D　3. D　4. B　5. B

二、多项选择题

1. ABC　2. ABCD　3. ABCD　4. ABCD　5. ABCD

三、判断题

1. ×　2. ×　3. ×　4. ×　5. √

四、简答题

1. 什么是非营利组织?

答:非营利组织,又称为非牟利机构(Non - Profit Organization,NPO),是指不是为组织所有者营利为目的的组织,它的目标通常是支持或处理个人关心或者公众关注的议题或事件,因此其所涉及的领域非常广,担任起弥补社会需求与政府供给间的落差。

2. 什么是非营利组织财务管理? 其目标是什么?

答:非营利组织财务管理是指非营利组织组织财务活动、处理与政府、资源提供者、债权人等各方面财务关系的一项管理工作。其目标是在合理组织和利用财务资源的基础上,保持良好的财务状况,圆满完成其工作任务和社会使命,以实现社会效益的最大化;同时,追求资源的有效使用,以实现资金效用的最大化(所谓资金效用的最大化可以从两个方面理解:一是用一定的资金取得最大的工作绩效;二是取得特定的工作绩效耗用最少的资金),从而使非营利组织始终具有不断持续、健康发展的能力。

3. 非营利组织的资金来源渠道有那些?

答:政府拨款或补助;社会捐赠、募捐和赞助;银行或非银行金融机构借款;融资租赁;发行彩票;发行债券;非营利组织的收入;内部积累。此外,非营利组织还可以利用在开展业务、提供服务过程中所形成的自然融资方式(如赊欠)筹集短期资金;在国家政策允许的前提下,还可以采取向组织成员集资的方式筹集资金等。

4. 如何对非营利组织的投资活动进行管理?

答:(1)投资活动必须在国家法律、法规允许的前提下进行。(2)认真进行市场调研,善于捕捉投资机会。(3)认真进行投资项目的可行性分析,科学地进行投资决策。(4)投资规模和投资期限等要符合组织的实际情况。(5)审慎进行固定资产投资。

案例分析要点提示:

该案例所涉及的经费短缺问题是目前众多高校所面临的普遍问题之一,近年来,高校招生规模不断快速膨胀,但国家对高校的经费投入却增长缓慢,作为高校的财务管理人员,应准确分析形势,把握机遇,努力拓展筹资渠道,多元化筹集高校发展所需经费。

该校可以通过以下方式筹集新校区建设所需资金:①向政府有关部门申请增加专项经费的方式获得更多的财政支持。②通过向银行贷款的方式继续增加借入资金。考虑到目前该校已经向有关金融机构借了 2 亿元,再增加借款时,一方面,贷款的难度增大;另一方面,贷款的利率将会有所提高。但是由于新校区建设所需资金缺口较大,该校要继续与有关金融机构保持良好的沟通与合作,争取更多的贷款资金支持。在争取更多的贷款资金支持时,要根据学校的预期还贷能力确定贷款额度,还要合理搭配贷款期限,以避免出现短期偿债压力过大、偿还困难的窘境。③接受社会捐助。该校应不断提升其综合竞争实力,不断提高其社会声誉和知名度,加大宣传力度,努力争取更多的社会捐助。④进一步提高对外服务的质量,扩大对外服务收入。⑤可以对办公楼、宿舍楼或大型教学设备等采取融资租赁的方式筹资。⑥可以采取向教职工集资的方式筹措资金。⑦如果国家政策允许,可以采用发行“教育债券”、“教育彩票”的方式筹集所需资金。